教育部人文社会科学研究青年基金项目“公司、企业领导人刑事责任研究”（08JC820005）最终成果

公司、企业领导人刑事责任原理

The Basic Theory of Criminal Liability for the Leaders in Company or Enterprise

李山河 著

南开大学出版社
天 津

图书在版编目(CIP)数据

公司、企业领导人刑事责任原理 / 李山河著. —天津：南开大学出版社，2014.12

ISBN 978-7-310-04704-8

Ⅰ. ①公… Ⅱ. ①李… Ⅲ. ①公司—管理人员—刑事责任—研究—中国 Ⅳ. ①D924.04

中国版本图书馆 CIP 数据核字(2014)第 271989 号

南开大学出版社出版发行

出版人：孙克强

地址：天津市南开区卫津路 94 号　邮政编码：300071

营销部电话：(022)23508339　23500755

营销部传真：(022)23508542　邮购部电话：(022)23502200

*

河北昌黎太阳红彩色印刷有限责任公司印刷

全国各地新华书店经销

*

2014 年 12 月第 1 版　2014 年 12 月第 1 次印刷

230×160 毫米　16 开本　24.375 印张　2 插页　348 千字

定价：46.00 元

如遇图书印装质量问题，请与本社营销部联系调换，电话：(022)23507125

序

卢建平*

年前拿到山河给我的一摞书稿，是他在2007年博士论文基础上经多年修改而成的《公司、企业领导人刑事责任原理》。作为他昔日的导师和今天的同事，重读这本书稿，实在是感慨良多。

公司制度和刑法一直是我研究和实践的领域。也许是机缘巧合或命中注定，我1979年上大学读法律就恰好赶上了新中国法治重建的时代，而在此之前，中国其实并没有太多可以称得上是法律的文本，唯一的1978年宪法因为夹带着太多的“文革”遗风而被我们冷落一旁。1979年的第五届全国人大第二次会议一下子通过了七部法律，其中的《刑法》、《刑事诉讼法》成为我今生的职业铁饭碗，而另外一部当时并不怎么被我看好的《中外合资经营企业法》竟然阴差阳错地一度成为我宝贵的金饭碗。之所以有刑法铁饭碗一说，是因为我大学毕业的时候就考了刑法专业的研究生，以后还远赴法国攻读了刑法专业的硕士与博士，回国以后虽然想法很多，也有过几次试图改行的未遂之举，但几乎都在专事刑法或刑事科学方面的教学研究与实务工作，一直到现在。而金饭碗一说的缘由在于，1988年我从法国留学归来以后，受当时改革开放大好形势的感召，特别是邓小平同志1992年南巡讲话的

---

* 北京师范大学刑事法律科学研究院常务副院长、教授、法学博士、博士生导师，中国法学会理事，中国刑法学研究会副会长，国际犯罪学会理事暨中国犯罪学研究会副会长，国际刑法学协会副秘书长、执行委员暨中国分会常务副主席，兼任最高人民法院刑三庭副庭长。曾入选“全国十大杰出青年法学家”。

鼓舞，我在教学研究工作之余也成立过自己的律师事务所，利用外语和法律方面的优势，专业代理外商投资、国际贸易案件，不仅为数量可观的外商以及台商港商在浙江、上海一带投资兴业提供了良好的法律服务，而且也通过“在战争中学习战争”的方式学习了外商投资法、公司法、知识产权法、国际贸易法、仲裁法等刑法以外的知识，积累了较为丰富的公司法务实践经验，得到了业界比较一致的肯定，曾经受聘担任多家上市或非上市公司的独立董事、法律顾问。因为这种颇为独特的从业经历，我长期关注着公司法和刑法之间的跨学科（interdisciplinary）或跨界别（inter-professional）问题，特别是我国市场经济发展过程中愈演愈烈的各类公司企业领导人违法犯罪及其刑事责任问题。李山河当年博士论文的选题，其实就是我给他的命题。

为什么要研究公司企业领导人的刑事责任问题呢？这个选题首先来源于我的个人实践。在我为时不长的执业律师生涯和相对更长的教学研究过程中，我接触过各式各样的犯罪企业家（国企老总、外企经理、私企老板）。他们的违法犯罪情形虽然五花八门，但总体可以概括，或与他们的身份权势有关，或取决于他们的个人经历与禀性，或受制于中国经济社会发展特殊阶段的体制机制等制度因素（特别针对很多民营企业家犯罪而言）；尽管主观动机和目的各异，客观上他们均违反了忠实义务、勤勉义务与社会责任。一言以蔽之，他们既违反了公司法，又触犯了刑法。但我们对于企业家犯罪的研究极为薄弱，相关知识的普及传播就更为欠缺。而在法治发达国家（自然也是经济发达、公司兴旺的国家），白领犯罪的研究也非常深入，都有一门比较成熟、十分吃香的公司刑法。中国的市场经济正在形成和发展的过程中，公司法的研究取得了一定的成就，但相对而言，公司刑法的研究仍在起步阶段，缺陷也较为明显，表现为学术研究与公司实践的脱节，以及刑法学家与公司法学家、企业家的隔阂。如果说我们的刑法学家与企业家有较多接触和交流机会的话，恐怕很不幸，都是在企业家沦为“阶下囚”的时候了。所以，当年我在浙江大学经济学院任教时，常常告诫那些前来学习经济、投资、贸易、金融等专业知识的已然成名的企业家或渴望创立宏图伟业的莘莘学子要多学习法律尤其是刑法知识，可惜这样的提醒或者被当成了耳旁风，或者被视为恶意的诅咒和灾星而遭到拒斥。每每听闻我昔日教授过的学生或者我所熟悉的企业家锒铛入狱的消息，我的心里总是非常的内疚和感伤，觉得是我没有尽责所致。

关注公司企业领导人的刑事责任问题当然不纯粹是因为个人的职业特点或专业背景，更主要是因为这个选题的社会意义和时代意义。就我个人的见识，中国的改革开放和社会主义现代化建设事业需要企业的发展，需要大量的企业家，尤其需要一种精神，那就是企业家精神（entrepreneur spirit）。爱尔兰裔法国人理查德·坎帝甬（Richard Cantillon，1680～1734）最先使用了企业家（entrepreneur）这个概念，他认为，企业家的活动本质就是冒险，企业家是企业活动或社会经济活动的风险承担者。而20世纪伟大的经济学家熊彼特（Joseph Alois Schumpeter，1883～1950）进一步发展了企业家理论，并将创新或“创造性破坏”（creative destruction）概括为企业家精神的核心。熊彼特认为，创新就是建立一种新的生产函数，也就是说，把一种从来没有过的关于生产要素和生产条件的新组合引入生产体系，由此实现的新组合称为企业，而以实现新组合为基本职能的人就是企业家。所谓的企业家精神，更主要地来源于个人实现的心理，具体包括：（1）建立私人王国；（2）对胜利的热情；（3）创造的喜悦；（4）坚强的意志。而阻碍企业家创新的因素有：第一是信息不充分条件下许多事情处于不可知的状态，第二是人的惰性，第三是社会环境的反作用。这种反作用首先表现为法律或政治障碍，其次是受到创新威胁的各个利益集团的反应，再次是难于找到必要的合作者，最后是难以赢得消费者和市场。企业、企业家和企业家精神在近代中国社会发展历程中的历史贡献已经得到确认（如实业救国），而其在现代中国社会转型过程中的历史地位和重要价值则有待于我们去重新发现和认识。中国的改革开放是一项前所未有的伟大事业，如果离开了企业、企业家和企业家精神，是根本无法实现的。

党的十八届三中全会做出的《中共中央关于全面深化改革若干重大问题的决定》部署了全方位的经济体制、政治体制、文化体制、社会体制、生态文明体制和党建设制度的深入改革，并强调经济体制改革是全面深化改革的重点，突出公有制经济与非公有制经济的平等地位，鼓励构建现代企业制度和公司法人治理结构，建立公平开放透明的市场规则，通过降低公司门槛等制度变革支持更多的公司成为市场竞争和经济发展的活跃主体，为社会创造更多的财富，实现公司利益、投资人利益、社会和国家利益的均衡增长。这既为中国公司企业的发展创造了前所未有的历史机遇，也为公司企业的投资人和领导层提出了前所未有的挑战。经济体制改革的核心问题是处理好政府和市场的关系，使市场在资源配置中起决定性作用和更好地发挥政府作用。因此在未来中国改革的进程中，政府如何优化企业管理，如何服务好企业家这个意义非凡的社会群体，如何培育和保护企业家精神，将是一个全新的课题。而企业和企业家如何应对日渐完备的法治环境，如何适应法律责任特别是刑事责任日趋严格的形势要求，同样决定着中国企业发展乃至整个改革开放的成败。企业的未来就是中国的未来，培育以打破均衡为核心的企业家精神应该是我们的文化教育研究的重心所在，而探讨公司企业领导人的刑事责任问题也是我们法律人特别是刑法人应尽的社会责任。

李山河博士正是基于这样的历史使命，构建了一个公司企业领导人刑事责任研究的基本理论体系，创新性地将公司企业领导人违反社会责任与违反忠实义务、勤勉义务一并作为其承担刑事责任的基础，并力图打通学科藩篱，实现制度体制、刑法和公司法规范、道德伦理、文化精神的有机融合。这样的努力旨在改变刑法为“用刑之法”和打击惩罚的传统形象，强调刑法的启蒙、教化与规训的功能，突出了刑法“保障法”、“最后法”的特性和积极的一般预防作用，理当予以肯定和支持。当然，在这里也可以对本书提出一点批评意见，即对于公司企业领导人的刑事责任与民事责任、行政责任之间的关系应设专章进行探讨，以突显刑事责任的最后性。因为公司企业领导人违反忠实义务、勤勉义务及社会责任的后果首先是非刑事性的民事和行政责任，只有在严重违反上述义务、触犯刑律的情况下才可能承担刑事责任，刑法为企业或企业家的行为确定边界和最后底线。以忠实义务、勤勉义务和社会责任为基础，以民事责任、行政责任和刑事责任为主体，由此也为企业家精神增添责任意识、守法意识的新内涵，以求实现企业家精神的再创新。

最后，我诚恳地希望本书能够成为公司企业领导人的枕边书，尤其是无数有志创业的有为青年的人生必读书，而不仅仅是一本刑法学或公司刑法研究的专著。

是为序。

卢建平

2014年元月5日于时雨园

目 录

导　论

一、范畴说明

“企业”：本书在广狭两义上使用“企业”的概念。狭义的“企业”是指除公司形式之外的营利性组织。广义的企业是包含了公司以及狭义的企业在内的概念。

“公司、企业领导人”①：是指在公司、企业中处于领导职位、行使领导职权的人员。从公司、企业法律规范与理论分析，公司、企业领导人的范围包括公司或企业董事、监事、高级管理人员、厂长、副厂长、财务负责人、发起人、实际行使经营管理职权的控股股东或实际控制人。由于公司法强调公司自治原则，其高级管理人员还可以是除法律规定之外的公司章程规定的人员，这就需要在认定高级管理人员时结合公司的章程加以认定。一般来讲，董事长助理、总经理助理、部门经理、总法律顾问、总会计师等，都可以是公司、企业章程载明

① “公司、企业领导人”本身有不同的称谓，我国台湾地区公司、企业法学界称“受任人”，我国大陆地区学界有称为“负责人”的，有称为“高管”的，也有称“企业家”的，就称谓问题，笔者曾向王保树教授当面请教，他倾向于“负责人”的称谓。考虑到中国的语境等因素，笔者暂时仍采用“公司、企业领导人”的称谓。

的公司、企业领导人。另外，在中国，公司、企业中遍布中共组织，[①]从现代公司、企业治理机制角度，在公司、企业法层面，笔者虽不赞成其作为公司、企业领导人，但在刑法层面又不否认许多情况下使其作为公司、企业领导人刑事责任主体的合理性。

“刑事责任”：是指行为人因为违反刑事义务而须承担的刑法上的不利后果，即须承担犯罪的否定性评价以及刑事处罚的惩罚性后果，是涵括了犯罪、刑罚等范畴从而构成这些范畴上位概念的一个范畴，而犯罪、犯罪人、刑罚、量刑、行刑等概念则是刑事责任的下位概念。[②]

“公司、企业领导人刑事责任”：是指公司、企业领导人因其违反作为该类人员所应负的职责和义务的行为而须承担的刑法上的不利后果，即须承担因严重违反忠实义务、勤勉义务和社会责任而为刑法所规定的犯罪与刑罚的否定性评价和负担。

二、选题意义

公司、企业领导人是现代社会的一个重要群体。这一群体之所以重要，首先源自于公司、企业领导人所系属的组织——公司、企业在现代社会的重要性。“现代公司”是一种巨型商事企业，它是权力库，是我们所处的社会中非政府性权力的最大中心。[③]“公司本身是一种举足轻重的政治机构，因为在这些公司内部，就像在一个正常的民主环境下所可能做到的那样，人们相互服从并服务于共同的目标；此外，从公司经常地在某种程度上参与国家政治活动而言，公司已具有政治

① 截止到2012年底，中国公有制企业党组织覆盖面达到99.98%；147.5万个非公有制企业建立党组织，占具备建立党组织条件的非公有制企业数的99.95%。参见《中共党员总数突破8500万名》，载《京华时报》2013年7月1日第6版。

② 有研究者认为，刑法在法律体系中处于保障法的地位，其基本价值在于归责和制裁，因此与其说刑法是犯罪法或刑罚法，不如说是刑事责任法，刑事责任是刑法的核心概念。参见徐启明：《法人刑事责任研究》，吉林大学2010年博士学位论文，第4页。

③ Regulation at p3. The Free Press. 1984，转引自梅慎实著：《现代公司治理结构规范运作论》（修订版），中国法制出版社2002年版，第112页。

意义，公司所做的一切，例如，其做出设立或关闭工厂的决策，其经营的成功或失败，具有政府所不可忽视的后果，政府必须努力去促成或限制这种后果。……在各种大机构中，股份公司是仅次于国家本身的机构。”[①]美国学者贾克贝在谈及公司权力时更是认为，巨型商事公司对美国的政府、社会及经济的控制，已达到可称之为“公司国家”的地步。[②]公司、企业是人类的一项伟大的发明创造，它是一种能够有效降低交易成本的替代市场性质的经济组织。公司、企业和市场是两种性质不同但却可以在一定条件下相互替代的资源配置机制。[③]一个没有公司、企业的现代社会是不可想象的。现代社会所发生的每一个重要现象，都和公司、企业有着直接的或者间接的关系。其次，公司、企业领导人的重要性在于，他是公司、企业这一重要社会组织的领导者，是公司、企业运转的关键因素。一个没有领导人的公司、企业同样是不可想象的。

刑事责任是国家对于个人或者群体的最为严厉的否定性评价和谴责，是对社会违规者权利的最为无情的限制和剥夺。因而，在科以刑事责任的时候，现代文明国家无不小心翼翼，无不恪守最为严格的规则；在法学理论和实践中，无不对刑事责任予以特别关注。

正因如此，公司、企业领导人刑事责任本身便成为一个重要的社会和法律问题，以此为选题展开研究无疑具有重要的意义。因为，我们所要研究的公司、企业领导人的刑事责任，是人类社会的一个重要现象，是刑事法学及刑事法研究者需要予以倾力关注的一个重要对象。现实生活中，公司、企业领导人犯罪现象日益严重。[④]但在司法实践

---

① Rodney Clark, The Japanese Company, Yale University Press, 1997, p1，转引自梅慎实著：《现代公司治理结构规范运作论》（修订版），中国法制出版社 2002 年版，第 113 页。

② [美]贾克贝：《公司权力与社会责任》，1997 年版，第 11-12 页，转引自梅慎实著：《现代公司治理结构规范运作论》（修订版），中国法制出版社 2002 年版，第 113 页。

③ 何自力著：《法人资本所有制与公司治理》，南开大学出版社 1997 年版，第 57 页。

④ 普华永道会计师事务所的《2005 年度全球经济犯罪调查》显示，全球声称遭遇欺诈的公司已从 2003 年的 37%上升至 45%，增幅达 22%。调查显示，有 56%的经济犯罪都来自公司员工。而来自公司高管层的经济犯罪比率则达到 29%。也就是说，每四个针对公司的经济犯罪案中，就有一个是公司高层管理人员所为。载 http：//news.xinhuanet.com/fortune/2005-12/06/content_3881958.htm。美国犯罪学家认为白领犯罪每年给美国造成的损失高达数千亿美元，参见《比较犯罪学》编写组主编：《比较犯罪学》，中国人民公安大学出版社 1992 年版，第 438 页。

中，对公司、企业领导人刑事责任的追究还存在着许多疑难问题，需要刑法理论伸出援助之手。研究公司、企业领导人刑事责任的意义还在于我们对其研究的薄弱。我们对单位、对公司、企业犯罪的研究正在深入，我们对政府官员犯罪的研究正在深入，但是，我们对在公司、企业乃至社会中扮演重要角色的公司、企业领导人的刑事责任的专门研究却还处于非常薄弱的状态，亟待大力加强。

基于上述原因，对于公司、企业领导人刑事责任的研究无疑是既必要而又重要的，意义十分重大。

三、研究现状[①]

在欧美国家，公司、企业领导人刑事责任之研究发轫于经济犯罪学及与之相关的公司、企业领导人犯罪学的研究。早在1872年英国伦敦举行的预防和限制犯罪的国际会议上，英国学者希尔就以“犯罪的资本家”为题，做出专题演讲，首次提出经济犯罪的重要性。事隔半个多世纪，1939年美国社会学家萨瑟兰提出了一个影响深远的革命性概念——“白领犯罪”。19世纪以来，美国一些公司的经理无视法律和商业道德，利用职权牟取暴利，一些公司公然欺骗成风。萨瑟兰认为，“白领”一般具有社会地位和权力，他们常常利用手中的权力非法获取财产，由于“白领”犯罪的被害人往往只关心索回损失而不管犯罪者是否受到惩罚，因此犯罪学也一直未将其纳入自己的研究范围。其实，白领犯罪造成的经济损失要比其他所有犯罪造成的损失高几倍以上。[②]“白领犯罪”概念一反世人对下层人员犯罪的偏见，申明上层人员（白领阶层）同样可能构成犯罪。通过对涉及70家大公司的900个案例的研究，萨瑟兰在1949年出版的著作《白领犯罪》中对“白

① 研究现状主要依据已经公开发表或者出版的论文、专著进行概括认识，而没有将未公开发表或者出版的硕博学位论文作为主要参照；另外，研究现状的描摹概括肯定会存在疏漏失当之处，敬希同仁批评指正。

② 《比较犯罪学》编写组主编：《比较犯罪学》，中国人民公安大学出版社1992年版，第437页。

领犯罪”作了更为详细的说明。他认为，白领犯罪大体上可以定义为：是一种由具有体面的社会地位和很高的社会身份的人，在职业过程中所实施的犯罪行为。这种犯罪通常采用诈欺的方法，侵害的是基于职业准则和较高地位而存在的委托信任关系。萨瑟兰提出的“白领犯罪”开创了美国经济犯罪概念研究的先河，对美国乃至欧美其他国家刑法学和犯罪学的影响都很大，他的成果推动了美国对白领犯罪问题的研究。在萨瑟兰提出“白领犯罪”之后，经济犯罪从此被当作犯罪学上的一个重要课题，逐渐引起了学术界的重视与研究。①公司、企业领导人犯罪，无疑属于“白领犯罪”之列。因此，从某种意义上讲，经济犯罪的研究是起始于对企业家等的犯罪的研究的，对公司、企业领导人犯罪学的研究是经济犯罪学研究的重要内容。

在萨瑟兰对白领犯罪的研究之后，哈特恩将白领犯罪界定为工业公司实施的犯罪；莱恩解释制鞋厂商违法行为的时候，运用了主体—环境变量；里斯认为应建立一种解释“组织越轨”的理论模式，他提出运用组织理论来研究和认识组织越轨。②20 世纪 70 年代，对白领犯罪的研究重新成为热点。美国学者认为，应把研究的注意力从小偷转移到公司经理身上，从警察转移到联邦贸易委员会、证券和交易委员会和国内收入署上。③

犯罪学的研究可以为刑法学的研究提供可靠的社会学基础，使刑事责任的归结不至于仅仅建立在抽象的哲理基础之上。④随着对白领犯罪学研究的不断深入，学者们也从刑法学的角度对白领犯罪展开研究，如美国的凯瑟琳·F.布里基所著《公司犯罪与白领犯罪案例与资料》即是实例。

与我国刑法立法体例不同，在日本，关于公司、企业领导人的犯罪是由《日本商法典》规定的。日本商法最初继受德国法模式，1950

① 林山田著：《经济犯罪与经济刑法》，台北三民书局 1981 年版，第 5 页；刘强编著：《美国犯罪学研究概要》，中国人民公安大学出版社 2002 年版，第 289 页。

② 黄锦就等：《论白领犯罪》，载《中国人民公安大学学报》2004 年第 2 期。

③ [美] 马歇尔·B.克林纳德、彼得·C.耶格尔著：《法人犯罪——美国大公司内幕》，何秉松等译，中国广播电视出版社 1992 年版，第 8 页。

④ 徐启明：《法人刑事责任研究》，吉林大学 2010 年博士学位论文，第 14-15 页。

年修改后导入了美国董事会制度，使其商法兼具德、美二者之精华而又具日本特色。因此日本对公司、企业领导人刑事责任的研究也多见于商法和公司法研究之中，公司董事、高级管理人员犯罪也被归于“商业犯罪”之中。由于日本商业犯罪理论研究较为详尽充分，因此，日本商法对公司董事、高级管理人员犯罪一般也规定得十分严谨和详细。日本刑法界又将公司经营犯罪、金融犯罪、证券犯罪和违反反垄断法的犯罪合并称为“经济刑法”，以东京大学名誉教授芝原邦尔为首的刑法学家对公司经营中的犯罪进行了较为全面详尽的研究，将其主要分为特别背信罪、危害公司财产罪、利用不实文件罪、超额发行罪等等。①

对公司、企业及其领导人刑事责任的犯罪学研究是公司、企业及其领导人刑事责任研究的基础，在我国，犯罪学界还未真正将公司、企业领导人作为独立的特殊类型加以系统深入的研究。②刑法学研究方面，从公司、企业领导人这一主体之刑事责任的角度展开专门深入细致研究的还非常少。对其的研究基本上被置于法人犯罪、单位犯罪或者公司、企业犯罪之下。这一研究的大致进程是：“文革”结束后，伴随着改革开放，党的基本路线由阶级斗争为纲转变为以经济建设为中心，国家经济体制改革，商品经济、市场经济深入发展，国家的经济生活活跃起来，经济犯罪现象出现，刑法学界对经济犯罪的研究逐渐兴起。③伴随相关公司、企业法等法律的制定实施，《海关法》对于单位犯罪的承认，以及相关单行刑法如《关于惩治违反公司法的犯罪的决定》的颁行，1997年刑法典又明确地以总则和分则相结合的方式

① 李军：《浅论公司董事、高级管理人员犯罪的若干问题》，武汉大学2003年硕士学位论文。

② 近年来从包括犯罪学在内的多学科视角对公司、企业领导人刑事责任展开研究开始受到重视，一些专门性的科研机构也相继建立，如2012年成立的北京师范大学中国企业家犯罪预防研究中心，该机构对企业家犯罪展开包括犯罪学在内的多学科研究。但总体来看，国内对于公司、企业领导人犯罪及刑事责任的研究还处于起步阶段。

③ 这方面的研究专著如刘白笔、刘用生著《经济刑法学》，群众出版社1989年版；孙国祥著：《中国经济刑法学》，广东大学出版社1989版；陈兴良主编：《经济刑法学》，中国社会科学出版社1990年版；赵长青著：《经济刑法学》，重庆出版社1991年版；马克昌主编：《经济犯罪新论》，武汉大学出版社1998版；高铭暄主编：《新型经济犯罪研究》，方正出版社2000年版，等等。

规定了单位犯罪，法人犯罪、单位犯罪研究兴起，专著纷纷出版；[①]论文更是数量众多。[②]这些研究从单位或者法人犯罪的概念、犯罪构成、犯罪形态、刑事责任、个罪研究、中外比较等各个方面对单位或者法人发展作了较为全面深入的探讨，其中在单位或者法人刑事责任的研究中涉及一些对公司、企业领导人刑事责任的研究，但有欠全面和深入。

随着形势的发展，作为重要的单位或者法人犯罪之一的公司、企业犯罪研究日益引起人们的重视。这些研究着眼于公司、企业这一社会组织体，对公司、企业犯罪的概念、犯罪构成、犯罪形态、两罚制等问题作了研究。[③]有的研究还从比较法的角度，对中外（如日本、英美等）、中国大陆与港澳台地区公司、企业犯罪作了比较研究。[④]

我国学者也转换视角，开始从公司、企业领导人主体的角度对公司、企业领导人犯罪展开刑法学研究。就笔者所掌握的全部材料，迄今为止，这方面的著述还比较少。代表性的有范德繁等人的《公司企

① 这方面的著作如刘白笔主编的《法人犯罪论》，群众出版社1992版；李僚义、李恩民著：《中国法人犯罪的罪与罚》，中国检察出版社1996版；何秉松主编：《法人犯罪与刑事责任》，中国法制出版社2000年版；黎宏著：《单位刑事责任论》，清华大学版社2001年版；赵秉志教授主编：《单位犯罪比较研究》，法律出版社2004年版；石磊著：《单位犯罪关系论》，山东大学出版社2005年版；李文伟著：《法人刑事责任比较研究》，中国检察出版社2006年版；范红旗著：《法人犯罪的国际法律控制》，中国人民公安大学出版社2007年版；周振杰著：《比较法视野中的单位犯罪》，中国人民公安大学出版社2012年版。

② 这方面的论文如李济玲等：《应当重视对法人违法犯罪的处理》，载《上海司法》1981年第7期；张文：《法人犯罪若干问题再研究》，载《中国法学》1994年第1期；陈兴良：《法人犯罪的法理分析》，载《中山大学法律评论》2000年第1期；卢建平等：《法人犯罪的刑事责任理论——英美法系与大陆法系的比较》，载《浙江学刊》2004年第3期，等等。

③ 这方面的专著如曾月英著：《公司、企业犯罪研究》，中国方正出版社2000年版；朱建华著：《侵犯公司企业制度犯罪研究》，重庆出版社2003年版；章惠萍著：《公司经营的的刑法研究》，中国科学技术出版社2004年版；冯中华主编：《公司经济犯罪研究》，中国方正出版社2005年版；李玉福等著：《公司运作的刑法保障》，中国检察出版社2006年版；安文录著：《公司犯罪初论》，黑龙江人民出版社2008年版；丁英华著：《公司犯罪论》，中国检察出版社2011年版；蒋熙辉著：《公司犯罪刑事责任问题研究》，中国人民公安大学出版社2011年版，等等。

④ 如卢林著：《公司犯罪论——以中美公司犯罪比较研究为视角》，法律出版社2010年版；毛玲玲著：《公司刑事责任比较研究》，法律出版社2012年版，等等。

业人员职务犯罪若干问题探讨》、[1]李军的硕士学位论文《浅论公司董事、高级管理人员犯罪的若干问题》[2]以及李燕兵的博士学位论文《上市公司高管职务犯罪问题研究——论违反忠实义务行为的犯罪化》。[3]其中前者从职务角度对公司、企业人员犯罪进行了研究，认为公司、企业人员职务犯罪，实质上所利用的只能是行为人职务中的职权或其所形成的、具有的力量或地位等的影响力。至于职务中的义务成分实际上是不可能被利用来进行犯罪的，当它被放弃、忽视、怠慢时方可成罪。该文并将公司、企业人员职务犯罪划分为商业贿赂型、背任竞业型和徇私渎职型。中者对公司董事、高管犯罪的有关问题作了研究。而后者则从违反忠实义务犯罪化的角度对上市公司高管的职务犯罪问题进行了深入研究。这些研究开了主要从刑法规范学角度专门研究公司、企业领导人犯罪的风气之先，但还欠缺从整体上、从义务违反角度对公司、企业领导人刑事责任研究基本理论体系的构建。[4]如果不实现研究视角的真正转换，不从整体上对公司、企业领导人刑事责任研究体系做出思考，不对公司、企业领导人违忠实义务、勤勉义务、社会责任三种义务的刑事责任作较为宏观（或者说中观）的刑法规范分析，对某一义务违反的犯罪化或者立法化的研究也不可能非常深入。举例说，上述相关学者侧重从“职务”中之“职权”利用角度认识公司、企业领导人犯罪，而忽略“职责”或者“义务”违反对于犯罪本质之认识与区分的本源性、基础性作用，[5]因而导致其虽偏重“职权”，但其对公司、企业人员犯罪划分的主要依据却非“职权”而仅仅为“行为特征”标准，从而最终使得其所划分的商业贿赂型与背任竞业型实际上是重合的。[6]又如在上述相关著述中尽管已经逐渐意识到职务犯

---

① 载《当代法学》2002 年第 2 期。

② 武汉大学 2003 年硕士学位论文。

③ 对外经济贸易大学 2005 年博士学位论文，在该博士论文基础上修改而成的同名著作于 2006 年由中国检察出版社出版。

④ 这一时期还有专著如黄振中著的《公司高管犯罪的警戒线》（中国法制出版社 2005 年版），但该书重在以案释法释理，与严格的学术论著风格不同。

⑤ 笔者认为，“职权”与“义务”相较，义务可能是更为根本的东西。

⑥ 范德繁等：《公司企业人员职务犯罪若干问题探讨》，载《当代法学》2002 年第 2 期。

罪之"义务"违反的重要性并侧重研究违反忠实义务行为的犯罪化，但仍将违反义务的行为归属于职务犯罪之中，因此实际上仍未完全脱离"职务"的视角而真正从"义务"违反的视角去展开对公司、企业领导人犯罪的研究；而且其没有将违规出具金融票证罪和对违法票据承兑、付款、保证罪等犯罪列入或者作为违反忠实义务的犯罪加以研究，[①]这明显是对忠实义务犯罪化研究的遗漏。那么读者自然会产生上述犯罪所违反的是什么性质的义务的疑问。由于没有公司高管其他义务违反行为之犯罪化研究的参照，读者自然不得而知。因而其研究仍有"不见森林"之憾。所以，由哲学整体和部分关系原理所决定，没有违反忠实义务、勤勉义务、社会责任犯罪相互关系和界限的刑法规范方面的整体的互动互观的考察分析，也就限制了局部义务违反的犯罪化研究的深入，从而最终影响公司、企业领导人刑事责任研究的系统与深入。因此，在笔者看来，当务之急，应是从较为宏观的角度对公司、企业领导人违反其所担负之义务的犯罪作一整体的侧重于刑法规范的研究分析，从而构建起公司、企业领导人刑事责任的研究体系，以为公司、企业领导人刑事责任研究的局部深入提供架构，奠定基础，而这一点在我国相关法学研究中尚付之阙如。

本论著即是为填补我国刑法学研究的这一空白所进行的研究。本论著是首部主要立足刑法规范解释学的立场，[②]从与公司、企业刑事责任相对应的"公司、企业领导人刑事责任"的视角，紧紧围绕公司、企业领导人所负有的忠实义务、勤勉义务、社会责任及其违反、担当这一中心而构建了公司、企业领导人刑事责任的基本理论体系，并因此而真正实现了从公司、企业刑事责任到公司、企业领导人刑事责任研究视角的转换。

---

① 李燕兵著：《上市高管职务犯罪问题研究——论违反忠实义务行为的犯罪化》，中国检察出版社 2006 年版。

② 在主要立足该立场的同时，本论著从刑法规范学到刑事政策学以及犯罪学、从刑法立法层面到刑事司法层面、从实然的刑事责任分析到未来的刑事责任完善而对公司、企业领导人刑事责任作了一个较为立体的刑事一体化研究。

四、研究方法

本论著充分利用现有的各种研究方法，取其长，避或补其短，使得各种方法有效配合，相得益彰。具体说来，本论著的主要研究方法是：

1．科际整合方法

由本论著的选题所决定，本书涉及刑事法学、公司法学、民事法学、犯罪学[①]、刑事政策学等法学学科，以及社会学、伦理学、经济学等非法学学科。论著综合运用上述各学科知识及研究方法对相关问题作了深入的研究。如公司法违反忠实义务的行为的规定中，多规定有“同意”要件，即经股东会等同意的，不作为违法行为对待。笔者将“同意”要件运用到刑法理论中，认为该要件应成为刑事责任的“阻却事由”。再如，公司、企业法理论中对勤勉义务之注意能力判断标准的研究非常深入，笔者将之与过失犯罪中的注意能力的判断标准的研究相连接，深化了对后者的认识。

2．比较借鉴方法

有比较，才有鉴别，才有互补。比较法是一所真理的学校，扩展并充实了解决办法的仓库。[②]现代公司、企业制度在新中国的建立为时还短，还很不成熟。受公司、企业制度发展的成熟度所决定，我国公司、企业理论和公司、企业及其领导人刑事责任的研究还很不成熟。而在发达的资本主义国家或地区，其公司、企业制度已有几百年的发展历史，相关的法学理论的研究也比较深入。因而在对公司、企业领导人刑事责任进行研究时，有意识地对包括刑事法理论在内的中外法学理论进行比较，对成熟的理论加以借鉴，能为我们研究公司、企业领导人的刑事责任开启思路、提供方法。

---

① 犯罪学是否法学学科存在争议。本论著在此处是将犯罪学归入法学学科，但在本论著的后记中所提及的犯罪学则没有被归入法学学科。

② [德]K·茨威格特、[德]H·克茨著：《比较法总论》，潘汉典等译，法律出版社2003年版，第22页。

3．实证分析与规范分析相结合方法

实证分析研究方法为法国哲学家孔德所首创。实证分析的方法坚持一切知识都是关于现象的知识，所以一切知识、科学都应以经过实证的事实为基础，唯有以所观察到的事实为基础而建立起来的知识体系才具有科学性，所以该方法坚持的一个重要命题是“观察优于想象”。实证分析的方法是现代人文学科最为常用的方法，是提升社会科学研究质量和针对性的必要方法。本论著对司法实践中发生的公司、企业领导人犯罪案件进行调查研究，运用了犯罪统计的一些数据，从中发现问题，进行归纳和理论分析，既使理论研究有坚实的根基，能够进一步深入，也回应了司法实践的关切。

规范分析方法是针对已有的事物现象，对事物运行状态做出是非曲直的主观价值判断，力求回答“事物的本质应该是什么”的一种研究方法。如果说实证分析关注“是什么”的问题，那么规范分析关注“应该是什么”的问题。本论著主要是立足于刑法学进行研究的，刑法学本身是一门规范学科，因而本论著主要运用了规范分析的方法，从刑法的规定出发，对相关问题予以研究。如对公司、企业领导人犯罪按公司、企业领导人所违反的义务进行分类，将刑法典所规定的相关犯罪按其构成特点分别归于相应的违反义务的犯罪之中。

本论著运用实证分析与规范分析相结合的方法，实际上也是上述科际整合方法的应然要求，如犯罪学是一种事实学，侧重运用的是实证分析的方法，而刑法学、公司法学则是规范学，主要运用规范分析的方法。本论著研究的主题决定了需要综合犯罪学、刑法学、公司法学等多学科进行研究，也就决定了必然要运用实证分析与规范分析相结合的方法。

4．法学理论与法治实践相结合方法

我国刑法学者一贯重视理论与实践的紧密结合，坚持刑法实务与刑法理论、法治现实与法治发展、刑法实践与社会实践相互融通。[①]本

① 赵秉志著：《外向型刑法问题研究》（上卷），中国法制出版社 1997 年版，“序言”第 2-3 页。

论著重视公司、企业领导人刑事责任理论与实践的密切结合，自觉运用基本理论指导实践，通过实践检验理论、发展理论。例如，以犯罪概念、构成、分类、刑事责任诸理论来研究公司、企业领导人犯罪的特殊问题，以公司、企业领导人刑事责任实践中出现的问题来反思与发展义务犯罪、业务过失犯罪、社会责任、刑事政策诸理论。

五、创新与不足之处

本论著主要的创新之处体现在：

其一，构建了一个公司、企业领导人刑事责任研究的基本理论体系。本论著从刑事责任的内涵出发，通过对《中华人民共和国公司法》[①]等相关法律的研究，认为公司、企业领导人负有忠实义务、勤勉义务及社会责任等三项义务，并紧紧围绕这三项义务，将公司、企业领导人的刑事责任分别划分为违反忠实义务的刑事责任、违反勤勉义务的刑事责任、违反社会责任的刑事责任；并将公司、企业领导人的犯罪相应划分为违反忠实义务的犯罪、违反勤勉义务的犯罪与违反社会责任的犯罪。就笔者所掌握的材料，这样的分类仅为国内外所见。笔者紧密围绕上述三类义务的违反，着眼于刑法规范，将现行刑法典所规定的相关犯罪通过归类纳入违反这三项义务所涉及的犯罪之中，并对相关的问题展开研究。

其二，本论著将社会责任也作为是公司、企业领导人所负的义务，并对违反社会责任所涉及的犯罪与处罚展开研究，较深入地探讨了违反社会责任的刑事责任，这也是一个发现和创新，因为在我国公司、企业法学界，笔者至今还未见有大陆公司法等法学者将社会责任作为公司、企业领导人所负义务之一的。由于法学研究的局限，现行公司法以及其他相关法律、法规及规章也没有以社会责任来指导有关公司、企业领导人所承担义务之立法。如 2007 年 1 月 30 日实施的《上市公司信息披露管理办法》第三条规定："发行人、上市公司的董事、监事、

① 以下简称《公司法》。

高级管理人员应当忠实、勤勉地履行职责，保证披露信息的真实、准确、完整、及时、公平。”其将信息披露作为上市公司领导人的忠实和勤勉义务之一。但在笔者看来，信息披露主要是针对社会公众的，其首先应视为公司、企业领导人的社会责任之一，将信息披露义务仅作为忠实和勤勉义务是非常勉强的。笔者将社会责任作为公司、企业领导人的义务之一，将违反社会责任的刑事责任作为公司、企业领导人刑事责任之一种，不仅对有关公司、企业领导人刑法学研究的深入有所助益，也必将对公司法学有关公司、企业领导人的义务研究有所启发，而且也必将促进相关立法的科学化。

其三，本论著的创新之处还体现在，以忠实义务、勤勉义务、社会责任及其违反为中心构建公司、企业领导人研究体系，在打通学科藩篱的同时，还为制度体制、法律规范、道德伦理、文化精神、传统现代等的建设或养成、扬弃的互通互融植入了基因、提供了前提、打牢了基础，这也是本研究的一个创新之处。

本论著的不足之处体现在：

其一，公司、企业领导人刑事责任本身所具有的特殊性仍体现不够，如公司、企业领导人刑事责任问题所提出的义务犯、法定犯、犯罪构成等问题，特别是义务犯问题，尽管有所感发而提出，但研究仍不够深入。又如，本论著尽管致力于公司、企业领导人刑事责任研究体系的构建，也发现并围绕忠实义务、勤勉义务、社会责任及其违反这些关键点来构建体系，但由于篇幅所限、学力不逮等原因，公司、企业领导人刑事责任的一些特殊性问题，如公司、企业领导人犯罪形态问题基本上没有涉及。

其二，刑事责任分析不够深入。本论著命题为“公司、企业领导人的刑事责任”，因此，“刑事责任”是本论著的一个关键词。尽管本论著触及到刑事义务等问题，但对刑事责任本身的分析仍显不够，围绕刑事责任相关问题的深入研究还没有充分展开。如由于思考尚浅，所以本论著略去了原来写作计划中所列的第九章“公司、企业领导人的刑事责任与民行责任”，仅在现在本论著的第三章“忠实义务、勤勉义务、社会责任：角色义务与刑事义务”以及第八章“公司、企业领导人的刑事责任与刑事政策”中简单论及。本论著现有的内容论述也不够精深，许多情况下仅仅是提出了问题，勉强填充了相关内容。因此，本论著充其量仅仅是勾勒了公司、企业领导人刑事责任研究体系的一个大致轮廓，搭建了一个基本的框架，虽有骨感但距离血肉丰满乃至风姿绰约还相距甚远。

其三，与实践结合仍欠紧密。尽管实证分析是本论著的一个研究方法，但实证调查分析仍显薄弱，这与我国市场经济的发展，公司、企业及其领导人犯罪态势，相关司法实践的发展等明显是不相称的。

因此，本论著存在诸多不足与遗憾，软伤硬伤都有，唯有留待后续研究或者学界同仁补足。本人不揣浅陋，厚颜将书稿付梓，然抛砖引玉之心可鉴也。

第一章

公司、企业领导人刑事责任论纲[①]

【概要】本章为全书纲要，主要论述了围绕忠实义务、勤勉义务、社会责任构建公司、企业领导人刑事责任研究体系的思路、框架内容及其重要意义。就思路而言，认为应从对基本概念、范畴的分析中开启思路，以问题意识调整思路，从立法情况检视思路，以基本理论疏导思路。就框架内容而言，认为忠实义务、勤勉义务、社会责任及其违反是公司、企业领导人刑事责任研究的逻辑起点、逻辑重心与逻辑终点。就意义而言，认为以上述三项义务为中心构建公司、企业领导人刑事责任研究体系科学地实现了从公司、企业刑事责任到公司、企业领导人刑事责任研究视角的转换；为公司、企业领导人刑事责任研究提供了有力的分析工具；能够促进相关刑法立法与刑事司法的发展；能够聚合多种学科的理论与知识推动相关研究的发展；能够实现该主题研究的法律与道德要求、制度与文化建设的密切结合。

① 正是为了标示笔者致力于公司、企业领导人刑事责任研究体系、框架的搭建，所以本书书名以“原理”相称。

关键词：公司　企业领导人　刑事责任[①]　研究体系　构建

科学的研究体系是任何一门学科、任何一项研究的基础工程。在我国，公司、企业领导人刑事责任研究基本上还处于起步阶段，要开好头、起好步，不断推进与深化对公司、企业领导人刑事责任之系统而深入的研究，就必须构建一个公司、企业领导人刑事责任研究的基本理论体系。

本章即从公司、企业领导人刑事责任研究体系的构建思路、框架内容以及构建意义等方面对公司、企业领导人刑事责任研究体系构建的相关问题作一论述。

第一节　公司、企业领导人刑事责任研究体系的构建思路

任何一项基本理论体系的构建，都要依循一定的思路展开，公司、企业领导人刑事责任研究基本体系的构建也不例外。笔者主要依循下述思路展开公司、企业领导人刑事责任研究体系的构建：

一、从对基本概念、范畴的分析中开启思路

概念与范畴是理论体系构建的基石，对主要概念、范畴科学地进行分析与确定是理论体系构建的第一步，可以为理论体系的构建指示、开启与提供基本的思路。因而，公司、企业领导人刑事责任研究基本体系的构建就必须审视与分析构成“公司、企业领导人刑事责任”这一主题或者命题的一些基本概念与范畴，并从中提炼与整理出该研究体系构建的基本思路，这是公司、企业领导人刑事责任基本理论体系构建的前提。

① “公司、企业领导人”以及“刑事责任”可以说是全书以及每一章的关键词，因此，以下各章如无特殊原因与需要，将默认两者为关键词而不再明文列举。

（一）相关基本概念、范畴的分析

本主题或者命题所包括的主要概念与范畴有“公司、企业领导人”、“刑事责任”与“公司、企业领导人的刑事责任”，下文对这些概念进行分析。

1.“公司、企业领导人”概念分析

上文已述，所谓“公司、企业领导人”，是指在公司、企业中处于领导职位、行使领导职权的人员。从公司、企业法以及刑法的规范与理论角度对公司、企业领导人内涵与外延所展开的分析，上文已经提及，下文还有论述，此处不赘。

“公司、企业领导人”首先是一个自然与社会意义上的“人”，是人类中的一员。一个人自来到人世间，就要扮演着许多不同的角色。正如莎士比亚的戏剧《皆大欢喜》的台词所言，“整个世界不过是一个舞台，所有的男男女女都是演员，他们有时上台有时下台，每个人在一生中扮演着许多不同的角色”。“公司、企业领导人”也是人之角色之一种。

角色即意味着责任与义务。齐格蒙特说：“责任依赖于角色，而不是依赖于完成任务的人。”[①]透过人所扮演之社会角色，均可看到其背后所对应之责任，即角色责任或者角色义务。责任与角色如影随形、相伴共生，有角色便有责任，角色消除责任也解除。二者为名与实、表与里、形式与内容之关系。[②]而就责任本身而言，其首要的含义就是一定的社会角色所应承担的义务。如有学者就认为，“责任”一词在现代汉语中的基本语义有三：第一，“责任”即为份内应做的事，如“岗位责任”、“尽职尽责”等，这种责任实际上是一种角色义务，这种意义上使用责任一词，实际上仍指的是一种义务。第二，特定的人对特定的事项的发生、发展、变化及其结果等负有积极的助长义务，如“担

① 【英】齐格蒙特・鲍曼著，张成岗译：《后现代伦理学》，江苏人民出版社2003年版，第22页。

② 林瑞青：《论角色责任、角色道德与大学生责任教育》，载《教育学术月刊》2011年第8期。

保责任”、“举证责任”。第三，因为没有做好分内之事（没有履行角色义务）或没有履行助长义务而承担的不利后果或强制性义务，如“违约责任”、“侵权责任”、“赔偿责任”等。[①]哈特认为，责任一词含义有四：第一，角色责任，罗宾逊船长对船的安全负有责任，这是他的角色责任或职位责任，每个法律角色都负有一种责任，丈夫有抚养妻室儿女的责任，会计师有保管好账簿的责任，法官有审判的责任，这说明，无论何时，一个人只要占据了一个职位，他就对履行这些义务负有责任，或有责任去做所需的事情。第二，因果责任。船长的过失导致沉船，或者说船长的过失与沉船有关系，此即为因果责任。法院最常遇到的便是一个人的作为或不作为是否引起某一特定的损害。第三，法律上的应负责任。法律规则要求人们做出一定的行为或抑制一定行为时，违法者因其行为应受惩罚。第四，能力责任。某人对某行为负责，即断言一个人有一定的正常能力，即思考和控制行为的能力。[②]上面的论述表明，即使责任本身也包含有角色义务的含义，角色即意味着责任，责任对应着角色，两者天然有着相通相含之处。关于责任的含义，下文还有论述。

那么，“公司、企业领导人”的角色责任或者角色义务是什么呢？《公司法》（2014 年）第 147 条规定：“董事、监事、高级管理人员应当遵守法律、行政法规和公司章程，对公司负有忠实义务和勤勉义务。”[③]该条规定了公司领导人所负有的忠实义务和勤勉义务。该法第 5 条又明确规定：“公司从事经营活动，必须遵守法律、行政法规，遵守社会公德、商业道德，诚实守信，接受政府和社会公众的监督，承

---

① 张文显著：《法学基本范畴研究》，中国政法大学出版社 1993 年版，第 184 页。

② 张文显著：《二十世纪西方法哲学思潮研究》，中国政法大学出版社 2006 年版，第 396—399 页。

③ 最新《公司法》全文共有规定 218 条，于 2013 年 12 月 28 日第十二届全国人民代表大会常务委员会第六次会议通过修订，并于 2014 年 3 月 1 日起施行。参见：中国公司法网，http://www.cngsf.com/。

担社会责任。”该条规定了公司所具有的社会责任。[①]尽管该条社会责任的规定是对于公司的，但由于公司领导人是公司的代表或者是重要机关，社会对于公司的期望与要求与对公司领导人的期望与要求基本一致，因而在笔者看来，公司领导人也负有社会责任。这一判断也与一些公司法学者的观点一致，如台湾公司法学者王文宇在其所著《公司法论》一书第五章“公司受任人责任之内涵”第三节即专节阐述“公司受任人对社会之责任”；他认为，“公司于追求经济目标达成之际，亦须兼顾社会使命。而身负重任之公司受托人或决策者，更是站在贯彻社会责任之第一线。公司之社会责任于诸多情形下，几等同于公司受任人对社会应负之责任。”[②]

企业尽管不具有公司的形式，也没有如公司法那样对于公司领导人所负责任与义务的明确规定，但是，企业与公司的性质是相同的，都是从事生产、流通、服务等经济活动，以生产或服务满足社会需要，实行自主经营、独立核算、依法设立的一种营利性的经济组织。企业领导人因而也应承担与公司领导人相同的角色责任，即也应该承担忠实义务、勤勉义务和社会责任。

总之，人之角色不同，角色责任或者角色义务也不同；人之形形色色，角色多种多样，所负的积极的角色责任或者角色义务也就各有不同。与公司、企业领导人角色相对应的责任或者义务即是忠实义务、

① 有学者认为，由于公司社会责任是对公司绝对营利性的一种修正，公司、企业社会责任也可以被称为公司的社会性或公司营利本质的相对性。由于法学上的“责任”一语往往与“义务”相连，没有义务，也无责任可言，所以公司社会责任称为“公司的社会义务”更为严谨些。但鉴于在英语和日语中，“公司社会责任”使用率较高，故仍使用社会责任一词，参见刘俊海著：《公司的社会责任》，法律出版社 1999 年版，第 7 页。有学者从分析责任本身含义出发，认为“责任”一词包含了两方面的语义：一种可称为关系责任，另一种可称为方式责任。前者为一方主体基于与他方主体的某种关系而负有的责任，这种责任实际上就是通常所说的义务；后者为负有关系责任（即义务)的主体不履行其关系责任所应该承担的否定性后果。联系公司、企业社会责任使用的语境及其含义，可以说公司、企业社会责任中的“责任”实际上应该是指公司的一种“义务”——在利润最大化目标之外，对非股东利益相关者所负的义务，卢代富著：《企业社会责任的法学与经济学分析》，法律出版社 2002 年版，第 97 页。笔者赞同上述论者的观点，同样考虑到表述上已经约定俗成，笔者在本论著中仍使用“社会责任”而非“社会义务”的表述。

② 王文宇著：《公司法论》，中国政法大学出版社 2004 年版，第 27 页。

勤勉义务和社会责任。各国公司法律法规对于公司领导人普遍规定了忠实义务与勤勉义务，而公司及其领导人的社会责任也得到越来越多国家和地区公司法律法规的承认与规制。可以说，忠实义务、勤勉义务和社会责任越来越成为人类对于公司、企业领导人角色责任或者角色义务的共同认知与认识成果，是人类对于公司、企业及其领导人这一角色之行为进行规范的智慧结晶。[①]

2.“刑事责任”概念分析

“刑事责任”的概念与“责任”的概念密切相关。上文已经引述了一些学者对“责任”的分析，在此再对“责任”的概念进行一些分析。责任一词内涵丰富，对其含义理解各异。有学者认为，“责任”一词有两种含义：一种是积极的含义，一种是消极的含义。积极意义上的责任是指职责、义务，消极意义上的责任是指要承担某种后果。[②]也有学者认为，责任是基于一定义务而产生的负担。这种负担可能是肉体上的，也可能是精神上的，还可能是财产上的。为履行一定义务而产生的负担，是积极责任；因没有履行或者违反一定义务而产生的负担是消极责任。积极责任是人们份内应做的事情或者主动承担的负担，因而也被称之为“职责”、“己任”。积极责任通常使人产生一种强烈的责任感，通过责任人的内心信念和自觉的活动来实现。消极责任与积极责任恰好相反，是由于负有某种义务的人没有履行自己应该履行的义务或者违反了禁止性的义务，而被外界强加于他的一种负担。[③]还有学者进一步明确指出，责任之内容的实质不外乎两个方面：一是积极意义上的责任，指职责、义务；二是消极意义上的责任，指一个人因没有履行或没有完全履行自己的职责或义务所要承担的不利后果或强制性义务。[④]

从以上学者的论述不难看出，责任包含着紧密相互联系的两个方面，即积极意义上的责任和消极意义上的责任。积极意义上的责任意

---

① 当然，公司、企业领导人应普遍地负有社会责任的论断还需进行深入的讨论。

② 高铭暄：《论刑事责任》，载《中国人民大学学报》1988 年第 2 期。

③ 张智辉著：《刑事责任通论》，警官教育出版社 1995 年版，第 61—62 页。

④ 王晨著：《刑事责任的一般理论》，武汉大学出版社 1998 年版，第 35—36 页。

味着行为人须承担的义务或者职责，[①]消极意义上的责任意味着因违反所须承担的职责和义务而必须承担的不利后果。积极意义上的责任是消极意义上的责任的前提和基础，消极意义上的责任是违反积极意义上的责任的必然后果。[②]上文公司、企业领导人之角色责任或者角色义务，即他们所负的忠实义务、勤勉义务和社会责任，属于责任中之积极责任的范畴。

刑事责任这一法律术语在现代各国刑事法律中广泛使用，在中国刑事法律中也颇为常见。学者们对其含义也作了许多分析。有学者认为，作为特定法律责任的刑事责任，是依照刑事法律规定，针对犯罪行为及其他影响犯罪社会危害性程度的案件事实，犯罪人应当承担而国家司法机关也强制犯罪人接受的刑法上的否定评价（即刑事责难），它是犯罪人应当承担而国家司法机关也应当强制犯罪人接受的刑事法律制裁（刑罚处罚）的标准。[③]根据这种理解，刑事责任属于上述责任概念第二个方面的含义，即属于一种消极责任。有些学者则明确从积极责任和消极责任相结合的角度对刑事责任的内涵作了阐明，如有学者认为，刑事责任是对违反刑事法律义务的行为（犯罪）所引起的刑事法律后果（刑罚）的一种应有的承担。[④]有研究者认为，刑事责任是以刑事义务为前提、与刑事法律和犯罪行为紧密相联、以国家对犯罪行为及其行为人的道德评判和伦理谴责为基础的刑事惩罚与法律否定性评价的负担。[⑤]还有学者认为，作为法律概念的刑事责任具有刑事义务、刑事归责、刑事负担三重结构，应当确立三位一体的刑事责任概念，所以刑事责任应当指法院依法确定行为人违反了刑事义务并且应受谴责后强制行为人承受的负担。[⑥]

上述学者所谓的“刑事法律义务”或者“刑事义务”，实际上就是一种积极责任，联系上文论述，刑事义务实际上就是一种角色责任或

---

① 也即上文学者们所论述的“责任”所具有的“角色义务”的含义。

② 上文哈特等学者对责任的分析，实际上也包含了责任所内涵的这两个方面。

③ 赵秉志著：《刑法总论问题研究》，中国法制出版社 1996 年版，第 160 页。

④ 高铭暄著：《论刑事责任》，载《中国人民大学学报》1988 年第 2 期。

⑤ 陈丽天著：《单位犯罪刑事责任研究》，中国法制出版社 2010 年版，第 63 页。

⑥ 冯军著：《刑事责任论》，法律出版社 1996 年版，第 33 页。

者角色义务，就公司、企业领导人之角色而言，其刑事义务就是其所担负的忠实义务、勤勉义务和社会责任，强调的是公司、企业领导人对于忠实义务、勤勉义务和社会责任的履行和遵守。而“刑事法律后果”或者“刑事负担”即是一种消极责任，就公司、企业领导人而言，则意味着因其对于忠实义务、勤勉义务、社会责任的违反而承担的刑事上的不利后果。

刑事责任的理解还与对刑事责任的刑法学体系位置的理解相关联。关于刑事责任的体系位置与性质问题，学者们也作了比较深入的探讨，主要有两种观点：一种观点认为，刑事责任介于犯罪和刑罚之间，对犯罪和刑罚的关系起调节作用。刑事责任与刑罚的关系表现为刑事责任的存在决定刑罚的存在，刑事责任的大小是判处刑罚轻重的标准，刑罚是刑事责任的主要体现形式。[①]刑事责任填补了犯罪和刑罚之间的空白，罪——责——刑的逻辑结构应当成为刑法理论的基本体系。[②]这种观点是刑法学界的通说。另一种观点则认为，应当将刑事责任单独作为一部分引入刑法总论当中，刑事责任论在价值功能上具有基础理论的意义，所揭示的是刑法的基本原理，具体内容应当由犯罪论、刑罚论和罪刑各论来丰富。在体系上不能把刑事责任论作为犯罪之后果和刑罚之先导插入犯罪论和刑罚论之间，而应当作为刑法学的基础理论放在犯罪论之前，作为刑法的基本原理来把握。[③]应突破刑法学的既有框架，以刑事责任为主线重新构筑刑法学的体系。这样建构刑法学总论体系，能够使刑事责任的价值认知与体系定位协调一致，能够体现犯罪、刑事责任和刑罚三者既紧密联系又各自独立的关系，可以使刑法体系的设置和内容安排更趋合理。[④]刑事责任是整个刑法学范畴体系的最上位概念，它与一系列下位范畴一道构成了刑法学的科学之网。刑事责任诸下位范畴（犯罪、犯罪人、刑罚、量刑、

① 高铭暄：《论刑事责任》，载《中国人民大学学报》1988 年第 2 期。

② 高铭暄、马克昌主编：《刑法学》，北京大学出版社、高等教育出版社 2000 年版，第 211 页。

③ 张智辉著：《刑事责任通论》，警官教育出版社 1995 年版，第 15 页。

④ 张旭：《关于刑事责任的若干追问》，载《法学研究》2005 年第 1 期。

行刑）之间的相互联系与作用，集中体现了刑事责任的功能与特点。[①]

笔者认为，刑事责任可以在不同的意义上使用，不同的意义也就意味着刑事责任不同的体系位置，不同体系位置的刑事责任也就有着不同的含义。本论著“公司、企业领导人的刑事责任”之“刑事责任”的概念，是涵括了犯罪、刑罚等范畴从而构成这些范畴上位概念的刑事责任概念，也即上文关于刑事责任体系位置及性质的第二种观点所坚持的刑事责任概念。这种理解也是与笔者在消极责任和积极责任相结合的意义上理解责任以及刑事责任概念的趣旨相谐和的。

综上所述，在笔者看来，刑事责任就是因违反刑事义务而引起的刑法上的不利后果，即须承担犯罪的否定性评价以及刑事处罚的惩罚性后果；是涵括了犯罪、刑罚等范畴在内的一个上位范畴。

3.“公司、企业领导人的刑事责任”概念分析

通过相关概念、范畴的分析，本论著“公司、企业领导人的刑事责任”这一主要概念、命题或者范畴的含义已经十分明晰，即是：公司、企业领导人的刑事责任是指处于公司、企业领导地位的人员因其违反作为该类人员所应负的职责和义务的行为，而须承担的刑法上的不利后果，即须承担因严重违反忠实义务、勤勉义务和社会责任而为刑法所规定的犯罪与刑罚等的否定性评价和负担。

可以看到，“公司、企业领导人的刑事责任”所内含的相关概念相互激发、阐释与限定，赋予“公司、企业领导人刑事责任”这一概念或者命题以独特内涵。这一独特内涵是不能单靠对于“公司、企业领导人刑事责任”的词语理解、“望文生义”而获得的。因为，单从字面上理解，公司、企业领导人的刑事责任，就是公司、企业领导人实施了犯罪并因此而受到刑事处罚。公司、企业领导人既然是“人”，他就可能触犯“人”所能实施的所有犯罪，因而“公司、企业领导人的刑事责任”就是公司、企业领导人实施的刑法所规定的凡是人都能实施的犯罪而需承担的刑法上的不利后果。如此一来，“公司、企业领导人的刑事责任”命题的范围将会不当地扩大，并最终失去该命题的特定

---

① 曲新久：《试论刑法学的基本范畴》，载《法学研究》1991 年第 1 期。

性与价值。

正是看到了词语表面背后所蕴含的公司、企业领导人的角色义务，并将之与作为刑事责任基础的积极义务或者说是刑事义务联系起来，“公司、企业领导人刑事责任”命题本身所蕴含或者规定的自有边界、所具有的真正含义才能够清晰地呈现或者显露出来，也才能够避免“望文生义”、凭想当然理解命题的不当情况的出现。

（二）相关概念、范畴所蕴含的体系建构的基本逻辑

上述相关基本概念、范畴的分析实际上已经蕴含了公司、企业领导人刑事责任理论体系构建的基本逻辑与主要框架内容。由于公司、企业领导人是“人”，聚焦于“人”，我们认识到，每一个人都要在社会中扮演一定的角色，承担该角色所赋予的责任和义务，也即角色责任，由此便呈现出“人——角色——角色责任”的逻辑与思路。具体到“公司、企业领导人”，由于这一角色必须承担的角色责任是忠实义务、勤勉义务、社会责任，[①]由此就体现出“人——公司、企业领导人——忠实义务、勤勉义务、社会责任”的逻辑。而对“刑事责任”之积极责任和消极责任相结合角度的理解表明，积极责任就是角色责任，如此一来，呈现出“忠实义务、勤勉义务、社会责任——刑事责任”的逻辑与思路。上述两条逻辑与思路主线交汇之处，便赫然矗立起积极责任或者角色责任这座贯通“人”与“刑事责任”的桥梁，“人”与“刑事责任”或者说“公司、企业领导人”与“刑事责任”在此便有了交集，形成了汇合。从而积极责任或者角色责任也应是公司、企业领导人刑事责任研究体系建构的核心，对应于“公司、企业领导人刑事责任”这一主题，其理论体系的核心就应该是忠实义务、勤勉义务、社会责任。公司、企业领导人刑事责任的理论体系建构应该始终围绕忠实义务、勤勉义务、社会责任展开，研究对这些义务的承担和履行，探讨对这些义务的侵害与违反，分析因违反这些义务而引起的刑事负担。如此，“公司、企业领导人刑事责任”理论体系的基本逻辑思路、主要框架内容也终在主要概念、范畴的分析中孕育而出。

---

① 本书第三章有展开性论述。

二、以问题意识调整思路

体系不是通过抽象的概念抹平法律材料结构上的差异性，而是有能力构造出一种紧密的现实联系，从而实现学理的刑法体系、刑事政策的需要和生活事实的多样性之间的平衡。[①]问题意识是科学研究的重要前提，它影响着基本理论体系的构建。就公司、企业领导人刑事责任的构建而言，公司、企业及其领导人的活动以及公司、企业领导人的刑事责任首先是一种社会现象，是一种“生活事实”。如此一来，现阶段这种现象的现实状况与存在的实际问题便可能影响到公司、企业领导人刑事责任体系的构建。例如，在我国，所有制与国家工作人员是一个重要的标签，公有制经济与非公有制经济的刑法规制与保护存有差别，公司、企业中的国家工作人员与非国家工作人员的刑事责任轻重不同。[②]因而以所有制为标准对公司、企业进行分类，以是否国家工作人员对公司、企业领导人的身份进行甄别殊为重要。为此，尽管国有非国有公司、企业的区分制度与现代公司、企业的发展方向相悖，并非是法律形态公司、企业分类的至善模式，但在体系建构时，还是应该对于国有和非国有公司、企业及其领导人的刑事责任的分类与差别予以关注。又如，虽然本论著主要是从规范学的视角进行研究，但现阶段公司、企业领导人的罪与罚存在的实际情况，也促使我们从犯罪学以及刑事政策学的角度对相关问题进行研究，如现阶段对公司、企业领导人犯罪应坚持一个什么样的刑事政策的问题，公司、企业领导人刑事责任与民商事责任的界限等问题，便都是十分重要的问题，需要在研究体系中占有一席之地。再如，现阶段制售假冒伪劣产品犯罪以及环境污染犯罪的严峻态势，从一个侧面促使本论著对公司、企业领导人违反社会责任的刑事责任进行研究；现阶段企业文化、企业家精神的缺失，激发本论著对于公司、企业领导人刑事责任的研究始

---

① 转引自何庆仁著：《义务犯研究》，中国人民大学出版社 2010 年版，第 10 页。

② 张军著：《非公有制经济刑法规制与保护论纲》，中国人民公安大学出版社 2007 年版。

终围绕忠实义务、勤勉义务、社会责任建立自己的理论体系，如此等等。解决现实问题的潜在动机深深影响了本论著关于公司、企业领导人刑事责任研究之方向、内容与着力点的选择和取舍。

三、从刑法立法情况检视思路

现行公司法对公司、企业及领导人的忠实义务、勤勉义务、社会责任作了规定。就刑法立法而言，2006 年《中华人民共和国刑法修正案（六）》[①]第九条对“背信损害上市公司利益罪”进行了增设，规定：“上市公司的董事、监事、高级管理人员违背对公司的忠实义务，利用职务便利，操纵公司从事下列行为之一，致使上市公司利益遭受重大损失的行为的……”可见，忠实义务已经被明确规定为相关犯罪的构成要件。从这一刑法立法情况可以看到，以公司、企业领导人所负之忠实义务等积极义务为基础来对其刑事责任展开研究。从表面平静的立法文本去窥探背后的社会变迁、时代发展，去洞察角色义务、积极义务对于公司、企业领导人刑事责任立法乃至司法的愈益彰显的作用，并在理论研究中对其规律性予以探究总结，无疑具有重要的意义。

四、以刑法基本理论疏导思路

本论著主要从刑法规范学的视角对相关问题展开研究。刑法规范学主要是对犯罪与刑罚问题进行解释研究的学问，其理论体系及相关范畴构成公司、企业领导人刑事责任研究的基础性工具，必然对公司、企业领导人刑事责任的研究产生启迪、发挥作用。如公司、企业领导人的犯罪与刑罚仍将是公司、企业领导人刑事责任研究的主要内容。而犯罪概念、犯罪构成、身份犯、刑事义务、义务犯、刑罚目的等理论也会在公司、企业领导人刑事责任这一主题的研究中得到进一步的

---

① 以下简称《刑法修正案（六）》。

体现与丰富。从某种意义而言，刑事法基本理论与公司、企业领导人刑事责任这一特殊问题相结合是本论著研究的主要内容，刑事法基本理论仍是公司、企业领导人刑事责任研究的基础与基点，刑事法基本理论可以为公司、企业领导人刑事责任研究体系的构建提供指导、通畅思路乃至开疆拓土。

第二节　公司、企业领导人刑事责任研究体系的框架内容

从上文对相关概念、范畴的分析以及研究体系构建思路的论述中已隐现公司、企业领导人刑事责任研究体系的主要框架与内容的轮廓，而对研究体系具体框架与内容的进一步认识与研究可以使得整个公司、企业领导人刑事责任研究体系更为清晰地呈现出来。

一、忠实义务、勤勉义务、社会责任之担当是公司、企业领导人刑事责任研究的逻辑起点

任何一种科学的理论体系都有自己的逻辑起点。逻辑起点是运用从抽象上升到具体的方法以形成系统理论而选定的作为分析起点的概念或范畴。[①]逻辑起点作为一种思想、理论、学说最简单、最一般的质的规定性，是研究对象最直接、最基本的单位；是整个理论体系形成的开端与核心出发点；逻辑起点与研究对象在历史上的起点相一致。[②]

从上文对企业领导人的刑事责任这一命题的概念、范畴的分析可以看到，公司、企业领导人所负之角色责任或者积极义务即忠实义务、勤勉义务、社会责任构成公司、企业领导人的本质性规定与其刑事责任的基础，是连接整个公司、企业领导人刑事责任研究体系的桥梁与

① 彭漪涟、马钦荣主编：《逻辑学大辞典》（修订本），上海辞书出版社 2010 年版，第 621 页。

② 朱宪臣、赵甲明：《中国特色社会主义信仰体系的逻辑起点》，载《科学社会主义》2013 年第 3 期。

纽带，是本研究体系的关键或者核心概念，构成本论题研究的逻辑起点。因此，本理论体系的本体论即从公司、企业领导人所负的三项义务入手，从公司法与刑法结合的角度对忠实义务、勤勉义务、社会责任的概念、产生、相互关系等问题展开研究。在本论著的视野中，人与角色责任或者角色义务是紧密结合在一起的，而对于公司、企业领导人这一主体本身所展开的研究，实际上仍是为了审视其所负有的忠实义务、勤勉义务与社会责任。从忠实义务、勤勉义务与社会责任出发，既可以深入阐释公司、企业领导人之为公司、企业领导人的本质，又可以揭示该类主体刑事责任的根据、本质与特征，还可以阐明对公司、企业领导人施加诸刑事责任的目的与归宿。

二、忠实义务、勤勉义务、社会责任之违反是公司、企业领导人刑事责任研究的逻辑重心

对于忠实义务、勤勉义务、社会责任的严重违反即构成犯罪，也必然导致刑事制裁。因此，对于忠实义务、勤勉义务、社会责任的违反，便成为公司、企业领导人刑事责任研究的逻辑重心。公司、企业领导人违反忠实义务、勤勉义务、社会责任的罪与罚应成为公司、企业领导人刑事责任基本理论体系的主体部分。本理论体系从公司、企业法律层面对公司、企业违反忠实义务、勤勉义务、社会责任的违法行为做出论述，对公司、企业领导人严重违反忠实义务、勤勉义务、社会责任所构成的犯罪的概念、特征、分类、刑法立法状况、犯罪构成要件以及刑罚负担予以研究，对于个罪的突出问题进行探讨，对于纠缠不清的公司、企业刑事责任与公司、企业领导人刑事责任的界限作出界分，对公司、企业领导人犯罪的刑事政策以及公司、企业领导人刑事责任与民事责任的边界等问题加以深入探究，对公司、企业领导人刑事责任的完善予以展望，都是直接或者间接地在对忠实义务、勤勉义务、社会责任的违反展开研究。[①]

① 某种意义而言，实际上也就是在从不同的侧面、不同的视角对上述忠实义务、勤勉义务、社会责任本身展开研究。

三、忠实义务、勤勉义务、社会责任之履行与担当是公司、企业领导人刑事责任研究的逻辑终点

惩治对于忠实义务、勤勉义务、社会责任之违反的犯罪行为，最终是为了不违反忠实义务、勤勉义务、社会责任，或者说最终是为了切实履行忠实义务、勤勉义务与社会责任。这是公司、企业领导人刑事责任的目的，也可以说是对严重违反忠实义务、勤勉义务、社会责任的公司、企业领导人施以刑罚的目的。正因为公司、企业领导人本就承担着忠实义务、勤勉义务、社会责任，因而才会有对于违反这些义务的公司、企业领导人的刑事责任，公司、企业领导人因而才走进了刑事法的视野。刑法理论认为，犯罪预防是刑罚的目的，包括一般预防与特殊预防。公司、企业领导人犯罪的特殊预防本身是对违反忠实义务、勤勉义务、社会责任行为的惩戒与否定，而其一般预防则直接是对于公司、企业领导人履行三项义务的督促。因此，唯有对于忠实义务、勤勉义务、社会责任的遵行，才能使公司、企业领导人最终走出刑法的射程。为了这一目的的实现，必须对于公司、企业领导人犯罪的刑事政策做出研究，因为“最好的社会政策就是最好的刑事政策”。[①]而有效促进公司、企业领导人履行所负积极义务的政策就是最好的社会政策，也是最好的刑事政策。进而言之，也必须从应然的角度，从立法与司法诸方面对公司、企业领导人刑事责任的完善加以研究，包括对公司、企业领导人刑事责任的刑法立法完善的研究、对相应刑事司法完善的研究，等等，这些研究的最终目的仍是为了积极促进公司、企业领导人角色义务的更好履行，促进刑罚目的的最终实现。而从另一个角度讲，公司、企业领导人刑事责任整个研究体系的内容，都是为了达致忠实义务、勤勉义务、社会责任之履行这一公司、企业领导人刑事责任研究的逻辑终点而展开的。

---

① 弗兰茨·冯·李斯特著，埃贝哈德·施密特修订：《德国刑法教科书》，徐久生译，法律出版社 2000 年版，第 12-13 页。

第三节 以忠实义务、勤勉义务、社会责任为中心构建研究体系的意义

以忠实义务、勤勉义务、社会责任为中心构建公司、企业领导人刑事责任研究体系具有重要的意义与价值，具体体现在下述诸多方面。

一、科学地实现了从公司、企业刑事责任到公司、企业领导人刑事责任研究视角的转换

从公司、企业及其领导人刑事责任研究的整体状况观察，较之公司、企业犯罪或刑事责任，我国刑事法学对公司、企业领导人犯罪或刑事责任的研究仍然比较薄弱，仅有的关于公司、企业领导人犯罪或者刑事责任的研究，实际上仍是立足于公司、企业犯罪或者刑事责任来研究公司、企业领导人犯罪或者刑事责任，仍是以研究公司、企业犯罪或者刑事责任的思路来研究公司、企业领导人犯罪或者刑事责任，因而没有真正实现从公司、企业犯罪或者刑事责任研究向公司、企业领导人犯罪或者刑事责任研究视角的转换。本论著立足于公司、企业领导人之“人”这一中心或者核心，演绎出人的角色责任、积极义务，由此再推演出公司、企业领导人刑事责任的概念、框架内容以及研究体系，从而科学合理地真正实现了从公司、企业这一组织的视角到公司、企业领导人这一“人”的视角的转换，从而也真正实现了从公司、企业犯罪或者刑事责任到公司、企业领导人犯罪或者刑事责任的研究方向或者研究视角的转换，从此公司、企业领导人刑事责任研究便可以摆脱公司、企业犯罪或刑事责任研究的遮蔽而真正有了自己独立的品格和光明的未来。

二、为公司、企业领导人刑事责任研究提供了有力的分析工具

以忠实义务、勤勉义务、社会责任为中心构建公司、企业领导人刑事责任研究基本体系，将犯罪分为违反忠实义务的犯罪、违反勤勉义务的犯罪、违反社会责任的犯罪，通过对这三类犯罪实际情况的考察，可以从中发现一些新的问题或者为既有的现象提供新的解释与论证。例如，笔者将2012年媒体公布的约240例企业家犯罪按上述分类进行归类，违反忠实义务的犯罪有118例左右，违反勤勉义务的犯罪有3例（重大责任事故罪3例），违反社会责任的犯罪有119例左右。[①]所有的犯罪都能无遗漏地归入这三类犯罪之中，三类犯罪能够涵盖所有公司、企业领导人与生产经营相关的犯罪，不存在逻辑漏洞，能够达到逻辑的圆合。在此基础上分析，可以看到，2012年媒体企业犯罪案例中违反忠实义务及社会责任的“无德”犯罪是大量的，违反勤勉义务的“无能”犯罪数量非常之少，这种现象背后突出反映了中国企业家文化、精神、气质、道德的缺失，而这形成一种观念或者精神的环境，构成一种底色，深深影响着中国企业家犯罪的发生。因此，违反忠实义务、勤勉义务、社会责任犯罪的分类不仅能够描述现象，而且能够反映、揭示问题的原因和实质，还能提供解决问题的思路、方法与途径；不但具有规范性，而且还具有事实性、价值性；不但是法律所要求，而且也为道德所提倡；不但宣示惩罚，而且体现预防；不但触及行为，而且深及人心；不仅关注到了“物”，而且最终落脚到了“人”。而且，以忠实义务、勤勉义务、社会责任为中心构建公司、企业领导人刑事责任研究的基本理论体系，其出发点是秉持现代公司、企业治理机制与理念，顺利实现了从关注所有制形态的公司、企业到关注法律形态的公司、企业这一至善模式的转换。正因上述诸种理由，以忠实义务、勤勉义务、社会责任为中心构建公司、企业领导人刑事

① 参见李山河等：《现阶段中国企业家犯罪的致罪因素》，载赵秉志主编：《当代刑事法学新思潮》下卷，北京大学出版社2013年版，第1639-1647页。

责任研究的基本理论体系，可以打通关节，触类旁通，能够为公司、企业领导人刑事责任研究提供一种有力的分析工具。

三、能够促进公司、企业领导人刑事责任之刑法立法与刑事司法的发展

将公司、企业领导人犯罪分为违反忠实义务的犯罪、违反勤勉义务的犯罪和违反社会责任的犯罪，以此分类来审视现有的刑法立法，可以发现一些存在的问题，提供立法完善的思路，提升刑法立法技术水平。比如，就违反忠实义务而言，现有立法缺乏一个普通法的立法条款，使得刑法立法难以涵盖不断出现的新的违反忠实义务的犯罪，从而使得刑法立法的稳定性受到影响。就违反勤勉义务的犯罪而言，以是否具有国家工作人员的身份来划定惩治范围而仅设置国有公司、企业人员失职罪这一罪名，遗漏了对于公司、企业中非国家工作人员失职犯罪的处罚，从而也使违反勤勉义务犯罪缺失了普通法条的规定，不当遗漏了应该受到刑法惩治的犯罪行为，人为地造成了刑法的漏洞。可见，以上述违反三项义务犯罪的分类为分析工具，可以洞见相关立法的不足与欠缺，可以为概括性罪名的概括程度提供标准，从而可以举重若轻，比较容易地为相关犯罪的刑法立法夯实理论基础，提供科学的解决问题的指导甚或方案。

以义务为中心构建公司、企业领导人刑事责任研究体系，可以使公司、企业领导人犯罪的刑事司法活动明了自己的目的，能够找准公司、企业领导人犯罪的特点与规律，从而使相关的刑事司法活动更有针对性与有效性。

四、能够聚合多种学科的理论与知识推动公司、企业领导人刑事责任研究的发展

单靠刑法学一门学科的理论并不能完成对于公司、企业领导人刑

事责任的研究。外国学者提出的整体刑法学、新社会防卫论，[①]我国学者提出的一体三面说[②]、全体刑法学[③]、刑事一体化[④]、立体刑法学[⑤]等理论和概念，甚至作为外国法学流派之一的综合法学，[⑥]其旨趣都是要聚合人类所有的知识与智慧来认识和研究某一对象。对于公司、企业领导人刑事责任的研究而言，就不但需要刑法学，还需要犯罪学、刑事政策学，需要公司、企业法学，民商法学；不但要在法学之内研究，还要从法学之外，运用政治学、经济学、社会学、制度学、伦理学乃至人学[⑦]等科学来进行研究。以忠实义务、勤勉义务、社会责任及其违反为中心展开对于公司、企业领导人刑事责任的研究，就体现了这种科际整合、学科一体化方法的运用，从而为进一步深化公司、企业领导人刑事责任研究、提升其研究质量提供了一个科学的方法与路径。

---

① 梁根林著《刑事政策：立场与范畴》，法律出版社 2005 年版，第 171-174 页；梁根林：《刑事一体化视野中的刑事政策学》，载《法学》2004 年第 2 期。

② 蔡枢衡先生在 1940 年提出，刑法具有规范性、现象性和哲学性，三者是一体三面，甚至刑法还是宇宙万物中的一种和万象交错中的一环，参见蔡枢衡著：《刑法学》，独立出版社 1947 年版，第 21 页。笔者将之概括为“一体三面说”。

③ 甘雨沛先生在 1984 年主张建立一个具有立法论、适用解释论、行刑论、刑事政策论以及保安处分法的全面规制的“全体刑法学”，参见甘雨沛、何鹏著：《外国刑法学》（上），北京大学出版社 1984 年版，前言。

④ 储槐植著：《刑事一体化论要》，北京大学出版社 2007 年版；储槐植著：《刑事一体化》，法律出版社 2004 年版；储槐植著：《刑事一体化与关系刑法论》，北京大学出版社 1997 年版，等。

⑤ 刘仁文：《立体刑法学论纲》，载陈泽宪等主编：《当代中国的社会转型与刑法调整》，中国人民大学出版社 2013 年版，第 25 页。

⑥ 综合法学思潮诞生于二次世界大战之后，该思潮试图超越自然法学、分析主义法学和社会学法学的偏执与片面，揉和三大学派为一体，建立一个包括价值、形式与事实的一体化的法理学。综合法学认为，法律是形式、价值与事实的结合；每个时代都面临着一些社会控制的重大问题，根据任何单个的、绝对的因素或原因来解释法律制度是不可能的，需要一种能将诸种因素结合在一起的综合法学。综合法学所要认识的是“作为行动的法”，法律不是作为一个规则体，而是作为一个过程和一种事业，参见薄振峰：《综合法学：法的全景解读》，载《学术探索》2006 年第 1 期。

⑦ 现代西方哲学思潮之一，其思考的中心主题是“人是什么以及人在宇宙中所处的位置”，用舍勒的话讲，就是“人是什么，他在宇宙中占有何等地位？它唤醒着我的哲学意识，是一个在我心中比其他任何哲学问题都占有更深、更中心位置的问题”，参见舍勒著：《人在宇宙中的地位》，李伯杰译，贵州人民出版社 1990 年版，第 1 页。

五、实现了法律与道德要求、制度与文化建设的密切结合

公司、企业领导人的忠实义务、勤勉义务、社会责任既是一种法律义务，也是一种道德的要求，围绕忠实义务、勤勉义务、社会责任展开研究，既为相关法律的实施与遵守提供前提，又可为公司、企业领导人伦理道德的养成指明路径，从而实现了法律与道德要求的密切结合。

公司、企业的治理机制是一项制度建设，而在该机制的创设中，对公司、企业领导人的义务、责任要求，应是公司、企业治理机制的当然与重要的内涵，也是公司、企业制度建设的重要内容。公司、企业领导人的义务、责任又是伦理、道德、文化的体现。当前，我国经济发展面临各种各样的问题，而公司、企业创新动力不足、创新精神不强、竞争性疲弱、法律意识淡薄、道德底线失守是问题产生的重要原因，而这一切又最终可以归结为中国企业文化的落后与企业家精神的缺失。①因此，以忠实义务、勤勉义务、社会责任为中心建构公司、企业领导人刑事责任的研究体系，可以促成制度体制、法律规范、道德伦理、精神文化、传统与现代的立体结合，从而为具有现代企业家精神的中国企业家的出现培植丰沃的土壤。

倡守忠实义务、勤勉义务、社会责任与中共十八大所提倡的社会主义核心价值观的精神也是相通的，②可以成为社会上各种阶层自我约束、自我修养的一个标尺。例如，对自己的工作、自己的团体忠诚、

---

① 公司归根到底是人的组织。在制度和理性之外，要想调动人、激励人、凝聚人，唯有文化。那是公司管理的更高境界，也是效率和利润的新来源。只有那些善于汲取先进文化、并创造出自己独特新文化的公司，才可能成为时代的佼佼者。要想调动人的因素，文化的力量无形胜有形。一个国家在多大程度上解放了每一个国民，决定了它在人类进步历程中的位置和高度，这一点将深深地镌刻进本国公司的文化中，成为其最核心的竞争优势。惟有更具原创力的文化基因，才能长久地支撑起经济奇迹。参见中央电视台大型纪录片《公司的力量》第七集《各领风骚》台词。

② 中共十八大报告明确提出“三个倡导”，即“倡导富强、民主、文明、和谐，倡导自由、平等、公正、法治，倡导爱国、敬业、诚信、友善”，这是对社会主义核心价值观的最新概括。

勤勉，具有团队与合作精神，是许多部门、单位的要求；而在“社会责任”特有的基本含义的基础上稍作引申，处于社会中的每一个人，又怎能不遵守社会公德、不承担社会责任呢？忠实义务、勤勉义务、社会责任的提倡，可以在新的理念层面促成具有公民精神的公民的降生，[①]如此，以忠实义务、勤勉义务、社会责任为中心所建构的公司、企业领导人刑事责任研究的理论体系，便具有了超出公司、企业领导人刑事责任研究体系本身的普遍意义与价值。

① 在笔者看来，忠实义务、勤勉义务、社会责任之倡行可以跳出一味强调公民对于国家的义务而漠视公民权利的偏颇，从反面真正定义出公民权利的含义，并通过忠实义务、勤勉义务、社会责任之履行而最终达致自由地享有公民权利的目的与状态。

第二章

公司、企业领导人：社会角色与责任主体

【概要】公司、企业领导人本身是一个重要的社会角色，当其违反自身的角色义务而触犯刑法时，便成为刑事责任主体。这一角色或者主体所系属的公司、企业可以依照企业的法律形态与企业的所有制形态两种分类标准进行分类。公司、企业法层面与刑法层面的公司、企业领导人既有关联，又有区别。应注意法定代表人、直接负责的主管人员以及公司、企业领导人是否国家工作人员的认定，警惕公司、企业领导人之国家工作人员认定的扩大化。

关键词：公司　企业领导人　社会角色　责任主体

莎士比亚在其不朽的剧作《哈姆雷特》中表达了对人与人类的敬仰与赞美："人类是一件多么了不得的杰作！多么高贵的理性！多么伟大的力量！多么优美的仪表！多么文雅的举动！在行为上多么像一个天使！在智慧上多么像一个天神！宇宙的精华！万物的灵长！"[①]而公司、企业领导人就是这宇宙精华、万物灵长的一分子。

---

① 莎士比亚著：《莎士比亚戏剧（下）·哈姆雷特》，朱生豪译，内蒙古人民出版社 2007 年版，第 336 页。

作为万物灵长的人类，其每一个个体或者说每一个个人在其人生的舞台上都扮演着各种各样的角色，而公司、企业领导人本身就是一个角色，一个重要的社会角色，因为，在人类所创造的组织机构中，公司、企业是仅次于国家的力量，而公司、企业领导人是执掌公司、企业这一人类第二大力量的中坚！离开了公司、企业领导人，离开了企业、企业家和企业家精神，中国的改革开放这项前所未有的伟大事业、中华民族复兴的中国梦想是根本无法实现的。

公司、企业领导人在公司、企业生产经营中的行为违背了自己的社会角色所应承担的义务，违反了刑法的规定，构成犯罪，就必须承担相应的刑事责任。此时公司、企业领导人便成为刑事责任承担的主体，是为责任主体。

以往的相关刑法学研究多从公司、企业这一单位的视角研究公司、企业犯罪及刑事责任问题，而较少从公司、企业领导人这一自然人视角研究公司、企业领导人犯罪及刑事责任问题。由公司、企业的单位视角转换到公司、企业领导人的自然人视角，从而实现由公司、企业刑事责任研究到公司、企业领导人刑事责任研究的转向，就必须把眼睛始终盯在“公司、企业领导人”身上，始终围绕“公司、企业领导人”这一主体展开相关问题的研究与思考。

本章即从公司、企业法与刑法相结合的层面，对公司、企业领导人作为社会角色与刑事责任主体之公司、企业领导人这一主体本身的相关问题展开研究。

第一节　公司、企业领导人所系属的社会组织——公司、企业

人类的每一个成员或者某一类个体，都要系属于某一种组织，这是由人的社会性所决定的。公司、企业领导人系属于公司、企业这一社会组织，因而要研究公司、企业领导人的概念和范围，就需了解公司、企业的相关问题。这是因为，一方面，既然公司、企业领导人是

公司、企业人员，那么不属于公司、企业这类单位的领导人就不是公司、企业领导人，无需承担该类人员因其违反特定义务而构成犯罪的刑事责任。另一方面，公司、企业犯罪与其领导人犯罪之间存在密切关联，在成立公司、企业犯罪的情况下公司、企业领导人一般也需承担刑事责任。不同性质的公司、企业在成立单位犯罪方面的资质与能力不同，影响到能否成立公司、企业所构成的单位犯罪，从而也便影响到公司、企业领导人的刑事责任问题。正因如此，研究公司、企业领导人便需研究作为其系属的公司、企业。

公司、企业是从事生产、流通、服务等经济活动，以生产或服务满足社会需要，实行自主经营、独立核算，依法设立的一种营利性的经济组织。[①]公司、企业这一组织体是人类的一大发明创造，当今的人类生活与生存是不可能离开公司、企业的，或者说，没有公司、企业的当今人类社会是不可以想象的。[②]

依据不同的理论和标准可以对公司、企业作不同的分类。基于中国的实际情况，本论著兼采企业法律形态分类与所有制分类两个标准对公司、企业的类别、范围作一介绍。

一、企业的法律形态：公司企业、独资企业和合伙企业

企业法律形态是指企业法或商法所确定的企业组织的存在形式。企业法律形态经历了长期的历史发展，早已形成了通行于各国的传统类型，即按照成员构成、责任形式、法律人格的不同分为独资企业、合伙企业和公司企业三大类。由此也奠定了各国分别制定独资企业法、合伙企业法与公司法的企业立法格局。独资企业、合伙企业和公司企业三种企业法律形态，不仅涵盖了一切私人商业组织，而且典型地凸

---

① 现在出现一种“社会企业”，以社会公益为目的，但又有商业化的运作，具有经济性。这是对传统公司、企业概念的一个冲击。该种社会企业是否属于公司、企业还应研究，笔者这里暂采用传统公司、企业的概念，而不将社会企业列入公司、企业范畴。

② 在笔者看来，新中国成立以来公司、企业正反两方面的发展史可以对这一论断作出有力的印证。

显了各种企业的组织制度特点以及相互间在法律地位、企业产权、法律责任、设立条件与程序、企业治理、企业管理等诸多立法事项方面的显著差异，从而使以此为基础对各种企业的分别立法获得了最充分的法律调整意义，因而这样一种企业法律形态分类成为各国企业立法相袭沿用的至善模式。①

（一）公司企业（或称公司）

我国 2005 年《公司法》第 3 条规定："公司是企业法人，有独立的法人财产，享有法人财产权。公司以其全部财产对公司的债务承担责任。有限责任公司的股东以其认缴的出资额为限对公司承担责任；股份有限公司的股东以其认购的股份为限对公司承担责任。"可见，我国公司法规定了公司的性质与要素，强调公司具有法人资格、具有营利性、股东的有限责任性，没有强调公司的社团性。根据我国《公司法》规定进行理论概括，公司就是由股东投资设立的、以营利为目的、股东以其认缴的出资或者股份为限对公司承担责任、公司以其全部财产对公司的债务承担责任的企业法人。公司具有营利性、法人性、社团法人性和永久存续性的特征。②根据公司的特点，我们可以对某一社会组织是否具有公司的属性做出判定。

按照公司法的规定，公司主要有四类，即有限责任公司和股份有限公司、本公司和分公司、母公司和子公司、本国公司和外国公司。③

1. 有限责任公司和股份有限公司

首先是有限责任公司。有限责任公司，简称有限公司，是股东以其认缴的出资额为限对公司承担责任，公司以其全部财产对公司债务承担责任的企业法人。有限责任公司一般是适合于中小企业的一种组织形式。

根据《公司法》规定，有限责任公司有四种类型：一为一般有限

---

① 李建伟著：《公司制度、公司治理与公司管理：法律在公司管理中的地位与作用》，人民法院出版社 2005 年版，第 35 页。

② 徐新意著：《公司企业法学》，华东理工大学出版社 2006 年版，第 11-14 页。

③ 公司、企业分类主要参考王保树、崔勤之著：《中国公司法原理》，社会科学文献出版社 2006 年版，第 36-40 页；徐新意著：《公司企业法学》，华东理工大学出版社 2006 年版，第 14-24 页。

责任公司，是指由两个或者两个以上50个以下的股东共同出资，每个股东以其认购的出资额为限对公司债务承担有限责任，公司以其全部资产对公司债务承担责任的企业法人。二为一人有限责任公司，是指只有一个自然人股东或者一个法人股东的有限责任公司。一个自然人只能投资设立一个一人有限责任公司。该一人有限责任公司不能投资设立新的一人有限责任公司。一人有限责任公司应当在公司登记中注明自然人独资或者法人独资，并在公司营业执照中载明。一人有限责任公司章程由股东制定。一人有限责任公司不设股东会。股东做出股东会职权范围的决定时，应当采用书面形式，并由股东签字后置备于公司。一人有限责任公司应当在每一会计年度终了时编制财务会计报告，并经会计师事务所审计。一人有限责任公司的股东不能证明公司财产独立于股东自己的财产的，应当对公司债务承担连带责任。三为国有独资公司，是指国家单独出资、由国务院或者地方人民政府委托本级人民政府国有资产监督管理机构履行出资人职责的有限责任公司。四为外商投资的有限责任公司，这是外商投资的企业①中的一种主要形式。

其次是股份有限公司。股份有限公司，简称股份公司，是其全部资本分为等额股份，股东以其认购的股份为限对公司承担责任，公司以其全部财产对公司的债务承担责任的企业法人。股份有限公司通常是大型企业所采用的一种组织形式。它具有以下特征：一是发起人须达到法定人数。《公司法》第78条规定，设立股份有限公司，应当有2人以上200人以下为发起人，其中须有过半数的发起人在中国境内有住所。二是全部资本分为等额股份。三是股东对公司负有限责任。四是资本证券化，公司具有社会性。由于构成股份有限公司资本的股

① 外商投资的企业包括中外合资经营企业、中外合作经营企业和外资企业。外商投资的企业可以采取个人独资企业（包括个体工商户)、合伙企业、一人有限责任公司、有限责任公司等形式。规制该类外商投资企业的相关法律法规主要有《中外合资经营企业法》及其实施条例、《中外合作经营企业法》及其实施细则、《外资企业法》及其实施细则、《外资金融机构管理条例)及其实施细则、《关于设立外商投资股份有限公司若干问题的暂行规定》、《关于举办中外股份有限公司有关问题的通知》、《关于设立中外合资对外贸易公司试点暂行办法》、《外商投资商业企业试点办法》、《台湾同胞投资保护法》等。

份采取股票这种有价证券形式，就使得公司资本证券化，这为公司筹资提供了极大的方便。股份有限公司通过对外公开发行股票，向社会募集资金，就为投资者提供了灵活、方便的投资场所，能够有效地把社会上的闲散资金吸收进来。

按照我国 2014 年《公司法》的规定，股份有限公司也包括四种类型：一为发起式设立的股份有限公司，是指公司发起人将公司发行的全部股份全部认购，不再向发起人之外的人募集股份的股份有限公司。二为募集式设立的股份有限公司，是指公司发起人只认缴公司发行的 35% 以上股份，其余股份向社会公开发行或者向特定对象发行认缴而成立的股份有限公司。三为上市公司，是指其股票在证券交易所上市交易的股份有限公司。四为外商投资股份有限公司，是指全部资本由等额股份构成，股东以其认购的股份对公司承担责任，公司以全部财产对公司债务承担责任，中外股东共同持有公司股份，其中外国股东所持公司股份占公司注册资本达 25% 以上的企业法人。

2. 本公司和分公司

依公司在其内部管辖系统所处地位不同为标准，可将公司分为本公司和分公司。本公司又称总公司，是指依法首先设立，并对所属机构的经营、资金调度、人事安排等进行管辖和统一指挥的公司。分公司是指由本公司所设置，直接从事业务活动的分支机构。分公司不具有法人资格，其民事责任由本公司承担。

3. 母公司和子公司

依公司在其从属关系中所处的地位不同为标准，可将公司分为母公司和子公司。母公司，指能直接或间接控制其他公司的公司。子公司，指受母公司控制，但具有法人资格，依法独立承担民事责任的公司。①

① 现在有一种集团公司的形式，集团公司是指以资本为主要联结纽带，以母子公司为主体，以集团章程为共同行为规范的，由母公司、子公司、参股公司及其他成员共同组成的企业法人联合体。集团公司的本质特征是一种以母子公司关系为基础的垂直型组织体制，集团公司是企业集团的核心企业，通常就是母公司。

4. 本国公司和外国公司

依公司的国籍为标准，可将公司分为本国公司和外国公司。在认定公司国籍问题上，各国所采用的标准不尽一致。大多数国家兼采用准据法主义和设立地主义来确定公司的国籍，即依照公司设立时依据的法律所属的国家和公司设立登记所在地的国家，来确定公司的国籍。中国也采用此标准。本国公司是指依照《公司法》在中国境内设立的公司，即中国公司；外国公司是指依照外国法律在中国境外设立的公司。[①]外国公司依照中国《公司法》的规定，在中国境内设立的分支机构，称为外国公司的分支机构，其不具有中国法人资格。外国公司应对其分支机构在中国境内进行的经营活动承担民事责任。[②]

从公司法的角度，上述公司企业中之有限责任公司与股份有限公司、母公司与子公司、本国公司与外国公司以及本公司无疑都属于公司。而分公司的性质决定了其只是母公司的内部分支机构，分公司不是公司，它的设立无需依照公司设立程序，只需履行简单的登记和营业手续即可成立。

此外，根据不同的标准，还可对公司作不同的分类：以股东对公司的责任形式为标准，可以划分为无限公司、有限公司、股份有限公司与两合公司；根据公司股份是否公开发行以及是否允许自由转让为标准，可以将公司分为封闭公司与开放公司；根据公司信用基础的不同，可以将公司分为人合公司、资合公司以及人合兼资合公司；[③]以

---

① 现在有一种叫离岸公司的也属于外国公司范畴。离岸公司泛指在离岸法区内依据其离岸公司法规范成立的有限责任公司或股份有限公司。当地政府对这类公司没有任何税收，只收取少量的年度管理费，同时，所有的国际大银行都承认这类公司，为其设立银行账号及财务运作提供方便。具有高度的保密性、减免税务负担、无外汇管制三大特点，参见《离岸公司》，载http://baike.baidu.com/link?url=h5okYtqHp9FemKWZVIhTTocLRQyVF-oZUdtkduToAwlyPPCSuXS_sEPm2KAgxK-P，最后访问日期：2014年4月14日。

② 为正确适用《公司法》，最高人民法院结合审判实践，对人民法院在审理相关的民事纠纷案件中具体适用公司法的有关问题，分别在2006年3月27日通过《最高人民法院关于适用〈中华人民共和国公司法〉若干问题的规定（一）》、2008年5月5日通过《《最高人民法院关于适用〈中华人民共和国公司法〉若干问题的规定（二）》、2010年12月6日通过《最高人民法院关于适用〈中华人民共和国公司法〉若干问题的规定（三）》，对相关问题作了详细解释。

③ 赵旭东主编：《公司法学》，高等教育出版社 2006 年版，第 68-71 页。

股东数量和资本构成为标准，可将公司划分为独资公司与合资公司，[①]等等，不再赘述。

（二）合伙企业

合伙企业指由两个以上自然人设立的，按照合伙协议共同出资、合伙经营、共享收益、共担风险，对合伙企业债务承担无限连带责任的企业法律形式。合伙是历史最为悠久的企业组织形式之一。

合伙企业具有下列法律特征：一是合伙企业的成立，以合伙协议为基础，具有契约性质；二是合伙企业是人合性组织，合伙人之间的相互信赖及其个人信用，是合伙企业得以存在和事业经营的基础；三是合伙人对合伙企业的债务承担无限连带责任，不以其对企业的出资为限；四是合伙人按照合伙协议共同出资，共同经营，共享收益，共担风险，形成利益共同体；五是合伙企业无独立法人资格，但有自己的名称，具有一定的独立性，可以自己名义对外开展活动、起诉应诉等。合伙企业在法律上仍被视为自然人的联合形式，企业没有独立于合伙人的完全法律主体资格。[②]

（三）独资企业

又称个人独资企业、个人业主制企业、个人独资商号，是由一个自然人单独投资设立的，独立拥有和控制企业资产和收益，由投资者以其个人财产对企业债务承担连带责任的企业法律形式。个人独资企业是所有企业形式中最简单、最古老的企业形式，因而有时也被称为“古典企业”。

个人独资企业具有下列法律特征：一是投资者为单一的自然人；二是企业由投资者独立拥有和控制，企业财产和收益归投资者所有；三是投资者独立承担经营风险，必须以其个人财产对企业债务承担无限责任；四是个人独资企业不是单独的纳税主体，而投资者本人为纳税主体，因而不存在双重征税问题；五是独资企业不具有独立法人资格，企业信誉完全取决于投资者个人的信誉；六是企业拥有自己的名

---

① 李建伟著：《公司法学》，中国人民大学出版社 2008 年版，第 22-29 页。

② 刘瑞复著：《企业法学通论》，北京大学出版社 2005 年版，第 128-129 页。

称，具有相对独立的法律地位，可以自己的名义进行经营活动，起诉应诉等。[①]在处理个人独资企业相关法律问题时应注意相关法律法规的规定。[②]

在认定公司、企业的法律形态时，应以公司、企业的特征为标准，具体分析单位的构成和特点做出判断，不能仅简单根据公司、企业的名称去想当然地判定。如在我国，由于工商登记用语上的混乱，造成有些分公司的名称并未严格按照法律规定使用，有的虽名为分公司其实质却是子公司，而有的名为子公司而在实质上却为分公司。这就需要依照母、子公司及本、分公司的特征，根据公司的实际组成及运营情况做出判断。

二、企业的所有制形态：全民所有制企业、集体所有制企业、私营企业、混合所有制企业[③]

上文阐述了资本形态的企业法律形式，但是，我国现阶段的所有制结构，是以社会主义公有制为主体、多种所有制经济形式共存。因此所有制形态的企业法律形式在我国具有重大的现实意义，特别是就我们所探讨的公司、企业领导人刑事责任这一主题来讲，我国刑法体现了对国有公司、企业的特别保护，公司、企业所有制形式能够决定公司、企业领导人的罪与非罪、此罪与彼罪的界限。因而我们也对所

① 刘瑞复著：《企业法学通论》，北京大学出版社 2005 年版，第 128-129 页。

② 调整合伙企业、个人独资企业的相关法律有《中华人民共和国合伙企业法》、《中华人民共和国个人独资企业法》。

③ 就我国企业立法情况而言，在建立社会主义市场经济体制被提出之前，我国的企业法是依据企业所有制形式的不同而进行分类立法的，最终形成了《全民所有制工业企业法》、《城镇集体所有制企业条例》、《城乡集体所有制企业条例》以及《私营企业暂行条例》的立法格局。党的十四大提出建立社会主义市场经济体制之后，我国加快了依据企业法律形态而进行分类立法工作的步伐，全国人大常委会分别于 1993 年、1997 年、1999 年制定出《公司法》、《合伙企业法》、《个人独资企业法》等三部法律，从而完成了现代企业立法的结构框架。参见李建伟著：《公司制度、公司治理与公司管理法律在公司管理中的地位与作用》，人民法院出版社 2005 年版，第 35 页。需要说明的是，其后《公司法》又进行了多次较大规模的修改。上述我国企业立法体现出从以所有制为标准的企业立法转向以企业法律形态为标准的企业立法的发展变化过程。

有制形态的公司、企业形式加以论述。当然，中共中央既然已经决定要让市场在资源配置中起决定作用，[①]那么所有制形态的企业分类的意义必然要随着时代的发展而逐步减弱，从而真正让位于法律形态的企业分类的至善模式。

我国所有制形态的企业法律形式具体包括：全民所有制企业、集体所有制企业、私营企业和混合所有制企业。

（一）全民所有制企业

全民所有制企业是企业生产资料归全体人民所有，由国家作为全体人民的代表出资建立，自主经营，自负盈亏，自我约束，自我发展的企业组织形式。

全民所有制企业具有下列法律特征：一是国家作为全体人民的代表拥有企业的资产：二是企业的资产客体是全体社会成员的共同财富；三是企业具有经济法人资格，是经营、管理国有资产的法人；四是国有资产所有权与企业经营权相分离；五是国家对企业进行严格监督、管理。国有企业具有宪法地位，在我国社会主义所有制结构中居于主导地位，是建立和完善社会主义制度的经济基础。

在全民所有制企业发展的过程中，在不同历史阶段，其地位不同，称谓也不同。在计划经济时期，全民所有制企业由国家所有，而且由国家经营管理，按照国家计划进行生产。因此，全民所有制企业被长期称作“国营企业”。在市场化取向的经济体制改革过程中，企业国有资产的所有权和经营权逐步分开，企业开始走向市场。企业不再由国家经营，出现了各种经营方式，开始成为独立的商品生产者和经营者。1982 年《宪法》中，仍沿用“国营企业”的提法。但此后，在《民法通则》、《企业破产法（试行）》、《全民所有制工业企业厂长工作条例》和《全民所有制工业企业法》等一些立法中，不再使用“国营企业”，而是均改用“全民所有制企业”。在确立了建立社会主义市场经济体制的目标之后，1993 年《宪法修正案》中正式采用“国有企业”的称谓。

---

① 《中国共产党第十八届中央委员会第三次全体会议公报》，载《人民日报》2013 年 11 月 13 日 第 1 版。

这里的国有企业是指资本金全部为国家所有的企业。包括国有独资公司、国有独资企业和国有联营企业三种形式。[①]

（二）集体所有制企业

集体所有制企业是生产资料归劳动群众集体所有，实行共同劳动，个人收入实行按劳分配为主体的社会主义企业形式。集体所有制企业具有下列法律特征：一是企业生产资料归企业全体成员共同占有、使用和支配，在集体所有制企业内部，劳动者在生产资料占有关系上是平等的。二是企业的生产经营收入，除上缴给国家一定税金以外，其余全部归集体所有，可以自由支配和使用。三是企业内所有成员共同劳动，实行民主管理，自主经营，自负盈亏，独立核算的企业制度。四是在分配方式上，实行按劳分配为主，有入股的还要实行按股分红。

（三）私营企业

私营企业是法律规定的投资者投资设立、企业资产属于私人所有的营利性经济组织。私营企业也被称为“私有企业”、“私人企业”。在理论和实践中，普遍将私营企业称之为“民营企业”。私营企业具有下列法律特征：一是私营企业的投资者主要是自然人，也可以是法人，但必须是私营企业法人。二是投资者以其所拥有的自有资金或其他财产投资设立企业，对企业财产享有所有权。三是企业中存在雇佣劳动关系。这一特点使其与全民所有制企业、集体所有制企业有重大区别。四是以营利为目的，企业目标是追求利润最大化。五是企业目的、业务范围受到一定限制，如不能生产经营某些国家专营产品，不能进入某些特殊行业等。私营企业的组织形式有个人独资企业、合伙企业和有限责任公司等。

（四）混合所有制企业

混合所有制企业是指由公有制资本（国有资本和集体资本）与非公有制资本（民营资本和外国资本）共同参股组建而成的新型企业形式。自 1997 年以来一直是我国经济转型和发展的重要经济形式之一，已经成为国有企业改革的方向与主要形式，成为我国市场经济中一种

---

① 见国家统计局国统函[2003]44 号《关于对国有公司企业认定意见的函》。

重要的经济所有制形态。从国家角度而言，混合所有制企业包括国家控股企业和国家参股企业。根据相关法律法规，国家控股企业、国家参股企业与国有企业统称为“国家出资企业”。[①]

三、公司、企业法意义上的公司、企业与刑法意义上的公司、企业

以上我们对公司、企业的概念、特征、类别等问题所作的探讨，主要是从公司、企业法的角度进行的，但是，公司、企业法上的公司、企业和刑法上的公司、企业，特别是作为单位犯罪主体的公司、企业还是存在一定的区别的。

公司、企业法意义上的公司、企业与作为刑法意义上的公司、企业既相联，又有区别，既有一致性，又存在差异性。就一致性来讲，一国法律体系应该是统一的，因而一般来讲，公司、企业法上的公司、企业都可以作为单位犯罪之主体的公司、企业；不具有公司、企业法上的公司、企业不能作为单位犯罪之主体的公司、企业。但由于不同性质法律的目的和规范性质不同，两者之间又具有不一致性。2000 年最高人民法院关于《全国法院审理金融犯罪案件工作座谈会纪要》中就单位内部组织能否构成单位犯罪主体的问题提出，在一般情况下，单位内部的组织不是独立地进行活动，而是以其所在单位的名义进行活动，因而其行为应当视为其所在单位的行为。但是，如果单位的内部组织具有独立的民事行为能力和财产责任能力，就可以构成单位犯罪的主体。2001 年 1 月 21 日《全国法院审理金融犯罪案件工作座谈会纪要》进一步明确指出：“以单位的分支机构或者内设机构部门的名义实施犯罪，违法所得主要归分支机构或者内设机构、部门所有的，应认定为单位犯罪。”据此，单位的分支机构、内设机构可以作为单位犯罪的主体。就分公司来讲，其不具有法人资格，并非真正公司法意义上的公司，而是属于本公司的一个内部组织，但其却可以成为单位

① 相关的法律法规有《中华人民共和国企业国有资产法》、《企业国有资产监督管理暂行条例》等。

犯罪中的公司犯罪的主体。1999年最高人民法院关于《审理单位犯罪案件具体应用法律有关问题的解释》规定：刑法第30条规定的“公司、企业、事业单位”，既包括国有、集体所有的公司、企业、事业单位，也包括依法设立的合资经营、合作经营企业和具有法人资格的独资、私营等公司、企业、事业单位。这表明，不具有法人资格的独资、私营公司、企业不具有作为单位犯罪主体的资格，但它们却是公司、企业法意义上的公司、企业。

上述情况说明，作为公司、企业法意义上的公司、企业与作为单位犯罪主体的公司、企业具有不同的资格标准。在笔者看来，公司、企业法意义上的公司、企业的资格重在形式考察，只要具有符合公司、企业法规定的公司、企业形式即认为具有公司、企业的资格。而作为单位犯罪主体的公司、企业则是形式和实质结合，重在实质考察，不仅要看是否具有公司、企业的外观形式，更重要的是要考察是否具有犯罪能力和刑罚适应能力。问题实际上归结到单位犯罪主体的资格或者条件问题。

关于单位犯罪主体的资格或者条件问题，存在诸多观点，[①]笔者基本赞同黎宏教授的见解，他认为，构成单位犯罪主体的单位必须具备形式与实质两个方面的要件，即既要有单位的必要形式，又要有承担单位犯罪的刑罚的能力。确定单位犯罪的主体范围，应当根据刑法对单位犯罪规定双罚制和单罚制两种情形分别确定。就采取双罚制的单位犯罪而言，应当以具有法人资格或者虽不具有法人资格，但具有准法人地位，即依法成立，具有自己的名称和组织机构，有一定的财产、能以自己的名义独立进行民事活动和承担民事义务的非法定民事主体和诉讼主体为限。但就采取单罚制的单位犯罪而言，即对于刑法明文规定只处罚直接负责的主管人员和其他直接责任人员的单位犯

① 相关观点可参考赵秉志主编：《中国刑法实用》，河南人民出版社2001年版，第155页；马长生等：《论新刑法对单位犯罪的规定》，载胡驰主编：《刑法问题与争鸣》（第1辑），中国方正出版社1999年版，第204-205页；阮方民：《论单位犯罪的主体构成特征及范围》，载杨敦先等主编：《新刑法实施疑难问题研究与适用》，中国检察出版社1999年版，第179-181页；何秉松主编：《刑法教科书》，中国法制出版社1997年版，第213页。

罪，因其事实上不需单位作为一个整体以自己独立的财产承担罚金的刑事责任，所以，该种单位犯罪的成立，不受上述主体范围的限制。[①]围绕犯罪单位的形式要件及犯罪能力和刑罚能力，将实行两罚制和代罚制的单位犯罪主体资格做不同标准的掌握，不仅符合单位犯罪的实际情况，也便于司法操作。作为单位犯罪之一的公司、企业犯罪以及公司、企业领导人犯罪也应根据上述原则进行把握。

第二节　作为社会角色的公司、企业领导人——从公司、企业法层面

一、公司治理机制、结构与公司领导人的范围

公司治理机制与结构是现代企业制度的核心。在现代公司制度中，投资者所有权转化、分离为股东权和法人财产所有权，法人财产所有权与经营权进一步发生分离，从而形成股东、公司法人、公司经营者之间的清晰的产权关系，构成了现代公司制企业的权力机构、决策与执行机构和监督机构之间的分立与有效制衡，这就是所谓的现代公司法人治理结构。可见，公司治理结构是由所有者、董事会和高级经理人员三者组成的一种组织结构。其要旨在于明确划分所有者、董事会和高级经理人员各自的权力、责任和利益，形成三者之间的制衡关系。[②]公司法人治理机制与结构的本质是公司权力的划分与制衡，[③]这种制衡关系的设计也就决定了公司的组织机构及其组成人员的架构、职责和相互之间的关系。

① 黎宏著：《单位刑事责任论》，清华大学版社 2001 年版，267 页。

② 吴敬琏著：《现代公司与企业改革》，天津人民出版社 1994 年版，第 199 页。在笔者看来，吴敬琏的观点只是传统意义上的公司治理理论，而现代公司治理理论又有新的发展，下文在关于公司、企业领导人义务根据部分有论述。

③ 可以看出，公司、企业治理机制与结构之权力配置与制衡原理与西方国家权力之配置与制衡原理存在相似相通之处，两者的设计原理基本相同。

我国公司的组织机构设置一般由股东会（股份有限公司称股东大会）、董事会和监事会组成。

股东会（或股东大会）是由股东所组成的公司法定必备的最高权力机构。由现代公司所有权、经营权分离所决定，本论著的公司、企业领导人范围主要限定在行使经营权的经营管理层，因此，一般不将行使所有权的股东列为公司、企业领导人范围。[①]

董事会是由股东会（或者股东大会）选举产生的董事所组成的进行公司日常经营决策、执行公司业务的法定机构。董事会为股份有限公司所必设；股东人数较少或者规模较小的有限责任公司，可以设一名执行董事，不设董事会。执行董事可以兼任公司经理。董事会由董事组成，董事是根据法律被任命或选举并授权管理和经营公司事务的人。[②]董事有各种名称和种类，如董事包括了董事长、副董事长、常务董事、总裁、理事、执行理事、普通董事、执行董事、非执行董事、独立董事、事实董事、影子董事，等等。

监事会是由监事所组成的公司监督机关。监事会为股份有限公司所必设，股东人数较少或者规模较小的有限责任公司，可以设一至二名监事，不设监事会。

经理是由董事会聘任的、负责组织公司日常经营管理活动的公司常设执行机关。经理是有限责任公司法定的任意机关，是股份有限公司必设并常设的机关。[③]

由上述公司机构设置及组成人员来看，公司领导人自然包括董事、监事、经理。现行《公司法》引入高级管理人员的概念，并在第 217 条对高级管理人员作了解释，指明高级管理人员包括公司的经理、副经理、财务负责人、上市公司董事会秘书和公司章程规定的其他人员。财务负责人是负责公司财务的高级管理人员，称谓有首席财务执行官、

---

① 股东是否作为公司、企业领导人的问题还应该深入探讨，中国台湾地区学者王文宇将在无限公司、两合公司执行业务或代表公司之股东作为是公司的当然负责人，参见王文宇著：《公司法论》，中国政法大学出版社 2004 年版，第 100 页。另外，还有像控股股东的问题，将在下文阐述。

② Black' s Law Dictionary, West Publishing Co., 1979, P415.

③ 王保树、崔勤之著：《中国公司法原理》，社会科学文献出版社 2006 年版，第 109、182 页

财务副总裁、总会计师、财务总监、财务总经理、会计总监等。上市公司的董事会秘书是上市公司与证券交易所之间的指定联络人。董事会秘书为上市公司高级管理人员，对公司和董事会负责。上海证券交易所和深圳证券交易所《股票上市规则》规定了上市公司董事会秘书制度。《公司法》也规定了董事、监事、高级管理人员的职权和义务，特别是明确规定了上述人员的忠实义务与勤勉义务。因此，根据上述公司法律法规规定，公司领导人的范围理应包括公司董事、监事、高级管理人员。

另外，公司设立过程中有发起人，是指订立创办公司协议，提出设立公司申请，向公司出资或认购公司股份，并对公司设立承担责任的人。[①]发起人所起的作用相当于公司成立后的管理层，也承担着受信义务，[②]因此本论著将其作为公司领导人看待。

需要说明的是，新的公司法强调公司自治原则，其高级管理人员还可以是除法律规定之外的公司章程规定的人员，这就需要在认定高级管理人员时结合公司的章程加以认定。一般来讲，董事长助理、总经理助理、部门经理、总法律顾问、总会计师等，都可以是公司、企业章程载明的公司、企业领导人。

二、非公司制企业治理结构及其领导人范围

上文从公司治理结构的视角探讨了公司制企业领导人的范围，至于没有实行公司制的企业领导人的范围，存在两种情况，一种情况是该类企业有的也设置了与公司制企业相同的组织结构，因而其领导人也就以董事、监事、高级管理人员等相称。另一种情况是该类企业实行厂长负责制等制度，此时厂长、副厂长、财务负责人等应为企业领

---

① 汪振江著：《比较公司法学》，中国社会科学出版社2012年版，第86页。

② 发起人的受信义务体现在发起人相互之间的受信义务、发起人对将来公司、企业的受信义务以及发起人对后来投资者的受信义务，参见施天涛著：《公司法论》，法律出版社2005年版，第129-130页。

导人。[①]

三、公司、企业法层面的公司、企业领导人范围的厘定

（一）公司、企业领导人相关概念辨析

在确定公司、企业领导人时，首先要明晰相关概念。

1. 职业经理人

职业经理人是指将经营管理工作作为长期职业，具备一定职业素质和职业能力，并掌握企业经营权的群体。职业经理人通过职业技能鉴定中心的各项技能鉴定后，获得国家职业资格证书，是劳动和社会保障部90种职业资格认证中的一种。因此，职业经理人仅是一种资格，只有在其被聘用后，才能成为公司、企业领导人。

2. 法定代表人

我国公司、企业法律实行法定代表人制度。《民法通则》第38条规定："依照法律或者法人组织章程规定，代表法人行使职权的负责人，是法人的法定代表人。"《企业法人登记管理条例施行细则》第25条规定："经登记主管机关核准登记注册的代表企业行使职权的主要负责人，是企业法人的法定代表人。法定代表人是代表企业法人根据章程行使职权的签字人。"我国的法定代表人是一个集对内决策权与对外表达权于一身的"负责人"，其权力范围甚至还不止于此，不同的部门法以及行政法规、部门规章还赋予了法定代表人众多权力，几乎是一个对于法人方方面面的事物均具有决定权的"大家长"，法定代表人制度存在"僭主现象"。[②]

2005年10月修订的《公司法》对法定代表人制度作了一定程度的完善，该法第13条规定："公司法定代表人依照公司章程的规定，由董事长、执行董事或者经理担任，并依法登记。"改变了原来法定代表人只能由董事长担任的规定，在一定程度上扩大了法定代表人的备

---

① 中国现阶段非公司制企业的治理机制及领导人问题还应作进一步研究。限于资料的缺乏，本论著对该问题仅简单提及。

② 刘思：《论我国企业法定代表人制度及其完善》，吉林大学2012年硕士学位论文。

选范围。但这一变化并没有从根本上改变我国的法定代表人是一个集对内决策权与对外表达权于一身的“负责人”的性质。正因如此，我国公司、企业法定代表人一般应是公司、企业领导人无疑。

但情况也并非完全如此。按照我国《公司法》第13条的规定，公司法定代表人由董事长、执行董事或者经理担任，由于董事长、执行董事或者经理等依法应该承担管理经营公司的职责，那么公司制企业的法定代表人也就应该履行管理经营公司的职责。但对于个人独资企业而言，《个人独资企业法》全部条文并没有出现“法定代表人”这一词语表述，该法仅主要规定了“投资人”以及受投资人委托管理企业的人员的权利与义务，规定“投资人”是个人独资企业所有人，又明文规定投资人可以将管理经营权委托他人行使，因此，尽管相关税务登记等文件中可能将个人独资企业的投资人作为“法定代表人”登记，但这一“法定代表人”的概念不应该与公司法等法律法规中的“法定代表人”的概念完全等同。具体而言，公司法等法律法规所规定的“法定代表人”必须承担和履行管理的职责；而个人独资企业的所谓“法定代表人”，或者说，相关税务登记等文件上所载明的“法定代表人”，该“法定代表人”并不是如公司法所规定的严格意义上的“法定代表人”。根据《个人独资企业法》对于“投资人”的规定，作为个人独资企业的“法定代表人”的“投资人”实际上仅是企业的所有者，可以不必亲自履行管理经营企业的职责，而是可以委托聘任其他人经营管理个人独资企业，那么不亲自管理而是聘任其他人管理企业的个人独资企业的“投资人”，尽管相关文件载明其是企业的“法定代表人”，也不应认定为公司、企业领导人，并让其承担管理过失或者监督过失的责任，特别是让其承担管理过失的责任。

实践中由于对法定代表人的性质认识不清，误认为法定代表人一律就是必须承担管理、监督职责的公司、企业领导人，从而影响到对案件的正确处理。如姚某、姚某某等重大劳动安全事故案，[①]其基本案情如下：

① 案情参见天津市蓟县人民法院（2012）蓟刑初字第271号《刑事判决书》。

被告人姚某是个人独资企业莱德商厦的投资人并负责经营管理。2011年3月姚某将企业法定代表人与投资人转为其子被告人姚某某，但姚某某并未参与经营及管理。被告人姚某任总经理，负责全面工作。被告人姚某及被告人高某等人早知商厦所用电线已承载不了商厦的用电需求，每天都在超负荷运转，但未能引起高度重视，只采取限电的被动措施，未采取安全有效的根本性的整改措施，致使2012年6月30日商厦发生火灾，造成重大人员伤亡和财产损失的重大安全事故。一审法院认为，被告人姚某虽在2011年将莱德商厦的法定代表人转给其子被告人姚某某，但实际经营者仍是姚某，身为总经理的被告人姚某为追求经济效益，在明知商厦的电缆早已不符合国家规定，超负荷使用，仍无视其经营场所内工作人员及消费人员的生命安全，未进行有效的整改措施，应负直接负责的主管人员的责任。被告人姚某某虽未实际参与莱德商厦的经营，但其身为法定代表人，理应对所负责的经营场所的安全负责，但其不闻不问，采取放任的态度，故对所发生的事故应负直接负责的主管人员的责任。所有被告人的行为都危害了公共安全，且属于情节特别严重，均已构成重大劳动安全事故罪，均应予以惩处。被告人姚某、姚某某是莱德商厦全面事务的决策人，应承担事故的主要责任，判决被告人姚某犯重大劳动安全事故罪，判处有期徒刑6年；判决被告人姚某某犯重大劳动安全事故罪，判处有期徒刑4年。被告人姚某某等不服，提出上诉。[①]

本案中，姚某作为事故的直接负责的主管人员认定无疑。但在姚某某身份职责的认定上，审判机关并没有充分注意到个人独资企业的法定代表人与其他公司、企业的法定代表人的不同性质，因而对姚某某的定性存在可商榷之处。姚某某虽名为法定代表人，但其实际上只是个人独资企业的投资人，是企业的所有人而非管理人，其只是行使所有权而没有实际行使经营管理权，而法律也允许他这样做，即是说，个人独资企业的法定代表人可以不负具体经营管理的职责。这种情况下，姚某某就不应该对莱德商厦的安全负责，也就不应该成为事故的

① 据律师介绍，被告人姚某、姚某某提出上诉后，考虑争取监外执行等因素而又撤回了上诉。

直接负责的主管人员。作为商厦投资人的姚某某实际上也是该事故的受害人而非犯罪人。[①]

从该案可以看出，法定代表人并不必然是公司、企业领导人和刑法中的直接负责的主管人员。

3. 控股股东与实际控制人

根据《公司法》第217条的规定，控股股东，是指其出资额占有限责任公司资本总额百分之五十以上或者其持有的股份占股份有限公司股本总额百分之五十以上的股东；出资额或者持有股份的比例虽然不足百分之五十，但依其出资额或者持有的股份所享有的表决权已足以对股东会、股东大会的决议产生重大影响的股东；实际控制人，是指虽不是公司的股东，但通过投资关系、协议或者其他安排，能够实际支配公司行为的人。控股股东或者实际控制人是否是公司领导人，关键要看所处的实际地位及行使职权的实际情况。如果控股股东或者实际控制人实际上处于公司董事或者高级管理人员的地位，行使着这类人员的职权，发挥着类似该类人员的控制力，就属于公司领导人。[②]根据相关资料，2013年见诸媒体的463起企业家犯罪案例，提及涉案企业家在企业内职务的人数共有592人，其中实际控制人152人，占25.7%。[③]可见，实际控制人是我国公司、企业领导人的重要组成部分。

（二）公司、企业领导人范围的确定与判定

综合上文论述，从公司、企业法律规范与理论分析，公司、企业领导人的范围包括：公司、企业董事、监事、高级管理人员、厂长、

---

① 可见，企业性质类型对于公司、企业领导人的范围是有影响的；而且本论著公司、企业领导人一般而言是指企业的管理层而非所有人。企业所有人只有同时行使管理职能的才作为公司、企业领导人看待。我国民营企业家可以分为三类：一是仅作为所有者行使所有权能，二是仅作为管理者行使管理职能，三是前两类的混合。本论著所指的公司、企业领导人仅包括后两类。

② 在美国法律中，控股股东如充任董事或经理人，自然应对公司负受任人义务。即使控股股东并不担任公司的董事或经理人，但当其对公司行使控制力时，则该股东必须对少数股东负起类似董事之受任人义务，转引自杨玲著：《背信损害上市公司利益罪有关实体认定问题分析》，中国青年政治学院2011年硕士学位论文，第11页。由于人的身份是与其角色责任相一致的，既然对具有控制力的控股股东科以受任人义务，就表明其被作为公司董事或经理人的角色对待。这从一个侧面证明具有控制力的控股股东或实际控制人属于公司、企业领导人之列。

③ 北京师范大学中国企业家犯罪预防研究中心课题组：《2013中国企业家犯罪分析报告》，第6页。

副厂长、财务负责人，以及发起人、实际行使经营管理职权的控股股东或实际控制人，另外，按照公司自治原则，由公司章程规定的其他法律规定之外的高级管理人员等。可以说，公司、企业法律层面的公司、企业领导人的范围是非常广泛的。

在具体认定、确定公司、企业领导人的范围时，还要根据公司、企业的类别形式及相关的具体法律法规的规定加以确定，如对于国有独资企业、国有独资公司和国有控股公司，依据《中央企业负责人经营业绩考核暂行办法》第 33 条规定："国有独资企业、国有独资公司和国有控股公司党委（党组）书记、副书记、常委（党组成员）、纪委书记（纪检组长）的考核及其奖惩依照本办法执行。"这一规定实际上是将中央企业的党组织相关成员视为是央企负责人和国家工作人员。另外，国有企业领导人的产生机制不同于上面所论及的公司法规定的公司领导人产生机制，国企领导人一般是经政府相关部门的任命而产生，特别是央企，其领导人政治任命的性质非常明显。对这些特点也应该加以注意。

刑法理论的通说认可中共党组织与政协机关人员为国家工作人员。但本论著侧重于从现代公司、企业治理机制角度分析确定公司、企业领导人范围，因此从公司、企业法层面，本论著一般情况下暂不将公司、企业中的中共党组织领导成员列入公司、企业领导人范围，但同时在刑法层面，笔者又主张司法实践在科处刑事责任时应对该类人员的身份具体问题具体分析、具体认定。上述人员实际执行公司、企业经营管理职能时，必须使其承担公司、企业领导人的刑事责任。

因此，在认定是否属于公司领导人时，应坚持形式和实质结合，以实质为主的原则，[①]具体问题具体分析。也即一般情况下，应以形

① 有些国家对公司、企业领导人的规定或认定也是更偏重于实质，如英国公司法并没有规定董事的概念，对董事的理解注重"实质"而非形式，因此，不论采用何种头衔，任何实际上在公司享有董事职位的人即为董事。实践中，公司章程可能将董事一职规定为公司的管理理事会（governing council）成员、管理委员会、董事会成员、委托人、管理人（administrators），但是，在法律上，这些头衔不同的人均是公司的董事。林秀芹：《英国公司法的最新发展动向》，载 http://ielaw.uibe.edu.cn/html/wenku/bijiaoshangfaxue/bijiaoshangshizuzhifa/20080417/1580.html，最后访问日期：2011 年 2 月 1 日。

式标准和实质标准的兼备作为认定公司、企业领导人的标准，也即既具有公司、企业领导人的身份，也行使着领导人的职权，发挥着领导作用，自然应该认定为公司、企业领导人。但当形式标准与实质标准不同时存在时，应以实质标准为准进行认定，即虽然不具有公司、企业领导人的身份或者名义，但实质行使领导人的职权，起着领导作用的，应认定为公司、企业领导人，如事实董事和影子董事，前者是指未经正式任命，但其公开的行为显示他像是经有效任命的董事。如某人虽未经正式任命，但他经常参加董事会议并积极参与公司决策，可以被认为是事实董事。影子董事是指一些不具有董事资格却操纵着董事会的人，通常表现为三种形式：某大股东为避免承担个人责任而拒绝成为董事，但他在幕后持续地操纵着公司董事们的活动；某人因破产或其他原因丧失了成为董事的资格，但他仍然操纵着公司的董事会；持续地操纵着其子公司业务的持股公司代表。[①]这两种董事实际上都在行使着董事的职权，因而应认定为董事，属于公司、企业领导人之列。反之，具有公司、企业领导人身份或者名义，但没有领导人职权和作用的，不应认定为公司、企业领导人，如隐名董事，是指在公司注册上或登记上作为公司的董事，但不参加公司的经营决策，其董事权利一般由他人行使的董事。隐名董事虽具董事之名，但无董事之实，不应属于公司领导人的范围。

当然，上述实质性判断必须有充分的依据，必须严谨，不允许任意扩大公司、企业领导人的范围。在公司、企业领导人的判定上，关键是要确定公司、企业人员所行使的职权情况，这要结合公司、企业的章程、相关文件，如任命类、登记类文件，以及公司、企业的实际的生产经营活动等情况去作认真严谨的判定。

---

①《董事会》，载 http://www.cg.org.cn/theory/nbzl/nbzl-dsh.asp，最后访问日期：2006 年 2 月 2 日。

第三节 作为刑事责任主体的公司、企业领导人——从刑法层面

作为社会角色的公司、企业领导人，或者说公司、企业法律层面的公司、企业领导人范围构成作为刑事责任主体的公司、企业领导人，或者说刑法层面的公司、企业领导人范围的基底，由于一国法律体系的统一性，公司、企业法律层面的公司、企业领导人全部可以作为是刑法层面的公司、企业领导人。[①]但是，另一方面，由于民、刑法律不同的性质与任务，以及我国刑法所特有的“单位”概念，单位范围比较宽泛，因而刑法之公司、企业领导人的范围更广于公司、企业层面的公司、企业领导人范围。

一、关于公司、企业领导人主体的刑法立法

（一）明定式的公司、企业领导人作为犯罪主体的情形

即刑法条文明确将公司、企业领导人作为刑事责任主体规定的情形，大致有三种情形：

第一，我国刑法典分则有一个条文明确使用“公司、企业领导人”称谓的，即第255条规定“公司、企业、事业单位、机关、团体的领导人，对依法履行职责、抵制违反会计法、统计法行为的会计、统计人员实行打击报复，情节恶劣的……”，因而“公司、企业领导人”的称谓具有刑法规范性。

第二，有些分则条文从公司、企业法律角度规定了某些类别的公司、企业领导人犯罪主体，如刑法第165条规定的非法经营同类营业罪的主体为“国有公司、企业的董事、经理”，第169条之一规定的背信损害上市公司利益罪的犯罪主体是“上市公司的董事、监事、高级管理人员”。

① 这里涉及部门法的关系问题，是一个有争议的复杂问题，限于篇幅，这里不展开讨论。

第三，刑法典分则的一些条文实际上直接创设了自己对于一些类别的公司、企业领导人的术语或者称谓，如刑法第169条规定的徇私舞弊低价折股、出售国有资产罪，刑法条文将犯罪主体之一表述为“国有公司、企业直接负责的主管人员”，这便完全是刑法典使用的术语。

（二）暗含式的公司、企业领导人作为犯罪主体的情形

此类即并没有明确规定公司、企业领导人作为犯罪主体，但从条文的语意、逻辑分析，可以得出公司、企业领导人可以作为犯罪主体的情形。大致也可分为下列三种情形：

第一，我国刑法规定了单位犯罪，单位犯罪两罚制的处罚原则决定了单位犯罪中单位和单位自然人两个刑事责任的主体。那么在单位犯罪属于公司、企业犯罪的情况下，公司、企业直接负责的主管人员便均为公司、企业领导人。这种情况在公司、企业领导人违反社会责任的犯罪中表现得特别明显。我国两罚制例外的情形中无一例外的是均只处罚直接责任人员，这时公司、企业直接负责的主管人员无疑属于公司、企业领导人。

第二，一些自然人犯罪主体的犯罪中，从刑法典条文所使用的与公司、企业人员相关概念的内涵和外延分析，包括了公司、企业领导人员，如相关条文中所使用的“公司、企业……人员”或者“公司、企业……工作人员”的表述，公司、企业的人员或者工作人员自然包含了公司、企业领导人在内，公司、企业领导人能够成为这些犯罪的主体。又如一些自然人犯罪所使用的“直接负责的主管人员及其他直接责任人员”，如135条的重大劳动安全事故罪，其直接负责的主管人员一般应是公司、企业领导人。

再如，刑法典第169条之一第1、2款规定：“上市公司的控股股东或者实际控制人，指使上市公司董事、监事、高级管理人员实施前款行为的，依照前款的规定处罚。犯前款罪的上市公司的控股股东或者实际控制人是单位的，对单位判处罚金，并对其直接负责的主管人员和其他直接责任人员，依照第一款的规定处罚。”这里将上市公司的控股股东或者实际控制人作为犯罪主体，而根据上文的分析，当上市公司的控股股东或者实际控制人处于公司董事、高级管理人员的地位时，便应该属于公司、企业领导人之列。

第三，刑法条文甚至没有规定犯罪的主体，但通过逻辑分析，公司、企业领导人可以构成这些犯罪。如刑法第134条第3款规定了强令违章冒险作业罪，条文表述为“强令他人违章冒险作业，因而发生重大伤亡事故或者造成其他严重后果的，处五年以下有期徒刑或者拘役；情节特别恶劣的，处五年以上有期徒刑。”条文没有规定任何犯罪主体，但通过逻辑分析可以确定公司、企业领导人违反勤勉义务时可能构成该罪。

从上述立法情况看，存在公司、企业领导人构成身份犯与虽不构成身份犯但可能以其身份而触犯某些犯罪这两种情况。

二、直接责任人员

刑法典创设了“直接负责的主管人员或者其他直接责任人员”的概念，可以概括为“直接责任人员”的称谓，刑法典许多条文有“直接负责的主管人员或者其他直接责任人员”的表述，这是一个具有高度刑法规范性的概念，既具概括性、容纳性，又有指向性、目标性。[①]

（一）直接负责的主管人员

上文已述，一般情况下直接责任人员中直接负责的主管人员包含了公司、企业的领导人，在公司、企业构成单位犯罪以及主体为直接责任人员的自然人犯罪中，公司、企业法律层面的公司、企业领导人的确定并不具有决定性的意义，更为重要的是确定是否为刑法中的“直接责任人员”，此种情况下公司、企业的领导人范围与直接责任人员中的“直接负责的主管人员”的确定密切相关，因而下文对直接负责的主管人员作一研究。

就概念的组成来看，首先应明了的问题是，“直接负责人的主管人

① 就笔者所见，目前我国刑法理论及司法解释对“直接负责的主管人员和其他直接责任人员”的研究和阐释一般是将其置于单位犯罪之下来研究的，缺乏从一般意义上来研究该概念，似乎对单纯自然人犯罪中也有规定“直接负责的主管人员和其他直接责任人员”主体这一显而易见的现象视而不见。

员”中的“直接负责”和“主管”到底是针对什么而言。在笔者看来，直接负责的主管人员中之“直接负责”主要是针对行为人所从事的业务行为以及所实施的犯罪行为而言，[①]“主管”则是主要针对其在单位机构中的职务和身份而言。直接负责的主管人员应满足下列条件：

第一，直接负责的主管人员应是单位内部人员，而不是单位以外的人。这一点意味着，无论直接负责的主管人员是否是就单位犯罪而言，其必然和单位存在一定的法律关系，即或者是犯罪单位的一个正式成员，或者其与单位有聘任等法律关系。同时单位的内部人员也意味着，其所实施的犯罪行为和单位业务有关，即或者是单位犯罪，或者是依托单位的正常业务而犯罪，如果和单位及其业务无关，也只是一个单纯的自然人犯罪及共同犯罪的问题，如一个公司的经理在下班的路上和人发生口角，失手将人打死，尽管是单位成员，并且主管单位某方面的事务，但他的过失致人死亡的行为和单位以及单位的业务无关，因而也就谈不上是否是直接负责的主管人员的问题。

第二，直接负责的主管人员首先是“主管人员”，一般是单位负责人，具有单位领导人的身份。“主管人员”不一定就是指单位的主要领导，但必须是单位领导机构中的成员，其中大多是主管某方面工作或某些部门的领导。[②]

第三，直接负责的主管人员对单位犯罪实施或者单位业务活动起决策、决定、组织、指挥等领导作用。这主要是就其实际所起的作用考察，是一种相对动态的标准。由于单位犯罪行为一般寄生于或者依附在单位的经营活动中，因而对单位业务活动的决策、决定、组织、指挥等作用同时也就是对于单位犯罪所起的决定、批准、授意、纵容、指挥等作用，两者会呈现出某种程度的重合。这种领导作用是公司、企业领导人的实质性要件。一般情况下，具有领导人的身份，同时起领导作用的，即形式要件和实质要件同时具备的，自然是做为直接负责的主管人员的公司、企业领导人。最高人民法院在《全国法院审理

---

① 就一般情况而言，单位中之犯罪行为与业务行为紧密融合在一起，属于一体两面，因而“直接负责”往往既是针对犯罪行为，又是针对业务行为而言。

② 娄云生著：《法人犯罪》，北京：中国政法大学出版社 1996 版，第 77 页。

金融犯罪案件工作座谈会纪要》指出，“直接负责的主管人员，是在单位实施的犯罪中起决定、批准、授意、纵容、指挥等作用的人员，一般是单位的主管负责人，包括法定代表人”，该纪要即从形式的身份方面和实质的作用方面对单位犯罪中直接负责的主管人员加以认定。当形式要件与实质要件存在不一致或者不同时存在时，一般而言应以实质要件为准，即是说，没有领导人身份但实际起领导作用的，应该认定为直接负责的主管人员；具有领导身份，但不起领导作用的，不应认定为直接负责的主管人员。[①]但这种以实质性要件为准的判定应该十分严格和严谨，要求有充分的依据，不允许以实质性判断为由而任意扩大直接负责的主管人员的范围。

第四，对单位犯罪或者正常业务直接负责。这里的“直接”应作辩证的理解，并非是要主管人员直接实施犯罪行为，也并非是不能介入他人的行为[②]，而是强调危害结果和主管人员的行为有紧密的联系，主管人员的行为对危害后果有较强的原因力，具有刑法上的因果关系。

（二）其他直接责任人员

公司、企业领导人的判断主要涉及直接负责的主管人员，但从形式逻辑的角度，其他直接责任人员是直接负责的主管人员以外的单位内部工作人员。直接负责的主管人员的反面就呈现出其他直接责任人员的基本轮廓。因此，考虑到“其他直接责任人员”与“直接负责的主管人员”相对，“其他直接责任人员”对于准确理解“直接负责的主管人员”非常重要，同时也不能排除公司、企业领导人属于“其他直接责任人员”的情形，因而本部分主要对“其他直接责任人员”加以论述。[③]

关于何谓“其他直接责任人员”，理论上有重要作用说和行为参与

---

① 这一以实质要件为主的判定直接负责的主管人员的标准，也应适用于刑法层面的对于所有公司、企业领导人的判定。

② 实际上，由于单位是一个组织群体，在单位犯罪或者同单位业务有联系的犯罪与直接负责的主管人员的行为之间，往往介入他人的行为等因素。

③ 由于笔者认为单纯自然人犯罪和单位犯罪中的直接责任人员的实质含义和考察方法相同，在研究一般意义上的直接责任人员时，也借用了在单位犯罪意义上对此概念的研究。

说的聚讼。[①]重要作用说是刑法学界普遍采用的学说，该说认为，为了防止刑事责任的团体主义，扩大教育面，缩小刑罚面，贯彻罪责刑相适应、罪责自负原则，在单位犯罪中，犯罪环节较多，因而虽然知道或者参与犯罪的单位成员人数众多，但并非所有知道或者参与单位犯罪的单位成员都是单位犯罪中的其他直接责任人员，单位犯罪其他直接责任人员只限于为了实现单位犯罪意图积极参与实施单位犯罪的单位内部一般工作人员。构成单位犯罪其他直接责任人员需具备以下条件：第一，其他直接责任人员必须是单位内部人员；第二，其他直接责任人员必须是亲自实施了单位犯罪行为的人员；第三，其他直接责任人员必须对所实施的单位犯罪及其造成的危害结果是明知的或者是应当预见的；第四，其他直接责任人员必须是在单位犯罪过程中起重要作用的人员。重要作用是指单位犯罪的骨干分子和积极分子，对单位犯罪的实行和完成起了突出的作用。对于虽然参与实施单位犯罪的实行，但没有起重要作用的自然人，不宜认定为单位犯罪的其他直接责任人员。行为参与说认为，其他直接责任人员是指单位成员中所有直接实施单位犯罪行为，具体完成单位犯罪计划的人。其中有观点进一步认为，其他直接责任人员是单位犯罪行为的直接实施者或协助实施者。甚至有观点认为，虽知行为属于违法，但受到单位领导或其他人员的胁迫而实施单位犯罪行为的人，也属于其他直接责任人员。上述观点与重要作用说的根本区别以及它们之间的根本分歧在于，是否参与单位犯罪的所有人员都是单位犯罪的其他直接责任人员，对其他直接责任人员是否应当有范围上的限制。[②]

笔者认为，在认定其他直接责任人员时，应将重要作用说和行为参与说两者结合起来，还应考虑到非单位犯罪情况下的其他直接责任人员的特点。据此，其他直接责任人员是指在单位犯罪或者自然人犯罪中，直接负责的主管人员以外，参与具体实施单位犯罪并起重要作用的单位管理人员或者职工，或者是在具体从事单位业务活动中犯罪

① 这些关于其他直接责任人员的观点是从单位犯罪的角度探讨的，也适用于对非单位犯罪中的其他直接责任人员的探讨。

② 石磊著：《单位犯罪关系论》，山东大学出版社 2005 年版，第 72-74 页。

的人员，具体说来，其他直接责任人员具有下列特征：

（1）其他直接责任人员是直接负责的主管人员以外的单位管理人员或者职工，一般是单位内部某些职能部门的具体工作人员，既包括固定员工也包括临时雇佣、借用、委托、承包、租赁的人员。

（2）其他直接责任人员是具体实施了犯罪行为或者是具体从事单位业务的人员。在单位故意犯罪中，其他直接责任人员在上级指使、安排、命令下参与和从事犯罪活动，一般都是秉承领导集体或领导人员旨意，以完成本职工作的形式具体完成单位犯罪计划，其目的是使所在单位获得非法利益，并且实际上这种非法利益确实由单位所享有。在单位过失犯罪中，直接责任人员一般是过失行为的直接实施者，即过失的实行犯。在自然人犯罪的情况下，其他直接人员是直接从事单位业务的人员。

（3）其他直接责任人员是在单位犯罪或者自然人犯罪中起重要的或者积极作用的内部工作人员，这是由其他直接责任人员之“直接”的作用所决定的。认定作用是否重要，应从规范和刑事政策两个角度把握。从规范的层面看，其他直接负责的人员只能是起“直接”作用者，其行为和危害结果之间具有直接的刑法上的因果关系。正如有学者所指出的，“直接”是就危害行为的作用力及其对造成危害结果的原因力而言的，只有在单位犯罪之意志形成中和单位犯罪实行的相关环节中起到了主要或者关键作用的人，才谈得上是起直接作用者，才能予以治罪；其中明显起次要或者一般作用的人，则不宜作为刑事追诉的对象；从刑事政策的层面看，由于单位犯罪或者与单位业务有关系的犯罪往往涉及多人，刑法不可能也不需要将所有参与的行为人都予以处罚，而只需处罚对犯罪起重要作用者。如果只是起配合和次要作用，不宜作为其他直接责任人员加以追究。在单位犯罪中，对于受单位领导指派或奉命而参与实施了一定犯罪行为的人员，一般不宜作为直接责任人员追究刑事责任。[①]当然，考察是否“直接”，需要结合具

① 杨善良：《单位犯罪中直接负责的主管人员和其他直接责任人员的界定》，载《人民检察》2005年（4）上，第27-28页。这一观点也是最高人民法院2001年1月21日印发的《全国法院审理金融犯罪案件工作座谈会纪要》（法[2001]8号）所持的观点。

体案情，结合行为人在单位内部的职位、职责，以及对犯罪行为所起的作用等情况综合把握。

从司法实务的观点而言，《全国法院审理金融犯罪案件工作座谈会纪要》规定："其他直接责任人员，是在单位犯罪中具体实施犯罪并起较大作用的人员，既可以是单位的经营管理人员，也可以是单位的职工，包括聘任、雇佣的人员。应当注意的是，在单位犯罪中，对于受单位领导指派或奉命而参与实施了一定犯罪行为的人员，一般不宜作为直接责任人员追究刑事责任。"在笔者看来，该司法解释性规定实际上坚持的也是重要作用说和行为参与说的折中说。

（三）公司、企业领导人中的直接责任人员

在公司、企业犯罪与自然人犯罪中，都需要或者可能需要认定直接责任人员，公司、企业领导人也都可能被作为直接责任人员加以认定。公司、企业领导人中直接负责的主管人员与其他直接责任人员的区别体现在两个方面，一是身份不同，二是职权不同。就身份而言，公司、企业的法定代表人，董事长及董事，总经理，主管、分管或者部门经理，财务总监，监事等都可能被作为直接负责的主管人员加以认定。而一般的管理人员或者职工则可能被认定为其他直接责任人员。就职权而言，直接负责的主管人员拥有公司、企业职务，主管或者分管涉案业务，有决策权、指挥权、监管权，不需要直接参与实施犯罪；其他直接责任人员一般没有公司、企业职务与职权，往往仅是公司、企业职工，在开展公司业务活动中处于具体实施的某个环节。[①]

三、公司、企业领导人中的国家工作人员

上文已述，在现阶段，按所有制对公司、企业进行分类具有现实的意义。根据相同的道理，在我国，按是否是国家工作人员对公司、企业领导人做出甄别，关涉罪与非罪、此罪与彼罪以及刑罚的轻重，同样具有重要的现实意义。

---

① 游伟主编：《华东刑事司法评论》第4卷，法律出版社2003年版，第286页。

刑法典第93条对国家工作人员的含义作了界定，从中可以看到，在刑法规范层面，公司、企业领导人与国家工作人员存在交叉的情况。

（一）与公司、企业领导人相关的国家工作人员刑法规范分析

根据刑法典第93条第2款的规定："国有公司、企业、事业单位、人民团体中从事公务的人员和国家机关、国有公司、企业、事业单位委派到非国有公司、企业、事业单位、社会团体从事公务的人员，以及其他依照法律从事公务的人员，以国家工作人员论。"理论上一般将其称为"准国家工作人员"的规定。根据这一规定，国有公司、企业中从事公务的人员或者国有公司、企业委派到非国有公司、企业中从事公务的人员，以及其他依照法律从事公务的公司、企业人员，都属于国家工作人员。在此基础上作进一步的限定分析，那么，国有公司、企业中从事公务的公司、企业领导人员或者国有公司、企业委派到非国有公司、企业中从事公务的公司、企业领导人员，以及其他依照法律从事公务的公司、企业领导人，即属于国家工作人员。

根据上述刑法规定分析，公司、企业领导人中的国家工作人员，首先应是公司、企业领导人，这一要件实际上是从公司、企业法律层面对公司、企业领导人的解读与要求。即只要是公司、企业法律认可的公司、企业领导人都符合这一要求。其次，根据刑法典的规定，公司、企业领导人中的国家工作人员可分三类：一类是在国有公司、企业中从事公务的领导人员，二是国有公司、企业委派到非国有公司、企业从事公务的公司、企业领导人员，三是其他依照法律从事公务的公司、企业领导人员。最后，如果从所系属的公司、企业的所有制性质分类，那么公司、企业领导人中的国家工作人员可分两类，即：在国有公司、企业中从事公务的公司、企业领导人和在非国有公司、企业从事公务的公司、企业领导人。

然而，从刑法典的规定可以看出，我国刑法是以"从事公务"为核心和实质性的要件来定义国家工作人员的，因此何为"公务"以及何为"从事公务"对于国家工作人员的认定是十分关键的，而是在国有公司、企业还是在非国有公司、企业从事公务，并非是问题的实质。换句话说，虽然是在国有公司、企业工作，但并非从事公务，也不能作为国家工作人员认定；尽管是在非国有公司、企业工作，但若是从事的是公务，就仍然是国家工作人员。因此，以“在国有公司、企业中”或者“到非国有公司、企业”来限制、认定“从事公务”，其必要性与意义并非如想象的那么大。

对于构成国家工作人员之实质要件的“从事公务”，目前的研究仍不够深入。在公司、企业中所从事的“公务”与在国家机关中所从事的“公务”也理应有所不同。但目前对公务本身的性质，在公司、企业中所从事的“公务”特性，以及在国家机关中从事的公务与在公司、企业中从事的公务的不同之处认识还不是很清楚，有待进一步深入的研究。对于“从事公务”的理解，也暂依相关司法解释性文件为主要参照。[①]

下文暂依刑法典的规定对公司、企业领导人中的国家工作人员加以列举。

1. 在国有公司、企业中从事公务的公司、企业领导人员

刑法典中的一些表述如“国有公司、企业的董事、经理”、“国有公司、企业直接负责的主管人员”、“国有公司、企业或者其他国有单位中从事公务的人员”、“国有公司、企业、事业单位的工作人员”、“国有公司、企业的工作人员”、“国有公司、企业或者其上级主管部门直接负责的主管人员”，均指国有公司、企业中的国家工作人员，当然包括了作为国家工作人员的公司、企业领导人。但要注意，根据刑法典第93条的规定，在进行实质性分析时，仍要抓住“从事公务”这一国家工作人员的本质属性。[②]

① 最高人民法院在《全国法院审理经济犯罪案件工作座谈会纪要》中指出：从事公务，是指代表国家机关、国有公司、企业、事业单位、人民团体等履行组织、领导、监督、管理等职责。公务主要表现为与职权相联系的公共事务以及监督、管理国有财产的职务活动。如国家机关工作人员依法履行职责，国有公司的董事、经理、监事、会计、出纳人员等管理、监督国有财产等活动，属于从事公务。那些不具备职权内容的劳务活动、技术服务工作，如售货员、售票员等所从事的工作，一般不认为是公务。

② 这样看来，就如“国有公司、企业的董事、经理”，并不当然就是国家工作人员，还要看其是否从事了公务。

2. 国有公司、企业委派到非国有公司、企业从事公务的公司、企业领导人员

刑法典所规定的“国有公司、企业或者其他国有单位委派到非国有公司、企业以及其他单位从事公务的人员”即包括了该类人员。这一规定实际上是说，在非国有公司、企业中从事公务的人员也可能是国家工作人员，不过需要加上国有公司、企业委派这一前提条件。这里存在的问题是，刑法典第93条是以“从事公务”为核心来构建国家工作人员的概念的，一方面表明身份并非认定国家工作人员的核心要件。另一方面，根据该条第2款的规定精神，不仅国有公司、企业委派到非国有公司、企业从事公务的人员为国家工作人员，而且其他依照法律在非国有公司、企业从事公务的人员也应该是国家工作人员。但刑法典分则相关条款仅承认国有公司、企业委派到非国有公司、企业从事公务的为国家工作人员，这样一来刑法总则和分则对于同样事项的规定实际上出现了逻辑上的矛盾。另外，何为“委派”，对“委派”如何把握，对于公司、企业领导人中之国家工作人员的认定都是非常重要的。

3. 其他依照法律从事公务的公司、企业领导人

对这一类别的国家工作人员把握的难度更大，需要结合现实情况对照刑法规范加以分析，在具体的刑法适用中加以解决。该问题实际上涉及了下文的相关论述。

（二）公司、企业领导人中的国家工作人员之具体认定

目前实践中对于公司、企业领导人中国家工作人员的认定情况比较混乱。造成这种情况的原因有很多，一是由于公司、企业改制，在改制过程的某个时间节点上，该企业到底还是不是国有企业，便会产生认识的分歧。二是在已经确定为非国有企业的情况下，企业人员是否可以作为是国有企业“委派”从事公务，抑或是其他依照法律从事公务的人员，也会产生问题。

2010年最高人民法院、最高人民检察院联合发布《关于办理国家出资企业中职务犯罪案件具体应用法律若干问题的意见》(法发〔2010〕49 号)（以下简称《意见》），对国家出资企业中国家工作人员认定作

了相关解释，其中“关于国家出资企业中国家工作人员的认定”规定：“经国家机关、国有公司、企业、事业单位提名、推荐、任命、批准等，在国有控股、参股公司及其分支机构中从事公务的人员，应当认定为国家工作人员。具体的任命机构和程序，不影响国家工作人员的认定。经国家出资企业中负有管理、监督国有资产职责的组织批准或者研究决定，代表其在国有控股、参股公司及其分支机构中从事组织、领导、监督、经营、管理工作的人员，应当认定为国家工作人员。”

在上述规定中，国家机关、国有公司、企业、事业单位的“提名、推荐、任命、批准”等，都认为是“委派”。而且“具体的任命机构和程序，不影响国家工作人员的认定”。这种不问具体任命机构和程序的委派，为实践中国家工作人员认定的扩大化提供了条件。而这种扩大化的“委派”，极易导致本条解释中“国家出资企业中负有管理、监督国有资产职责的组织”范围认定的扩大化，从而最终使国家出资企业或者混合所有制企业中国家工作人员范围的扩大化。[①]试看下面的张某受贿罪案[②]：

南阳市鸭河口发电有限公司、南阳天益发电有限公司均为国有控股公司。2009年7月，根据公司党政联席会研究决定的方案，被告人张某通过中层竞争上岗，经上述两个公司联合下发文件，张某担任两个公司燃料质检部副主任，至2011年主持燃料质检部全面工作，对本部门的工作人员在对入场煤的采样工作中，负有监督、管理的责任。被告人张某在担任燃料质检部副主任期间，利用其对入厂煤质监管和复核的职务便利，于2010年至2012年春节前后，多次非法收受所在公司供煤单位所送贿赂共计68.30万元。一审法院认为，根据上述以及两高《意见》第六条第二款之规定：“经国家出资企业中负有管理、监督国有资产职责的组织批准或者研究决定，代表其在国有控股、参

① 不问任命机构和程序，意味着都可以宣称任命是经过了机构和程序，也意味着许多组织甚至非组织都可以作为“国家出资企业中负有管理、监督国有资产职责的组织”加以认定。如此一来，刑法适用中国家出资企业中国家工作人员认定的扩大化几乎难以避免。

② 该案曾召开了专家论证会，赵秉志教授、张泗汉教授、王新清教授、单民教授参会并就该案发表了指导性意见，本论著参考了其意见。

股公司及其分支机构中从事组织、领导、监督、经营、管理工作的人员，应当认定为国家工作人员”，南阳鸭河口发电有限责任公司党政联席会议即为该企业中负有管理、监督国有资产职责的组织，张某经该组织批准从事了管理、监督等职能的工作，应认定其为国家工作人员。其利用职务便利，非法收受他人财物，为他人谋取利益，其行为构成受贿罪。

在上述案件中，法院以公司党政联席会议是非国有企业中负有管理、监督国有资产职责的组织，张某经该组织批准从事了管理、监督等职能的工作为由认定张某为国家工作人员，这是值得商榷的。理由在于：第一，相关证据证明张某所在公司党政联席会议仅是一种会议形式而非组织，其职责也非监督、管理国有资产。根据本案相关证据，南阳鸭河口发电有限责任公司、南阳天益发电有限公司党政联席会议是公司在日常经营活动中就有关事项，征求党、政、工、团各方意见，形成统一思想认识的会议形式。南阳鸭河口发电有限责任公司、南阳天益发电有限公司系国有控股企业，企业的一切经营决策是按照《公司法》的要求进行的。公司党政联席会议仅仅是一种补充性质的会议形式，而非什么固定的组织形式，其功能也仅仅是“征求党、政、工、团各方意见，形成统一思想认识”，根本不具有监督、管理国有资产的功能或者职责，更不是什么“国家出资企业中负有管理、监督国有资产职责的组织”。第二，将公司党政联席会议认定为企业中负有管理、监督企业国有资产的组织缺乏法律法规、司法解释的依据，甚至违背《公司法》关于公司治理结构与机制的规定，是一种过度的扩张解释，存在过度扩大公司、企业中国家工作人员范围的危险。《企业国有资产法》与国务院《企业国有资产监督管理暂行条例》对企业国有资产监督管理结构作了明确规定，根据上述法律法规及其精神，均得不出国有出资企业党政联席会议是国有出资企业中负有监督、管理国有资产职责的组织的结论。我国《公司法》对于公司的治理结构、管理经营等有明确的规定，按照公司法的规定，在公司内部的机构有股东会、董事会、经理、监事会，公司的监督、管理的职责由上述相关机构承担。《公司法》及相关法律法规根本没有对公司内部的组织机构规定一个承担监督管理国有资产职责的企业党政联席会议的机构。

与之形成鲜明对比的是，在该《意见》实施之前，司法实践对于类似案件即没有将行为人认定为国家工作人员。例如，杭州铁路运输法院一审判决、上海铁路运输中级法院裁定维持的蒋某公司、企业人员受贿罪案，[①]蒋某同样是受公司党政联席会议任命的公司中层管理人员，两级审判机关都将其作为非国家工作人员进行认定。《意见》出台前后对于同样情况的不同认定，从某种程度上说明了《意见》存在对于出资企业中国家工作人员范围认定扩大化的危险，而司法实践中这种扩大化的现象从某种程度上说明了现阶段政府资本横冲直撞、国家出资企业发展过度、政府与民争利的乱象，而这是与中共十八届三中全会所确定的“紧紧围绕使市场在资源配置中起决定性作用深化经济体制改革”[②]的方向是相背离的。

不论是何种角色或者主体类型的公司、企业领导人，其身份或者职位仅仅只是其身份或者角色的一个标记、符号或者称谓，而潜藏于这些角色或者身份后面的更为根本的、本质的东西，却是公司、企业领导人的角色或者主体之义务与责任，这是支撑公司、企业领导人这一身份或者角色的本质属性或者至善德性。下文即对作为公司、企业领导人角色责任、角色义务或者说刑事义务的忠实义务、勤勉义务、社会责任展开研究。

---

①《国企改制后非“委派”人员是否为国家工作人员——上海铁路中院裁定蒋建平公司、企业人员受贿案》，载 http://www.66law.cn/goodcase/6483.aspx，最后访问日期：2013 年 10 月 25 日。

②《中国共产党第十八届中央委员会第三次全体会议公报》，《人民日报》2013 年 11 月 13 日 第 1 版。

第三章

忠实义务、勤勉义务、社会责任：角色义务与刑事义务

【概要】人是需要义务来定义的。公司、企业领导人这一角色相对应的义务即角色义务是忠实义务、勤勉义务、社会责任，这三项义务从公司、企业领导人与公司、企业以及社会之关系中产生，是公司、企业领导人之所以为公司、企业领导人的实质内涵，是其德性与善性之所在。从刑事法律的角度，这三项义务又是公司、企业领导人的刑事义务，是公司、企业领导人承担刑事责任的基础，严重违反三项义务便产生公司、企业领导人的刑事责任，即公司、企业领导人违反忠实义务的刑事责任、违反勤勉义务的刑事责任、违反社会责任的刑事责任，对应的犯罪可以分别称为公司、企业领导人违反忠实义务犯罪、违反勤勉义务犯罪与违反社会责任犯罪。

关键词　忠实义务　勤勉义务　社会责任　角色义务　刑事义务

两千多年前，西塞罗在他的《论义务》中说：“生活的任何一个方面，无论是公共的还是私人的，无论是法庭事务还是家庭事务，无论是你对自己提什么要求还是与他人订立什么协议，都不可能不涉及义务，生活的全部高尚寓于对义务的重视，生活的耻辱在于对义务的疏

忽。……任何关于义务的研究都包括两个方面：其一，涉及善的界限，其二，包括可运用于生活各个方面的实践规则。”[①]西塞罗认识到，无论是宏观意义上的国家、法律，还是微观意义上的个人，无论是在伦理德性意义上，还是在具体的规范意义上，“义务”是引领我们达至“善”的起点，“义务”是通往公正的必由之路，一言以蔽之，义务是德性之源并涉及善的界限。[②]人是需要义务来定义的，或者也可以说，人与义务是相互定义的，义务是人的社会性的本质。

人类的每一个份子，都扮演着各种各样的角色；每一个角色，都有与之相应的角色义务。与公司、企业领导人这一角色相对应的义务即角色义务或角色责任是忠实义务、勤勉义务、社会责任，这便是公司、企业领导人所承担的角色义务，是公司、企业领导人之所以为公司、企业领导人的实质内涵。因为，从本质上讲，可以用来定义公司、企业领导人的，不是董事长、总经理等职衔、身份，不是他们手握的职权或者权力，而是作为公司、企业领导人的董事、经理这些身份、角色所担负的忠实义务、勤勉义务与社会责任。从某种意义而言，公司、企业领导人与忠实义务、勤勉义务、社会责任之间具有相同的质的规定性，它们之间可以画等号。[③]有人认为，中国企业家要真正地成为这个社会和时代的主流力量，那么首先必须完成的一项工作，一项比技术升级、管理创新乃至种种超前的经营理念更为关键的工作，是塑造中国企业家的职业精神和重建中国企业的道德秩序。[④]在笔者看来，由忠实义务、勤勉义务、社会责任的特性所决定，这三者具备了作为企业家精神与企业道德秩序的内涵与品格。

可以说，作为人类德性之忠实、勤勉、社会责任很早就被人类所拥有、认识与提倡，就中国而言，对于这些德性的认识甚至早于西方，像勤勉、忠实等特性在中华民族身上体现的甚至更为鲜明，也是中华

---

① [古罗马] 西塞罗著：《论义务》，王焕生译，中国政法大学出版社 1999 年版，第 9-11 页。

② 高尚：《义务为什么如此重要——西塞罗〈论义务〉片论》，载《法律文化研究》2010 年第 1 期。

③ 而公司、企业领导人与董事、经理等之间却不能划等号。

④ 吴晓波著：《大败局》修订版，浙江人民出版社 2007 年版，第 6 页。

民族优秀传统文化的一部分，但只有西方在自己的公司、企业法律制度中创立了忠实义务、勤勉义务、社会责任制度，从而将人类美德的道德界定转化为制度规范。[①]

公司法等法律为公司、企业领导人明文规定了忠实义务、勤勉义务。但本论著认为，公司、企业领导人之义务并不能为忠实义务、勤勉义务所全部涵括，只有在这两种义务基础之上再加上社会责任，将公司、企业领导人之义务概括为忠实义务、勤勉义务、社会责任三项义务，才能达致逻辑的圆合与对公司、企业领导人所负义务之无所遗漏的全面认识。

从刑事法律的角度来看，忠实义务、勤勉义务、社会责任又是公司、企业领导人的刑事义务，是公司、企业领导人承担刑事责任的基础。

本章即对作为公司、企业领导人角色义务与刑事义务的忠实义务、勤勉义务、社会责任加以研究，这是公司、企业领导人刑事责任的基础。

第一节　公司、企业领导人角色义务之产生

一、公司、企业治理理论视野中的公司、企业领导人与公司、企业以及社会之关系

在笔者看来，公司、企业领导人所负义务之根据，应从公司、企业领导人与公司、企业及社会之关系中去寻找。对此问题应具体结合公司、企业治理理论加以探讨。

现代公司、企业制度的一个主要特征是所有权和经营权相分离，这种委托人与代理人相分离的制度必然导致一种所谓的“代理人问

① 如何将对美德的道德要求上升为制度的要求，进行制度的建构，是值得深思的问题。

题”，[1]也即引起了代理人为追求自身短期利益而损害委托人长远利益的现象。为避免这种现象的发生，需要对公司、企业领导人与公司、企业及社会之关系加以合理定位，以为公司、企业领导人正确履行其职责和义务奠定坚实的基础。为解决这些问题，便产生了公司、企业治理理论及公司、企业领导人法律地位理论。

传统的公司、企业理论将公司、企业定义为一个由物质资本所有者或股东组成的联合体，因此，传统公司、企业法人治理结构与机制相应要处理和解决的问题是：公司、企业在营运中如何确保物质资本所有者获得投资回报，即物质资本所有者通过什么机制迫使经营者将公司利润的一部分作为投资回报返还给自己以及如何约束经营者的行为，使其在保障物质资本所有者利益的范围内从事经营活动。而现代公司、企业理论发展到今天，公司、企业作为一种法律上的拟制人格所具备的根本特质已经被赋予了新的认识和解说。目前各国理论界所普遍流行的观点，是将公司、企业定义为一个由物质资本所有者、人力资本所有者以及债权人等利害关系人组成的一整套契约安排。在这样的理论背景下，公司、企业法人治理结构与机制被解释为公司、企业董事会、经理层、股东、债权人、雇员以及其他利害关系人之间围绕着公司、企业运营及运营过程中的权利配置所发生的互动机制。因此，现代公司、企业法人治理结构与机制所要解决的问题包括两个方面：一是基于“所有权与控制权分离”而形成的物质资本所有者或股东对公司、企业经理的约束与监督问题；二是基于“利益相关者理论”而形成的“非股东的利害关系人”参与公司、企业治理的问题。[2]可以看到，传统公司、企业治理理论的视阈只局限于公司、企业管理层与公司及股东之间，而现代的公司、企业治理理论已将股东之外的所有利益相关者之利益悉数纳入考量之中。

有学者对公司、企业治理理论的发展过程进行了考察，更详细地

---

① B．Holmstrom, P．Milgrom, The Firm as an Incentive System, American Economic Review, 1994(4), p972-991.

② 滨田道代、吴志攀主编：《公司治理与资本市场监管——比较与借鉴》，北京大学出版社2003年版，第345页。

论述了公司、企业治理理论从传统到现代的发展。该学者认为，迄今为止，公司、企业治理理论经过了古典管家理论、委托——代理理论、现代管家理论和相关利益者理论四个阶段。古典管家理论认为，所有者和经营者之间是一种无私的信托关系，董事会由于有信托的责任，而会以公司、企业的利益最大化为重。该理论是新古典经济学的公司、企业治理理论，在新古典经济学中，企业被看作是具有完全理性的经济人。委托——代理理论属于信息经济学的公司、企业治理理论，信息经济学放弃对信息完全和无私性的假设，由此对古典管家理论提出了质疑：一是由于经营者对自身利益的追求，没有任何理由或证据可以表明他们是无私的，或者会天然地与股东的利益保持一致；二是信息完全的假设背离了客观现实，一方面由于人的有限理性，人不可能拥有完全的信息；另一方面，信息的分布在个体之间是不对称的。这两方面的修正，产生了委托——代理理论。该理论认为董事会与股东之间就他们的利益签定了契约。现代管家理论是组织行为和组织理论的公司、企业治理理论。基于完全信息假设下的古典管家理论，显然不符合现实，不完全信息的存在使该理论无法解释现代企业中所存在的两职分离与合一的现象。虽然委托——代理理论的提出有助于解释两职分离及其绩效的关系，但是，现代组织理论和组织行为方面的研究表明，代理理论的前提假设是不合适的，而且也有许多实证结果与代理理论是截然相反的。在此基础上，Donaldson 提出了一种与代理理论截然不同的理论——现代管家理论。他认为，代理理论对经营者内在机会主义和偷懒的假定是不合适的，而且经营者对自身尊严、信仰以及内在工作满足的追求，会促使他们努力经营公司、企业，成为公司、企业资产的好“管家”。现代管家理论认为，在自律的约束下，经营者和其他相关主体之间的利益是一致的。

相关利益者理论是现代公司、企业治理理论的观点。西方古典公司、企业治理理论是以古典管家理论或者更为现代的概念即委托——代理理论为基础的，这些思想日益受到批评，因为它们把更为广泛的相关者的利益排除在外。虽然关于如何确定相关利益主体在公司、企业治理中的地位和作用，还远未形成完整的理论体系，但有许多实践已经在这方面做了有益的尝试。例如，员工持股计划、雇员进入董事会和监事会、董事会结构的重构以及机构投资者和债权人的作用等等。①

从公司、企业治理理论发展的历史不难看出，公司、企业的发展史，就是人们不断深化对于公司及企业本身性质、内外部关系、经营管理者德性认识的历史。现代公司、企业治理理论不仅认识并调整了公司、企业的内部关系，即公司、企业管理层与公司及股东的关系，而且在更大的范围内将公司、企业与其利益相关者的关系作一体的考虑；不仅不断探究公司、企业的属性，而且不断洞悉经营管理者的德性。因而，在笔者看来，现代公司、企业治理理论通过对公司、企业领导人与公司、企业及社会关系之深刻认知与洞悉，不仅较好地阐释了公司、企业领导人对于公司、企业及其股东所负的忠实义务和勤勉义务的根据，而且深刻地揭示了公司、企业及其领导人所负有的社会责任的根据。

二、忠实义务、勤勉义务之产生——公司、企业领导人与公司、企业的关系

（一）董事与公司、企业关系中的忠实义务与勤勉义务

董事是由公司股东大会选举产生的，关于董事与公司的法律关系之性质，英美法和大陆法的观点不尽相同。

英美法上的董事与公司、企业的关系主要有信托关系说、代理关系说、特殊关系说和混合关系说。信托关系说认为，董事与公司、企业之间的关系为信托关系，董事作为公司、企业的受托人，是基于公司、企业的信任而管理该项财产，须为公司、企业的利益履行职责，董事在履行职责的过程中不仅应为善意，还应具有适当的注意和勤勉

① 吴淑琨、席酉民著：《公司治理与中国公司改革》，机械工业出版社2000年版，第17-19页。

义务。[①]代理关系说认为，董事是代理人，公司、企业是法律拟制的个体，它最终必须通过自然人即董事办事，因此代理法是公司、企业法的根据。特殊关系说认为，董事既非公司、企业的代理人，也非受托人，而是一种特殊的关系。混合关系说则对各种学说进行全面审视后认为，将董事和公司、企业的关系固定为一种关系是不妥当的，根据董事会权力的性质及其特征，董事会与公司、企业之间的法律关系是一种以权力——责任——信义义务关系为核心的法律机制，即董事会拥有以自己的行为改变公司、企业法律地位的能力，但前提是董事须对公司、企业负信义义务。

大陆法系国家和地区内部对董事与公司、企业的关系有不同的看法。其中，德国、法国公司、企业法认为董事与公司、企业的关系应适用代理关系。日本和我国台湾地区认为董事和公司、企业的关系应适用委任关系。按照委任关系，委任人是公司、企业，受任人是董事，委任标的是公司、企业财产的管理与经营，这种委任关系，与其他委任契约不同，它仅依股东会的选任决议和董事答应任职而成立。根据委任的法理，董事可因其委任取得对公司、企业事务的经营决策和业务决策权。由于大陆法国家采用委任与授权相分离的原则，把代理关系中的本人、代理人和第三人之间的关系，分解为本人与代理人的委托契约关系和由代理权而产生的法律代理关系。因此，委任契约法是产生委托代理人授权的原因或基础。在这个意义上，仅仅以契约约束董事是不够的，还需以公司、企业法和证券法上关于董事的忠实义务的特别规定来约束董事。代理关系说和委任关系说是大陆法系对董事与公司、企业关系的基本认识。

尽管英美法和大陆法对董事与公司、企业的关系认识上不尽相同，但其一个共同的核心观点就是董事应对公司、企业负信义或忠实义务。

（二）监事与公司、企业关系中的忠实义务、勤勉义务

监事在不同的国家含义和职能不尽相同。在英国和美国，监事即

---

① [英] R·E·G. 佩林斯、A. 杰弗里斯著：《英国公司法》，公司法翻译小组译，上海翻译出版公司 1984 年版，第 221 页。

为 auditor，auditor 主要负责对公司财务的审计，与严格意义上的监事是不同的，因此在英美法国家，监事实际上是审计师或审计委员会成员。对于大陆法的监事，在德国，监事和公司的关系被视为代理关系，因此，关于董事的责任也是适用于监事的。在日本，监事和公司的关系适用委任的规定，因此监事负有善良管理者的注意义务。由于监事在执行业务时与公司没有利益关系，关于董事的忠实义务也就不适用于监事，对监事没有禁止竞争义务和利益相反限制。

我国公司法尽管在总则性的规范中规定监事负有忠实义务和勤勉义务，但在具体规定违反忠实义务的违法行为的《公司法》第 149 条却排除了监事的忠实义务。[①]

（三）高级管理人员与公司、企业关系中的忠实义务、勤勉义务

对于公司、企业与其高级管理人员的关系，主要体现在董事会与高级管理人员的关系上，在该问题上存在委托代理关系说和信托关系说。委托代理关系说认为，董事会和高级管理人员之间是委托代理关系，即董事会以经营管理知识、经验和创造能力为标准，选择和任命适合本公司、企业的高级管理人员。而该高级管理人员作为董事会的代理人，在董事会的授权范围内行使管理权，并接受董事会的监督。其中，董事会是经营者，高级管理人员是管理者。董事会只是把部分经营权力委托给高级管理人员，高级管理人员只是公司意定代理人，即委托代理人。在委托代理理论下，高级管理人员的特征表现为三个方面：第一，公司、企业高级管理人员的产生基于有偿雇佣，是公司、企业的“高级雇员”，经济学上称之为资本所有者的“牧羊人”，即受股东委托的代理人；第二，公司、企业高级管理人员的权力受董事会委托范围的限制。凡是超越该范围的决策和公司、企业章程规定的董事会职权所辖事宜，都需报董事会决定。高级管理人员的一切权限来自董事会，高级管理人员是附属于董事会而不是独立于董事会之外的；第三，公司、企业高级管理人员不是公司机关。高级管理人员所享有

① 这种前后规定的不一致所反映出的监事与公司、企业之关系问题以及监事的定位问题值得研究。

的高级管理人员之管理行为并非公司、企业本身的行为，而是高级管理人员自己的行为，将公司、企业高级管理人员以公司名义对外直接从事的法律行为，认定为代理权中所包含的代表权功能，适用代理理论归于公司、企业承受。

信托关系说认为，高级管理人员的经营权是依据信托关系从董事会所代表的公司、企业法人财产权那里取得的。信托关系是指委托人将财产权转移于受托人，受托人依信托文件所定，为受益人或特定目的而管理或处分信托财产的法律关系。信托理论起源于英国，在英美法系国家，信托是财产管理的主要方式。根据信托原理，一个人在没有能力或不愿亲自管理财产的情况下，将财产转移给自己信任并有能力管理财产的人（即受托人），并指示受托人将信托财产及其收益用于受益人的利益。信托制度的核心就是，将信托财产的管理和支配所有权权能与实际受益权分开，在承认受托人对信托财产享有上述所有权权能的同时，还承认受益人享有的受益权权能，并强调对信托财产及受益权的保护。[①]

在笔者看来，上述理论都从不同的角度对公司、企业领导人之于公司、企业的法律关系做出了阐释。尽管各理论存在差异之处，但其基本的出发点都是一致的，即都是试图通过对公司、企业与其领导人相互关系的解说来解释公司、企业领导人所担负的义务；所得出的基本结论也具有共同之处，即都认为公司、企业领导人对公司、企业负有忠实义务和勤勉义务。

不过，上述解释公司、企业领导人义务来源的思路现在已经发生了改变，正如学者所言，长期以来，人们一直试图用信托理论或者代理理论来解释公司、企业中的受信义务，[②]现在看起来，公司、企业中的受信义务源自于信托关系还是代理关系，已经不是很重要了。像信托中的受托人须对委托人承担受信义务、代理中的代理人须对被代

---

① 以上关于公司、企业领导人与公司、企业的关系主要参考了李军：《浅论公司董事、高级管理人员犯罪的若干问题》，武汉大学2003年硕士学位论文。

② 这里的受信义务包括了注意义务和忠实义务，也即我国公司法所规定的勤勉义务和忠实义务。

理人承担受信义务、合伙中的合伙人须相互承担受信义务一样，公司、企业中的管理者也同样需要对公司、企业承担受信义务。这已经形成共识，并且已经制度化，无需再借助于信托关系或者代理关系来解说。[①]就是说，人们已经超越了找寻义务正当性根据的阶段，而将忠实义务、勤勉义务作为是一种制度安排，作为是一种对企业家的当然要求来对待。

三、社会责任之产生——公司、企业领导人与社会的关系

作为公司、企业的委托人或者代理人，公司、企业领导人首先要面对的是公司、企业，首先要面对的关系是其与公司、企业的关系。随着公司、企业的发展以及相关利益者等公司、企业理论的发展，公司、企业及其领导人也要面对社会，并因而产生公司、企业及其领导人与社会的关系及所要承担的社会责任。

传统上社会责任是针对公司、企业而非公司、企业领导人而言的。利益者相关理论的发展不但推动了公司、企业治理结构、机制理念的更新，而且直接催生了公司、企业社会责任的产生。然而公司、企业与其领导人毕竟不同，公司、企业社会责任能够转化为其领导人的社会责任吗？或者说，公司、企业需负社会责任，能否由此就推导出公司、企业领导人也要负社会责任？笔者认为，答案是肯定的，理由在于：

首先，这是由公司、企业领导人与公司、企业的一体性所决定的。尽管公司、企业领导人与公司、企业之间存在着利益的不一致之处，但公司、企业领导人执掌公司、企业的管理、运行，是公司、企业的代理人、受托人或者代表人，是公司、企业行为的体现者，或者其行为本身就是公司、企业的行为。法律对公司、企业的要求需要通过公司、企业领导人的行为来实现。如此一来，公司、企业与其领导人在利益、行为、守法等方面便又体现出一体性，即公司、企业的利益就

① 施天涛著：《公司法论》，法律出版社2005年版，第449页。

是公司、企业领导人的利益，公司、企业的行为就是公司、企业领导人的行为，法律对于公司、企业的要求就是对于公司、企业领导人的要求，法律与道德要求公司、企业承担的社会责任等义务也是法律与道德要求公司、企业领导人所要承担的义务。例如，公司、企业不能污染环境、制售假冒伪劣产品，那么公司、企业领导人在领导公司、企业进行生产经营时也就必须承担保护环境、保障产品安全的责任。企业要保障其职工利益，公司、企业领导人就要代表公司、企业切实担负起这样的义务。

其次，在笔者看来，公司、企业领导人承担社会责任实际上也有法律根据。《公司法》第148条规定："董事、监事、高级管理人员应当遵守法律、行政法规和公司章程，对公司负有忠实义务和勤勉义务。"笔者认为，该条不但明确规定了忠实义务、勤勉义务，该条前半段实际上也规定了公司、企业领导人一般的守法义务，即"应当遵守法律、行政法规和公司章程"，而法律、规章、章程等都对公司、企业领导人规定了环境保护、产品质量安全等方面的义务，而这些也都是公司、企业社会责任的内容。反过来说，实际上公司、企业社会责任所要求的内容，基本上也同时是公司法律、行政法规等要求公司、企业领导人做到的。也就是说，我国法律、法规与规章等所规定的公司、企业社会责任的内容与其对于公司、企业领导人要求遵守的内容有很多方面是重合的。从一点上可以说，现有法律、法规或者规章实际上已经规定了公司、企业领导人的社会责任。

最后，我国刑法理论与刑法立法实际上也对公司、企业领导人的社会责任予以认可。我国刑法典对于环境污染、产品质量安全等违反社会责任的犯罪绝大多数都规定了自然人和单位均可以构成，实际上就是肯定了公司、企业领导人所应负的这些方面的社会责任。而该类犯罪在单位犯罪情况下实行两罚制的规定也在某种程度上表明：刑法立法将公司、企业违反社会责任等同于公司、企业领导人违反了社会责任，从而也就默许或者认可了公司、企业领导人具有社会责任。

因此，从立法与法理角度分析，社会责任同样也是公司、企业领导人所应负的义务。[1]

综上所述，公司、企业领导人与公司、企业及社会的关系中产生了其对公司、企业或者社会的忠实义务、勤勉义务和社会责任。公司、企业领导人脱离不开与公司、企业以及社会之关系，也就推脱不掉所应承担的忠实义务、勤勉义务与社会责任。而这，就是公司、企业领导人的命运与德性。忠实义务、勤勉义务、社会责任能够没有遗漏地全面涵括公司、企业领导人这一社会角色所肩负的积极义务或者称为角色责任、角色义务，从而也能够从本质上全面体现公司、企业领导人的刑事义务。刑法立法有关公司、企业领导人犯罪的规定，自觉或者不自觉地涉及对于忠实义务、勤勉义务、社会责任的违反，从而从这些义务违反的角度可以较为准确地认识与考察这些犯罪的本质属性与根本特征，可以较为科学地探寻到这些犯罪的刑法立法特点与规律。可以说，公司、企业领导人所负忠实义务、勤勉义务、社会责任的认识，为我们解读与适用公司、企业法律规范与刑法规范打开了一扇豁亮之窗。

四、作为角色义务的忠实义务、勤勉义务、社会责任之间的关系

对三种义务关系之认识可以进一步加深对三种义务的理解。

（一）三种义务的区别

三种义务之间具有下列区别：

1. 法律、法规所规定的义务主体不同

根据前文的法理分析，这三种义务的主体都是公司、企业领导人。但从公司、企业法律、法规的规定看，《公司法》关于忠实义务和勤勉义务的总则性规范明文规定的主体是公司的董事、监事、高级管理人员，关于社会责任的总则性规范明文规定的主体是公司。而《公司法》所规定的违反忠实义务的行为，除了利用职权收受贿赂或者其他非法

---

[1] 当然，在普遍强调责任、义务的国度与环境中，从公司、企业的社会责任过渡到公司、企业领导人的社会责任还可能是更加自然、不费思量的。

收入，侵占公司的财产的具体违法行为主体是公司董事、监事、高级管理人员之外，其他8种违反忠实义务违法行为的主体规定的仅是公司董事、高级管理人员，而不包括监事。

2. 义务履行的对象有所不同

从法律的规定及法理分析上看，忠实义务和勤勉义务所履行的对象是公司、企业本身以及股东，[①]也即忠实义务和勤勉义务是向公司、企业及其股东履行的。[②]而社会责任是向公司、企业及其股东之外的利益相关者，包括职工、客户、消费者、债权人、社区乃至国家等履行的。

3. 义务的属性、功能、价值取向不同

忠实义务是诚实信用方面的要求，要求不为某些行为，公司、企业领导人只要消极不作为就可遵守，从性质而言其是一种消极性的行为。勤勉义务则是对公司、企业领导人履行职务能力方面的要求，勤勉义务要求必须积极为一定行为，从性质而言其是一种积极性的行为。忠实义务重在考察公司、企业领导人的职业操守是否存在污点，勤勉义务关注的则是公司、企业领导人的决策、经营管理过程是否有瑕疵。前者为道德标准，后者为称职标准。[③]

4. 三种义务产生的时间不同

针对公司、企业本身的忠实义务和勤勉义务是最早产生的义务，而且得到法律和法律理论界的一致认可；社会责任或者社会义务只是晚近才产生的，并且公司、企业及其领导人应否承担社会责任也还存在争论。

---

① 有学者认为，原则上，公司、企业领导人仅对公司、企业承担忠实义务、勤勉义务。但这一原则也可能有例外，在特定情况下，董事、经理也可能对股东直接承担忠实义务、勤勉义务，如董事、经理与某一股东或者某一类股东直接进行交易，或者董事、经理行为侵害了特定股东的权益，董事、经理也可能根据忠实义务、勤勉义务对该股东或者该类股东承担责任。参见施天涛著：《公司法论》，法律出版社2005年版，第457页。

② 关于是否应对利益相关者履行忠实义务、勤勉义务的问题，公司、企业法理论上有分歧，立法上态度暧昧，实践中存在不同的做法。参见施天涛著：《公司法论》，法律出版社2005年版，第457-466页。

③ 石慧荣著：《商法要义与探微》，法律出版社2009 年版，第 86 页。

5. 要求履行的次序以及重要程度存在差别

一般来讲，由公司、企业本身的性质及忠实义务和勤勉义务的特点所决定，这两个义务是首先要履行的。社会责任应位列忠实义务和勤勉义务之后。

就忠实义务和勤勉义务的关系而言，某种意义上，忠实义务的重要性要大于勤勉义务。[①] 例如，有学者就认为，公司、企业领导人的忠实义务是公司、企业领导人对公司、企业所负的首要诚信义务，而勤勉义务则位居其次。中外公司、企业法协调公司、企业与其代理人利益冲突的关键点也在于强化公司、企业领导人的忠实义务。从对公司的危害程度看，违反忠实义务的行为比违反勤勉义务的行为对公司、企业的杀伤力更大。波斯纳曾言："管理不善（过失）的危险性并没有经理人员不公正对待股东的危险性（不忠诚）大。"[②]从义务的履行难度看，履行忠实义务比履行勤勉义务更容易。公司、企业领导人只要坚守不背叛公司、企业的道德底线就可以轻而易举地对公司、企业尽忠。不得背叛主人是基本的伦理常识，具备经营管理才干的公司、企业领导更应做到对公司、企业的忠诚。从追究义务违反的责任来看，违反忠实义务的责任追究难度要小于违反勤勉义务的责任追究。在公司、企业领导人失信悖德的情况下，法官和仲裁员只需拿出伦理价值的天平进行利益衡量；而在公司、企业领导人违反勤勉义务的情况下，法官和仲裁员就会发现伦理价值的判断标准开始失灵，被迫代之以勤勉义务的衡量标准，进而出现法官和仲裁员迷茫的情况。[③]

6. 民商事、行政责任形式不同

违反忠实义务的责任一般仅是违约责任，而违反勤勉义务所承担

① 德才兼备当然是一种对于人才的理想要求，但当两者不可兼得时，我们一种普遍的认知是："无德有能"要比"有德无能"更可怕，也就是我们在不可兼得时选取的是"德"而非"能"。从这里也可以看出忠实义务比勤勉义务更重要。当然，风险社会的到来使得"无能"所造成的后果往往也非常巨大，所以强调忠实义务的重要性是有条件的，应倡导对于两者的同等重视。

② [美]理查德·A. 波斯纳著：《法律的经济分析》，蒋兆康译，中国大百科全书出版社 1997 年版，第 535 页。

③ 刘俊海著：《新公司法的制度创新：立法争点与解释难点》，法律出版社 2006 年版，第 398—399 页

的责任既包括违约责任也包括侵权责任，而违反社会责任的责任不但包括违约责任与侵权责任，有时也包括了行政责任。

（二）三种义务之间的联系

需要说明的是，上述三种义务的关系只是就一般的情况所作的比较，由于现代社会关系的复杂化及公司、企业业务的多样性、广泛性，要求公司、企业履行的某项事项或者义务可能同时涉及上述三种义务的两种甚至三种，例如，上市公司信息披露义务，由于其对象涉及股东、客户等诸多对象，在笔者看来，上市公司违反信息披露的行为就可能违反上述三种义务之一种或者多种。2007 年 1 月 30 日实施的《上市公司信息披露管理办法》第 3 条规定："发行人、上市公司的董事、监事、高级管理人员应当忠实、勤勉地履行职责，保证披露信息的真实、准确、完整、及时、公平。"将信息披露规定为上市公司的董事、监事、高级管理人员应当履行的忠实义务和勤勉义务。笔者认为，该条规定实际上忽略了信息披露也属于社会责任的一面，因而存在缺陷。产生该问题的原因在于，一是对社会责任理论研究不够，二是《公司法》所规定的社会责任的主体仅是公司而非公司领导人，这一规定限制了《上市公司信息披露管理办法》的视野。实际上，在我看来，信息披露涉及三种义务，由于其对象涉及社会公众，因而其主要应属于社会责任的范畴。笔者在处理涉及多种性质的义务之事项时，一般根据其所涉及的主要对象和领域，判断其主要违反了三种义务当中的哪一种义务，进而将之归于该种义务。

同一行为从不同的主体角度观察就会侵犯不同的义务，这主要表现在规定有单位犯罪的违反勤勉义务的犯罪中。例如，工程重大安全事故罪以及采集、供应血液，制作、供应血液制品事故罪与出具证明文件重大失实罪，从个人角度考察，其违反的主要是公司、企业领导人的勤勉义务，但从单位主体考察，其侵犯的主要是社会责任。一些违反社会责任的犯罪行为，从公司、企业与社会的外部关系而言，其违反的是社会责任；但从公司、企业与其领导人的内部关系而言，同一行为则可能同时违反了忠实义务或者勤勉义务。

第二节　公司、企业领导人的角色义务之一：忠实义务

自古以来忠实就被视为人类的美德之一。“忠信”的理念与传统是中国的本土资源。儒家的君子风范是“忠信”，[①]“吾日三省乎吾身。为人谋而不忠乎？与朋友交而不信乎？”[②]“子以四教：文、行、忠、信”。[③]曾子曰：“夫孝，德之始也；悌，德之序也；信，德之后也；忠，德之正也。”[④]“尽心于人曰忠，不欺于己曰信。”[⑤]《史记·李将军列传》记载李广“死之日，天下知与不知，皆为尽哀。彼其忠实心诚信於士大夫也”，[⑥]赞颂了李广的忠实，认为这是“其身正”的体现。而忠诚也是文天祥“浩然正气”的重要成分。然而，对公司、企业的忠实，也即公司、企业领导人的忠实义务这一针对公司、企业领导人的法定义务与道德要求，却是来源于西方国家的公司、企业法律制度规定，也即只有西方才将忠实的美德转化为公司、企业法律制度的要求。

一、忠实义务的含义

公司、企业领导人的忠实义务，也称信义义务、信任义务等，是指公司、企业领导人作为公司、企业的代理人在思想上应当始终效忠于公司、企业，竭尽忠诚地为公司、企业工作并诚实地履行职责，始终以公司、企业利益最大化作为自己行为指南的义务。忠实义务也是公司、企业治理的重要制度构件。根据忠实义务，公司、企业领导人

---

① 刘殿奎著：《公司经理人法律问题研究——对懈怠与滥权规制的法律本土化分析》，法律出版社2008年版，第133页。

②《论语·学而》。

③《论语·述而》。

④《曾子·子思子》。

⑤ 司马光：《四言铭系述》。

⑥ 司马迁著：《史记》，中州古籍出版社1991版，第484页。

不得将自己或者第三人的私利凌驾于公司、企业利益之上，不得以牺牲公司、企业利益为代价追求自己或者第三人的私利，不得在公司、企业不知道或者未授权的情况下取得属于公司、企业的有形利益（如资金、实物）或者无形利益（商业机会、商业秘密），不得擅自担任公司、企业竞争者的代理人或者合作伙伴从而削弱公司、企业的竞争力。简而言之，公司、企业领导人的任何行为（包括积极的作为与消极的不作为）都不得有悖于诚实代理人对被代理人所负职责。[①]利益冲突是忠实义务的核心问题。法律并不一概否定作为公司、企业事务的管理者和经营者的公司、企业领导人有自己的生活空间和利益追求，但在公司、企业利益和自己或者第三人的利益之间，公司、企业领导人必须将公司、企业利益放在首位。

二、公司、企业法关于忠实义务的规范内容

（一）公司、企业法关于忠实义务的规定

关于公司领导人的忠实义务，新《公司法》（2014 年）第 147 条和第 148 条做了规定。

第 147 条规定："董事、监事、高级管理人员应当遵守法律、行政法规和公司章程，对公司负有忠实义务和勤勉义务。"

"董事、监事、高级管理人员不得利用职权收受贿赂或者其他非法收入，不得侵占公司的财产。"

第 148 条规定："董事、高级管理人员不得有下列行为：

（一）挪用公司资金；

（二）将公司资金以其个人名义或者以其他个人名义开立账户存储；

（三）违反公司章程的规定，未经股东会、股东大会或者董事会同意，将公司资金借贷给他人或者以公司财产为他人提供担保；

---

① 刘俊海著：《新公司法的制度创新：立法争点与解释难点》，法律出版社 2006 年版，第 397—398 页。

（四）违反公司章程的规定或者未经股东会、股东大会同意，与本公司订立合同或者进行交易；

（五）未经股东会或者股东大会同意，利用职务便利为自己或者他人谋取属于公司的商业机会，自营或者为他人经营与所任职公司同类的业务；

（六）接受他人与公司交易的佣金归为己有；

（七）擅自披露公司秘密；

（八）违反对公司忠实义务的其他行为。”

另外，《公司法》第21条第1款规定：“公司的控股股东、实际控制人、董事、监事、高级管理人员不得利用其关联关系损害公司利益。”这也是关于忠实义务的规定。

（二）忠实义务的法理解读

根据前述相关法律、法规的规定，公司、企业领导人的忠实义务主要有：

1. 权钱交易禁止义务

权钱交易是一种常见多发的违背忠实义务的寻租行为。公司、企业赋予公司、企业领导人的职权，是用来为公司、企业的利益服务而非谋取个人私利的。如果公司、企业领导人将该职权出卖而收取对价，就是为了一己之私而置公司、企业利益于不顾，就是将公司、企业的公权私用，将公司、企业利益变为个人利益，以个人私利代替公司、企业利益，这是明显的对于公司、企业的背叛行为。上述《公司法》第147条第2款关于董事、监事、高级管理人员不得利用职权收受贿赂或者其他非法收入的规定，以及第148条第6项关于董事、高级管理人员不得接受他人与公司交易的佣金归为己有的规定，就是禁止进行权钱交易的义务的体现。

所谓“接受他人与公司交易的佣金归为己有”，是指在商业活动中接受以“回扣”、“手续费”、“佣金”、“折扣费”、“中介费”、“礼金”

等各种名义出现的贿赂，这是一种经济受贿行为。[①]实践中，许多公司、企业领导人与交易伙伴发生交易活动时，肆无忌惮地在交易往来中收受商业贿赂。中国曾于 2006 年起加大商业贿赂治理力度并收到了一定成效，但商业贿赂现象仍是屡禁不绝。例如，2013 年 7 月案发的跨国药企葛兰素史克部分高管在华商业贿赂案件即为典型的商业贿赂案件。[②]

2. 侵占、挪用、滥用公司、企业财产禁止义务

《公司法》第 148 条规定公司董事、监事、高级管理人员不得侵占公司财产。《公司法》第 149 条前 3 项规定董事、高级管理人员不得挪用公司资金；不得将公司资金以其个人名义或者以其他个人名义开立账户存储；不得违反公司章程的规定或者未经股东会、股东大会同意，将公司资金借贷给他人或者以公司财产为他人提供担保，即是要求公司、企业领导人对公司、企业财产进行合法谨慎地保管、运用和维护的忠实义务的规定。

3. 非法自我交易禁止义务

即公司、企业领导人直接或者间接地与自己所代表的公司、企业之间进行交易。自我交易可以分为直接的自我交易和间接的自我交易。直接的自我交易较易理解，而在间接自我交易当中，公司、企业领导人不是直接参与订立合同或者进行交易者，直接参与者是与公司、企业领导人有关系的其他人。这种间接自我交易包括公司、企业领导人的关联人与公司、企业进行的交易，有相交关系的公司、企业之间进行的自我交易，以及当公司、企业领导人同时担任交易双方的领导人

---

① 《中华人民共和国反不正当竞争法》第 8 条规定："经营者不得采用财物或者其他手段进行贿赂以销售或者购买商品。在账外暗中给予对方单位或者个人回扣的，以行贿论处；对方单位或者个人在账外暗中收受回扣的，以受贿论处。经营者销售或者购买商品，可以以明示方式给对方折扣，可以给中间人佣金。经营者给对方折扣、给中间人佣金的，必须如实入账。接受折扣、佣金的经营者必须如实入账。"

② 葛兰素史克（中国）投资有限公司是一家大型跨国药企，近年来为打开中国药品销售渠道、提高药品售价，该公司利用旅行社等渠道，采取直接行贿或赞助项目等形式，向个别政府部门官员、少数医药行业协会和基金会、医院、医生等大肆行贿。该公司部分高管还涉嫌利用职务之便，通过旅行社以提取会议业务回扣、接受项目好处费等形式大肆收受贿赂。葛兰素史克（中国）投资有限公司部分高管和相关旅行社的部分高层人员已涉嫌严重商业贿赂和涉税犯罪。

时的自我交易。自我交易有三种基本的表现形式：即公司、企业领导人从公司、企业购买财产，或者将自己的财产出售给公司、企业，或者雇用自己为公司、企业服务。我国《公司法》第 148 条第 4 项规定公司董事、高级管理人员不得违反公司章程的规定或者未经股东会、股东大会同意，与本公司订立合同或者进行交易，即是规定的自我交易义务。与本公司、企业订立合同或者进行交易的情况既包括公司、企业领导人自己与本公司、企业订立合同或者进行交易，也包括公司、企业领导人的配偶、子女或者其他利益相关者与本公司、企业订立合同或者进行交易。例如，公司、企业领导人将本公司或者子公司委托、租赁、承包给自己的配偶、子女及其他利益相关者经营；或者公司、企业领导人控制下的公司、企业选择公司、企业领导人的配偶、子女及其他利益相关者作为供应商，并发生有悖等价有偿规则与商事习惯的非正常业务往来。但依据同意程序要件，只要公司、企业领导人与本公司、企业订立合同或者进行交易的行为遵循了公司、企业章程的规定或者经过股东会、股东大会的合法决策程序，包括事先批准程序与事后追认程序，则此种合同行为或交易行为的效力就应予以尊重。[①]

4. 竞业禁止义务

竞业禁止是指对与权利人有特定关系之人的特定竞争行为的禁止，即权利人有权要求与其具有特定民事法律关系的特定人不为针对自己的竞争性行为。[②]《公司法》第 148 条第 5 项所规定的未经股东会或者股东大会同意，自营或者为他人经营与所任职公司同类的业务，就是竞业禁止义务的规定。根据不同的标准，竞业禁止可以分为法定竞业禁止和约定竞业禁止、在职竞业禁止和离职竞业禁止、同业竞业禁止和兼业竞业禁止、单纯竞业禁止与附商业秘密保护义务的竞业禁止。[③]

---

① 刘俊海著：《新公司法的制度创新：立法争点与解释难点》，法律出版社 2006 年版，第 399-400 页。

② 李永明：《竞业禁止的若干问题》，载《法学研究》2002 年第 5 期。

③ 翟业虎：《竞业禁止法律问题研究》，黑龙江大学 2013 年博士学位论文，第 19-25 页。

5. 篡夺公司、企业机会禁止义务

该项义务是指禁止公司、企业受信人将公司、企业拥有期待利益、财产利益或财产权利的交易机会，或从公平角度而言应属于公司、企业的交易机会予以篡夺自用。[①]公司、企业机会作为一种新的财产类型，可以被纳入无形财产的范畴，公司、企业对其享有的权利具有期待权的属性，是一种新型的期待权。公司、企业机会的认定要考虑的因素包括机会的来源，机会与公司、企业经营活动的关联程度以及董事的信息披露义务等。[②]《公司法》第 148 条第 5 项所规定的未经股东会或者股东大会同意，利用职务便利为自己或者他人谋取属于公司的商业机会，即是对该项义务的规定。[③]

6. 擅自披露公司、企业秘密禁止义务

商业秘密是公司、企业的一项重要的无形资产，如果泄露出去，就会对公司、企业造成巨大损害。公司、企业领导人由于其所处的地位与行使的职权，往往掌握着大量的公司、企业秘密，如果擅自泄露出去，就违背了其对公司、企业的忠实义务，就要承担相应责任。《公司法》第 149 条第 7 项即对该项义务作了规定。

7. 其他对公司、企业的忠实义务

即除了上述忠实义务以外的公司、企业领导人的忠实义务，或者说其他失信行为的禁止义务。这些失信行为体现在两个方面：其一，实际生活中存在的一些违反忠实义务的行为。例如，公司、企业领导人浪费公司资产的不当职务消费、生活消费行为；公司、企业领导人领取过高的薪酬，等等。其二，《公司法》第 148 条之外的其他条款规定的背信行为。例如，新《公司法》第 21 条禁止公司的控股股东、实际控制人、董事、监事、高级管理人员利用关联关系损害公司利益；第 70 条禁止国有独资公司的董事长、副董事长、董事、高级管理人员

---

① Black's Law Dictionary（6th edition）,West Publishing Co,1990,p340，转引自冯果：《"禁止篡夺公司机会"规则探究》，载《中国法学》2010 年第 1 期。

② 冯果：《"禁止篡夺公司机会"规则探究》，载《中国法学》2010 年第 1 期。

③ 在笔者看来，非法竞业与篡夺商业机会具有密切的联系。某些情况下，篡夺商业机会成为非法竞业的支撑，非法竞业成为篡夺商业机会的动力。

未经国有资产监督管理机构同意在其他有限责任公司、股份有限公司或者其他经济组织兼职；第116条禁止股份有限公司直接或者通过子公司向公司董事、监事、高级管理人员提供借款；第117条要求股份有限公司定期向股东披露公司董事、监事、高级管理人员从公司获得报酬的情况；第142条第2款要求公司董事、监事、高级管理人员向公司申报所持本公司的股份及其变动情况，等等。[①]

从前述法律规定及公司、企业法学理论研究可以看到，公司、企业领导人忠实义务的要求是具体多样的。但不管公司、企业领导人忠实义务的行为样态如何复杂多变，其本质要求在于公司、企业领导人不得慷公司、企业之慨，求一己之私，以牺牲公司、企业利益为代价，换取公司、企业领导人或其背后利益相关者的不法利益，而对公司、企业利益造成危害和损失。[②]在利益冲突时，公司、企业领导人的取舍是忠实义务的试金石。

我国刑法典分则相关犯罪也明文规定了公司、企业领导人违反忠实义务之犯罪构成，如背信损害上市公司利益罪等犯罪，就是因为违反了忠实义务而构成的犯罪，这一点下文还有专门论述，此处不赘。

第三节　公司、企业领导人的角色义务之二：勤勉义务

勤勉语含努力不懈、勤劳审慎之意，是人类共同的德性。自古以来，勤劳不懈、自强不息[③]就被视为中华民族的美德之一。古希腊人认为人的德性有谨慎、公义、刚毅、节制四种，[④]可见，在古希腊人眼中，谨慎是人之最重要的德性。审慎是亚里士多德伦理学的重要内容，他所理解的审慎包含实践智慧、明智之意，他认为明智的人的特

① 刘俊海著：《新公司法的制度创新：立法争点与解释难点》，法律出版社2006年版，第402—403页。

② 刘俊海著：《新公司法的制度创新：立法争点与解释难点》，法律出版社2006年版，第402页。

③《周易·乾·象传》曰："天行健，君子以自强不息。"

④《德性》，载http://baike.baidu.com/view/1249530.htm，最后访问日期，2014年2月3日。

点就是善于考虑对于他自身是善的和有益的事情。[①]斯密在亚里士多德对审慎理解的基础上，认为审慎是一种智慧和远见，其目的主要是如何避免自身的伤害和促进自身未来的幸福。[②]在斯密看来，在商业社会里，审慎和正义是自我控制这一美德的两个基本体现，完美的审慎和严格的正义是商业社会的两个最根本的美德。[③]

勤勉的德性体现于公司、企业法律制度之中，便形成公司、企业领导人的勤勉义务。当然，作为公司、企业法律制度的勤勉义务仍是来自于西方的制度创设。

一、勤勉义务的含义

勤勉义务是指公司、企业领导人在从事公司、企业经营管理活动时应当恪尽职守、敬业精进、深思熟虑，尽到普通谨慎的同行在同类公司、企业，同类职务，同类相关情形中所应具有的经营管理水平。[④]公司、企业领导人的勤勉义务在大陆法系国家被称为“善良管理人的注意义务”，即“善管义务”，在英美法系国家则被称为“注意义务”、“勤勉注意和技能义务”；[⑤]此外还有“谨慎义务”、“注意和技能义务”的称谓。一般而言，公司、企业领导人勤勉义务包括两种情况：其一，公司、企业领导人应避免具体决策失误；其二，应避免公司、企业管理不善。[⑥]总之，勤勉义务强调的是公司、企业领导人在管理公司、企业事务过程中应当认真、谨慎、勤勉，并本着为公司、企业最大利益之目的行事。[⑦]

① 亚里士多德著：《尼各马可伦理学》，廖申白译，商务印书馆2003年版，第172页。

② 亚当·斯密著：《道德情操论》，蒋自强、钦北愚等译，商务印书馆1998年版，第95页。

③ 转引自杨芳：《“商业社会”的建构——亚当·斯密启蒙思想研究》，华东政法大学2007年博士学位论文，第53页。

④ 刘俊海著：《现代公司法》，法律出版社2008年版，第451页。

⑤ 王保树主编：《实践中的公司法》，社会科学文献出版社2008年版，第332页。

⑥ 刘俊海著：《新公司法的制度创新：立法争点与解释难点》，法律出版社2006年版，第404-405页。

⑦ 任自力：《公司董事的勤勉义务标准研究》，载《中国法学》2008年第6期。

二、公司、企业法律法规关于勤勉义务的规范内容

我国传统的企业立法从未规定过经营者（厂长或经理）的勤勉义务。虽然《全民所有制工业企业法》第 63 条规定了因工作过失、玩忽职守给企业和国家造成损失的企业领导干部应承担行政责任（行政处分）和刑事责任；《全民所有制工业企业转换经营机制条例》第 48 条规定了厂长、其他厂级领导和直接责任人员对于经营管理不善的行为应承担法律责任，但由于立法中缺乏对经营者勤勉义务的规定，特别是缺乏衡量此种义务履行实态的法律标准，致使绝大多数违反勤勉义务的企业经营者在企业亏损甚至破产时都能逃避法律制裁。由于我国公司立法的理论准备不充分，1993 年《公司法》也未明确规定公司领导人的勤勉义务，当然也就不可能规定衡量此种义务的标准。新《公司法》则在第 147 条第 2 款明文规定了公司领导人的勤勉义务。但勤勉义务的具体内容并不像忠实义务那样规定得具体明确。勤勉义务的核心是善意、尽责，为了公司的最大利益而积极作为。根据勤勉义务这一定位，综合相关公司、企业法律法规规定，现行中国公司法和相关政府部门规章关于董事、监事、高级管理人员的勤勉义务的规定主要有：[①]

——董事、监事、高级管理人员应当遵守法律、行政法规和公司章程，对公司负有忠实义务、勤勉义务（《公司法》第 147 条）；

——董事应以认真负责的态度出席董事会会议，仅在有特殊原因时委托其他董事代为出席（《公司法》第 113 条，《上市公司治理准则》第 35 条）；

——董事对董事会会议的决议事项应表达明确的意见并审慎行使表决权，并对董事会决议承担责任（《公司法》第 113 条，《上市公司治理准则》第 35 条）；

① 勤勉义务的具体规定部分参考了王保树、崔勤之著：《中国公司法原理》，社会科学文献出版社 2006 年版，第 213 页。

——董事应保证有足够的时间和精力履行其应尽的职责(《上市公司治理准则》第 34 条);

——董事应积极参加有关培训，以了解作为董事的权利、义务和责任，熟悉有关法律法规，掌握作为董事应具备的相关知识(《上市公司治理准则》第 38 条);

——董事应谨慎、认真、勤勉地行使公司所赋予的权利，以保证：(1)公司的商业行为符合国家的法律、行政法规以及国家各项经济政策的要求，商业活动不超越营业执照规定的业务范围;(2)公平对待所有股东;(3)认真阅读上市公司的各项商务、财务报告，及时了解公司业务经营管理状况;(4)亲自行使被合法赋予的公司管理处置权，不得受他人操纵;非经法律、行政法规允许或者得到股东大会在知情的情况下批准，不得将其处置权转授他人行使;(5)接受监事会对其履行职责的合法监督和合理建议(《上市公司章程指引》第 81 条);

——信息披露的勤勉义务。2007 年 1 月 30 日实施的《上市公司信息披露管理办法》第三条规定，发行人、上市公司的董事、监事、高级管理人员应当忠实、勤勉地履行职责，保证披露信息的真实、准确、完整、及时、公平。第 24 条规定公司董事、高级管理人员应当对定期报告签署书面确认意见，监事会应当提出书面审核意见，说明董事会的编制和审核程序是否符合法律、行政法规和中国证监会的规定，报告的内容是否能够真实、准确、完整地反映上市公司的实际情况。董事、监事、高级管理人员对定期报告内容的真实性、准确性、完整性无法保证或者存在异议的，应当陈述理由和发表意见，并予以披露。第 38 条规定上市公司董事、监事、高级管理人员应当勤勉尽责，关注信息披露文件的编制情况，保证定期报告、临时报告在规定期限内披露，配合上市公司及其他信息披露义务人履行信息披露义务。第 58 条规定上市公司董事、监事、高级管理人员应当对公司信息披露的真实性、准确性、完整性、及时性、公平性负责，但有充分证据表明其已经履行勤勉尽责义务的除外。上市公司董事长、经理、董事会秘书，应当对公司临时报告信息披露的真实性、准确性、完整性、及时性、公平性承担主要责任。上市公司董事长、经理、财务负责人应对公司

财务报告的真实性、准确性、完整性、及时性、公平性承担主要责任；[①]

——监事应出席监事会会议，审慎行使表决权（《公司法》第56、120条）；

——公司监事会应向全体股东负责，对公司财务以及公司董事、经理和其他高级管理人员履行职责的合法合规性进行监督，维护公司及股东的合法权益（《上市公司治理准则》第59条）；

——监事在监督中了解公司经营情况，应承担相应的保密义务（《上市公司治理准则》第60条）；

——监事列席董事会会议，并对董事会决议事项提出质询或者建议（《公司法》第55条）；

——经理应对董事会负责，并应列席董事会会议（《公司法》第50条）；

——应股东会或者股东大会要求，董事、监事、高级管理人员应列席会议并接受规定质询；

——公司董事、监事、经理和其他高级管理人员都有责任在行使其权利或者履行其义务时，以一个合理的谨慎的人在相似情形下所应表现的谨慎、勤勉和技能为其所应为的行为（《到境外上市公司章程必备条款》第115条）。

需要说明的是，由于公司、企业运营的复杂性及公司、企业领导人工作内容的日常性、多样性，公司法及相关法律不可能尽列勤勉义务于无遗，甚至列举出较为详细的勤勉义务的内容都是比较困难的，这也许是《公司法》并没有较集中具体地列举勤勉义务的原因。正如学者所言，勤勉义务“在实践中可以包括无数的且并没有完全包括的

① 当然，上述对于信息披露的义务可以认为是一种综合性的义务，除了是一种勤勉义务之外，还应该是一种社会责任，但其主要的属性应该是哪一种义务，应该加以深入探讨。在笔者看来，信息披露义务主要属于社会责任的范畴，这里只是考虑到公司、企业法律法规的相关规定才暂将其列为勤勉义务的内容。而在后文就将信息披露犯罪列为违反社会责任的犯罪行为。

行为准则”。[①]

三、勤勉义务的判断规则

勤勉义务的判断标准就是根据什么标准去判断公司、企业领导人是否已尽到勤勉义务。

（一）勤勉义务的判断标准

关于勤勉义务的判断标准主要有三种观点：一为主观标准。主观标准是指判断公司、企业领导人是否履行了其注意义务，以公司、企业领导人是否尽了最大努力为标准，即以公司、企业领导人的实际注意能力为标准。二为客观标准。客观标准是指判断公司、企业领导人是否履行其注意义务，应以公司、企业领导人的行为是否达到了一个处于与该公司、企业领导人相似地位的人所被合理期待的注意程度为标准。美国、日本、我国台湾地区关于公司、企业领导人注意义务之标准的规定均采此标准。三为综合标准。该标准是指判断公司、企业领导人的注意义务的履行情况，应以普通谨慎之公司、企业领导人在同类公司、企业，同类职务及相似情况下所应有的注意、知识和经验程度作为衡量标准，但如果某一公司、企业领导人的知识经验和资格明显高于此标准时，则应当以该公司、企业领导人是否诚实地贡献了他所实际拥有的全部能力作为衡量标准。此种衡量标准在司法实践中有赖于法官在遵守法定标准的前提下，对于个案中的具体事实（如普通谨慎公司、企业领导人的设定，公司、企业的目的、经营范围，公司、企业治理结构、业务执行方法，公司、企业领导人的健康状况，市场风险程度等各种相关情形）进行广泛斟酌和自由裁量。[②]

上述诸说中，主观标准建立在千差万别的公司、企业以及公司、企业领导人自身条件的基础上，注重公司、企业领导人是否忠诚地贡

---

① [德]托马斯·莱塞尔等著：《德国资合公司》（第 3 版），高旭军等译，法律出版社 2005 年版，第 161 页。

② 刘俊海著：《新公司法的制度创新：立法争点与解释难点》，法律出版社 2006 年版，第 404-405 页。

献了其实际拥有的全部能力。其优点在于对各公司、企业领导人之间经营管理能力的差异充分作了考量，要求公司、企业领导人竭力尽忠，为公司、企业作出贡献。它对于能力较大的公司、企业领导人不作偏低的要求，对于能力较弱的公司、企业领导人也不勉为其难而作偏高的要求，其能避免将超出公司、企业领导人能力范围的责任强加于公司、企业领导人，因此具有保护公司、企业领导人的功能。但是，完全依照公司、企业领导人的个性差异来确定其注意义务，会造成知识和经验越少，经营能力越低，责任越轻；知识和经验越多，经营能力越强，责任越重，因而导致“庸才公司、企业领导人”的出现，不利于督促公司、企业领导人积极向上、与时俱进、不断提高自己的经营能力与工作水平。[①]也就是说，公司、企业领导人在对公司、企业业务完全无知的情况下，仍可以从事公司、企业的管理而无须对其无知造成的错误承担责任，法官以此标准去裁判案件必将缺乏公正性；而且采用主观标准难以判断公司、企业领导人是否有能力取得比实际上已取得的业绩更好的业绩，容易造成举证困难。因此主观标准已不为现代立法和判例所采纳。

客观标准不关心公司、企业领导人个人的实际知识、经验或资格，仅关注法律假定的一个处于相同或类似位置的普通谨慎之人在相同或类似环境下所应尽到的注意程度。其优点在于它以社会上全体公司、企业领导人注意程度的平均水平来要求每一位公司、企业领导人，实质上采取了企业家市场中公司、企业领导人经营水平的平均值，对于大多数公司、企业领导人来说是公正的，并且加重了对平庸公司、企业领导人的要求，他必须小心谨慎达到一般理智之人的认识水平，从而在效果上有助于“剔除”一些能力不济的公司、企业领导人。但客观标准的不足在于降低了对经营管理水平较高的公司、企业领导人的注意要求，当某公司、企业领导人实际拥有的知识、经验或资格高于一般公司、企业领导人时，尽管主观上的疏忽或懈怠给公司带来了损

① 刘俊海著：《新公司法的制度创新：立法争点与解释难点》，法律出版社 2006 年版，第 404-405 页。

失，但由于已尽到了公司、企业领导人的平均注意程度而免于被追究责任。因而该标准的适用则有可能放纵有过错的公司、企业领导人，这对于其知识、经验或资格低于一般公司、企业领导人的其他公司、企业领导人来说，也未免有失公平。

综合标准则克服了单纯的主观标准和单纯的客观标准的不足。该标准在判断公司、企业领导人注意义务的履行情况时，以普通谨慎的公司、企业领导人在相似情形下即在同类公司、企业，同类职务，同类相关情形中所应具有的注意程度为衡量标准，但当该公司、企业领导人被证明具有比这一标准更高的技能、知识和经验时，当以该公司、企业领导人是否尽了其全部所能为标准。这一综合性标准既有利于督促平庸的公司、企业领导人积极向上，又有利于防止能干的公司、企业领导人对公司、企业事务应付了事。因而从某种程度上克服了主观标准和客观标准的缺陷。但是换一个角度来说，又有可能使一些比较优秀的人才惧怕承担过重的责任而对担任公司、企业领导人顾虑重重，畏缩不前。①

（二）商业判断规则

商业判断规则发源于美国，是美国法院发展出来免除董事就合理经营失误承担责任的一项法律制度。商业判断规则的含义不尽一致，《布莱克法律辞典》的解释是“豁免管理者在公司业务方面的责任的一个原则，其前提是该业务属于公司权利和管理者的权限范围之内，并且有合理的根据表明该业务是以善意的方式为之”。②一般认为，商业判断规则是指董事或者经理在其与所进行的商业决策事项不存在利害关系，其对所进行的商业决策了解并合理地相信在该种情况下是适当的，而且理性地相信其商业决策符合公司、企业最佳利益的情况下，善意地进行商业决策即可满足注意义务的要求。

根据商业判断规则，只要是善意地并在合理的调查基础上所做出的诚实的商业决策就是不受指控的，即使该决策是错误的，不幸的，

① 徐朝阳：《董事注意义务研究》，郑州大学2004年硕士学位论文，第26页。

② Black’s Law Dictionary,West Publishing Co,1979,p18.

甚至是灾难性的。商业判断规则的基本观念是，在让做出不好的商业决策的董事、经理承担责任时应给予一定限制。因为一个商业决策是好是坏，很难判断。往往在做出一项决策时它可能是好的，但事后来看却会有许多问题。更何况董事、经理要经常做出这样的决策。因而该规则实际上是一种保护董事承担责任的绝缘措施或者“安全港”，[①]商业判断规则是董事履行勤勉义务的重要补充。[②]

商业判断规则的合理性在于：第一，经营判断规则符合公司经营业务的复杂性、多样性以及是非的难以判断性等特点。第二，经营判断规则符合商业决策的自身特点，即决策的迅速性、作出决策时所需必要信息的不充分性、决策的风险性等。第三，经营判断规则符合公司、企业治理机构的运作特点。董事会不可能就每一问题都进行长时间深入细致的研究和讨论，董事会的经营判断很难料事如神，件件正确。第四，经营判断规则有利于鼓励董事在公司、企业经营中放开手脚，大胆经营。[③]第五，基于损害性质的考虑，与其他侵权行为不同，公司、企业董事、经理违反义务给公司、企业造成的损失通常是金钱损失，而且数额巨大。如果因为普通过失就需要承担责任，将不会有人愿意或者敢于担任董事、经理职务。

（三）新综合标准说之提倡

要衡量公司、企业领导人是否履行了勤勉义务，就必须设计相应的衡量标准。此种衡量标准的基本要求应该是既不能过于宽松，也不能过于苛刻，甚至吹毛求疵、求全责备；应当既照顾到公司、企业经营特点的要求，又有利于促进公司、企业领导人勤勉于公司、企业业务，不致缩手缩脚，消极守职，不求有功，但求无过；应该既具有标准的合理性，又具有实践的可操作性。遵循这一要求，结合前文对诸标准优长分析，在笔者看来，应以综合标准为基础，辅之以商业判断原则，这一标准可以称之为新综合标准说，即以主客观相统一的综合

① 施天涛著：《公司法论》，法律出版社 2005 年版，第 476-481 页。

② 刘俊海著：《股份有限公司股东权的保护》，法律出版社 2004 年版，第 436 页。

③ 刘俊海著：《新公司法的制度创新：立法争点与解释难点》，法律出版社 2006 年版，第 410 页。

标准为判断的基准，以商业判断规则作为修正。具体说来，一般情况下以一般人标准为准，当公司、企业领导人注意能力低于同类人员的平均标准时，准用一般标准；当其注意能力高于平均标准时，应以其个人标准为准；但在判断是否尽了勤勉义务，是否高于平均标准时，应充分考虑到公司、企业业务的具体特点，顾及到商业决策、经营本身所具有的合理风险，对决策、经营失败持一种合理的宽容态度。如此，既有利于督促平庸的公司、企业领导人积极向上，防止能干的公司、企业领导人对公司企业事务应付了事，也避免了一些比较优秀的人才因惧怕承担过重的责任而在经营决策中顾虑重重，畏缩不前，从而坐失商业机会现象的发生。

在确定公司、企业领导人是否因违反勤勉责任而具有犯罪过失并须承担刑事责任时即应采取新综合标准说。

尽管我国刑法典分则并没有条文将“勤勉义务”加以明文规定，但其对于勤勉义务的承认是不言自明的，例如诸多过失犯罪，特别是公司、企业领导人的业务过失犯罪基本上都与勤勉义务的违反有关。这一点在下文还有专门论述，此处不赘。

第四节　公司、企业领导人的角色义务之三：社会责任[①]

一、社会责任的概念和分类

中国文化富含国家、社会、集体的基因，由儒家文化影响而形成儒商文化。儒商追求义利合一，不仅把自己看作一个经济人，而且把自己看成一个承担社会责任的社会人，在为社会的崇高培养着精神资源和道德楷模。他们在以经济作为社会发展中心的社会中，担当着社

① 由于本论著认为公司、企业及其领导人都要承担社会责任，因而本论著对于公司、企业社会责任的论述实际上也是对公司、企业领导人社会责任的论述。

会领袖的角色和化身。[①]然而，恰如忠实义务与勤勉义务一样，作为公司、企业法律制度之社会责任概念，仍是来源于西方。

近些年来，世界范围内人们对公司、企业的社会责任日益重视。国际上，人们对能够导致严重后果的风险，如全球的环境灾难、恐怖主义和核战争的恐惧日益增长，并把注意力集中到环境和社会问题上。[②]政策和公司、企业治理措施已经强调了将公司、企业治理进程拓展到一个更为“包罗万象”的方法，如不但关注股东的需要，而且关注公司、企业所有的利益相关者的需要和要求，利益相关者理论越来越受到人们的关注，公司、企业法律开始重新关注有关社会、道德和环境的问题。[③]

在国内，公司、企业及其领导人社会责任缺失现象非常严重。体现于各个方面，如中国环境污染、食品安全等社会问题突出，似有积重难返之势。[④]又如一些地方政府与企业联手占山圈水、坐地收钱、圈路收费。在相关具体经营管理中社会责任意识缺失现象屡屡出现，例如，2012 年 7 月 21 日白天至 22 日凌晨，北京城遭遇自 1951 年有气象记录以来最凶猛、最持久的一次强暴雨。在暴雨危急时刻，很多私家车主自发前往机场接旅客，但是，在雨水已经淹没半个轮胎，车辆大排长龙，停在那儿随时都有熄火的危险的情况下，首都机场高速收费站却仍在一丝不苟地收费！交管员仍在给被淹车辆贴罚单。[⑤]在北京 7·21 暴雨救援的紧要时刻，京石高速北京段越来越拥堵。收费站也仍在继续拦车发卡或收费，驾驶者在耐着性子缴费后，沿着渐低的地势驶入一条下沉式路段，从而落入一个最深超过五米的水潭中。

---

① 唐任伍著：《儒家文化与现代经济管理》，经济管理出版社 2003 年版，第 109 页。

② 20 世纪 80 年代德国著名社会学者贝克明确提出“风险社会”的概念，刑法学领域有人提出了风险刑法的概念并对此进行研究。张晶著：《风险刑法——以预防机能为视角的展开》，中国法制出版社 2012 年版。在笔者看来，从某种程度而言，公司、企业法领域对于社会责任的重视也与人们对于风险社会的认识有关。

③ [英]吉尔·所罗门、阿瑞斯·所罗门著：《公司治理与问责制》，李维安、周建译，东北财经大学出版社 2006 年版，第 199-200 页。

④ 例如，北京雾霾天气似成常态，2013 年 10 月 6 日北京个别地区 PM2.5 最高值达 434。《北京遭遇最严重污染 PM2.5 最高值达 434》，载《东莞时报》2013 年 10 月 7 日第 A03 版。

⑤《北京暴雨夜 这些人那些事》，载《新京报》2012 年 7 月 23 日第 A12 版。

北京警方在22时左右封闭了五、六环连接京石高速的出京入口。但进入京石高速还有其他入口。直到22日凌晨2点，积水带北侧的杜家坎收费站已全面拥堵，但仍并没有停止入京车辆过杆收费。[①]在暴雨之夜仍兢兢业业地发卡收费，工作可谓“忠实、勤勉”，但企业及其领导人社会责任的缺失，社会良心的缺失、见利忘义、连普通群众境界都不如却是不争的事实！现实使得人们不得不对企业的社会责任这一问题重视起来。

外国学者认为，公司、企业社会责任是指特定的社会对公司、企业所寄托的经济、法律、伦理和自由决定（慈善）的期望，是社会寄希望于企业履行的义务。[②]公司、企业履行社会责任的行为应“有益于职员的，也有益于社区；有益于社区的，也有益于子孙后代；有益于公司所需要的洁净空气的，也有益于使世界人口保持健康的洁净空气”。[③]英文中企业社会责任中的“责任”通常被翻译为responsibility，该词语含义通常理解为“角色及其权利设置，既可以是某种法律上的义务、职责职权，也包括伦理或道德范畴的义务或角色定位”。[④]因此，这里的责任主要就是指“角色”，而不是指法律责任中的“责任（liability）”。[⑤]

国际标准化组织（ISO）于2010年11月1日正式发布ISO 26000《社会责任指南》。该《社会责任指南》将社会责任定义为：“通过透明和道德行为，组织为其决策和活动给社会和环境带来的影响承担的责任。这些透明和道德行为有助于可持续发展，包括健康和社会福祉，考虑到利益相关方的期望，符合适用法律并与国际行为规范一致，融

---

① 衣鹏：《暴雨与暴利：京石高速收费调查》，载《21世纪经济报道》2012年7月25日第02版。

② [美]阿奇·B.卡罗尔、安·K.巴克霍尔茨著：《企业与社会——伦理与利益相关者管理》，黄煜平等译，机械工业出版社2004年版，第41页。

③ [英]伊凡·亚历山大著：《真正的资本主义》，杨新鹏译，新华出版社2000年版，第113页。

④ 史际春、肖竹、冯辉：《论公司社会责任：法律义务、道德责任及其他》，载《首都师范大学学报（社会科学版）》2008年第2期，第41页。

⑤ 崔丽：《当代中国企业社会责任研究——以关系契约理论为视角》，吉林大学2013年博士学位论文，第33页。

入到整个组织并践行于其各种关系之中。”[①]

我国研究者也从经济学、法学等角度对公司、企业社会责任进行了研究。如有研究者从经济学角度认为，企业社会责任是内部利益相关者构成的企业对非所有者身份的全部外部利益相关者利益诉求的响应，包括对后动型外部利益相关者利益诉求的主动实施以及对先动型外部利益相关者利益诉求的回应。[②]我国公司、企业法学者则认为，所谓公司、企业社会责任，是指公司、企业不能仅仅以最大限度地为股东们营利或赚钱作为自己的唯一存在目的，而应当最大限度地关怀和增进股东利益之外的其他所有社会利益，包括雇员职工利益、消费者利益、债权人利益、中小竞争者利益、当地社区利益、环境利益、社会弱者利益及整个社会公共利益等内容。[③]既包括自然人的人权尤其是《经济、社会和文化权利国际公约》中规定的社会、经济、文化权利（可以简称为社会权），也包括自然人之外的法人和非法人组织的权利和利益。其中，与公司、企业存在和运营密切相关的股东之外的利害关系人（尤其是自然人）是公司、企业承担社会责任的主要对象。公司、企业社会责任理论与利益相关者理论表述虽有不同，但其核心内容相同，都体现了对公司、企业营利性之外的社会性的关注。公司、企业社会责任的核心价值观是以人为本，而非以钱为本。[④]

公司、企业社会责任按不同的角度可以做出不同类别的划分。如以表现形式为准划分为程序意义上的公司、企业社会责任和实质意义上的公司、企业社会责任；以与公司、企业所从事的经营活动之间的关系为准划分为相关的社会责任与不相关的社会责任；以受激励与约

---

① 《国际标准化组织正式发布社会责任国际标准》，载 http://www.sasac.gov.cn/n1180/n13307665/n13307681/n13307845/13329123.html，最后访问日期：2014 年 2 月 10 日。

② 花双莲：《企业社会责任内部控制理论研究》，中国海洋大学 2011 年博士学位论文，第 83 页。

③ 有学者认为，公司、企业不应当只是经济性的机构，而且也应是社会性单位。公司、企业在追求经济目标的达成的同时，也必须兼顾社会使命。刘连煜著：《公司治理与公司社会责任》，中国政法大学大学出版社 2001 年版，第 69 页。

④ 刘俊海著：《公司的社会责任》，法律出版社 1999 年版，第 6-7 页；刘俊海著《新公司法的制度创新：立法争点与解释难点》，法律出版社 2006 年版，第 555 页。

束的行为规范为准划分为道德意义上的社会责任和法律意义上的社会责任；以公司、企业行为导致的结果为准划分为牺牲营利的社会责任与促进营利的社会责任。[①]本论著所讲的社会责任主要是指法律意义上的责任。

笔者认为，以公司、企业社会责任的对象和领域不同，还可将社会责任划分为对劳动者的社会责任、对消费者的社会责任、对社会和国家的责任。对社会和国家的责任还可以进一步细分为环境责任、产品质量安全责任、纳税责任等等。

二、强化公司、企业社会责任的理论依据

有关研究认为，强化公司、企业社会责任的理论依据在于：第一，公司、企业的社会性。公司、企业作为投资者的逐利工具，当然具有营利性。但公司、企业作为社会组织的一种，更具有社会性。公司、企业乃社会中的构成人员。公司、企业既是经济人，也是社会人。受人尊重的公司必定是营利性与社会性兼顾的公司。第二，公司、企业的强大力量。美国两位研究人员安德森和卡瓦那发表的10项伟大的研究结论表明，在世界经济100强中，51个是公司，国家只占49个。包括公司、企业在内，无论何人或者组织，其经济实力和社会影响越大，其肩负的社会义务、社会责任就应该越重。在现代社会多数社会资源被掌握于公司、企业组织手中的情况下，公司、企业如罔顾社会对其之期待，或者甚至其决策反而危害社会，自将引起人们对其权利正当性的质疑。[②]第三，自觉承担社会责任是聪明的公司、企业占领市场份额的经营方略。第四，以人为本的科学发展观。为了落实以人为本的科学发展观，充分体现社会主义制度的优越性，必须扭转过去片面追求公司营利最大化、GDP最大化的思路，以社会正义作为首要价值，切实维护劳动者权益、消费者权益、环境利益、社会弱势群体

---

① 刘俊海著：《公司的社会责任》，法律出版社1999年版，第6-9页。

② 刘连煜著：《公司治理与公司社会责任》，中国政法大学大学出版社2001年版，第221页。

利益和社会公共利益。第五，公司、企业推动社会权实现的社会义务，把公司、企业社会责任与作为人权的社会权联系在一起，对于人权界与商界来说都是一个严峻的挑战。[①]第六，经济全球化带来的挑战。经济全球化要求公司、企业按国际经济和商业规则行事，特别是在我国加入世界贸易组织之后更是如此。在当今公司、企业承担社会责任成为国际性运动的大趋势下，我国公司、企业也必须顺潮流而动，强化自身的社会责任。同时，经济全球化也带来诸多问题，如全球环境恶化等等，也要求公司、企业强化其社会责任。例如，中国企业家 2009 年 12 月 8 日在丹麦首都哥本哈根举行“中国商界气候变化国际论坛”，并发表环保宣言，向全世界媒体和民众展现中国企业家勇于承担环保责任的精神，承诺尽力支持并参与气候变化减缓和适应活动，积极履行企业的社会责任。[②]

三、公司、企业法律法规关于社会责任的规范内容

我国首次明确运用公司、企业社会责任理论进行立法的当属中国证监会、国家经贸委在 2002 年 1 月 7 日发布的《上市公司治理准则》第六章专门规定了“利益相关者”，对上市公司对利益相关者所负的责任作了详细的说明，内容涉及上市公司银行及其他债权人、职工、消费者、供应商、社区等利益相关者的合法权利、环境保护、公益事业等问题。这表明公司、企业社会责任理念已步入立法者的视野。

现行《公司法》第 5 条明确规定：“公司从事经营活动，必须遵守法律、行政法规，遵守社会公德、商业道德，诚实守信，接受政府和社会公众的监督，承担社会责任。”在其他条款规定了公司对职工的义务，以充分保护职工权益。[③]这些都是关于社会责任的法律规范。

由于公司、企业及其领导人社会责任所涉领域广泛，涉及了债权

---

① 刘俊海著：《公司的社会责任》，法律出版社 1999 年版，第 14-39 页；刘俊海著：《新公司法的制度创新：立法争点与解释难点》，法律出版社 2006 年版，第 557-561 页。

② 《全球聚焦哥本哈根 中国企业家发出声音》，载《经理日报》2009 年 12 月 11 日第 1 版。

③ 包括《公司法》第 17、18、45、52、68、109、118、143、187 条等条款的规定。

债务关系、竞争关系、环境保护关系、雇佣关系、税收关系、社会救助关系等各个方面，因而不可能为一部法律所覆盖。而对于这些社会关系，大多数国家都制定了专门的法律来进行规范。公司法、合同法、担保法、竞争法、产品质量法、消费者保护法、劳动法、税法、社会保障法都可以对社会责任进行规定。例如，我国除《公司法》外，还有《反垄断法》、《反不正当竞争法》、《环境保护法》、《产品质量法》、《消费者权益保护法》、《劳动法》、《合同法》等具体法律规范都都对企业的社会责任作了规定，我国《环境保护法》第6条规定："一切单位和个人都有保护环境的义务"，第24规定："产生环境污染和其他公害的单位，必须把环境保护工作纳入计划，建立环境保护责任制度；采取有效措施，防治在生产建设或者其他活动中产生的废气、废水、废渣、粉尘、恶臭气体、放射性物质以及噪声、振动、电磁波辐射等对环境的污染和危害。"对消费者应承担的责任上，我国《消费者权益保护法》第三章规定了经营者应承担的义务，包括提供合格的产品和服务，保障消费者的人身、财产安全，提供售后服务，满足消费者的知情权和尊重消费者等，同时我国的《产品质量法》第三章也规定了产品的生产者和销售者应生产销售质量合格产品，不得制造、销售假冒伪劣产品，对劳动者的责任主要由我国的《劳动法》等法律规定，如《劳动法》第4条的规定："用人单位应当依法建立和完善规章制度，保障劳动者享有劳动权利和履行劳动义务。"以及关于劳动者权利的规定，如劳动报酬权、休息休假权等，劳动者享有的权利就是用人者应承担的义务。公司、企业的社会责任的具体内容应根据相关法律、行政法规、规章予以确定，限于篇幅，本论著不再列举。

上文已述，尽管相关法律法规明文规定的是公司、企业的社会责任，但公司、企业领导人负有社会责任也是不言而喻的，上文所述之公司、企业的社会责任可以等同于公司、企业领导人的社会责任。综合上文对于侧重于公司、企业意义上的社会责任的论述，笔者认为，公司、企业领导人的社会责任是指公司、企业领导人应当遵守法律法规与社会公德，不仅仅以最大限度地为股东们营利或赚钱作为唯一目的，还应当最大限度地关怀和增进股东利益之外的其他所有社会利益。

与刑法典没有明确将“勤勉义务”作为构成要件规定的情况一样，尽管我国刑法典分则没有将“社会责任”加以明文规定，但其对于社会责任的承认是不言自明的。我国刑法典分则在价值取向上是国家社会至上的，因而侵犯个人法益犯罪的危害性被置于侵犯国家法益和社会法益犯罪的危害性之下。刑法典规定了大量的侵犯国家法益与社会法益的犯罪，这些犯罪中有许多属于违反了社会责任的犯罪，就如现阶段与危害民生相关的诸多犯罪如环境犯罪、食品安全犯罪、腐败犯罪，就与社会责任的违反有关，而这些犯罪大多属于侵犯社会法益的犯罪。[①]这一点下文还有专门论述，此处不赘。

第五节　公司、企业领导人的刑事义务与刑事责任

一、公司、企业领导人的刑事义务

任何社会都需要秩序，秩序需要规则，规则由法律所规定。忠实义务、勤勉义务、社会责任可以全面和高度概括公司、企业领导人所负有的全部积极义务，也是法律为公司、企业领导人所规定的必须遵守的规则。由于现代公司、企业的活动已渗透到社会的各个领域、层次、角落，公司、企业相关制度的建设不可能仅靠公司、企业法这一个部门法所能完成，而是还需要其他部门法从不同的立场、角度去规范、建设。例如，社会的工商企业化与现代化使社会关系日趋复杂，为确保日趋复杂的社会的安宁秩序并推广现代福利国家的理念，国家需要在所有的法律规范之外，颁行诸多技术性的行政规章，以便对于人民的一切社会活动作适度的规范，使其与国家行政目的相符合一致。[②]

① 不能一概而论，因为违反社会责任的犯罪与侵犯社会法益的犯罪之间毕竟不能划等号，违反社会责任犯罪有可能侵犯了个人法益。

② 林山田：《论刑事不法与行政不法》，载林山田：《刑事法论丛（二）》，1997年第2版，第32页。

毫无例外的是，忠实义务、勤勉义务、社会责任的建设也是一个整体法秩序的建设，必须使各法律部门从不同层面维护、促进这一秩序建设。首先，公司、企业法律部门为公司、企业领导人规定了三项义务，公司、企业领导人不履行自身所负有的这三项义务，不遵守这些规范规则，违反了自身负有的忠实义务、勤勉义务和社会责任，就构成了越轨，构成民事违法或者行政违法，违法即需要承担责任，包括行政责任和民事责任，这些都是民商事以及行政法律部门的任务。其次，违反上述三项积极义务，严重危害社会的行为，即构成犯罪，需要负担各种消极责任当中最为严厉的责任——刑事责任，此时刑事法便粉墨登场。因此，忠实义务、勤勉义务、社会责任及其违反便构成公司、企业领导人承担包括刑事责任在内的各种消极责任的基础与前提。从刑事责任的角度，或者说站在刑法规范学的立场，忠实义务、勤勉义务、社会责任又是公司、企业领导人的刑事义务。

刑事义务是学者们在对刑事责任概念的探讨过程中提出来的。学者们认识到责任的两重含义，即积极责任与消极责任，并将其运用到对刑事责任的理解上。上文已述，高铭暄教授在刑事责任概念的表述中提出了“刑事法律义务”的概念。[①] 冯军教授则在其三位一体的刑事责任概念中提出刑事义务、刑事归责、刑事负担的刑事责任三重结构。[②]并认为刑事义务就是有刑事法律规定的行为人负有的必须约束其行为的任务。[③]是刑法要求行为人必须履行的不为犯罪行为的责任，在功能上，刑事义务与免责、正当化密切相关，具有限定归责范围、确定归责主体的作用。[④]上述学者实际上是在与权利相对的角度理解义务，将刑事义务理解为一种抽象的共同法律义务，一种如凯尔森所言的不为不法行为的义务，一种国民服从法律规范的义务。[⑤]如此一来，每一个犯罪都存在刑事义务，所有的犯罪都违反了刑事义务。那

① 高铭暄：《论刑事责任》，载《中国人民大学学报》1988 年第 2 期。
② 冯军著：《刑事责任论》，法律出版社 1996 年版，第 33 页。
③ 冯军著：《刑事责任论》，法律出版社 1996 年版，第 17-33 页。
④ 冯军著：《刑事责任论》，法律出版社 1996 年版，第 49-53 页。
⑤ 凯尔森著：《法与国家的一般理论》，中国大百科全书出版社 1996 年版，第 66 页。

么，每一个犯罪中的刑事义务，就如我们所要研究的背信损害上市公司利益罪的“忠实义务”与故意伤害罪中所谓的“不得伤害他人”的刑事义务，其性质都是一样的吗？

德国刑法学者罗克辛、雅科布斯等对于义务作了深入的研究。罗克辛在与支配犯相对的意义上提出义务犯的概念，[①]即负有特别义务的人违反该义务而构成正犯的情况。义务犯的构成要件所要保护的是在刑法之外就已经被型塑的生活领域本身的机能力不受损伤，为此相关者的法律或者社会的角色是决定性的。相反，支配犯是从外部闯入一个他未接触的、按照法律不应该去触碰的生活领域，因此他的行为本身如何表现就具有决定意义。[②]义务犯的实质根据在于对行为人所承担的社会角色的违反，[③]在于“一个人违反了自己所承担的社会角色提出的履行性要求”。[④]雅科布斯认为，支配犯的正犯性责任产生自黑格尔意义上的、尊敬他人为人格体并避免破坏他人的组织范围的消极义务，而义务犯的正犯性责任产生自被制度所额外附加的积极义务，即要求规范接受者去和他人“建设一个共同的世界”，使他人变得更好，而不只是弥补自己所造成的损失，也即义务犯的正犯的义务不是通过他的组织范围所确定，而是通过从其在制度之内所承担的角色中流出的义务所确定。[⑤]义务犯的积极义务——“和他人建设一个共同的世界”——无非就是团结的义务，制度则是强化团结的基础。人总是在一个已经存在的社会中生活，对这个社会的存在而言，有一些基本制度是不可放弃的，否则社会就无法健康地存续下去，为此应不惜限制社会成员的行为自由。组织管辖与制度管辖是所有犯罪的统一的归责基础，身份犯也罢，作为犯也罢，只要违反了制度管辖之义务，就是

① 有学者分别将两者翻译为“控制犯罪”与“义务犯罪”。[德]克劳斯•罗克辛著：《德国刑法学总论》（第2卷），王世洲等译，法律出版社2013年版。

② 何庆仁著：《义务犯研究》，中国人民大学出版社2010年版，第15页。

③ 何庆仁著：《义务犯研究》，中国人民大学出版社2010年版，第19页。

④ [德]克劳斯·罗克辛著：《德国刑法学总论》（第2卷），王世洲等译，法律出版社2013年版，第80-81页。

⑤ 何庆仁著：《义务犯研究》，中国人民大学出版社2010年版，第25-26页。

义务犯。[①]

罗克辛与雅科布斯关于义务犯的研究对于本论著的主题研究具有极大的启发意义。就如我们所要研究的忠实义务、勤勉义务、社会责任，无疑它们属于刑事义务，但这种刑事义务又是一种罗克辛所言的特别义务或者雅科布斯所言的积极义务，是一种角色义务，是“和他人建设一个共同世界”的团结义务或曰制度性义务，而不是避免触碰法律禁止触碰的生活领域之一般义务或者消极义务。公司、企业领导人的刑事责任是其违反忠实义务、勤勉义务、社会责任这些特别义务的刑事后果，因此，公司、企业领导人刑事责任所涉及的一些犯罪实际上就是罗克辛与雅科布斯所谓的义务犯。[②]

二、公司、企业领导人刑事责任的分类

根据不同的标准可以对公司、企业领导人刑事责任作出不同的分类。例如，依据与公司、企业犯罪的关联程度，可以分为公司、企业犯罪中的公司、企业领导人刑事责任与独立的公司、企业领导人刑事责任，前者是指当成立公司、企业单位犯罪时，作为单位直接责任人员的公司、企业领导人所应担负的刑事责任；后者是指不依附公司、企业犯罪而公司、企业领导人单独违反其自身义务所应承担的刑事责任。又如，依据刑事责任所处的公司、企业成立、运营及消亡的过程，可以分为公司、企业设立中的公司、企业领导人刑事责任，公司、企业运营中的公司、企业领导人刑事责任，公司、企业终结中的公司、企业领导人刑事责任。

对于我们所要研究的主题来讲，根据所违反的义务，公司、企业领导人的刑事责任可以相应地划分为违反忠实义务的刑事责任、违反勤勉义务的刑事责任和违反社会责任的刑事责任这三大类责任。又由

① 何庆仁著：《义务犯研究》，中国人民大学出版社 2010 年版，第 28-29 页。

② 此处所得出的这一结论只是一个还未经过充分论证的断语，要确切地得出这一结论还需要大量的论证工作，要透析刑法典的相关规范，要对现有刑法理论进行合理的解释发展。当然，经过充分论证后还存在否定这一结论或者断语的可能。

于刑事责任包括了犯罪与处罚，因而本论著也将公司、企业领导人违反自身义务的犯罪相应划分为违反忠实义务所涉及的犯罪、违反勤勉义务所涉及的犯罪和违反社会责任所涉及的犯罪，分别简称为违反忠实义务犯罪、违反勤勉义务犯罪、违反社会责任犯罪。[①]

之所以称为"所涉及的"，是因为公司、企业领导人违反三项义务构成的犯罪当中，有些是为他们所专设，如背信损害上市公司利益罪、非法经营同类营业罪，其行为是典型的违反忠实义务的行为，其主体为公司、企业领导人这一特殊主体；但更多的犯罪并非为公司、企业领导人违反这三项义务所专设，而是公司、企业领导人违反忠实义务的行为可以构成该罪，但其他人的类似行为也可能构成该罪。之所以产生这样的情况，主要原因在于我国刑法立法体例所具有的特点使然。我国刑法立法遵奉的是严格的刑法典主义，特别是以刑法修正案的形式来对刑法进行修改以后，这一特点更加明显，国家不再颁行单行刑法，也较少有规定明确的附属刑法规范。刑法典包括了自然犯或刑事犯，也包括了法定犯或行政犯。而在国外，刑法典通常仅规定传统的自然犯或者刑事犯，而大量的法定犯或者行政犯交由相应的各个部门的法律法规作出规定，形成了专门的经济刑法、行政刑法。如日本公司、企业及其领导人犯罪便主要规定于日本商法以及其他行政法规之中。就像我国刑法典分则第三章"破坏社会主义市场经济秩序罪"以及分则第六章"妨害社会管理秩序罪"，在外国刑法中，大多是被规定于各个相应的部门法之中的。两种立法模式各有其特点。国外立法模式的优点在于刑罚法则和相应法律法规的规定结合比较紧密，针对性强，可专门对于特定的主体、对象和事项进行规范，法条之间的关系也相对简单化，主要是普通法与特别法的关系。但不足之处在于犯罪规定较为分散，查阅起来相对困难。我国立法模式的优点在于犯罪之规定比较集中，查阅方便。但由于规定为一个整体和系统，立法者需要考虑法律的概括性、系统性和适用性，因而可能对各种犯罪进行一

① 迄今为止，就笔者所搜集到的国内外的资料看，还未见从总体上将公司、企业领导人刑事责任及犯罪作该种类型划分的。

定程度的整合，以求适用于更多的情况，因而就可能冲淡了具体犯罪的单一性与针对性。如我国刑法当中原先有公司、企业人员受贿罪，这是一个较为纯正的公司、企业领导人违反忠实义务的犯罪，由于社会的发展变化，出现了许多公司、企业人员之外的人员收受贿赂的行为，需要由刑法予以规制，立法者根据现有立法的规定，通过系统考量，以《刑法修正案（六）》对该罪作出修改，增添了其他单位的人员的主体，该罪罪名变为“非国家工作人员受贿罪”，从而该罪成为不再是专门针对公司、企业人员收受贿赂的违反忠实义务行为而设立的犯罪。由于对各种犯罪的整合，法条之间的关系也变得复杂起来，需要有多种适用规则来指导刑法的适用。

因此，公司、企业领导人所涉及的违反三类义务的犯罪中，除个别犯罪之外，公司、企业领导人并不是多数犯罪的特殊主体，或者说公司、企业领导人违反义务犯罪多数并非身份犯，这些犯罪并不是为公司、企业领导人违反忠实义务、勤勉义务和社会责任所专设，而是当他们严重违反这三项义务时，可以构成这些犯罪。故而，称之为“所涉及的”是较为客观准确的表述。

随着对犯罪规律和立法规律认识的提高，立法者的立法技术也在不断提高，对于我国刑法立法的模式而言，我们应该自觉认识大量新型经济犯罪、秩序犯罪的规律及立法模式的特点，在专门性和概括性中寻求合理的平衡，既不能过于具体失却概括，而使法律处于不断变动之中或者是不断膨胀之中；也不能过于概括而消退了特有法定犯或者行政犯的特色，而使刑法显得答非所问。

由于公司、企业领导人违反三项义务的犯罪多为行政犯或者法定犯的特点，立法者在对相应违法行为犯罪化时，应使刑法和相应法律法规所规定的规则协调，既要避免出现将不违法的行为或者违法但不应犯罪化的行为犯罪化的情况，也要避免应该犯罪化的违法行为却没有犯罪化的现象。[①]同时，在研究和适用违反三项义务的犯罪时，也

① 比如刑法将公司、企业领导人把盈利业务交于亲友的行为犯罪化，但却没有明晰地将把盈利业务交于自己的行为犯罪化，犯罪化的行为之间因此而失衡，也与公司、企业相关法律法规不相协调。这些下文还有论述。

必须结合相应的法律规章进行研究和适用。

遵循笔者对上述三项义务的违反及犯罪的认识，立足于根据义务的违反所作出的对公司、企业领导人刑事责任和所涉及的犯罪的分类，笔者将在下文分三章分别对公司、企业领导人违反忠实义务的刑事责任、违反勤勉义务的刑事责任和违反社会责任的刑事责任展开研究。

需要说明的是，公司、企业领导人违反忠实义务、勤勉义务、社会责任犯罪之间也可能存在交叉竞合的地方。此种情况下，主要看其所违反的主要义务以决定归属于何种公司、企业领导人所涉及的犯罪。如违反勤勉义务类犯罪，既可能损害到公司、企业自身，也可能危害到公共及社会的利益，如污染环境犯罪，虽然有时也因公司、企业领导人工作懈怠而造成，因而属公司、企业领导人业务过失类犯罪，此种情况下主要违反的是勤勉义务。但该罪的动机一般是公司、企业为追逐利润而置社会利益于不顾，其侵害的对象也主要是社会公众，因而笔者将其划归到违反社会责任所涉及的犯罪之中。一般而言，违反忠实义务犯罪与其他两类犯罪界限较为分明，而违反勤勉义务犯罪与违反社会责任犯罪存在的交叉竞合情况较多。

三、公司、企业领导人刑事责任的边界①

刑事责任是相对于民事责任、行政责任而言的，厘定公司、企业领导人刑事责任的边界就是要将其与公司、企业领导人的民事责任、行政责任区别开来。

民事责任是指民事主体违反民事义务而依法应当承担的民事法律后果。民事责任是当事人一方向他方承担的责任，以一方当事人补偿另一方当事人的损失为主要目的；民事责任既有过错责任，也有无过错责任，可以由当事人在法律允许的范围内协商。②按照法律的规定，

① 公司、企业领导人刑事责任的边界问题是一个重要的问题，本应作为独立的章节加以探讨。只是由于该问题的复杂性，以及笔者对该问题研究的深度所限，这里实际上只是作为一个问题提出来。

② 魏振瀛主编：《民法》，北京大学出版社、高等教育出版社 2006 年版，第 47-49 页。

承担民事责任的方式主要有：（1）停止侵害；（2）排除妨碍；（3）消除危险；（4）返还财产；（5）恢复原状；（6）修理、重作、更换；（7）赔偿损失；（8）支付违约金；（9）消除影响、恢复名誉；（10）赔礼道歉。

行政责任是行政法律关系主体[①]因违反行政法律规范所规定的义务而引起的，依法必须承担的法律责任，即行政违法以及部分行政不当所引起的否定性的法律后果。行政责任按照主体的不同可以分为行政主体行政责任、公务员行政责任以及行政相对人行政责任。行政主体的行政责任以补救为主，具体方式有：（1）通报批评：（2）赔礼道歉，承认错误；（3）恢复名誉，消除影响；（4）返还权益；（5）恢复原状；（6）停止违法行为；（7）履行职务；（8）撤销违法的行政行为；（9）纠正不适当的行政行为；（10）行政赔偿等。公务员承担行政责任的具体方式有：（1）接受批评教育；（2）赔偿损失；（3）行政处分。行政相对方承担行政责任的具体方式有：（1）承认错误，赔礼道歉；（2）接受行政处罚等制裁；（3）履行法定义务；（4）恢复原状，返还财产；（5）赔偿损失；（6）仅对外国人适用的限期离境、驱逐出境、禁止入境等。[②]

上文已述，刑事责任是指行为人因为违反刑事义务而须承担的刑法上的不利后果，即须承担犯罪的否定性评价以及刑事处罚的惩罚性后果刑事责任，是依据国家刑事法律规定，对犯罪分子依照刑事法律的规定追究的法律责任。刑事责任的主要形式包括刑罚与非刑罚措施。

公司、企业领导人的刑事责任与公司、企业领导人的民事责任不同。民事责任是一方当事人向他方承担的责任。而刑事责任（包括行政责任）主要是责任人向国家和社会承担的责任。民事责任以一方当事人补偿另一方当事人的损失为主要目的，刑事责任侧重于惩罚，民事责任侧重于补偿，一般不具有惩罚性。民事责任既有过错责任，也有无过错责任，而刑事责任（包括行政责任）以行为人有过错为要件。

---

① 包括行政主体及公务员与行政相对人。

② 罗豪才、湛中乐主编：《行政法学》（第三版），北京大学出版社 2012 年版，第 343-356 页。

民事责任可以由当事人在法律允许的范围内协商，而刑事责任（包括行政责任）一般不能由当事人协商。[①]

公司、企业领导人的刑事责任与公司、企业领导人的行政责任不同之处：一是追究的违法行为不同。追究行政责任的是一般违法行为，追究刑事责任的是犯罪行为；二是追究责任的机关不同。追究行政责任由国家特定的行政机关依照有关法律的规定决定，追究刑事责任只能由司法机关依照刑法典的规定决定；三是承担法律责任的后果不同。追究刑事责任是最严厉的制裁，可以判处死刑，比追究行政责任严厉得多。[②]

必须将公司、企业领导人的刑事责任与公司、企业领导人的民事责任、行政责任区分开来。不允许将其刑事责任混同于民事责任、行政责任，或者说不允许将其本来应承担民事责任或者行政责任的行为作为犯罪行为而课以刑事责任。这不但是刑法基本原则与刑事政策的要求，而且也是现代刑事司法文明人道的要求。

① 魏振瀛主编：《民法》，北京大学出版社、高等教育出版社 2006 年版，第 48-49 页。

② 以上对于刑事责任与民事责任、行政责任的比较只是就一般的情况、一般的特征而言，实际上可能存在一些复杂的情况，例如，民事责任现在也在加强其预防功能，刑法中的严格责任规定也很难说就完全是过错责任，而刑事和解实际上就是允许当事人就刑事责任进行协商。

第四章

公司、企业领导人违反忠实义务的刑事责任

【概要】公司、企业领导人严重违反忠实义务，触犯刑法，构成犯罪的，即须承担违反忠实义务的刑事责任。违反忠实义务犯罪是指公司、企业领导人故意实施的违反自身所需承担的忠实义务、触犯刑法、应受刑事处罚的行为。刑法典规定了16个违反忠实义务犯罪的罪名。违反忠实义务犯罪的共同构成特征是：客观方面表现为背信的行为；客体是对忠实义务的违反、对信任关系的破坏，同意要件可以成为违反忠实义务犯罪的犯罪阻却事由；主体为大多数特殊主体；主观方面要件均为故意，过失不可能构成违反忠实义务所涉及的犯罪。本类犯罪最高法定刑为死刑。应注意对“经济受贿”与背信损害上市公司利益罪的研究。

关键词：违反忠实义务　犯罪　共同构成特征　刑事处罚

近些年来，由于我国政府与市场、企业等政商关系范畴的体制性、制度性改革和建设还不健全、不彻底，公司、企业治理机制不成熟，政策不到位，导致公司、企业领导人腐败犯罪频发，违反忠实义务犯罪情况严峻，特别是国企领导人违反忠实义务的腐败犯罪现象十分突

出。例如，在 2012 年的约 240 例企业家犯罪中，违反忠实义务的犯罪有 118 例左右，几乎占了企业家犯罪的一半。[①]虽然国企企业家绝对犯罪总数不及民企企业家，但就违反忠实义务的腐败犯罪而言，其绝对腐败犯罪总数却超过了民企企业家。[②] 在 2013 年媒体公布的 59 例国企企业家犯罪中，受贿罪 22 例、贪污罪 18 例、挪用公款罪 11 例、巨额财产来源不明罪 4 例、职务侵占罪 3 例、私分国有资产罪 1 例。几乎是清一色的违反忠实义务的腐败犯罪。[③]2013 年还发生有中石油的腐败窝案等，都可以反映出公司、企业领导人，特别是国企领导人违反忠实义务犯罪情况的严重性。而这种政商关系畸形、官员与商人贿赂犯罪相互牵绊而出甚至融为一体的现象还在现实生活中不断上演着，尤其是在有着重大影响的案件，如陈良宇案件、薄熙来案件以及后续不断发生的诸如此类的案件中，这一现象已经或者仍会得到不断的展示。

公司、企业领导人作为掌管公司、企业经营管理权的工作人员，本应该忠实地履行自己的职权，为公司、企业利益服务，“受人之托，忠人之事”，但他却利用受托而来的职权进行寻租活动，这就彻底背离了公司、企业领导人被赋予的职权的宗旨。公司、企业领导人的不忠对公司、企业的危害是巨大的。

公司、企业领导人严重违反忠实义务，触犯刑法，构成犯罪的，即须承担违反忠实义务的刑事责任，包括罪之评价与刑之承担。

本章即对公司、企业领导人违反忠实义务的刑事责任展开研究，具体内容包括公司、企业领导人违反忠实义务犯罪的概念、特征、分类、立法概况，违反忠实义务犯罪的共同构成特征、刑事处罚，以及

---

① 李山河等：《现阶段中国企业家犯罪的致罪因素》，载赵秉志主编《当代刑事法学新思潮》下卷，北京大学出版社 2013 年版，第 1639-1647 页。

② 如据对 2012 年媒体公布的企业家犯罪案例的分析，总体上国企企业家违反忠实义务的腐败犯罪 74 例，民企企业家违反忠实义务的腐败犯罪 29 例，国企企业家违反忠实义务的腐败犯罪总数超过民企企业家两倍还多。北京师范大学中国企业家犯罪预防研究中心课题组：《2012 年中国企业家犯罪媒体案例分析报告》，第 9 页。另外，需要注意，公司、企业领导人腐败犯罪也不全是违反忠实义务的犯罪，如行贿犯罪就是违反社会责任的犯罪而非违反忠实义务的犯罪。

③ 北京师范大学中国企业家犯罪预防研究中心课题组：《2013 年中国企业家犯罪报告》。

违反忠实义务相关个罪问题的研究。

第一节 公司、企业领导人违反忠实义务犯罪概述

一、公司、企业领导人违反忠实义务犯罪的概念、特征

违反忠实义务犯罪是指公司、企业领导人故意实施的违反自身所需承担的忠实义务，触犯刑法，应受刑事处罚的行为。违反忠实义务的犯罪大多同时也是一种职务犯罪、腐败犯罪，诸多企业高管落马，许多是因为没有尽到自己的忠实义务，实施了违反忠实义务的行为所致。

违反忠实义务犯罪的特征是：首先，公司、企业领导人实施了违反忠实义务的行为，违反忠实义务是该类犯罪的本质特征。从某种意义而言，该类犯罪就是违反忠实义务的义务犯。义务犯是一种特殊的犯罪类型，它以特定义务作为成立的前提。义务犯的实质根据在于对行为所承担的制度性角色和积极义务的违反，义务犯总是表现为行为人没有履行与他人建设一个共同世界的积极义务，即使某人的行为没有侵害到他人，只要他没有履行这种义务，本身就具备了可罚性的基础。[①]对于公司、企业领导人违反忠实义务这类犯罪，我国刑法典仅对其中的“背信损害上市公司利益罪”明文规定了“忠实义务”的要件要素，该罪是义务犯无疑。但对公司、企业领导人违反忠实义务所可能涉及的其他个罪并没有明文规定“忠实义务”的要件要素。笔者认为，这是由于我国刑法立法的特点，即将公司、企业领导人忠实义务犯罪包含于更大更有包容性的犯罪构成中加以规定的特点所决定的。既然如此，那么在公司、企业领导人作为主体构成这些犯罪时，

---

① 洪求华、吴情树：《义务犯：诠释犯罪的一个独特视角》，载《检察日报》2010 年 11 月 10 日第 3 版。关于义务犯研究还可参见何庆仁著:《义务犯研究》，中国人民公安大学出版社 2011 年版。

即使刑法典没有明文规定“违反忠实义务”的要件，但“违反忠实义务”仍然或者是一个不成文的构成要件，或者具有解释的意义与功能。[①]

其次，这种行为触犯了刑法。我国实行的是刑法典制度，所有罪刑规范都具体规定在刑法典之中。公司、企业领导人违反忠实义务的具体犯罪也是由刑法典规定的。我国公司、企业法律法规规定了公司、企业领导人违反忠实义务的违法行为，由于每一个国家的法律都是一个系统，加之我国违法行为与犯罪行为主要是以危害程度而非行为类型加以区别的特点，违反忠实义务的违法行为与犯罪行为具有行为样态的基本一致性，因而公司、企业法所规定的违反忠实义务的违法行为也与刑法典违反忠实义务犯罪行为在样态上基本是对应的。[②]

最后，这种行为应该受到刑罚处罚。应受刑法处罚不仅是指依照法律的明文规定应该受到刑罚处罚，也指这种行为值得动用刑事手段或者说必须动用刑事手段加以处罚。刑事处罚一般应该是形式与实质的统一，即形式上法律明文规定为刑事处罚手段，实质上也具有刑事处罚的严厉性质。但按照国际人权公约的精神，没有刑事处罚之名而具有刑事处罚严厉之实的也仍视为是刑事处罚，根据罪刑法定原则，不许将该类处罚措施加诸没有明文规定该类处罚措施的违法与犯罪行为之上。

一、公司、企业领导人违反忠实义务犯罪的分类

分类是对事物进行深入认识的必要方法。从不同的角度可以对公司、企业领导人违反忠实义务犯罪进行不同的分类。

从违反忠实义务犯罪侵犯的法定客体的角度，可以分为妨害公司、

---

① 该问题在下文相关部分还有论述。

② 但也有不对应的情况，这是否反映了我国违法行为与犯罪行为在量的区别标准之外还有行为类型的区分标准？公司、企业法律法规没有规定为违反忠实义务违法行为的，刑法却加以犯罪化，或者规定为违反忠实义务违法行为的却没有犯罪化的情况是否科学？这些都是需要思考的问题。

企业管理秩序罪，破坏金融管理秩序罪，侵犯商业秘密罪，侵犯公司、企业财产罪，贪污贿赂罪等。

从违反忠实义务犯罪的具体行为特点的角度，可以将违反忠实义务涉及的犯罪划分为权钱交易型犯罪、贪占型犯罪、挪用型犯罪、滥用职权型犯罪等。

从行为人的角度可以将违反忠实义务的犯罪划分为国企领导人违反忠实义务犯罪与民企领导人违反忠实义务犯罪。

从违反忠实义务犯罪构成特点的角度，可以分为纯正的违反忠实义务犯罪和不纯正的违反忠实义务犯罪。前者指完全是针对公司、企业领导人违反忠实义务而专设的犯罪，包括背信损害上市公司利益罪、非法经营同类营业罪两个犯罪。后者是指并非为公司、企业领导人违反忠实义务而专设的犯罪，而是内含着公司、企业领导人违反忠实义务的犯罪。公司、企业领导人严重违反忠实义务的行为可以构成该犯罪，其他人员的相同行为也可以构成该犯罪。背信损害上市公司利益罪、非法经营同类营业罪之外的其他涉及违反忠实义务的犯罪均属不纯正的违反忠实义务犯罪。本来，在《刑法修正案（六）》颁行之前，公司、企业人员受贿罪也是纯正的违反忠实义务的犯罪，该修正案颁行后，由于主体增加了事业单位人员，该罪便成为不纯正的违反忠实义务的犯罪。①

还有学者对其所认为的 10 个违反忠实义务犯罪进一步作了类型化的处理，将之分为传统的利益冲突犯罪和典型的利益冲突犯罪两大类，前者是指受贿、侵占公司财产及挪用公司资金等违反忠实义务禁止性规则的犯罪，这类犯罪非公司独有之犯罪，而是早已有之，为传统之道德受责性较强的犯罪，其行为的社会危害性较为明显，较多地具有自然犯的特点，也是公司制从萌芽到现代巨型公司所始终防范之

① 看来，选择性罪名随选择要件的不同而构成要件应有所不同。因此，选择性罪名的概括应当慎重。如最高司法机关将第 168 条关于涉及违反忠实义务的犯罪罪名概括为国有公司、企业、事业单位人员滥用职权罪，笔者认为，根据罪状的表述，应概括为“国有公司、企业人员滥用职权罪”和“国有事业单位人员滥用职权罪”两个罪名。因为国有公司、企业人员滥用职权行为和国有事业单位人员滥用职权行为之构成并不完全一致，这种不一致并非仅体现在选择要件即单位人员主体的不一致上。

重点。二是典型的利益冲突犯罪，即违反非法竞业经营、自我交易、泄露公司秘密以及低价处分国有资产等忠实义务禁止性规则的犯罪规定，其犯罪行为的实施具有与公司经营性行为密切的关联，犯罪的实现对公司权力的依赖性强，并且由于犯罪行为具有合法交易的表象，因而具有更大的隐蔽性，其危害性不易被人发觉。该类犯罪符合经济犯罪的诸多特征，多被称为法定犯，是各国当代公司制度控制和防范之重点与难点。[①]这是从所涉及的犯罪的自然犯、法定犯属性之角度进行的分类。

三、违反忠实义务犯罪的刑法立法概况

（一）违反忠实义务犯罪的罪名

我国《公司法》第216条规定："违反本法规定，构成犯罪的，依法追究刑事责任。"这表明，公司、领导人实施包括违反忠实义务在内的违法行为构成犯罪的，应承担刑事责任。由于我国在刑法立法方面实行的是法典主义，[②]公司、企业领导人违反对公司、企业忠实义务构成的犯罪均规定在刑法典中。[③]因而考察公司、企业领导人违反忠实义务的刑事责任应着眼于考察现行刑法典的规定。[④]

根据对公司、企业领导人违反忠实义务犯罪的概念、特征、类型的认识，结合刑法典分则相关罪刑规范进行分析、筛选，笔者认为，现行刑法典对公司、企业领导人违反忠实义务所涉及的犯罪共规定了16个罪名，依条文的先后顺序，分别是：

---

① 李燕兵著：《上市高管职务犯罪问题研究——论违反忠实义务行为的犯罪化》，中国检察出版社2006年版，第153-154页。

② 在笔者看来，1979年刑法典颁行后，由于有二十余个单行刑法对其进行修改、补充，但这些单行刑法相对于1979年刑法典来说基本上是独立的，因而此时刑法立法上的法典主义色彩较弱。1997刑法典颁行后，除1998年颁行的全国人民代表大会常务委员会《关于惩治骗购外汇、逃汇和非法买卖外汇犯罪的决定》采用单行刑法的形式，相对刑法典具有独立性外，此后对刑法的修改均采用修正案的形式，修正案是直接与刑法典融为一体的，因而可以说现在的刑法立法是完全意义上的法典主义。

③ 刑法典与其他法律中的有关刑事责任的条款之关系是一个值得研究的问题。

④ 违反勤勉义务和社会责任所涉及的犯罪也应如此。

（1）非国家工作人员受贿罪（第163条），（2）非法经营同类营业罪（第165条），（3）为亲友非法牟利罪（第166条），（4）国有公司、企业人员滥用职权罪（第168条），（5）徇私舞弊低价折股、出售国有资产罪（第169条），（6）背信损害上市公司利益罪（第169条之一），（7）金融机构工作人员以假币换取货币罪（第171条第2款），（8）违法发放贷款罪（第186条），（9）违规出具金融票证罪（第188条），（10）对违法票据承兑、付款、保证罪（第189条），（11）侵犯商业秘密罪（第219条），（12）职务侵占罪（第271条第1款），（13）挪用资金罪（第272条第1款），（14）贪污罪（第382条），（15）挪用公款罪（第384条），（16）受贿罪（第385条）。

在上述16个罪名中，涉及刑法典分则第三章第三节妨害对公司、企业的管理秩序罪的有 6 个，[①]涉及分则第三章第四节破坏金融管理秩序罪的有4个，[②]涉及分则第三章第八节侵犯知识产权罪的有1个，[③]涉及分则第五章侵犯财产罪的有 2 个，[④]涉及分则第八章贪污贿赂犯罪的有 3 个。[⑤]可见，违反忠实义务犯罪在刑法典中的分布还是比较广的。

（二）违反忠实义务犯罪刑法立法沿革

1. 1997年刑法典[⑥]对违反忠实义务犯罪的规定[⑦]

1997年刑法典对公司、企业领导人违反忠实义务犯罪共规定有16

---

① 包括公司、企业或者其他单位人员受贿罪，非法经营同类营业罪，为亲友非法牟利罪，国有公司、企业、事业单位人员滥用职权罪，徇私舞弊低价折股、出售国有资产罪，背信损害上市公司利益罪。

② 包括金融机构工作人员以假币换取货币罪，违法发放贷款罪，违规出具金融票证罪、对违法票据承兑、付款、保证罪。

③ 即侵犯商业秘密罪。

④ 包括职务侵占罪、挪用资金罪。

⑤ 包括贪污罪、挪用公款罪和受贿罪。

⑥ 此是在狭义上使用的概念，仅指1997年颁行时的刑法典，不包括以后修改和修正的内容。下面两章在谈到立法沿革时所使用的1997刑法典的含义与此相同。

⑦ 考虑到主要是有助于了解现行立法概貌，以及为了节省篇幅，刑法立法沿革只是从1997年刑法典的立法情况开始概述，而并没有溯及至1979年刑法典立法甚至更早的立法情况。下文关于违反勤勉义务犯罪以及违反社会责任犯罪刑法立法沿革的概述也是如此。

个罪名，除了公司、企业人员受贿罪后来被修正为非国家工作人员受贿罪，徇私舞弊造成破产、亏损罪演变为公司、企业人员滥用职权罪，[①]违法向关系人发放贷款罪以及违法发放贷款罪后来被修改合并成违法发放贷款罪一个罪名，以及还没有增设背信损害上市公司利益罪之外，其他罪名与上文所列举的现行刑法典所规定的违反忠实义务犯罪罪名均相同。

1997年刑法典吸收了单行刑法的规定，在第三章第三节专节规定了“妨害对公司、企业的管理秩序罪”，其中规定了一些违反忠实义务的犯罪。1997 年刑法典也在其他一些章节规定了违反忠实义务的犯罪，以适应打击有关公司、企业犯罪的需要，并突出对国有公司、企业的保护。1997年刑法典对违反忠实义务犯罪也多采用叙明罪状的立法方式，以体现罪刑法定原则的要求。另外，由于当时的公司、企业法律并没有明确规定公司、企业领导人的义务，立法者并没有有意识地以忠实义务的理论来观照刑法立法。

2. 刑法修正案对违反忠实义务犯罪的修正

1997年刑法典之后，立法机关以单行刑法与刑法修正案的形式对刑法进行修改和补充，对违反忠实义务犯罪的修正体现在如下两个方面：

第一，新增犯罪。《刑法修正案（六）》以新设刑法典第169条之一增设了背信损害上市公司利益罪。这是一个典型的违反忠实义务犯罪，也首次在刑法典中明确规定了“忠实义务”的要件要素。

第二，犯罪构成要件以及法定刑的修正调整。

一是《中华人民共和国刑法修正案》[②]将刑法典第 168 条徇私舞弊造成破产、亏损罪分解为国有公司、企业、事业单位人员失职罪以及国有公司、企业、事业单位人员滥用职权罪，原罪名废除。如果徇私舞弊犯滥用职权罪的，作为上述滥用职权罪从重处罚的情节。在对

① 这仅仅是针对违反忠实义务犯罪罪名而言的。实际上，徇私舞弊造成破产、亏损罪整体上被修正为公司、企业、事业单位人员失职罪与公司、企业、事业单位人员滥用职权罪。下文还有类似情况，不再说明。

② 以下简称《刑法修正案》。

该罪罪名调整的同时，对其法定刑幅度也作了调整。之所以如此修改，首先是因为 1997 刑法典中的滥用职权和玩忽职守罪的主体仅限于国家机关工作人员，而对国有公司、企业、事业单位的工作人员却没有一个一般性的失职罪和滥用职权罪的规定。其次，刑法第 168 条的原规定在构成要件上限制过严、过窄，所配置的刑罚与其他渎职犯罪相比也太轻，从而显得不协调。

二是《刑法修正案（六）》将刑法典第 186 条第 1 款、第 2 款作出修改，删除了原第 1 款规定中的“向关系人发放信用贷款……的条件”，增设了“数额巨大”、“数额特别巨大”的情节，删除了原第 2 款“向关系人以外的其他人发放贷款”的规定，[①]违法向关系人发放贷款罪的行为作为违法发放贷款罪从重处罚的情节。据此，该修正案将原刑法规定的两个罪名“违法向关系人发放贷款罪”和“违法发放贷款罪”合并为一个罪名，即“违法发放贷款罪”。这些修改有利于解决违法发放贷款罪的损失、环节等认定难的问题。

三是《刑法修正案（六）》将刑法第 188 条第 1 款非法出具金融票证罪中的“造成较大损失的”、“造成重大损失的”分别修改为“情节严重的”、“情节特别严重的”。实践中，对非法出具金融票证行为所造成的损失难以确定，影响到对此类犯罪的定罪量刑。为了维护金融管理秩序，防范金融风险，刑法修正案修改了非法出具金融票证罪的定罪标准，以利于对该罪的惩治。

在笔者看来，对于对公司、企业领导人违反忠实义务刑事责任的追究来讲，《刑法修正案（六）》增设背信损害上市公司利益罪意义重大，这是迄今为止刑法典中明文规定了“违背对公司忠实义务”构成要件的犯罪，表明立法者已经自觉地意识到维护我国法制的统一性、注重法律体系的协调统一的重要性。因为新修订的《公司法》已明确规定了公司领导人的忠实义务，立法者显然注意到了这一点，并将之贯彻到刑法立法中，从而使刑法和公司法协调统一起来。它表明立法

---

① 高铭暄著：《中华人民共和国刑法的孕育诞生和发展完善》，北京大学出版社 2012 年版，第 400 页。

者对犯罪规律的认识、对犯罪本质的把握、对立法技术的运用都到取得了一定的进步。

但是，相关《刑法修正案》在公私公司、企业的平等保护方面仍未取得进展。另外，尽管已经用忠实义务来指导刑法立法，但仍局限于操纵上市公司的行为上，使得该罪的适用面不够宽，其他一些违反忠实义务的行为仍难以得到刑法的规制。

第二节 违反忠实义务犯罪的共同构成特征

违反忠实义务所涉及的犯罪作为一个整体，其犯罪构成呈现出许多共同之处，存在可探寻的一般规律，对这些共同之处和一般规律进行探讨，对于深化对公司、企业领导人违反忠实义务犯罪的认识，科学立法，准确理解和适用该类犯罪，都具有重要的意义。

我国传统犯罪构成理论认为，犯罪构成是依照我国刑法的规定，决定某一具体行为的社会危害性及其程度而为该行为构成犯罪所必须具备的一切客观要件和主观要件的有机统一；犯罪构成要件包括犯罪客体、犯罪客观方面、犯罪主体、犯罪主观方面。①笔者认为，我国传统犯罪构成理论具有科学性，但也应该不断予以完善，即应将排除社会危害性行为作为犯罪客体的组成部分从而丰富犯罪客体的内容，增加犯罪客体的实践性和可操作性。②同时认为，犯罪行为的定型性特征也应加以强调。基于上述考虑，笔者在以下所有论及犯罪构成的部分，如有关于排除社会危害性行为的内容，都将其置于犯罪客体之内加以论述，要件顺序也相应按照犯罪客观方面、犯罪客体、犯罪主体、犯罪主观方面的顺序加以排列。

① 高铭暄、马克昌主编：《刑法学》（第五版），北京大学出版社、高等教育出版社 2011 年版，第 49 页。

② 李山河：《排除社会危害性行为体系位置新论》，载《山东大学威海分校校报》2002 年第 3 期。

一、客观方面要件——背信的行为

（一）违背忠实义务

所谓违背忠实义务，是指违反了公司、企业领导人作为公司的代理人在思想上应当始终效忠于公司，并在行为上始终以公司利益最大化作为自己行为指南的义务，以积极的作为或者消极的不作为而有悖于诚实代理人对被代理人所负之职责。违反忠实义务的实质在于公司、企业领导人在公司、企业利益和自己或者第三人的利益之间，没有将公司、企业利益放在首位，而是将自己或者第三人的利益放在首位。

忠实义务对应着公司、企业高级管理人员的社会属性，作为共性的义务，其关系到公司、企业高级管理人员作为一个社会人是否能够有效地承担其在社会经济生活运转中所扮演的角色，这是一个社会秩序问题，因而，作为社会秩序的保护人，国家一般通过“命令—服从”的行为模式与法律规范形式对忠实义务加以规定，这是国家所规定的任何一个公司、企业对任何一个公司、企业高级管理人员的绝对权利。[①]因而忠实义务规范集中反映了公司、企业最核心的利益所在，正因如此，违反忠实义务也就成为公司、企业领导人犯罪，特别是违反忠实义务犯罪的最普遍、最本质的特征。[②]

上文已将违反忠实义务的犯罪划分为纯正的违反忠实义务犯罪和不纯正的违反忠实义务犯罪。就纯正的违反忠实义务犯罪而言，从法律的规定看，除了《刑法修正案（六）》新增的“背信损害上市公司利益罪”的罪状表述中明确规定“违背对公司的忠实义务”，从而“违背忠实义务”成为该罪明定的犯罪构成要件之外，非法经营同类营业罪这一纯正的违反忠实义务的犯罪并没有明文规定“违背忠实义务”这一构成要件。那么“违背忠实义务”是否该罪的构成要件呢？在我看来，回答是肯定的。这一点可以利用不成文的构成要件理论加以解释。

---

① 苏云义：《高级管理人员的忠实义务和注意义务》，载《江苏法制报》2013 年 9 月 12 日第 A07 版。

② 李琼：《公司高管违反忠实义务犯罪立法研究》，暨南大学 2011 年硕士学位论文，第 4 页。

刑法理论上认为，构成要件有成文的构成要件要素与不成文的构成要件要素。所谓成文的构成要件要素，是指刑法明文规定的构成要件要素，绝大多数构成要件要素都是成文的构成要件要素。所谓不成文的构成要件要素，是指刑法条文表面上没有明文规定，但根据刑法条文之间的相互关系、刑法条文对相关要素的描述所确定、成立犯罪所必须具备的要素。[①]违背对公司的忠实义务是背信损害上市公司利益罪的成文的犯罪构成要件，是非法经营同类营业罪不成文的构成要件。这是因为，在非法经营同类营业罪中，行为人利用职务便利，自己经营或者为他人经营与其所任职公司、企业同类的营业，侵夺公司、企业的商业机会以获取非法利益，使公司、企业利益遭受损害，其违背对公司、企业的忠实义务是不言而喻的，因而违反忠实义务应成为该类犯罪的构成要件。因此，笔者认为，“违背忠实义务”无论是成文的构成要件，还是不成文的构成要件，都是纯正违反忠实义务犯罪成立的必备要件，都是需要证据加以证明的。

对于不纯正的违反忠实义务犯罪而言，由于该类犯罪并非为公司、企业领导人违反忠实义务而专设的犯罪，而是内含着公司、企业领导人违反忠实义务的犯罪。由于该类犯罪只是内含于一个外延更大的犯罪构成之中，这个外延更大犯罪构成的适应性决定了其不可能明文规定违反忠实义务的要件。但公司、企业领导人违反忠实义务构成该类犯罪时，必须要考察公司、企业领导人违反忠实义务的情况，在笔者看来，违背忠实义务的情况对于公司、企业领导人成立该类犯罪具有解释论的意义和功能，但“违背忠实义务”已非该类犯罪的构成要件。

（二）利用职务便利

1. 利用职务便利要件的含义

“职务”意味着获得一定的法定身份，代表国家、集体、社会团体或其他社会组织执行一定的具有管理性质的事务的职权，是职权与职责的统一。[②]根据有关司法解释的精神，并考虑到违反忠实义务犯罪

① 张明楷著：《刑法学》（第二版），法律出版社 2003 年版，第 144 页。

② 赵秉志主编：《中国刑法案例与学理研究（分则之六）》，法律出版社 2001 年版，第 8 页。

种类以及包含于其内的利用职务便利行为的多样性、复杂性，[①]笔者认为，违反忠实义务犯罪中之“利用职务便利”要件是指利用本人职务范围内的权力，即自己职务上主管、负责或者承办某项公司、企业业务的职权及其所形成的便利条件。据此，利用本人职务范围内的权力之表现形式主要有两种：一是利用经办权和管理权。公司、企业领导人因经办和管理一定的公司、企业业务，都拥有一定的职权，而这些职权可以被用来实施违背忠实义务的行为，这是利用职务上的便利最常见的表现形式。二是利用领导权和指挥权。居于领导岗位的公司、企业领导人在本单位或者本系统内，对本单位或者同一系统的下属具有一定的领导权和指挥权，就公司、企业领导人来讲，这些权力体现为对于公司、企业或者下属公司、企业的管理权与经营权。

从本质上讲，利用职务便利实际上是一种条件行为。既然是条件，那么其本身也就具有一种客观存在的性质，其行为性减少，客观性增强。实施条件行为属于条件行为，利用业已存在的条件行为也属于实施条件行为的范畴。因而，从实质上来讲，条件行为不在于实施，而在于利用，不在于行动，而在于存在。[②]因此，不必对利用职务便利要件作过于实存化的理解。[③]

不应将“利用工作便利”理解为“利用职务便利”。理由是：第一，把利用职务便利理解为利用工作便利，容易混淆罪与非罪的界限；第二，利用工作便利既包括行为人利用职务上的便利，也有可能包括行为人利用因工作关系而衍生出的个人交情关系。从逻辑的角度讲，利用工作便利之外延比利用职务上的便利的外延要广，两者之间是包容关系，前者包括了后者，因此，把利用职务上的便利解释为包括利用工作上的便利，在逻辑上也是讲不通的。[④]

---

① 如有研究者将刑法中以“利用职务便利”为要件的十几个犯罪划分为贪污挪用型、受贿型以及其他类型犯罪三大类，并在此基础之上分析了“利用职务便利”在这三类犯罪类型中的具体体现。王垒：《论我国刑法中的“利用职务便利”》，郑州大学2007年硕士学位论文。

② 王俊平、李山河著：《受贿罪研究》（修订版），人民法院出版社2009年版，第199页。

③ 因此，对于刑法规范所规定的形形色色的构成行为的类别、特质进行研究具有十分重要的意义与价值。

④ 王俊平、李山河著：《受贿罪研究》（修订版），人民法院出版社2009年版，第46-49页。

2. 利用职务便利要件的性质

"利用职务便利"这一要件在我国刑法典分则的15个条文中都有涉及，[①]违反忠实义务的犯罪的16个罪名中除侵犯商业秘密罪以及徇私舞弊、低价折股出售国有资产罪这两个罪名之外的其他14个罪名都明文规定了这一职务要件。[②]从法律规定上可以看出，"利用职务便利"是违反忠实义务犯罪的显著构成特征。

违反忠实义务的绝大多数犯罪均明文规定了利用职务便利的要件，也即利用职务便利是绝大多数违反忠实义务犯罪的成文的构成要件要素。就徇私舞弊、低价折股出售国有资产罪来看，同样可以用不成文的构成要件理论将利用职务便利解释为该罪的构成要件。因为刑法典第169条将徇私舞弊低价折股、出售国有资产罪的犯罪主体规定为国有公司、企业或上级主管部门的"直接负责的主管人员"，负责人以拥有一定的职权为身份标志，能够实施以权谋私、低价处分国有资产行为的，也以具有职务便利和利用了职务便利为其实施犯罪行为的必要前提，无职无权，或有职有权而未利用职权来"徇私舞弊"，也不会发生刑法所规定的犯罪行为。[③]

侵犯商业秘密罪的情况则有所不同。构成要件的含义是指在任何情况下该罪成立须具备的条件。而按照刑法典的规定，侵犯商业秘密罪并非任何情况下都须具备"利用职务便利"这一要件，因而"利用职务便利"并非该罪不成文的构成要件。不过就公司、企业领导人构成该罪而言，正是他们的职权和地位，使其掌握了公司、企业的秘密，他们将利用其职务便利掌握的商业秘密擅自披露，就是利用了其职务便利，因而在考察公司、企业领导人侵犯商业秘密罪的构成时，"利用职务便利"具有解释论的意义和功能。

---

① 分别是第163、165、166、169、171、177、180、183、184、271、272、382、383、385、388条。

② 从罪状对该要件的表述方式来看，有"利用职务便利"、"利用职务上的便利"、"利用职权或者地位形成的便利条件"之不同。在笔者看来，前两种表述不存在意义上的差别，后一种表述的含义也在"利用职务便利"的射程之内，因此，本论著将这一要件统称为"利用职务便利"。

③ 李燕兵著：《上市高管职务犯罪问题研究——论违反忠实义务行为的犯罪化》，中国检察出版社2006年版，第216页。

（三）具体行为要件

公司、企业领导人违背忠实义务的具体行为样态多种多样，对各种具体样态进行类型化处理，我们认为可以划分为下列具体行为：

1. 侵占、挪用、滥用公司、企业财产行为

该类行为主要属于权力占用行为，权力占用行为是指利用公共权力占有和挪用财物的行为。具体表现为三种行为：一为侵占行为，是指利用职务便利侵吞、窃取、骗取公司、企业财物的行为，该行为是刑法第271条第1款规定的职务侵占罪和第382条规定的贪污罪的行为表现形式。二为挪用行为，是指公司、企业或者其他单位的工作人员，利用职务上的便利，挪用本单位资金归个人使用或者借贷给他人，数额较大、超过三个月未还的，或者虽未超过三个月，但数额较大、进行营利活动的，或者进行非法活动的行为，该行为是刑法第271条第2款规定的挪用资金罪和第384条规定的挪用公款罪的行为表现形式。三为滥用公司、企业财产行为，主要表现为刑法典第169条之一背信损害上市公司利益罪行为方式中的为明显不具有清偿能力的单位或者个人提供担保，或者无正当理由为其他单位或者个人提供担保。滥用公司、企业财产的行为还包括国有公司、企业人员滥用职权罪的部分行为。

2. 权钱交易行为

权钱交易行为是相对于权力占用行为而言的。权钱交易行为是利用权力寻租的行为，主要是指贿赂行为。具体到刑法典的规定，违反忠实义务犯罪之权钱交易行为是指利用职务便利，索取或者收受贿赂，为他人谋取利益的行为。该行为是刑法典第163条规定的非国家工作人员受贿罪和第385条规定的受贿罪的行为表现形式。自21世纪初始，中国经济社会发展全面进入加速转型期，腐败犯罪一个典型的特点是权力占用型下降权钱交易型上升，[①]权钱交易行为遂成为违反忠实义务犯罪的一个主要行为。

---

① 陈磊：《转型期腐败犯罪中权钱交易型犯罪上升》，载《中国社会科学报》2012年7月11日第A07版。

3. 篡夺商业机会或者自我交易行为

篡夺商业机会是指将公司、企业拥有的期待利益、财产利益或财产权利的交易机会，或从公平角度而言应属于公司、企业的交易机会予以篡夺自用的行为。我国现行刑法典还未明显地将篡夺公司、企业商业机会的行为犯罪化，与该行为直接对应的罪名还没有。刑法典第166 条规定的为亲友非法牟利罪的部分行为可以视为篡夺商业机会的表现形式。

至于自我交易的行为，在笔者看来，为亲友非法牟利罪之部分行为表现形式，即以明显高于市场的价格向自己的亲友经营管理的单位采购商品，或者以明显低于市场的价格向自己的亲友经营管理的单位销售商品，或者向自己的亲友经营管理的单位采购不合格商品的行为，属于自我交易的行为。[①]司法实践中，对自我交易为自己非法牟利的行为还有可能以贪污、侵占等行为定性，并认定为相应的犯罪。

4. 非法竞业行为

竞业禁止行为是指自己经营或者为他人经营与其所任职公司、企业同类的营业。刑法第 165 条规定的非法经营同类营业罪将非法竞业行为部分犯罪化，即仅将国有公司、企业的董事、经理的非法竞业行为犯罪化，而未将非国有公司、企业领导人的该种行为犯罪化。

5. 侵犯商业秘密行为

相关公司、企业法律仅将擅自披露公司、企业秘密的行为作为是违反忠实义务的行为，现行刑法典对该违反忠实义务的犯罪予以充分犯罪化，以刑法典第 219 条专门规定了侵犯商业秘密罪，其行为表现为以盗窃、利诱、胁迫或者其他不正当手段获取公司、企业的商业秘密，或者披露、使用或者允许他人使用以前项手段获取的公司、企业的商业秘密，或者违反约定或者违反权利人有关保守商业秘密的要求，披露、使用或者允许他人使用其所掌握的商业秘密的，或者明知或者应知前款所列行为，获取、使用或者披露公司、企业的商业秘密的行为。

---

① 将刑法典规定的为亲友非法牟利罪的全部行为都视作篡夺商业机会的犯罪行为，并不十分准确。

6. 其他违反忠实义务的行为

如刑法第 169 条之一规定的背信损害上市公司利益罪所规定的利用职务便利，操纵上市公司从事无偿向其他单位或者个人提供资金、商品、服务或者其他资产，或者以明显不公平的条件，提供或者接受资金、商品、服务或者其他资产，或者无正当理由放弃债权、承担债务以及采用其他方式损害上市公司利益的行为。又如非法金融行为，该行为包括以假币换取货币行为，违规出具金融票证行为，对违法票据承兑、付款、保证行为，以及违法发放贷款行为等。以假币换取货币行为是指银行或者其他金融机构的工作人员购买伪造的货币或者利用职务上的便利，以伪造的货币换取货币的行为；违规出具金融票证行为是指银行或者其他金融机构的工作人员违反规定，为他人出具信用证或者其他保函、票据、存单、资信证明，情节严重的行为；对违法票据承兑、付款、保证行为是指银行或者其他金融机构的工作人员在票据业务中，对违反票据法规定的票据予以承兑、付款或者保证，造成重大损失的行为。这些行为分别是金融机构工作人员以假币换取货币罪，违规出具金融票证罪，对违法票据承兑、付款、保证罪的行为表现。其他行为还可能包括国有公司、企业人员滥用职权罪的部分行为。

对照前述公司、企业法律法规所规定的违反忠实义务的行为，可以看到，我国刑法典所规定的违反忠实义务具体犯罪行为具有以下特点：第一，刑法典对于公司、企业法律法规所规定的侵占、挪用公司、企业财产以及权钱交易的违背忠实义务行为的犯罪化较为充分，如对侵占、贪污、挪用行为进行了详细的规定，对一般的权钱交易行为及经济受贿等行为也作了较为充分的规制。[①]而对除此之外的背忠行为的犯罪化不很充分。从整体上看，刑法典对于公司、企业法律法规所规定的违反忠实义务行为只是进行了部分的犯罪化，主要表现在刑法典在行为主体方面自我设限，如以是否国家工作人员的身份、是否上

① 该类背忠行为的犯罪化甚至超越了公司、企业法律的规定，如同一行为按照主体不同而规定为不同的犯罪就是适例。

市公司领导人的身份等来决定是否违反忠实义务的犯罪行为。另外，公司、企业法律规定的违反忠实义务的行为是非常广泛的。[①]然而违反忠实义务犯罪尽管数量并不少，但行为方式似嫌单一，并不能涵盖公司、企业法律法规所规定的全部违反忠实义务违法行为样态。如在对为亲友非法牟利的行为犯罪化的同时，却没有将自我交易为自己非法牟利的行为充分犯罪化，篡夺公司、企业机会行为的犯罪化并不充分。第二，违反忠实义务犯罪行为的规定似乎没有充分顾及到公司、企业法律、法理所规定、概括的行为类型，刑法规范对于违背忠实义务犯罪行为的类型性、概括性、规律性体现得不甚明显。[②]

（四）结果要件

违反忠实义务涉及的犯罪除金融机构工作人员以假币换取货币罪为纯正的行为犯，挪用公款罪兼具行为犯和数额犯的性质，违规出具金融票证罪、贪污罪和受贿罪为情节犯之外，绝大多数都是结果犯。其中，有的要求一定的数额，即构成犯罪要求数额较大或者数额巨大，包括非国家工作人员受贿罪、非法经营同类营业罪、职务侵占罪、挪用资金罪；有的要求造成重大损失，包括为亲友非法牟利罪，徇私舞弊低价折股、出售国有资产罪，背信损害上市公司利益罪，侵犯商业秘密罪，国有公司、企业、事业单位人员滥用职权罪，对违法票据承兑、付款、保证罪；有的要求数额巨大或者造成重大损失的，如违法发放贷款罪，这些犯罪成立必须具备这些结果要件。

二、客体要件

就刑法典的规定而言，从上文已经列举的公司、企业领导人违反忠实义务的具体犯罪在刑法典分则所分布的章节观察，着眼于犯罪的同类客体分析，违反忠实义务的犯罪侵犯了公司、企业的管理秩序、

---

① 这主要是因为《公司法》第 149 条的概括性条款的存在。

② 在笔者看来，产生这种情况的部分原因是，在进行相关违反忠实义务犯罪的立法时，刑法学者与民商法学者缺乏充分的沟通，立法者没用对相关法律关于忠实义务的规定以及刑法与相关法律的协调统一引起足够的重视。

金融秩序、财产权、知识产权以及公司、企业领导人的职务廉洁性。

但从学理的角度，违反忠实义务犯罪的客体还存在一定的争议，这一点可以从外国刑法关于背信罪本质的争论中得到说明。[①]

（一）滥用权限说与背信说

从外国刑法理论分析，违背忠实义务所涉及之犯罪大多属于外国刑法的背信罪。[②]关于背信罪（或者特别背信罪）的本质，历来有滥用权限说与背信说之争。[③]滥用权限说由宾丁最先提出，该说认为，背信罪是滥用法律上的权限而侵害他人财产的犯罪，它主要发生在与第三者的对外关系上，这种行为只限于法律行为。但这里的权限的含义并不明确。此后，弗兰克将权限解释成为代理权。德国刑法理论现在所说的滥用权限，就是指滥用代理权。背信说则是德国审判实践首先提出来的，该说认为，背信罪是以违背诚实义务侵害财产为内容的，背信行为除了存在于与第三者的关系中外，还存在于与本人（委托人）的对内关系中，它并不限于法律行为，凡是破坏事实上的信任关系的事实行为，都能成立该类犯罪。上述两种学说各有所长，1933 年德国在部分修改刑法时，将上述两种观点结合起来，现在的刑法也是如此。日本刑法理论也存在上述两种学说的争论，但通说是背信说。奥地利刑法则采取的是滥用权限说。无论何种观点，背信罪包含了对信任关系的破坏，这一点是不容否认的。[④]

笔者认为，正如上述论者所言，背信说和滥用权限说各有所长，因而在考察分析违背忠实义务所涉及之犯罪的本质时，应将两种学说结合起来分析。从中国刑法立法之实际考察，可以说以前侧重于滥用

---

① 滥用权限说和背信说是外国刑法中关于背信罪本质的学说。在笔者看来，犯罪同类客体和具体犯罪的本质存在紧密的关系，具有某种程度的共通性，因此，将关于背信罪本质的学说作为是违反忠实义务犯罪的客体要件的争议加以探讨。

② 进一步限缩的话，应该说属于特别背信罪。

③ 背信说和滥用权限说是两种基本的学说，近年来，又有学者提出了以上述两说为基础的修正说，如限定的背信说、背信的滥用权限说、意思内容决定说等。刘明祥：《财产罪比较研究》，中国政法大学出版社 2001 版，第 390-391 页。限于篇幅，本论著主要探讨两种基本的学说。

④ 张明楷：《外国刑法纲要》（第二版），清华大学出版社 2007 年版，第 621 页；刘明祥著：《财产罪比较研究》，中国政法大学出版社 2001 版，第 389-393 页。

职权说，比如 1979 年刑法之玩忽职守罪即包含了滥用职权的行为，1997 年刑法更是进一步将该罪分解，明确规定了滥用职权罪，后来的刑法修正案又进一步规定了国有公司、企业人员滥用职权罪即是明证。但随着对犯罪和立法规律的认识，可以认为现在有向背信说侧重的趋势，如《刑法修正案六》新增背信损害上市公司利益罪，该罪构成要件中明确规定了“违背对公司的忠实义务”的要件；还新增背信运用受托财产罪，该罪明确规定了“违背受托义务”的要件，尽管限于我们所要研究的公司、企业领导人刑事责任这一主题的要求，我们将背信运用受托财产罪归入违背社会责任所涉及的犯罪而没有归入违背忠实义务所涉及的犯罪，但该罪属于外国刑法中的背信罪无疑。上述情况表明，现行立法有转向背信说的趋向。从本质上分析，滥用职权只是外在的行为表象，其内核实质上是对信任关系的破坏，职权为形，义务为核。在大力提倡诚信的时代，我们应自觉地用诚信的伦理要求来构建和解释刑法。正因如此，笔者倾向于赞同背信说，即认为公司、企业领导人违背忠实义务犯罪的本质在于对忠实义务的违反、对信任关系的破坏。

（二）阻却违反忠实义务犯罪成立的事由——同意要件

1. 公司同意程序

公司同意程序是指规定为违反忠实义务的禁止行为，如果有经过一定程序的公司同意或者认可，就不再认为是违反忠实义务的违法行为的制度。现行《公司法》第 149 条第（三）、（四）、（五）、（七）项全面规定了公司同意程序，[①]即在非法借贷、担保、自我交易、竞业经营和泄露公司秘密的场合，规定以未经公司同意为忠实义务违反的前提。股东会、股东大会为借贷、担保、自我交易、竞业经营的公司批准机关，在借贷和担保的场合，增加董事会为公司同意机关，但未明确规定披露公司秘密的同意机关。法律还授权公司章程对借贷、担

① 第 149 条第 1 款第（七）项规定的泄露公司秘密禁止义务，尽管在表述中并没有像其他几项规定一样明确规定同意程序，但从该条规定的“擅自”两字理解，该项义务的违反，也以违反公司同意的限制性条件为前提。李燕兵著：《上市高管职务犯罪问题研究——论违反忠实义务行为的犯罪化》，中国检察出版社 2006 年版，第 138 页。

保和自我交易行为的禁止与限制进行规定，这意味着，《公司法》将明文限定于非法自我交易和泄露公司秘密禁止义务的授权性规定，扩展到全部典型的利益冲突行为规范，使得这些忠实义务规范都具有了限制性义务的性质，弱化了忠实义务规范的强制性色彩，形成对公司、企业领导人违反上述忠实义务行为之违法性的阻却和否定。

2. 同意要件的违法性阻却或犯罪性排除[①]的功能

在《公司法》引入公司同意这一控制程序后，就存在公司同意要件与违反忠实义务犯罪成立的关系问题。刑法典第165条和第166条以及第169条之一所规定的犯罪被视为是违反非法竞业禁止义务、非法自我交易禁止义务和非法借贷或者担保禁止义务的犯罪，那么，产生的问题就是，刑事法律规范并没有在这些犯罪行为的规定中或者在相关排除犯罪性行为的规定中，明文规定公司、企业法之同意要件这一行为规则的违法阻却或犯罪排除功能，那么，符合刑法典第 165 条规定的竞业经营行为和第 166 条所规定的公司领导人与亲友的交易行为以及操纵上市公司行为经过公司合乎法定程序的同意，是否还构成犯罪，应该如何处理呢？同意要件是否能够阻却上述犯罪的成立呢？笔者认为，从法理上分析，同意要件应是上述犯罪的阻却要件，原因在于：其一，一个国家的法律作为一个整体构成一个系统，各部门法之间应协调配合，不能相互抵触。从这个角度讲，刑法和《公司法》及相关法律之间对公司、企业领导人义务和责任的规范应相一致，即是说，对相似行为，公司法规定了同意的阻却要件，刑法规范也应内含同意要件的规定。其二，从《公司法》及相关法律、法规、规章与刑法的关系看，公司法等法律是一次法，刑法是二次法，公司法等法律是刑法的前提和基础，刑法是公司法等法律的补充和保障，对相应行为规范的规定，公司法等法律和刑法的规定之间应保持一致。其三，从违法行为和犯罪行为的关系看，由于我国的违法行为体系并非是按照行为的类型来划分，也即并非是一般的违法行为和犯罪行为互

① 由于我国犯罪构成与西方分层的犯罪成立条件不同，因此，基于中国的语境，这里的“违法性阻却”与“犯罪性排除”基本上是在同一意义上使用的。

不相涉，成立犯罪行为的不再是违法行为，违法行为也不会是犯罪行为的情况。我国一般是按照危害程度或者说可罚的违法性来划分违法行为和犯罪行为，严重的违法即构成犯罪，如此，则犯罪行为必是违法行为，违法行为不一定是犯罪行为。如果同意要件不作为上述犯罪行为的阻却要件，就会产生这样一种情况，即相似的行为不构成违法，却可以构成犯罪，这样一来，违法行为和犯罪行为的界限就会混乱不堪，也严重背离公平正义这一法律的灵魂。

总之，我们认为，同意要件是非法经营同类营业罪、为亲友非法牟利罪和背信损害上市公司利益罪等的犯罪阻却要件，如果公司、企业领导人经公司、企业法定机构同意而经营同类营业，或者为亲友牟利，或者违法担保、借贷，应不构成犯罪。[①]

对同意要件应严格把握，公司、企业同意应有严格的程序，并有明确的证据，而且，在笔者看来，能够起阻却刑事责任的公司同意还应该采用明示的形式，默示的同意不能认定为公司同意。[②]只有具有上述严格的条件，才能认定为存在同意要件，否则，不能对同意予以认定。同时，公司同意并不意味着对公司、企业领导人忠实义务的免除，在公司同意的情况下，从整体与本质上看，公司、企业领导人被同意的行为并没有违背其忠实义务。如果被同意的行为违背了忠实义务，可以认定为不符合公司同意的要件，此种同意仍是无效的。[③]总之，刑事司法实践在涉及同意要件排除违反忠实义务犯罪的成立时必须严格掌握法律规定的精神与标准。

---

① 当然，应对公司、企业同意是何种性质的犯罪性排除事由进行探讨。有研究者认为，基于股东在公司中的法律地位，股东同意（公司同意之一种——笔者注）具有被害人同意的属性。公司业务执行人基于股东同意所实施的犯罪行为如果是在被害人同意前提下做出的，其行为的性质可适用被害人同意的一般原理予以评价和判断。王彦明：“股东同意与公司财产的刑法保护——被害人同意理论在公司制度中的运用”，载《吉林大学社会科学学报》2004 年第 6 期。

② 美国公司法专家克拉克认为，由于绝对规则会偶然地具有反作用，立法者也许要规定在例外情况下，需要公司同意这一安全阀。但是，法律至少应该要求这种同意是明示的、即时的，并且应由没有利益关系的人根据公司的利益做出决定。[美]罗伯·C·克拉克著，胡平等译：《公司法则》，工商出版社 1999 版，第 205 页。

③ 这一论断还需要进行深入的研究与论证。

三、主体要件

从刑法立法的角度看，刑法所规定的涉及违反忠实义务的犯罪，除侵犯商业秘密罪属于一般主体外，其余均为特殊主体。这些特殊主体包括公司、企业的非国家工作人员，[①]国有公司、企业的董事、经理，[②]国有公司、企业工作人员，[③]国有公司、企业或者其上级主管部门直接负责的主管人员，[④]上市公司的董事、监事、高级管理人员，[⑤]金融机构工作人员，[⑥]国家工作人员。[⑦]上述具体个罪规定的主体或者直接是公司、企业领导人，或者包含了公司、企业领导人。

从上述违反忠实义务犯罪的主体规定看，可以发现一个明显的特点，即所有制性质在决定罪与非罪、此罪与彼罪中具有至关重要的作用。一是同样的行为因公司、企业所有制不同而决定了是否构成犯罪。如非法经营同类营业或者为亲友非法牟利的行为，如果行为人为非国有公司、企业的董事、经理或者其他工作人员，则不构成犯罪，所有制不同的公司、企业工作人员的身份在此成为构成身份。二是同样的行为因公司、企业所有制不同而决定了构成不同的犯罪并因而适用轻重不同的刑罚，如同样是侵吞、窃取、骗取单位财物的行为，国有公司、企业工作人员构成贪污罪，非国有公司、企业工作人员构成职务侵占罪，前罪处罚较后罪为重；同样是受贿行为，国有公司、企业工作人员构成受贿罪，非国有公司、企业工作人员构成非国家工作人员受贿罪，前罪处罚较后罪为重；同样是挪用款物的行为，国有公司、企业工作人员构成挪用公款罪，非国有公司、企业工作人员构成挪用

---

① 非国家工作人员受贿罪、职务侵占罪、挪用资金罪的行为主体。

② 非法经营同类营业罪的行为主体。

③ 为亲友非法牟利罪，国有公司、企业人员滥用职权罪的行为主体。

④ 徇私舞弊低价折股、出售国有资产罪的行为主体。

⑤ 背信损害上市公司利益罪的行为主体。

⑥ 金融机构工作人员是以假币换取货币罪，非法出具金融票证罪，对违法票据承兑、付款、保证罪的行为主体。

⑦ 贪污罪、挪用公款罪、受贿罪的行为主体。

资金罪。所有制不同的公司、企业工作人员的身份在此具有构成身份与量刑身份的双重作用。因身份不同而导致罪与非罪、此罪与彼罪以及处罚不同是否合理的问题，是值得探讨的问题。[①]本来，按照公司、企业法律的规定，忠实义务的赋予依据仅是现代公司、企业的治理机制与结构，并不以公司、企业及其领导人的所有制性质以及是否国家工作人员的身份为依据。而进入刑法领域，是否国家工作人员成了是否对违反忠实义务的违法行为进行刑事处罚以及处罚轻重的重要标准。这种刑事身份的刑法立法设定是否合理与合法，是否与相关法律协调一致，是否符合民商事活动规律，是需要考虑的问题。

由于违反忠实义务涉及的犯罪是公司、企业领导人违反对公司、企业的忠实义务，从而侵犯了公司、企业的利益，因此，由该类犯罪的性质所决定，此类犯罪的主体一般为自然人犯罪，较少存在单位犯罪的情况，仅背信损害上市公司利益罪与违法发放贷款罪规定有单位犯罪，但前罪也仅仅是针对上市公司的控股股东或者实际控制人是单位的情况，与一般的单位犯罪仍存在一些差别，即如果说绝大多数单位犯罪都是一般单位主体的单位犯罪的话，背信损害上市公司利益罪则是特殊单位主体的单位犯罪。

另外，本类犯罪除个别犯罪，如非法经营同类营业罪的主体明文规定为国有公司、企业的董事、经理之外，其他犯罪均没有对主体的职务身份加以明确规定，即使如此，这些犯罪的主体一般应为公司、企业的领导人，从公司法及相关法律法规的规定看，即为董事、监事、经理、副经理、财务负责人、上市公司董事会秘书和公司章程规定的其他人员。根据《公司法》的规定，公司章程也可确定公司、企业领导人，因此，违反忠实义务犯罪主体的范围是比较广泛的。有研究者认为，新《公司法》这一授权性规定扩大了公司的自决权，标志着从此我国公司法上法定忠实义务规范的履行主体，分为法定和约定两部分人员，并因此形成了约定义务主体与法定义务规范的联结。现行《公

① 赵秉志著：《犯罪主体论》，中国人民大学出版社 1989 年版；杜国强著：《身份犯研究》，武汉大学出版社，2005 年版；狄世深著：《刑法中身份论》，北京大学出版社 2005 年版；徐留成著：《身份犯比较研究》（第 2 版），人民法院出版社 2013 年版。

司法》仍然沿袭了1993年《公司法》义务主体的结构安排，将公司监事排除于大部分忠实义务规则规范的履行主体之外，即公司监事不是新《公司法》第149条规定的忠实义务的法定义务主体。这意味着，除非公司章程规定监事为上述法定规范的约定义务主体，否则，监事无须向公司负担上述义务。从某种意义上说，公司因此可以通过章程规定、限制或免除监事的忠实义务责任。[①]因此，在确定违反忠实义务涉及之犯罪的主体时，涉及监事是否为本类犯罪主体时应特别谨慎，应注意结合公司、企业章程的规定进行考察认定。

四、主观方面要件

由忠实义务本身的特点所决定，公司、企业领导人违反忠诚义务所涉及的犯罪的主观方面均为故意，过失不可能构成违反忠实义务所涉及的犯罪。[②]有学者认为，违反忠实义务涉及的犯罪的主观方面为故意，且仅为直接故意。[③]笔者认为，毋庸讳言，在多数情况下，违反忠实义务所涉及的犯罪的主观方面为直接故意，但将间接故意排除于违反忠实义务所涉及的犯罪的主观要件之外，理由并不充分。以国有公司、企业人员滥用职权罪为例，该罪属于滥用职权型犯罪，在滥用职权罪的主观方面的要件上存在过失说、间接故意或过失说、间接故意说、直接故意说、故意（包括直接故意和间接故意）或过失说、故意说（直接故意或者间接故意）等的争议。有学者认为，从现行刑法滥用职权罪的立法背景和故意的成立条件上看，此罪只能为故意；

---

① 李燕兵著：《上市高管职务犯罪问题研究——论违反忠实义务行为的犯罪化》，中国检察出版社2006年版，第137页。

② 有学者认为，刑法所持的构成违反忠实义务所涉及的犯罪须有故意构成的立场与态度，与违反忠实义务民事责任的责任形式大相径庭。在以合同责任追究违反忠实义务行为损害赔偿责任的场合，法律所要求的归责原则是严格责任。在一般情形下，主观过错不是责任条件，行为人是否具有故意或过失的主观心理状态，并不为法律所问，违约即生赔偿。李燕兵著：《上市高管职务犯罪问题研究——论违反忠实义务行为的犯罪化》，中国检察出版社2006年版，第238页。

③ 李燕兵著：《上市高管职务犯罪问题研究——论违反忠实义务行为的犯罪化》，中国检察出版社2006年版，第238页。

从实践上看，滥用职权罪直接故意和间接故意构成的情况均可能存在。[①]笔者赞同该观点。据此，国有公司、企业人员滥用职权罪可以由直接故意和间接故意构成。因而，违反忠实义务所涉及的犯罪并非全由直接故意构成，间接故意也可构成。[②]

第三节　违反忠实义务犯罪的刑事处罚

一、违反忠实义务犯罪的法定刑

本类犯罪的最高法定刑为死刑。[③]其中的贪污罪和受贿罪规定了该种刑罚。

本类犯罪的自由刑最高法定刑为无期徒刑，最低法定刑为拘役。贪污罪、受贿罪、挪用公款罪规定有无期徒刑。

有期徒刑是该类犯罪的主要刑罚方法，所有犯罪均规定了有期徒刑。从有期徒刑的规定情况看，可以分为下面几种情况：（1）分为五年以下和五年以上两个档次，非国家工作人员受贿罪、职务侵占罪如此规定。（2）分为五年以下、五年以上十年以下、十年以上三个档次，挪用公款罪如此规定。（3）分为三年以下和三年以上七年以下两个档次，非法经营同类营业罪，为亲友非法牟利罪，徇私舞弊低价折股、出售国有资产罪，背信损害上市公司利益罪，侵犯商业秘密罪如此规定。（4）分为三年以下和三年以上十年以下两个档次，挪用资金罪如此规定。（5）贪污罪和受贿罪根据不同的数额和情节规定了较复杂的

① 高铭暄主编：《刑法专论》，高等教育出版社 2006 年版，第 848 页。该书所列上述争议是针对滥用职权罪而言的，由于国有公司、企业人员滥用职权罪属于滥用职权的特殊法条，所以笔者认为滥用职权主观方面的争议可以被认为是国有公司、企业单位滥用职权罪主观方面的争议。

② 实际上，滥用职权罪故意的构成，一般对间接故意无异议，主要争论倒是直接故意能否构成的问题，王作富教授的上述论述，也主要是肯定直接故意可以是滥用职权罪的主观要件。高铭暄主编：《刑法专论》，高等教育出版社 2006 年版，第 850-852 页。

③ 至于违反忠实义务犯罪是否应该配置死刑，是一个值得探讨的问题，下文有论述。

有期徒刑档次，不再详述。

本类犯罪均规定有拘役之刑罚。

本类犯罪绝大多数都规定有罚金，但徇私舞弊低价折股、出售国有资产罪，挪用资金罪，挪用公款罪，非国家工作人员受贿罪，职务侵占罪，贪污罪和受贿罪都没有规定罚金。职务侵占罪、非国家工作人员受贿罪第二档次的法定刑规定可以并处没收财产。贪污罪和受贿罪第一档次和第二档次的法定刑规定并处没收财产。

本类犯罪除依照刑法第五十七条关于对于被判处死刑、无期徒刑的犯罪分子，应当剥夺政治权利终身的规定，对规定有死刑和无期徒刑的贪污罪、受贿罪、挪用公款罪可适用剥夺政治权利之外，其他犯罪均没有规定剥夺政治权利的法定刑。

二、违反忠实义务犯罪刑事处罚的特点

在公司、企业领导人违反三类义务犯罪中，违反忠实义务犯罪的刑事处罚是最为严厉的，该类犯罪最高法定刑为死刑。[①]这是由该类犯罪的性质以及现阶段严惩腐败的刑事政策等因素所决定的。

该类犯罪中，同样的行为因为主体之不同而规定为不同的罪名，相对应的法定刑差别也比较大，甚至达到了生死之别的程度，如贪污罪之于职务侵占罪，受贿罪之于非国家工作人员受贿罪。由于转型时期所有制形态以及行为人身份界限的模糊性以及司法把握的宽松性，极易将公司、企业领导人中的非国家工作人员认定为国家工作人员，将违法行为以及非职务犯罪认定为职务犯罪，这就必然加重其刑事责任，加之违反忠实义务犯罪中一些具体犯罪本身罪与非罪、此罪与彼罪界限的模糊性，并因此而导致刑事责任的加重。因而公司、企业领导人在违反忠实义务犯罪方面的刑事风险是比较大的。

---

① 至于该类犯罪是否应该配置死刑却是应该探讨的，该问题下文还有论述。

第四节　违反忠实义务犯罪个罪问题研究

一、“经济受贿”刑法规范解读

近几年来，商业贿赂犯罪的惩防一直是我国反腐败工作的重点之一，而收受各种名义的回扣、手续费是一种常见的商业贿赂行为。我国刑法典第163条、第184条、第385条、第387条都对“收受各种名义的回扣、手续费”行为作了规定，有关的司法解释对此也有所解释。理论界对收受回扣、手续费也作了一些研究，并将之称为“经济受贿”。为正确适用刑法的相关规定以及有关的司法解释，加大对商业贿赂行为的预防与惩治力度，有必要对刑法规定的“收受各种名义的贿赂、手续费”行为加以较为深入的研究。

（一）“收受”解读

我国刑法典在一般的受贿类犯罪中有“收受贿赂”的规定，其中的“收受”是与“索取”相对而言的，是指行为人被动地接受。那么“收受各种名义的回扣、手续费”之“收受”如何理解呢？我们认为，“收受各种名义的回扣、手续费”之“收受”是一种广义的收受，包含了一般受贿类犯罪中之“收受”与“索取”的含义在内，这是根据体系解释的方法及一般的法理分析所必然得出的结论。

所谓体系解释，是指根据刑法条文在整个刑法中的地位，联系相关条文的含义，阐明其规范旨意的解释方法。体系解释的目的在于避免断章取义，以使刑法整体协调。[①]根据这一解释方法，理解“收受各种名义的回扣、手续费”中之“收受”，不能仅仅根据规定这一行为的条款本身，还应联系规定该行为的条款所处的位置、与这一条款有关的规定以及这一条款在整个刑法中的地位来理解这一规定的条款含

① 张明楷著：《刑法学》（第二版），法律出版社2003年版，第44-45页。

义。从相关条款的关系看，“收受各种名义的回扣、手续费”是在一般受贿类犯罪条款之后加以规定的，并规定“收受各种名义的回扣、手续费”以一般的受贿类犯罪论处，因而规定一般受贿类犯罪的条款就是与规定“收受各种名义的回扣、手续费”条款密切相关的条款，理解“收受各种名义的回扣、手续费”必须联系一般受贿类犯罪的规定。一般受贿类犯罪都规定了“索取”和“收受”两种行为，而“收受各种名义的回扣、手续费”仅规定了“收受”一种行为，若将两者的“收受”作相同理解，将使“索取”各种名义的回扣、手续费的行为脱离刑法的规制，从而留下刑法规制收受各种名义的回扣、手续费行为的真空地带，使刑法产生漏洞。所以，从体系解释的方法出发，“收受各种名义的回扣、手续费”之“收受”是一种广义的“收受”，应包含一般意义的“收受”和“索取”的含义在内。

从一般的法理出发，也可以得出“收受各种名义的回扣、手续费”中之“收受”包含一般意义的“收受”和“索取”的含义在内的结论。因为，狭义的“收受”各种名义的回扣、手续费尚且为刑法所规制，被规定为犯罪，而较之严重的“索取”各种名义的回扣、手续费的行为却不构成犯罪，不为刑法所规制，这就违反了一般的法理，也使刑法规定体系产生不协调。“举轻以明重”，“收受各种名义的回扣、手续费”之“收受”应包含一般意义的“收受”和“索取”的含义在内。

当然，应该承认，刑法仅规定“收受各种名义的回扣、手续费”之“收受”一种行为，是刑法立法的一个疏漏，尽管刑法解释和一般法理能弥补这一缺陷，但最根本的解决方法应是在以后的立法中对之加以完善，将“索取”各种名义的回扣、手续费的行为加以明文规定。

（二）“各种名义的回扣、手续费”解读

在经济受贿中，行为人非法加以收取的回扣、手续费会以各种名义，如折扣、让利、广告费、辛苦费、劳务费出现，须认真加以甄别，这里关键是把握回扣、手续费的概念和性质，并将之和相关概念区分开来。

1. 回扣

对于回扣的概念和性质，我国刑法理论界作了很多探讨，这些探讨有利于我们对回扣、手续费概念认识的深化。笔者认为，界定回扣的概念，应从维护经济商业活动良性运行的目的出发，适应惩治预防不正当竞争的需要，并考虑到相关法律、规章的规定。据此，所谓回扣，是指经营者在销售商品时，在账外暗中以现金、实物或者其他方式退给对方单位或者个人的一定比例的单价不明显超过市场价格的商品之价款。实践中，回扣会以折扣、让利、广告费、包装费、会议费或者其他名义出现。[①]

回扣的特征是：第一，回扣是在账外暗中给予的，这应是回扣的本质特征。所谓账外暗中，根据《关于禁止商业贿赂行为的暂行规定》，是指未在依法设立的反映其生产经营活动或者行政事业经费收支的财务账上按照财务会计制度规定明确如实记载，包括不记入财务账、转入其他财务账或者做假账等。因而，如果返还的商品之价款明示和入账的，便均不具有回扣的性质。收受返还商品的价款明示和入账的，是合法的行为，不构成违法犯罪行为。第二，回扣既可以发生在商品购销活动中，也可以发生在劳务买卖中。第三，回扣的形态一般表现为现金，但也可以表现为实物或者其他形态。第四，回扣是卖方从买方支付的价款中给与买方的。第五，回扣是在合理的商品价格之基础上，从商品的价款中划出一部分给以对方的，如果是通过明显不合理的定价从而得到不合理的商品价款，再从不合理的商品价款中划出一部分给与对方的，也不是回扣。也就是说，虽然回扣是一种不正当的竞争行为，破坏了市场经济自由竞争的秩序，但其还是基本遵从了价格和价值规律，即价格由价值和需求关系决定，如果返还的价款是来自于买卖双方通过约定故意抬高价格而得到的价款，也不是回扣，而是所谓的“价外回扣”的问题，此问题后文还有论述。

正确认定回扣，应将回扣和下列概念加以区别或者应注意其他的一些相关问题：

第一，回扣不是佣金。所谓佣金，按照学界的通说，是指买卖双

---

① 田鹏辉、单晓华：《论商业贿赂罪中的回扣》，载赵秉志主编：《和谐社会的刑事法治》（下卷），中国人民公安大学出版社 2006 年版，第 1255 页。

方或者一方因居间人或者经纪人为交易双方代买代卖商品、提供服务、撮合交易、牵线搭桥而向居间人或者经纪人支付的一种劳务报酬。[①]佣金与回扣有一定的共同之处，即二者都因商品购销和劳务购销而产生，二者都可能以金钱为表现方式等。当然，二者的区别也是显然的：一是从接受方来看，佣金的接受方为居间人或者经纪人，即为买卖双方提供服务的人；而回扣的接受方是货物或劳务的买方或者其代理人即经办人。二是从支付钱款的来源看，回扣只能由从单价不明显超过市场价位的货物或劳务的总价款中支付；而佣金则未必从货物或者劳务的总价款中支付。三是从支付的时间上看，回扣由于是从货款或者劳务报酬中支付的，因此，它只能在买方支付给卖方以后才能兑现；而佣金既可以在居间服务之前，也可以在居间服务之后支付。四是从性质上看，佣金的客观效果是沟通产销，促进流通，不仅有益于双方当事人，而且对社会经济的发展也有积极作用。因此，只要佣金的收取符合国家的规定，佣金的收取者依法纳税，就是法律和政策所允许的。而回扣则不然，不正当的回扣收受妨害正常的竞争秩序，破坏市场运作的规则，影响商品的正常流转，影响廉政建设，污染社会环境，因此是我国法律所不允许的。

第二，回扣不是折扣。所谓折扣，又称让利，根据国家工商管理总局《关于禁止商业贿赂行为的暂行规定》，是指经营者在销售商品时，以明示并如实入账的方式给予对方的价格优惠，包括支付价款时对价款总额按一定比例即时予以扣除和支付价款总额后再按一定比例予以退还两种形式。可见，折扣具有公开明示性的特点，具有合法性。

第三，回扣不是价外回扣。所谓价外回扣，是指买卖双方恶意串通，以明显高于市场价格的价位成交，然后，卖方按照双方约定从中抽取一部分返还给买方或其代理人的部分。例如，某钢球厂生产的某种钢球定价为每百粒 1.3 元，某自行车厂的采购员去采购这种钢球时，与钢球厂约定：同意以每百粒钢球 1.5 元的价格成交，并且钢球厂以约定价开具售货发票，但高于定价的部分以回扣返还采购者本人。这

① 王作富主编：《刑法分则实务研究》（下），中国方正出版社 2003 年版，第 1980 页。

样，该采购员就收受了所付货款总额 13%以上的“回扣”。然而，这种所谓的回扣，其实质是双方共同将本属于买方的钱款变相地拿了出来加以侵吞。因此，在这种情况下，行为人的行为是贪污而非经济受贿罪。

2. 手续费

与对回扣的研究相比，我国刑法学界对经济受贿中的手续费的研究相对较少。现行刑法的有关条文将回扣和手续费做了并列规定，而作为并列的项之内涵和外延既应有所联系，又不应该相互交叉，因此，在对手续费下定义时，要将其与回扣区分开。同时，出于严密法网的考虑，在对手续费下定义时，应该尽可能涵盖除回扣以外的一切属于贿赂性质的“酬劳”。基于这两点考虑，我们认为，手续费是指单位或者个人为了推销产品、购买原料、联系承包业务或者进行其他经济活动，在账外暗中给予对方或者对方推销人员、采购人员、业务人员等作为“酬劳”的而不具有回扣性质的金钱。实践中，手续费会以“好处费”、“辛苦费”、“介绍费”、“酬劳费”、“活动费”、“信息费”、“奖励”等名义出现。

手续费的特征：第一，同回扣一样，手续费的本质特征也在于其是账外暗中给予的。第二，手续费的提供者可以是进行该经济活动的任何一方，而回扣的提供者仅限于卖方。第三，手续费的形态仅为金钱，这是由“手续费”之“费”的特点所决定的。第四，手续费不是回扣。从款项的来源看，回扣是从买方支付的价款中由卖方提取出来给予买方或其经办人的，而手续费不是从货款或劳务款项中提取出来的。从接受款项的时间来看，回扣是在买方支付款项以后退还给买方或其经办人的，而手续费既可以在事先给付，也可以在事后支付。

（三）“收受各种名义的回扣、手续费”行为之认定

1. 不构成犯罪的情况

根据刑法的规定，构成受贿罪类犯罪需要数额较大这一条件，达不到该数额要求的，收受回扣的行为便不构成犯罪。因而，收受的回扣或者手续费数额不大的，只是一般的违法行为，不构成犯罪。

普通公民在个人消费时收受回扣的，不可能构成犯罪。经营者向

其提供回扣的行为也只是一般的不正当竞争行为。[①]

非国有单位收受回扣的行为不构成犯罪。原因在于我国刑法还未对此类行为予以犯罪化。刑法第387条规定的单位受贿罪之单位仅指国家机关、公司、企业、事业单位、人民团体，非国有的公司、企业、社团等单位收受回扣的自然也不构成犯罪。

根据刑法规定，公司、企业、其他单位人员在经济往来中收受或者索取回扣、手续费而没有为他人谋取利益的，一般不构成犯罪。对此问题，学界存在争议，争议的焦点在于刑法第163条第2款到底是注意性规定，还是拟制性规定。有的认为是注意性规定，有的认为是拟制性规定。笔者认为，刑法第163条第2款是注意性规定，其所规定的行为应符合非国家工作人员受贿罪的一般构成。由于该罪索取或者收受贿赂都要求为他人谋利益，因而公司、企业、其他单位人员在经济往来中收受或者索取回扣、手续费而没有为他人谋取利益的，一般不构成犯罪。同样道理，国家工作人员在经济往来中收受（狭义的收受）各种名义的回扣、手续费而没有为他人谋取利益的，一般也不构成犯罪。

2. 构成受贿类犯罪的情况

一般情况下，“收受各种名义的回扣、手续费”行为可构成受贿类犯罪，根据具体行为及刑法的有关规定，可构成非国家工作人员受贿罪、受贿罪或者单位受贿罪。构成非国家工作人员受贿罪或者受贿罪的，回扣或者手续费收受主体是提供各种名义的回扣或者手续费一方所明示的买卖关系的自然人代理人。构成单位受贿罪的，收受各种名义的回扣手续费的主体是提供者所明示的单位。

如果一方的让利行为并非是给予回扣的行为，而只是以明示和如实入账的方式给予对方折扣的正当行为。而行为人误认为对方的让利是给自己的回扣，因而在账外暗中收受的，此时行为人的罪过内容是受贿而非贪污或者职务侵占，所以行为人的行为应认定为受贿类犯

① 张明楷：《商业贿赂、回扣及相关条款的法律性质》，载《法律适用》2006年第9期。

罪。[1]

在司法实践中，常常遇到将单位钱款私存而收受手续费的情况。对于这种情况，到底应该定贪污罪或者职务侵占罪，还是适用刑法第163条第2款或第385条第2款的规定以非国家工作人员受贿罪或受贿罪定罪处罚，是一个容易混淆的问题。如2004年上半年，湖南某城市信用社经理与该县社会劳动保险管理站站长周某商定，县社会劳动保险管理站将其管理的养老保险基金存入该信用社，定期一年，除到期取本并按国家标准计付利息外，在存款时当场按存款金额的6.66%比例支付手续费给该站。2004年4月26日至同年12月19日，被告人周某、张某和杨某按约定将社会劳动保险管理站管理的养老保险金17笔，计2174768.00元存入该信用社。该信用社将手续费存入一个署名郭某的活期户头上，三被告从该户头提取了手续费144839.55元，由三被告私分。这样，三被告先后多次将养老保险金存入该信用社，从中获取手续费共计199639.16元。在案件办理过程中，对三被告究竟应如何适用法律，存在不同看法。笔者认为，周某等人的行为构成受贿罪，理由在于，周某等人所收受的金钱是信用社支付的，并不是本单位管理的养老保险金及其孳息，周某等人的行为没有侵犯本单位的财产权利，周某等人利用职务上的便利，应信用社之请求将公款私存，并收受巨额的手续费，完全符合刑法关于受贿罪的规定。

3. 与贪污罪或者职务侵占罪的关系

第一，如果提供回扣、手续费一方明示回扣、手续费是给予对方单位而买卖的经手人或者代理人加以侵吞的，根据不同情况可构成贪污罪或者是职务侵占罪。

第二，“收受各种名义的回扣、手续费”的认识错误，如果一方当事人的让利行为是账外暗中给予对方回扣的行为，而行为人误认为对方的让利不是给自己的回扣，而是给本单位的折扣，而利用自己主管、管理、经手等便利条件对折扣加以侵吞的，在这种情形下，行为人的

---

① 石磊：《简论商业贿赂犯罪中的回扣》，载《法学论坛》2006年第5期。

行为应认定为贪污或者职务侵占。[①]

第三，应该注意考察回扣所凭依的商品购销合同和劳务合同的真实性和正当性。如果商品购销合同和劳务合同是虚假的，或者是违反国家法律或政策规定的，这里所谓的回扣就不再属于作为商业贿赂对象的回扣了，对行为人来说，也就不再构成商业贿赂犯罪，而应构成贪污罪或者其他犯罪了。如，1994 年 3 月，厦门市某区海沧镇后井村的部分土地被国家征用，在办理领取征地补偿款的过程中，该区水利水电局海沧镇管理站负责人彦某找到后井村原村委会主任周某，要求周以“水利摊销费”（注：该管理站收取的所谓“水利摊销费”未经上级部门批准）的名义由后井村赞助该管理站部分款项，并许诺给周本人“赞助”金额的 30%～40%作为回扣。尔后，周利用自己主管该村财务的职务便利，先后两次擅自将村里的公款计人民币 4.5 万元批付给该管理站。海沧管理站收取周批付的“赞助款”后，按照事先的约定，由彦经手送给周回扣共计人民币 2 万元。周收取该笔款项后，根据彦的要求，虚开两张“集美区汇盛劳动服务公司”（系村办企业）的“渠道清淤费用”的收据给该管理站。对于此案，一审法院认为，被告人身为村委会主任，利用职务便利，非法收受他人财物，数额巨大，其行为已构成受贿罪。被告周某对宣判不服，提起上诉。二审法院经过审理认为，周在事先得到彦许诺给其“赞助款”回扣的情况下，利用职务便利，擅自批付给海沧管理站以所谓的“水利摊销费”名义收取的“赞助款”，尔后收受其中的部分回扣，实际上是利用职权变相侵吞公共财产，其行为应定贪污罪。[②]笔者认为，二审法院的认定是正确的。因为，在本案中，海沧管理站所收取的“水利摊销费”实际上是违反国家规定的，自然，这笔款项的收受行为就属于非法的，没有根据的。而周某之所以将公款 4 万余元付给管理站，是受了所谓的高额的回扣的诱惑，其实质是变相地将本属于本单位的钱款攫为己有，因此，对于周某来说，收受回扣是假，而利用这一机会侵吞单位公款

---

① 石磊：《简论商业贿赂犯罪中的回扣》，载《法学论坛》2006 年第 5 期。

② 洪建华：《收受赞助款回扣构成贪污》，载《人民司法》1996 年 10 期。

是真。事实上，作为经济受贿类犯罪对象的回扣，其所产生的根据必须是真实的，合法的，如果行为人虚构交易，然后，利用所谓的交易吃回扣，与其直接将公款侵吞为己有没有实质的区别，在本质上应该属于贪污或者职务侵占的行为，而非受贿行为。

二、背信损害上市公司利益罪研析

根据刑法典第169条之一的规定，背信损害上市公司利益罪是指上市公司的董事、监事、高级管理人员违背对公司的忠实义务，利用职务便利，损害上市公司利益，致使其利益遭受重大损失的行为。

（一）本罪构成要件

根据刑法的规定，本罪的具体犯罪构成要件如下：

1. 客观方面要件

本罪在客观方面表现为上市公司的董事、监事、高级管理人员违背对公司的忠实义务，利用职务便利，背信损害上市公司利益从事无偿向其他单位或者个人提供资金、商品、服务等损害上市公司利益的行为，致使上市公司利益遭受重大损失的行为。

第一，违背对公司的忠实义务。背信损害上市公司利益罪明确规定了违背对公司的忠实义务这一要件。关于这一要件的含义已经论及，此处不赘。

第二，利用职务便利。利用职务便利实质上是公司的董事、监事、高级管理人员利用其在上市公司中的职权和与职务有关的便利条件。《公司法》对公司股东会、董事会、监事会及董事、监事、经理的职权作了具体规定，本罪的利用职务便利即是利用了这些职权，如决定、组织实施公司的经营计划和投资方案，审议批准、制定实施公司的利润分配方案和弥补亏损方案，审议批准、制定公司的财务预算方案、决算方案，等等。

第三，具体行为表现形式。本罪的具体行为表现为行为人背信损害上市公司利益从事下列行为：

一是无偿向其他单位或者个人提供资金、商品、服务或者其他资产。这种行为主要表现为母公司将所属的上市公司作为提款机，将上市公司融来的资金无偿提走，导致上市公司危机。[①]无偿，即向对方提供资金、商品、服务等但不要求接受方提供对价。其他单位是指上市公司以外的一切单位，个人是指除本公司工作人员以外的一切具体的个人。资金、商品、服务或者其他资产是指上市公司所有、经营管理或者使用的资产。

二是以明显不公平的条件，提供或者接受资金、商品、服务或者其他资产。这种行为主要表现为以不合理的高价收购商品或者劣质资产，或者以不合理的低价将上市公司的产品出售，以及高息借款，或者表面上双方提供的对价虽然是相当的，不存在明显的不公平情况，但对方另外附加了可能致使本公司利益遭受重大损失的其他条件，如要求为其提供担保等等。[②]“明显不公平的条件”是指严重背离市场规律和常识常理，低价出售，高价买进，高价接受劣质商品和服务，等等。该种行为和第一种行为的主要区别在于，第一种行为是无偿的，没有任何对价；此种行为存在对价，但其对价却明显不公正公平，违背规律和常理。

三是向明显不具有清偿能力的单位或者个人提供资金、商品、服务或者其他资产。清偿能力是指当事人按照规定的标的及数量、质量，在适当的履行期限、履行地点以适当的履行方式全面完成债务的能力。明显不具有清偿能力是指债务人事实上显而易见地处于无力清偿债务的经济状态，有无清偿能力，应综合债务人的财产状况、非财产因素等方面的因素做出判断。如果债务人有足够的财产确保债务清偿，只是一时欠缺支付手段而不能清偿债务，或者尽管债务人的财产已不足以清偿债务，但其具有良好的商业信用、较高的生产效率，较快的资金周转，等等，都不应视为不具有清偿能力。[③]

---

① 曾静音主编：《刑法历次修正》，中国法制出版社 2006 年版，第 183 页。

② 王海涛主编：《刑法修正案（六）罪名图解与案例参考》，中国法制出版社 2006 年版，第 113 页。

③ 王海涛主编：《刑法修正案（六）罪名图解与案例参考》，中国法制出版社 2006 年版，第 114 页。

四是为明显不具有清偿能力的单位或者个人提供担保，或者无正当理由为其他单位或者个人提供担保。担保是指对债务履行的保证。《中华人民共和国担保法》第 2 条规定，在借贷、买卖、货物运输、加工承揽等经济活动中，债权人需要以担保方式保障其债权实现的，可以依照该法规定设定担保。根据该法规定，担保方式为保证、抵押、质押、留置和定金。一般情况下，公司高管人员或者控股股东背信损害上市公司利益，无论采取何种手段，都会或多或少地采取利用上市公司信誉为其提供巨额担保从银行获得贷款，如果向不具清偿能力或者无正当理由为其他单位或者个人提供担保，当被担保人无法履行债务时，担保公司就要承担民事责任，这必然损害上市公司的利益，使公司陷入担保黑洞，危及上市公司的业绩或者生存发展。因而《公司法》第 16 条对公司对外提供担保的决策程序作了明确规定，并在第 122 条对上市公司的担保作了特别规定。为明显不具有清偿能力的单位或者个人提供担保，是指向不具备债务履行能力的单位和个人提供担保。这是一个实质性的要求，即使该担保通过公司法定的决定程序，也应视为符合该行为要件的要求。无正当理由为其他单位或者个人提供担保，是指违反上述《公司法》对担保的规定，或者以不合理、不成立的理由向其他单位或者个人提供担保。

五是无正当理由放弃债权、承担债务。与上述第四种行为一样，无正当理由是指理由不合法、不合理、不成立。放弃债权，是指放弃债之权利，债务人无需再履行债务。上市公司的董事、监事、高级管理人员无正当理由放弃债权，使公司预期可得利益灭失，减少了公司积极财产，从而损害上市公司的利益。民法上的债务承担有广义和狭义之分。广义的债务承担，包括免责的债务承担和并存的债务承担。前者是指基于债权人、债务人与第三人之间达成协议，将债务移转给第三人承担，由第三人取代债务人承受合同义务，此为狭义的债务承担；后者是指由第三人加入债之关系，与原债务人承担其债务。本条之承担债务的含义，应从刑法的角度去理解，因而其不但是指上述民法上的广义的债务承担，而且还应包括上市公司和他人故意创设新的债权债务关系并在其中自愿作为债务人承担新创设的债务。上市公司的董事、监事、高级管理人员无正当理由承担本不应承担的债务，增加了公司的消极财产，损害了上市公司的利益。

六是采用其他方式损害上市公司利益。考虑到实际生活中背信损害上市公司利益并掏空其财产的行为多种多样，花样不断翻新，刑法在此对“掏空”上市公司行为的表现形式上增加了一个兜底条款，这有利于保护广大投资者的利益。在理解这一规定时，应把握本罪的本质特征，即一是该罪的主体是对公司具有支配能力的董事、监事和高级管理人员；二是违背了对公司的忠实义务；三是从事了背信损害上市公司利益损害其利益的行为。凡是具有这些本质特征，与前五种行为具有同样危害性的行为都是符合本罪行为特征的行为方式，如以不良资产抵偿占用现金留下的债务，或者抢占上市公司利益前景较好的项目以掠夺公司利润，或者采取资产托管的手段来操纵利润等。[①]

第四，致使上市公司利益遭受重大损失。这是本罪的结果要件。行为人背信损害上市公司利益的行为必须造成上市公司重大损失的后果，否则不构成本罪。在有关司法解释作出之前，应参照司法解释对其他犯罪中的重大损失所作的解释理解把握，一般是指造成上市公司资产严重流失、亏损、停产、破产、退市，造成恶劣影响，等等。

2. 本罪的客体要件

本罪侵犯的客体是国家对上市公司的管理制度以及上市公司及其股东的利益。上市公司是股份有限公司中最具代表性的现代企业形式，不仅主导着一国证券市场的发展，而且作为企业的骨干和脊梁，构成整个国民经济发展的中坚力量。[②]国家在《公司法》、《证券法》等一些法律中对上市公司的管理制度作了具体规定，本罪即违反了这些管理制度，并侵害了上市公司及其股东的利益。

3. 本罪的主体要件

本罪的主体为特殊主体，主要是指上市公司的董事、监事、高级管理人员。根据该条第 2 款的规定，“上市公司的控股股东或者实际控

---

① 赵秉志主编：《刑法分则要论》，中国法制出版社 2010 年版，第 130 页。

② 周友苏著：《新公司法论》，法律出版社 2006 年版，第 555 页。

制人，指使上市公司董事、监事、高级管理人员实施前款行为的，依照前款的规定处罚”，因而，上市公司的控股股东或者实际控制人也是本罪的主体。对上述主体的理解前文已有论述，不再赘述。另外，本条第 3 款规定，“犯前款罪的上市公司的控股股东或者实际控制人是单位的，对单位判处罚金，并对其直接负责的主管人员和其他直接责任人员，依照第一款的规定处罚”，因而，作为上市公司的控股股东或者实际控制人的单位也可构成本罪主体。

4. 本罪的主观方面要件

本罪的主观方面表现为故意，即行为人明知自己背信损害上市公司利益损害上市公司的行为会使上市公司遭受重大损失而仍希望或者放任自己的行为和危害后果的发生。

（二）本罪与关联罪及罪数问题

1. 本罪与徇私舞弊低价折股、出售国有资产罪的界限及罪数

两罪客观方面具有相似之处，可以说，徇私舞弊低价折股、出售国有资产罪中之低价折股、出售行为也属于本罪以明显不公平的条件，提供或者接受资金、商品、服务或者其他资产的行为表现之一，也是一种背信行为。两者的区别在于：第一，主体不同，本罪行为主体是上市公司的董事、监事、高级管理人员。后者则是“国有公司、企业”；第二，行为涉及的对象不同，本罪行为涉及的对象包括资金、商品、服务或者其他资产，以及债权、债务、担保等。后者仅“国有资产”这一种形式；第三，行为方式不同，本罪行为的样态有多种，后者仅有“低价折股、低价出售”一种样态。

实践中，如果国有上市公司的董事、监事、高级管理人员等背信损害上市公司利益，以低价折股、低价出售的形式损害上市公司利益的，则触犯这两个罪名，成立想象竞合，从一重罪处理。

2. 本罪与为亲友非法牟利罪的界限及罪数

两罪在客观方面具有相似之处，为亲友非法牟利罪中，以明显高于市场的价格向自己的亲友经营管理的单位采购商品，或者以明显低于市场的价格向自己的亲友经营管理的单位销售商品的，或者向自己的亲友经营管理的单位采购不合格商品的行为也属于本罪以明显不公

平的条件，提供或者接受资金、商品、服务或者其他资产罪的行为表现之一。两者的区别在于，两者主体不同，为亲友非法牟利罪的主体为国有公司、企业、事业单位人员，本罪主体则为上市公司的董事、监事、高级管理人员，不一定具有国家工作人员身份。

实践中，如果国有上市公司的董事、监事、高级管理人员等背信损害上市公司利益从事为亲友非法牟利罪规定的行为，则触犯这两个罪名，成立想象竞合，从一重罪处理。

3. 本罪与国有公司、企业人员滥用职权罪的界限及罪数

本罪与后罪都是行为人不当利用职权所为的行为，都造成了重大损失，本罪的行为实际上也是一种滥用职权的行为，因而两罪之间具有相似性，其区别在于主体不同，后罪的主体是国有公司、企业、事业单位的人员。

实践中，如果国有上市公司的董事、监事、高级管理人员等滥用职权，背信损害上市公司利益损害上市公司利益的，则触犯两个罪名，成立想象竞合，从一重罪处理。

4. 本罪与虚假破产罪的界限及罪数

两罪区别非常明显，实践中，如果国有上市公司的董事、监事、高级管理人员等通过背信损害上市公司利益行为而实施虚假破产的，则同时触犯两罪，成立牵连犯，从一重罪处理。

5. 本罪与挪用资金罪的界限

本罪与挪用资金罪在主体方面有重合之处，在客观方面两罪都可能表现为行为人利用职务便利将本单位资金提供给他人的行为。容易混淆。有研究者认为，挪用资金罪的行为人在主观上对所挪用的资金是想还的，而本罪行为人将本公司的资金提供给其他单位和个人，则没有让其归还的意思。[①]笔者认为，本罪与挪用资金罪之间存在法条竞合关系，竞合时适用作为特殊法的背信损害上市公司利益罪法条。如下面的张某背信损害上市公司利益案：

---

① 王海涛主编：《刑法修正案（六）罪名图解与案例参考》，中国法制出版社 2006 年版，第 118 页。

被告人张某系上海宽频科技股份有限公司（以下简称上海科技）董事长，2003年7月、8月间，被告人张某在上海科技大股东A公司实际控制人严某的要求下，未经公司董事会同意，未告知财务经理胡某资金的最终去向，指使胡某先后两次将上海科技账外账户中的人民币1亿元和6800万元划至上海科技下属B公司账户。B公司的出纳刘某按张某指令没有将该两笔钱款入账，而是将其中1亿元划至上海科技下属控股孙子公司C公司，后经严某签字确认将该人民币1亿元划至A公司指定的D公司。嗣后，严某指使A公司出纳王某将该1亿元用于投资设立E公司；另6800万元会同B公司的人民币200万元，按严某要求划至严某实际控制的F公司。A公司得款后，严某指使王某将该7000万元会同G公司和A公司的2300万元用于收购H公司的股权。8月29日，G公司通过F公司，将7000万元划回B公司账户。刘某经张某同意和严某审批，将该7000万元划至I公司账户，该账户将7000万元连同J公司划入的2000万元合计人民币9000万元电汇至K公司临平路证券营业部，以L公司名义开设账户进行股票买卖。[①]

本案中，张某身为上海科技董事长，违背对公司的忠实义务，无偿地将本单位资金提供给其他单位使用，其行为已构成背信损害上市公司利益罪。由于本案发生在增设背信损害上市公司利益罪之前，所以只有在依照原有刑法也构成犯罪的情况下才存在成立背信损害上市公司利益罪罪名的可能。本案中张某个人决定，没有向公司财务人员讲明资金具体用途，隐瞒真相，逃避了本公司的财务监管，虽形式上没有以个人名义，但实际上属于以个人名义将公款供其他单位使用，符合挪用资金罪的犯罪构成。张某的行为同时符合两罪构成，依据从旧兼从轻、特别法优先等规则对张某应按照背信损害上市公司利益罪定罪处罚。[②]

---

① 见（2007）浦刑初字第1521号《刑事判决书》。

② 李俊英等：《张杰背信损害上市公司利益案——背信损害上市公司利益罪的认定》，载http://www.pkulaw.cn/fulltext_form.aspx?Db=pfnl&Gid=119202264&keyword=&EncodingName=&Search_Mode=accurate，最后访问日期：2014年2月2日。

6. 本罪与职务侵占罪的界限

本罪与职务侵占罪具有相似之处，两罪都是行为人利用职务便利造成单位利益的损失。区分两罪的关键是看行为人侵占的公司的利益归谁所有。如果是归其他单位或者个人所有，构成本罪；如果行为人将公司财产直接占为己有，则成立后罪。实践中，应认真鉴别，对于上市公司的董事、监事、高级管理人员等通过本罪规定的行为形式，以将上市公司资产转予其他单位和个人为名，实际上是自己占有取得的，那么其实施的表面上是本罪的行为实际上是一种占有单位资产的行为，应以职务侵占罪处理。

7. 本罪与贪污罪的界限

与职务侵占罪类似，本罪与贪污罪具有相似之处，两罪都是行为人利用职务便利造成单位利益的损失。区分两罪的关键是看行为人侵占的公司的利益归谁所有。如果是归其他单位或者个人所有，构成本罪；如果行为人利用职务便利将国有上市公司财产直接占为己有，则成立后罪。实践中，对于国有上市公司的董事、监事、高级管理人员等通过本罪规定的行为形式，以将上市公司资产转予其他单位和个人为名，实际上是自己占有取得的，那么其行为表面上符合本罪的构成，实际上却是一种侵吞、窃取、骗取国有资产的行为，应以贪污罪处理。

第五章

公司、企业领导人违反勤勉义务的刑事责任

【概要】公司、企业领导人严重违反勤勉义务，触犯刑法，构成犯罪的，即须承担违反勤勉义务的刑事责任。违反勤勉义务犯罪是指公司、企业领导人过失实施的违反自身所需承担的勤勉义务、触犯刑法、应受刑事处罚的行为。刑法典规定了18个违反勤勉义务犯罪罪名。该类犯罪的共同构成特征是：客观方面表现为违反勤勉义务的行为，即该类犯罪发生在公司、企业的业务活动过程中，同违反特别注意义务紧密相连，在客观上必须造成了严重的危害结果；客体要件是公共安全、经济秩序；主体多为自然人主体，认定直接责任人员非常重要；主观方面均表现为过失，应注意该类犯罪之注意能力、注意义务、监督过失的特殊性。本类犯罪最高法定刑主刑为15年有期徒刑。相关交通肇事罪司法解释可以用监督过失责任来解释；应注意重大责任事故罪与其他违反勤勉义务事故类犯罪的界限。

关键词：违反勤勉义务　犯罪　共同构成特征　刑事处罚

公司、企业领导人违反勤勉义务犯罪是一种业务过失犯罪。世界

范围内，过失犯罪以及业务过失犯罪给人类造成了巨大的危害。[①]就中国而言，由于种种原因，现阶段公司、企业及其领导人的业务过失犯罪危害尤烈。公司、企业的生产责任事故、交通运输事故、产品安全事故、环境污染事故、公共卫生事故等业务过失犯罪问题突出，形势十分严峻。

公司、企业领导人严重违反勤勉义务，触犯刑法，构成犯罪的，即须承担违反勤勉义务的刑事责任，包括罪之评价与刑之承担。

本章即对公司、企业领导人违反勤勉义务的刑事责任展开研究，具体内容包括公司、企业领导人违反勤勉义务犯罪的概念、特征、分类、立法概况，违反勤勉义务犯罪的共同构成特征、刑事处罚，以及违反勤勉义务相关个罪问题的研究。

第一节　公司、企业领导人违反勤勉义务犯罪概述

一、公司、企业领导人违反勤勉义务犯罪的概念、特征

违反勤勉义务犯罪是指公司、企业领导人过失实施的违反自身所需承担的勤勉义务，触犯刑法，应受刑事处罚的行为。

违反勤勉义务犯罪的特征是：首先，公司、企业领导人实施了违反勤勉义务的行为，违反勤勉义务是该类犯罪的本质特征。公司、企业领导人违反勤勉义务犯罪无论表现为何种行为，但都是没有尽到应有的谨慎、勤勉义务；本类犯罪所具有的社会危害性，都体现为违反勤勉义务而对相关法益所造成的侵害。其次，这类犯罪违反了刑法规定。由于勤勉义务的“软义务”性质，该行为表现多种多样，判断标准不易把握，因而公司、企业法律对于勤勉义务的违法行为不像违反

① 正因如此，笔者认为，现代过失理论的发展与对公司、企业及其领导人犯罪，特别是违反勤勉义务犯罪的研究有着密不可分的联系。

忠实义务的违法行为的规定那样具体、详细和规范。但就刑法立法而言，随着过失犯罪理论的发展完善，我国刑法典对于违反勤勉义务所涉及犯罪的规定越来越规整明确，违反勤勉义务犯罪刑事违法性也就愈益明显。而且，按照刑法典第 15 条第 2 款关于“过失犯罪，法律有规定的才负刑事责任”的规定，违反勤勉义务犯罪也必须是触犯了刑法的行为。最后，这类犯罪行为应该受到刑事处罚。就违反勤勉义务犯罪的应受刑罚惩罚性而言，由于各国刑法都以处罚故意犯罪为原则，以处罚过失犯罪为例外，因此，相对而言，对违反勤勉义务犯罪的应受刑罚惩罚性要求更为严格，一般来讲，违反勤勉义务行为只有在发生了严重的危害结果，包括实害结果与危险结果[①]时才会具有应受惩罚性，才会走进刑法的视野。

二、公司、企业领导人违反勤勉义务犯罪的分类

从不同的角度按照不同的标准可以将违反勤勉义务的具体犯罪划分为不同的种类：

第一，以是否要求有责任事故发生，可以划分为责任事故类犯罪和失职类犯罪。责任事故类犯罪是指公司、企业领导人在生产、经营、管理及其他活动中因为过失行为而发生损害或破坏的事故所构成的犯罪，包括重大飞行事故罪，铁路运营安全事故罪，交通肇事罪，重大责任事故罪，强令违章冒险作业罪，重大劳动安全事故罪，大型群众性活动重大安全事故罪，危险物品肇事罪，工程重大安全事故罪，教育设施重大安全事故罪，消防责任事故罪以及采集、供应血液、制作、供应血液制品事故罪，过失致人死亡罪与过失致人重伤罪等犯罪。[②]失职类犯罪是指公司、企业领导人在生产、经营和管理活动中严重不负责任，未尽必要的注意义务而使公司、企业业务遭受损失而构成的犯罪，包括签订、履行合同失职被骗罪，国有公司、企业人员失职罪，

① 过失发生危险结果而构成犯罪的为过失危险犯。

② 考虑到过失致人死亡罪与过失致人重伤罪本身就是事故后果的表现形态，因而将这两个犯罪归入该类犯罪。

出具证明文件重大失实罪以及传染病菌种、毒种扩散罪等4个犯罪。

第二，以所确定的罪名是否属于业务过失犯罪的罪名为标准，可以划分为公司、企业领导人业务过失犯罪与公司、企业领导人普通过失犯罪。所谓公司、企业领导人普通过失犯罪，是指公司、企业领导人违反勤勉义务构成犯罪，因竞合等原因而该行为所确定的罪名为普通过失犯罪罪名的情况。该类犯罪的罪名是过失致人死亡罪与过失致人重伤罪。所谓公司、企业领导人业务过失犯罪，是指从事具有危险性专业工作的领导人，在工作过程中，对自己违反有关规章制度规定的行为可能发生刑法规定的危害结果有注意义务也有注意能力而可期待地不注意，致使自己的行为造成这种危害后果而构成的犯罪。[①]除了过失致人死亡罪与过失致人重伤罪两个罪名之外，违反勤勉义务的其他犯罪罪名都属于业务过失犯罪罪名。

第三，以是否是纯粹的业务过失犯罪为标准，可以将上述公司、企业领导人业务过失犯罪划分为纯正的业务过失犯罪和不纯正的业务过失犯罪。所谓纯正的业务过失犯罪，是指无论从法律的规定看，还是从实际发生的具体犯罪行为看，均属于业务过失犯罪的情形；不纯正的业务过失犯罪是指因为社会发展、刑法立法等原因而使业务过失犯罪的色彩淡化或者不十分明显的情形。

在公司、企业领导人业务过失犯罪中，除大型群众性活动重大安全事故罪、交通肇事罪属于不纯正的业务过失犯罪外，其他犯罪均属于纯正的业务过失犯罪。这主要是因为，就举办大型群众性活动而言情况较复杂，如果公司、企业本身是一个演艺公司、企业，具体承揽了举办某一大型群众性活动的业务，这时其所承办的大型群众性活动属于该公司、企业的一个商业机会和活动，毫无疑问属于纯粹的业务活动，在举办过程中发生事故构成该罪的，有关责任人属于业务过失犯罪无疑。如果公司、企业所举办的大型群众性活动仅是为了纪念、庆祝该公司、企业的一个事项或者活动所举办，活动组织操办事宜也

---

① 本概念是参照有关学者对于业务过失犯罪的定义而确定的。刘志伟、聂立泽主编：《业务过失犯罪比较研究》，法律出版社2004年版，第13页。

是委托相关专业团体而进行的，这时就该公司、企业而言大型群众性活动的业务活动的性质就不明显，活动过程中发生事故构成该犯罪的，其业务过失犯罪的特征也就不明显。[①]因而，举办大型群众性活动重大安全事故罪的立法特点决定了其不纯粹的业务过失犯罪的特征。对于交通肇事罪来讲，随着社会的发展，轿车等交通工具日益走进千家万户，越来越成为人们日常生活所普遍使用的工具。在这种情况下，如果不是在专门从事交通运输业务过程中发生的交通事故，而是在日常生活中运用交通工具出行而发生交通事故，此时交通肇事罪的业务过失犯罪的色彩就会淡化，成为不纯粹的业务过失犯罪。

三、公司、企业领导人违反勤勉义务犯罪的刑法立法概况

（一）违反勤勉义务犯罪的罪名

根据对公司、企业领导人违反勤勉义务犯罪的概念、特征、类型的认识，结合刑法典分则相关罪刑规范进行分析、筛选，笔者认为，刑法典对公司、企业领导人违反勤勉义务犯罪共规定了18个罪名，依条文的先后顺序，分别是：

（1）重大飞行事故罪（第131条），（2）铁路运营安全事故罪（第132条），（3）交通肇事罪（第133条），（4）重大责任事故罪（第134条），（5）强令违章冒险作业罪（第134条），（6）重大劳动安全事故罪（第135条），（7）大型群众性活动重大安全事故罪（第135条之一），（8）危险物品肇事罪（第136条），（9）工程重大安全事故罪（第137

① 有研究者将“大型群众性活动”分为两类：一是面向社会公众类型。包括两种情形：一种是日常性类型。即法人或者其他组织在其日常业务范围内面向社会公众举办的活动。如影剧院、音乐厅、公园、娱乐场所等在其日常业务范围内举办的活动。另一种是临时性类型，即法人或者其他组织不在其日常业务范围内，而是因为其出于业务、职权或者其他目的需要面向社会公众举办的活动。如体育比赛、演唱会、音乐会、展览、展销、游园、灯会、庙会、花会、焰火晚会以及人才招聘会、现场开奖的彩票销售等活动。二是非面向社会公众类型。即法人或者其他组织在其日常业务范围内面向本单位内部举办的活动。如内部选举活动、学术活动、集会活动以及体育比赛、演唱会、音乐会、展览、灯会、焰火晚会等活动。孟昭武：《大型群众性活动重大安全事故罪若干问题探析》，载郎胜等主编：《刑法实践热点问题探索》，中国人民公安大学出版社2008年版，第833页。该分类颇具启发意义。

条），（10）教育设施重大安全事故罪（第138条），（11）消防责任事故罪（第139条），[①]（12）签订、履行合同失职被骗罪（第167条），（13）国有公司、企业、事业单位人员失职罪（第168条），（14）出具证明文件重大失实罪（第229条），（15）过失致人死亡罪（第233条），（16）过失致人重伤罪（第233条），[②]（17）传染病菌种、毒种扩散罪（第331条），（18）采集、供应血液、制作、供应血液制品事故罪（第334条）。[③]

（二）违反勤勉义务犯罪刑法立法沿革

1. 1997刑法典对违反勤勉义务犯罪的规定

除举办大型群众性活动重大安全事故罪等罪名之外，1997刑法典对违反勤勉义务犯罪的大多数罪名或者行为都作了规定。

本类犯罪较多采用空白罪状的方式，指明所触犯的法规和规章制度，这是和本类犯罪大多违反特定注意义务的特点相适应的。

1997年刑法典对违反勤勉义务犯罪的规定进一步细化，如责任事故犯罪的规定，1979年刑法典仅规定了重大责任事故罪和危险物品肇事罪。而1997年刑法在此基础上针对不同领域、不同业务、不同情况新增了若干责任事故犯罪。这从一个方面反映出我国业务过失犯罪态势的严重和对其惩治力度的加强。

但是，另一方面，1997年刑法典对该类犯罪的规定也引起了一些理论争议。首先，在犯罪主体的规定上，例如，重大责任事故罪主体问题，1997年刑法典规定为“工厂、矿山、林场、建筑企业或者其他企业、事业单位的职工”，那么除此之外的主体出现重大责任事故的过失行为能否以该罪定罪处罚？按照罪刑法定原则的要求，回答是否定

① 之所以未将危害公共安全罪中的“过失以危险方法危害公共安全罪”罪名列入，是考虑到该罪主要针对一般主体的日常生活、该罪本身的理论争议以及司法实践中的扩大适用趋向。

② 之所以将危害公民人身权利、民主权利罪中的过失重伤罪与过失致人死亡罪罪名列入，主要是考虑到其较强的适用性、未来立法完善的方向以及国外的立法与实践等因素。

③ 考虑到刑法典第436条规定的“武器装备肇事罪”主要属于军人违反职责罪，所以尽管其与公司、企业领导人违反勤勉义务犯罪有交叉，仍暂未列入公司、企业领导人违反勤勉义务的犯罪。

的。[①]又如签订、履行合同失职被骗罪主体仅限于国有公司、企业、事业单位直接负责的主管人员，除此之外的人员签订、履行合同失职被骗的，如果不能构成其他类的失职犯罪，也将难以受到刑法的规制。这反映出立法者没有抓住业务过失犯罪从事业务活动的特点，主体范围规定偏窄。其次，在客观要件的规定上，一些犯罪规定了一些前置性要件，如重大劳动安全事故罪规定了“经有关部门或者单位职工提出后，对事故隐患仍不采取措施”的要件；教育设施重大安全事故罪规定有“明知校舍或者教育教学设施有危险，而不采取措施或者不及时报告”的要件；消防责任事故罪规定有“违反消防管理法规，经消防监督机构通知采取改正措施而拒绝执行”的要件。一方面，这些要件在司法实践中不宜认定，另一方面，此类要件也给相关犯罪的惩治设置了不必要的障碍，不利于对相关犯罪的惩治。这反映出立法者对实行行为应具有实质危险性的特点认识不足，将一些不具有实质危险性的要件规定为实行行为，使得立法产生不必要的缺陷。最后，在刑事责任的规定上，由于立法者对业务过失犯罪和普通过失犯罪危害性的差异性关注不够，对该类犯罪的惩治力度也不够大，反映在法定刑的规定上，该类犯罪不仅没有其他普通过失犯罪重，甚至有些比普通过失犯罪的法定刑还要低。

另外，1997 刑法典在某些违反勤勉义务犯罪的规定上表现出因所有制不同而保护力度有所差异的情况，偏重于保护国有公司、企业，没有体现出对私有公司、企业的一体平等保护，致使刑事法网出现疏漏，不利于对非国有公司、企业的保护，也有违刑法平等原则的精神。例如，签订、履行合同失职被骗罪的主体仅为国有公司、企业、事业单位直接负责的主管人员，徇私舞弊造成破产、亏损罪的主体仅为国有公司、企业直接负责的主管人员。按照刑法规定，非国有公司、企业人员实施上述行为的，就难以为刑法所规制，造成刑法的疏漏和对非国有公司、企业保护不力的局面。

---

① 但对主体作出如此限定的立法的科学性、合理性是存在疑问的。

2. 单行刑法及刑法修正案对违反勤勉义务犯罪的修正

1997年刑法典颁行之后，单行刑法及刑法修正案对违反勤勉义务的犯罪的补充修改大致体现在如下三个方面：

第一，新罪的增设。增设了举办大型群众性活动重大安全事故罪。这是《刑法修正案（六）》所增设的刑法第135条之一所规定的犯罪。司法实践中，一些地方在举办大型群众性活动中组织不力，发生了一些恶性事故，危及人民群众生命财产安全，故增设本罪。

第二，犯罪构成要件的修改补充。

一是重大责任事故罪的修改补充。《刑法修正案（六）》将刑法第134条中的“工厂、矿山、林场、建筑企业或者其他企业、事业单位的职工，由于不服管理、违反规章制度”修改为“在生产、作业中违反有关安全管理的规定”。去掉了主体限制，以使能够涵盖各种各样的主体，对行为的表述也更简明并增强了刑法规范的概括性，使其成为空白罪状。从中分离出“强令违章冒险作业罪”这一新的犯罪。①

二是重大劳动安全事故罪的修改补充。《刑法修正案（六）》将原刑法第135条中的“工厂、矿山、林场、建筑企业或者其他企业、事业单位的劳动安全设施不符合国家规定，经有关部门或者单位职工提出后，对事故隐患仍不采取措施，因而发生重大伤亡事故或者造成其他严重后果的”修改为“安全生产设施或者安全生产条件不符合国家规定，因而发生重大伤亡事故或者造成其他严重后果的”。可见，修正案去掉了所列举的单位限制，以及“经有关部门或者职工提出后，对事故隐患仍不采取措施”的限制，增加了“安全生产条件不符合国家规定”，以加大对劳动安全事故罪的惩治力度。

三是签订、履行合同失职被骗罪的修改。1998年12月29日施行的单行刑法《关于惩治骗购外汇、逃汇和非法买卖外汇犯罪的决定》对1997年刑法典第167条的规定作了修改、补充。该决定第7条规定：“金融机构、从事对外贸易经营活动的公司、企业的工作人员严重不负

① 高铭暄著：《中华人民共和国刑法的孕育诞生和发展完善》，北京大学出版社2012年版，第334-335页。

责任，造成大量外汇被骗购或者逃汇，致使国家利益遭受重大损失的，依照刑法第一百六十七条的规定定罪处罚。”这样便通过指明司法适用的形式，实质上对签订、履行合同失职被骗罪的构成要件作了修改，[①]主要体现在：一方面，使签订、履行合同失职被骗罪的主体不再仅限于国有公司、企业、事业单位直接负责的主管人员，非国有的金融机构和从事对外贸易经营活动的公司、企业的工作人员也能构成本罪。另一方面，行为方式也有所扩充，因为失职造成被骗汇或者逃汇的行为，并非仅限于在签订、履行合同的过程中实施，也不要求受骗。[②]

四是将刑法典第 168 条原规定的徇私舞弊造成破产、亏损罪修改补充为国有公司、企业、事业单位人员失职罪以及国有公司、企业、事业单位人员滥用职权罪。在罪名调整的同时，法定刑幅度也作了调整。

第三，法定刑的调整。

一是重大责任事故罪法定刑的提高。《刑法修正案（六）》加重了对强令工人违章冒险作业行为的处罚。将原来规定的强令工人违章冒险作业行为的最高刑由过去的 7 年有期徒刑提高到 15 年有期徒刑，立法者对这类犯罪的处罚力度大大增强。关于罪名确定的相关司法解释也将强令工人违章冒险作业行为作为独立的罪名加以解释。

二是国有公司、企业、事业单位的工作人员失职罪法定刑的提高。《刑法修正案》对刑法第 168 条作了修改，增加了“致使国家利益遭受特别重大损失的，处三年以上七年以下有期徒刑”这个法定刑幅度，从而使原有的法定刑得以提高。

从上述单行刑法和刑法修正案对违反勤勉义务类犯罪的补充修改情况可以看出，立法者针对 1997 刑法对违反勤勉义务类犯罪的立法不

---

① 不过，在笔者看来，从犯罪构成的角度看，金融机构、从事对外贸易经营活动的公司、企业的工作人员严重不负责任，造成大量外汇被骗购或者逃汇，致使国家利益遭受重大损失的行为，与国有公司、企业人员失职罪的构成更相符合，依照该罪处罚更为妥当。

② 需要强调，这些补充修改所扩充的行为方式仅仅是金融机构、从事对外贸易经营活动的公司、企业的工作人员严重不负责任，造成大量外汇被骗购或者逃汇的行为。

足进行了一定程度上的完善，严密了法网，如国有公司、企业人员失职罪的增订使得该类人员的其他一些失职行为能够为刑法所规制。重大责任事故罪、重大劳动安全事故罪等犯罪主体方面限定的去除使得该类犯罪主体范围扩大，使得原有主体之外的其他主体的同样的行为能够为刑法所规制；重大责任事故罪辐射范围扩大，重大劳动安全事故罪中不必要构成要件的去除也更加便利于对该类危害行为的惩治。重大责任事故罪法定刑的提高也更符合业务过失犯罪危害性大于普通业务过失犯罪的特点。这一切表明立法者对违反勤勉义务犯罪规律性认识的提高。

不过，单行刑法和修正案在对公私所有制经济一体平等保护方面，除了上文提到的签订、履行合同失职被骗罪有所改进外，总体进展不大。

第二节　违反勤勉义务犯罪的共同构成特征

一、客观方面要件——严重违反勤勉义务的行为

违反勤勉义务犯罪在客观方面表现为行为人在从事某项业务活动过程中，违反有关法律法规及规章制度对该业务活动所要求的特别注意义务，因而造成严重危害结果的行为。业务过失犯罪在客观方面的特征主要有以下三个方面：

（一）违反勤勉义务犯罪发生在公司、企业的业务活动过程中

这是违反勤勉义务犯罪区别于一般过失犯罪的最明显的标志。所谓业务活动，就是业务人员在其业务范围内进行的活动。关于“业务”的含义，理论界存在争议。一般均认为业务应具有反复继续性，但对于业务是否具有危险性、业务是否必须基于社会生活之地位而产生、

刑法中的业务是否仅限于合法、主要的业务等问题，仍存在争议。[①]笔者在这些问题上的基本观点是：业务具有反复继续性；业务一般情况下与职务、职业、营业有关，但从刑法的角度看，职务、职业、营业仅是判断是否属于业务的因素；业务不一定都具有危险性，但刑法规制的业务一般均具有危险性或风险性。[②]业务必须是合法的，但从事业务的方式有合法和非法之分。因而业务应是指可以反复继续从事的具有危险性或者风险性的专门性合法职业或者工作。

从不同的角度可以将业务划分为不同的分类。就我们所要研究的违反勤勉义务犯罪来讲，笔者认为可以分为两类，即：生产业务和经营业务，前者是大多数事故类犯罪所属的业务范围，后者是失职类犯罪的业务范围。

（二）违反勤勉义务犯罪同违反特别注意义务紧密相连

根据对象和适用范围的不同，注意义务可以分为普通注意义务和特殊注意义务。普通注意义务，又称日常生活上的注意义务，也就是基于日常生活的需要，而对行为人提出的一个具有理智且小心谨慎的社会正常人所应保持的注意。[③]特别注意义务是指在业务活动中，为避免危害结果的发生，国家或社会要求业务人员遵守的作为或不作为的义务。业务过失犯罪是由于行为人违反业务上的特别注意义务所导致的，而公司、企业领导人违反勤勉义务犯罪之“勤勉义务”本身，实际上就是特别注意义务之一种。从某种意义而言，勤勉义务是特别注意义务在公司、企业生产、经营领域的具体化、法律化，[④]是特殊义务中之特殊义务，是一种具有双重特殊性的义务。[⑤]

---

① 刘志伟、聂立泽主编：《业务过失犯罪比较研究》，法律出版社 2004 年版，第 3-10 页。

② 在笔者看来，危险仅能概括生产作业方面发生责任事故的危险性，但刑法规制的违反勤勉义务类犯罪还有经营业务方面的，进入刑法规制视野的该方面的业务应具有“风险性”。

③ 梁根林：《论业务过失》，北京大学 1988 年硕士学位论文，第 15 页。

④ 有研究者认为，作为民事法律的特别法，公司法中显然存在着义务人需要承担的“特别注意义务”，公司董事的注意义务是一项基于公司法和侵权法所规定的特殊注意而产生的一种法律关系。王静：《新公司法中勤勉义务概念初探》，载《云南大学学报》（法学版）2007 年第 1 期。

⑤ 第一重特殊性是由相对于普通过失之注意义务的业务过失之注意义务而产生的，也可以说是业务过失之注意义务本身的特殊性；第二重特殊性是相对于一般业务过失之注意义务的勤勉义务本身的特殊性而产生的，也可以说是勤勉义务本身的特殊性。

由于业务活动本身往往具有一定的危险性，为规范业务行为，避免业务活动可能给社会造成的危害，有关行业、部门将业务活动中的操作规程、技术安全规则以及其他注意事项，以法律法规和规章制度的形式作了明确具体的规定。所以，业务过失对注意义务的违反往往表现为对相关的法律法规和规章制度的违反。可以说，业务过失犯罪在实质上是违反特别注意义务，而形式上则往往表现为对规章制度的违反。如刑法典对违反勤勉义务犯罪的许多个罪都明确规定了须“违反法律法规和规章制度”，具体表述形式有“违反规章制度”、[①]“违反有关安全管理的规定”、[②]“不符合国家规定”、[③]“违反……管理规定”、[④]“违反国家规定”、[⑤]“违反……法规”、[⑥]“不依照规定”[⑦]等。

对于责任事故类犯罪，刑法典主要规定的是上述违反法规、规定、规章制度，但对于经营失职类犯罪，刑法典主要规定的是“严重不负责任”。所谓“严重不负责任”，通常表现为行为人不履行自己的职责，不正确履行自己的职责，或者放弃履行自己的职责。如工作上不认真，不细致，马马虎虎，草率行事，或者直接违反职责要求行事，如放弃职守，对自己负责的工作撒手不管，等等。

（三）违反勤勉义务的业务过失犯罪在客观上必须造成了严重的危害结果

违反勤勉义务犯罪属于业务过失犯罪，属于实害犯或结果犯，[⑧]必须具备危害社会的严重结果才能构成该类犯罪。我国刑法分则对该类犯罪的后果都有明确要求。例如，刑法第133条把“发生重大事故，致人重伤、死亡或者使公私财产遭受重大损失”作为构成交通肇事罪

---

① 如重大飞行事故罪、铁路运营安全事故罪。

② 如重大责任事故罪、大型群众性活动重大安全事故罪。

③ 如重大劳动安全事故罪。

④ 如危险物品肇事罪。

⑤ 如工程重大安全事故罪。

⑥ 如消防责任事故罪。

⑦ 如采集、供应血液、制作、供应血液制品事故罪。

⑧ 危险状态能否成为过失犯罪的结果形态是一个值得探讨的问题。从法律的规定看，违反勤勉义务类的犯罪还未有规定危险状态作为危害结果的情况。

的必备要件，第 134 条、第 135 条以“发生重大伤亡事故或者造成其他严重后果”作为构成重大责任事故罪和重大劳动安全事故罪的必备要件；第 136 条以“发生重大伤亡事故，造成严重后果”作为危险物品肇事罪的必备要件；第 139 条把“造成严重后果”作为消防责任事故罪的必备要件。

根据我国刑法分则规定的业务过失犯罪所必须具备的危害社会的严重结果，包括物质性损失和非物质性损失两大类。在物质性损失中，既包括重大人身伤亡，也包括公私财产的巨大损失。公私财产的巨大损失指的是经济损失，所谓经济损失是指在生产工作中实际发生的人力、物力、财力的非正常的消耗或损失，它表现为一定的价值或使用价值的损害或丧失。这种经济损失在法律上又区分为直接经济损失和间接经济损失。根据国家标准局 1987 年 5 月 1 日实施的《企业职工伤亡事故经济损失统计标准》，直接经济损失是指因事故造成人身伤亡及善后处理支出的费用和毁坏财产的价值。直接经济损失的统计范围包括以下三方面的内容：一是人身伤亡后所支出的费用，其中包括医疗费用（含护理费用）、丧葬及抚恤费用、补助及救济费用、歇工工资；二是善后处理费用，其中包括处理事故的事务性费用、现场抢救费用、清理现场费用、事故罚款和赔偿费用；三是财产损失价值，其中包括固定资产损失价值、流动资产损失价值。在计算这种实际损害价值时必须掌握住四个要点：（1）这种损失必须同业务过失犯罪的特殊主体相联系；（2）这种损失必须与业务过失犯罪特殊主体的业务活动相联系；（3）这种损失必须与业务过失犯罪的特殊主体疏忽业务上的必要注意，违反业务活动规则相联系；（4）这种损失数额，必须达到重大经济损失的立案标准。以上四点，是互相依存、互相衔接的，只有同时具备以上四点，才能作为直接经济损失的认定。间接经济损失是指因事故导致产值减少、资源破坏和受事故影响而造成其他损失的价值。间接经济损失的统计范围包括：停产、减产损失价值，工作损失价值，资源缺失价值，处理环境污染的费用，补充新职工的培训费用，其他损失费用。直接经济损失和间接经济损失在业务过失犯罪中的地位和作用是有所不同的，直接经济损失是构成业务过失犯罪的主要内容和基本依据，而间接经济损失则是定罪量刑的参考情节。在考察业务过失犯罪的结果时，不仅应注意有形的物质性损失，而且还应注意无形非物质性损失。[①]

至于危害结果的数量和强度到什么程度才能被视为符合“严重后果”或“重大损失”的要求，则是一个实践性、地域性和时间性都比较强的问题。根据相关司法解释的精神及有关法规的规定，只要造成下列危害结果之一的，就应认为是“严重后果”或“重大损失”：（1）死亡一人以上，或者重伤三人以上的；（2）直接经济损失 100 万元以上的；（3）其他严重后果或者重大损失的情形。为了保证国家法律的统一实施，最高人民法院应当适时地对相关具体业务过失犯罪的定罪标准作出符合国情、有效惩治的司法解释。

二、客体要件——公共安全、经济秩序

从刑法规范分析，本类犯罪涉及刑法典分则第二章、第三章、第六章的规定，侵犯了公共安全、市场经济秩序、社会管理秩序。从实质上分析，涉及社会管理秩序的本类犯罪也侵犯了不特定多数人的生命健康、财产安全，因而本类犯罪的客体主要是公共安全和经济秩序。

何谓公共安全在理论上存在争议。在国外刑法理论上，一般是通过公共危险的理论来对公共安全予以诠释的。而对公共危险的认识，一般有以下几种观点：第一种观点认为，公共危险是指对不特定人的生命、身体或者财产的危险；第二种观点认为，不问是特定还是不特定，只要是对多数人的生命、身体或者财产的危险，就是公共危险；第三种观点认为，公共危险是指对不特定并且多数人的生命、身体或者财产的危险；第四种观点认为，公共危险是指对不特定或者多数人的生命、身体或者财产的危险。[②]我国学者多赞成上述第三种观点[③]或

① 随着实践的发展，目前这个标准存在一些问题，相关部门应根据实践发展情况对该标准进行适时调整。

② 大塚仁著：《刑法概说（各论）》（第三版），冯军译，中国人民大学出版社 2003 年版。

③ 高铭暄、马克昌主编：《刑法学》，中国法制出版社 2007 年版，第 397 页。

者第四种观点。[①]在对公共安全的理解上，笔者赞成上述第一种观点，即认为公共安全是指对不特定人的生命、健康或者重大公私财产安全。这是因为，不特定即意味着可能涉及或者发展到任何一个人或者说每一个人，这就具有了公众、公共性，不特定人的生命、健康或者重大公私财产安全因而也就具有了公共安全的属性；反之，特定多数人即使具有一定的人数规模，如果其本身不具有不特定的属性，不会向这特定多人之外的任何个人涉及或者发展，这特定的多人就难言是“公共”。同时应注意，公共安全不等于公共安全犯罪行为，侵犯了公共安全不等于就构成了公共安全罪，同时还要看行为人所使用的手段或者说行为人的行为是否具有难控性、蔓延性等特征；不具有这些行为特征的行为，即使侵犯了公共安全，仍不构成危害公共安全罪。[②]

所谓经济秩序，是指由市场经济活动所必须遵循的经济准则与行为规范所调整的模式、结构及有序状态。经济秩序本质上是社会经济利益的直接或者间接表现，一定的经济秩序总是为了维系相应的经济利益格局而存在的；经济利益的任何调整与变动，都将导致经济秩序状态的某种程度的变化，[③]因此，经济秩序最终是国家、社会与市场主体的经济利益。[④]

违反勤勉义务犯罪所侵犯的客体重要，危害严重。现实生活中，屡屡发生的生产责任事故、交通肇事、工伤矿难，对人民生命财产危害甚巨；公司、企业领导人违反勤勉义务而致公司、企业经营不善，破产亏损，不仅破坏市场经济秩序，也严重影响到公司、企业的存续和职工、群众的生活，有时会引起社会震动。总之，违反勤勉义务犯罪危害公共安全和经济安全，既是一个经济问题，又是一个社会问题。

---

① 高铭暄、马克昌主编：《刑法学》（第五版），北京大学出版社、高等教育出版社 2011 年版，第 601 页。

② 前述一直强调公共安全之“多数”特性的其他三种观点，可能在该问题上有模糊认识。

③ 例如，中共十八届三中全会已将市场在资源配置中起基础性作用的政策调整为市场在资源配置中起决定性作用，这一调整必将引起既有的利益格局与经济秩序的某种变化。

④ 张明楷著：《刑法学》（第四版），法律出版社 2011 版，第 645 页。

三、主体要件

本类犯罪主体绝大多数都是自然人。只有工程重大安全事故罪和采集、供应血液、制作、供应血液制品事故罪为纯正的单位犯罪，出具证明文件重大失实罪为不纯正的单位犯罪，[①]上述三个具体犯罪中也只有采集、供应血液、制作、供应血液制品事故罪、出具证明文件重大失实罪采取两罚制，工程重大安全事故罪则采取单罚制中的代罚制。

刑法典对违反勤勉义务犯罪刑事责任主体的规定有两种情形:(1)按照主体身份规定，属于此类的主体有航空人员，铁路职工，从事实验、保藏、携带、运输传染病菌种、毒种的人员，国有公司、企业的工作人员等。(2)按照主体职责规定，这一类主体的规定还可分为三个小类：一是规定主体为直接责任人员，二是规定主体为直接负责的主管人员和其他直接责任人员,三是规定主体为直接负责的主管人员。在按照主体职责的分类中，表述为“直接负责的主管人员”、“直接负责的主管人员和其他直接责任人员”都属于纯粹自然人犯罪中的自然人犯罪主体，而表述为“直接责任人员”的这类主体，有的是纯粹自然人犯罪的自然人主体，有的是单位犯罪中的自然人犯罪主体（特指工程重大安全事故罪)。因此，第二种按主体职责规定刑事责任主体的违反勤勉义务犯罪中，工程重大安全事故罪和采集、供应血液、制作、供应血液制品事故罪中的“直接责任人员”或者“直接负责的主管人员或者其他直接责任人员”是单位犯罪意义下的概念，而其他的“直接责任人员”、“直接负责的主管人员或者其他直接责任人员”或者“直接负责的主管人员”则是属于自然人犯罪意义下的概念。

对于上述第一种按身份规定的主体类型，在考察时主要是看行为

① 纯正的单位犯罪是指唯有单位才能构成的犯罪，不纯正的单位犯罪是指自然人与单位均能构成的犯罪。

人是否具有某一身份，如是否是航空人员、铁路职工等。[①]对于第二类按职责规定的主体类型，在考察时应首先明了是否是单位犯罪。因为，同样规定的主体是直接责任人员，工程重大责任事故罪的直接责任人员是单位犯罪中的直接责任人员，教育设施重大安全事故罪中的直接责任人员是单纯自然人犯罪中的直接责任人员，是否是单位犯罪中之直接责任人员在刑法谴责上应有不同的意义。但无论是自然人犯罪中的直接责任人员还是单位犯罪中的直接责任人员，其实质意义及考察方法应该相同。“直接责任人员”或者“直接负责的主管人员或者其他直接责任人员”的认定在违反勤勉义务犯罪中具有重要意义，[②]

另外，从文理解释的角度，“直接责任人员”包括直接负责的主管人员和其他直接责任人员，因而，尽管“直接责任人员”和“直接负责的主管人员和其他直接责任人员”的用语不同，两者实际上具有相同的含义。但表述的不同在意义所指上还是存在一些差别：其明文规定为单位犯罪的，其自然人主体一般都表述为“直接负责的主管人员和其他直接责任人员”；没有明文规定为单位犯罪，理论界对是否是单位犯罪有争议的犯罪，如工程重大安全事故罪、强迫劳动罪、雇用童工从事危重劳动罪，其受罚主体一般规定为“直接责任人员”。[③]

从本论著所要考察的公司、企业领导人违反勤勉义务刑事责任的

---

① 由于违反勤勉义务的犯罪属于业务过失犯罪，因而即使对于明确规定主体身份的违反勤勉义务犯罪，仍应区分直接负责的主管人员和其他直接责任人员，这对于行为人刑事责任的确定至关重要，因为业务犯罪往往是合力所致，需确定刑事责任的并非一人。但这类犯罪的立法倾向似乎表明，本类犯罪仅处罚直接导致犯罪结果发生的人员，因而该类犯罪是否处罚监督者，理论上似应进一步探讨。

② 无论对主体的规定如何表述，都需要将直接负责的主管人员与其他直接责任人员区分清楚，犯罪主体规定为“直接负责的主管人员”的，区分两者具有区分罪与非罪的作用，如对于国家机关工作人员签订、履行合同失职被骗罪来讲即是如此。该罪之主体规定为“国有公司、企业、事业单位直接负责的主管人员”，这意味着，本罪仅处罚处于领导地位的人员，从监督者和被监督者的关系的角度看，只处罚监督者，因而该犯罪涉及监督过失的责任。对于主体规定为“直接责任人员”或“直接负责的主管人员或者其他直接责任人员”的，区分两者具有区分刑事责任轻重的作用。

③ 近来立法似有统一法典用语的趋势，如《刑法修正案（六）》就将重大劳动安全责任事故罪由过去的“直接责任人员”修改为“直接负责的主管人员和其他直接责任人员”，这也从一个侧面说明“直接责任人员”包括“直接负责的主管人员和其他直接责任人员”无疑。

角度看，公司、企业领导人应主要属于“直接负责的主管人员”的范围之内，一般不属于其他直接责任人员的范围，但也不能一概排除公司、企业领导人属于其他直接责任人员的情况。鉴于直接责任人员已在第二章作了分析，此处不再赘述。

四、主观方面要件——注意能力、注意义务、监督过失

违反勤勉义务犯罪的主观方面均表现为过失，[①]即公司、企业领导人应当预见到自己的行为可能对公司、企业的生产经营造成危害结果，由于疏忽大意而没有预见，或者已经预见而轻信能够避免，以致发生了危害公司、企业生产经营的结果。关于违反勤勉义务犯罪主观方面有一些需要研究的问题，下面具体论述。

（一）违反勤勉义务犯罪的注意能力

1. 一般意义上的注意能力的判断标准

中外刑法理论界一般认为，犯罪过失的本质在于具有注意能力的人对注意义务的违反。行为人只有同时具备了注意能力和注意义务，才符合过失犯罪的主观方面要件。所谓注意能力，从心理学层面而言，是指个体对特定客体引起、保持和集中注意的一种个体能力，它是在个体生理素质的基础上通过后天环境和实践活动的熏陶和锻炼而形成的。[②]从法学层面而言，注意能力是行为人所具有的认识自己行为可能发生危害社会结果的能力，认识自己究竟应采取怎样的措施才能有效地防止危害结果发生的能力和基于上述认识而采取措施以避免危害结果发生的能力。[③]如何判断行为人对自己行为可能造成危害社会的结果是否具有注意能力，国外刑法理论在判断标准上历来有主观说、客观说与折中说之争。主观说主张以行为人本人的注意能力为标准进行判断，客观说主张以一般人的注意能力为标准进行判断，折中说主张行为人的注意能力高于一般人时应以一般人的注意能力为标准，行

① 这和违反忠实义务犯罪的主观方面均表现为故意形成鲜明的对比。

② 甘雨沛等主编：《犯罪与刑罚新论》，北京大学出版社 1991 年版，第 172 页。

③ 赵秉志著：《刑法总则问题专论》，法律出版社 2004 年版，第 433 页。

为人的注意能力低于一般人时应以行为人的注意能力为标准。[①]

与国外刑法理论相对应，我国刑法理论界关于注意能力标准也主要有三种观点：第一种观点是主观标准说，含义与上文主观说相同。第二种观点是客观标准说，但已经作了一定程度的修正，认为特定一类人在此种场合下能够预见，行为人属于这种特定人员，因此应当预见；客观标准的类型划分主要是依据职业、年龄状况、文化知识水平、社会角色、生活经验等。[②]第三种观点也属折中说，内部又有不同的观点，一是如有学者称之为主客观统一说的认为，在判断注意能力时，既要考虑到行为人的年龄、知识、智力、发育、工作经验以及所担负的职务、技术熟练程度，又要考虑行为人当时所处的具体环境和条件，将这两方面的情况综合地加以考虑，进行科学分析，作出符合行为人实际情况的判断。二是有的认为原则上可以采取主客观相统一的标准，但具有决定意义的是主观标准。[③]三是有的认为，应当根据主客观相统一的原则来解决判断基础、判断方法与判断标准问题。判断基础或资料应包括主客观方面的事实，即应当把行为人的智能水平与行为本身的危险程度以及行为时的客观环境结合起来判断能否预见。判断方法（或过程）应坚持主客观相结合，即分析问题的过程要坚持从客观到主观，把客观要求同行为人的智能水平结合起来。判断标准应同时考虑主观说与客观说，以客观说为参考，以主观说为标准。[④]

比较上述中外刑法理论诸种注意能力的观点，可以看出，国外刑法理论的“主观”和“客观”具有一致的内涵。“客观”是指社会一般人的预见能力；“主观”是指行为人本人的预见能力。而我国刑法理论所使用的“主观”和“客观”之内涵不尽一致：有时“主观”是指行为人本人的预见能力，“客观”是指社会一般人的预见能力。但有时“主观”却是指行为人的自身条件，“客观”则是指行为人当时所处的客观环境。

① 张明楷著：《刑法学》（第二版），法律出版社 2003 版，第 242 页。

② 高铭暄主编：《新中国刑法科学简史》，中国人民公安大学出版社 1993 年版，第 116-117 页。

③ 高铭暄主编：《新中国刑法科学简史》，中国人民公安大学出版社 1993 年版，第 116-117 页。

④ 张明楷著：《刑法学》（第四版），法律出版社 2011 版，第 265-266 页。

笔者认为，在认识与判定注意能力时应注意区分判断基础、判断方法和判断标准这三个不同层次的问题，避免将不同层次的问题混淆在一起。在探讨一般意义上的注意义务标准时，笔者原则上赞成折中说中的后两种观点。[①]因为折中说中的第一种观点属于一种绝对的折中，将主观与客观等量齐观，表面看四平八稳，实际上难以做到。而后两种观点在主客观统一基础上，侧重于主观标准说，这种观点符合生活实际，充分顾及到人性弱点，符合人权保障理念，较为科学合理。

总之，从上文论述可以看到，中外刑法理论对一般意义上的注意能力判断标准的基本观点大致相同，而且中外折中说得出的主客观相统一基础上侧重于主观标准的结论，或者说是以主观标准为基础的折中说的结论也是相同的。在一般意义上的注意能力标准方面，中外刑法理论走到了一起，表明了人类在一般意义上的注意能力标准方面的共同认识成果，也表明在注意能力标准方面还是有一些共同的规律存在和可以依循的。

2. 违反勤勉义务犯罪的注意能力判断标准

上文我们探讨了一般意义上的注意能力的判断标准，为我们探讨公司、企业领导人违反勤勉义务犯罪的注意能力判断标准提供了一般意义上的参照。但公司、企业领导人违反勤勉义务犯罪不是普通的过失犯罪，而是一种业务过失犯罪，并且是一种特殊的业务过失犯罪，其注意能力的判断标准应有其特殊性。有学者认为，由业务过失自身的属性与特点所决定，应当对业务过失与普通过失中的注意能力判断分别采用不同的标准，即对于业务行为中注意能力的判断，采用平均人标准，对于普通的非业务行为，则采用个人标准。[②]也有学者认为，对于注意能力和注意义务违反的判断，应该把业务过失和普通过失区别开来分别适用不同的标准。在现代社会，社会分工越来越细密，工作领域和生活领域泾渭分明，特别是随着科学技术的运用和人类改造

① 聂立泽、乐丹：《过失犯罪中注意能力的判断标准及业务过失的判断基点》，载《学术研究》2004年第10期，第71页。

② 聂立泽、乐丹：《过失犯罪中注意能力的判断标准及业务过失的判断基点》，载《学术研究》2004年第10期，第72-73页。

自然的需要，诸多专业领域蕴含的危险性越来越多，进入专业领域需要越来越多的专业知识和专业品格，社会也为此设立了各种业务领域的准入制度，相关法律和职业道德都要求业务人员在业务活动中更加谨慎、更加负责任，以防止业务危险爆发，防止危害结果发生。正是基于刑法上的业务活动的专门性、危险性和大都实行准入制等特点，业务领域和普通生活领域具有明显的区别，过失犯罪成立的条件差别化也就理所当然。①

上述观点所提出的根据过失犯罪的不同种类确定其具体的注意能力标准的思路具有一定的参考价值。沿此思路进一步思考，笔者认为，在业务过失犯罪中，应根据具体主体及其具体职业、职位的特点，来确定相应的注意能力的标准。具体到公司、企业领导人违反勤勉义务犯罪的注意能力判断标准，笔者认为应结合公司、企业法理论对勤勉义务标准的探讨，②综合考察公司、企业领导人这一特殊群体的职业、职务特点，来确定违反勤勉义务犯罪的注意能力的标准问题。前文我们已经探讨了公司、企业法理论上勤勉义务的标准，并提出新综合标准说，即以主客观相统一的原则为判断的基准，以商业判断规则作为补充的观点。此标准转换为刑法学理论上关于公司、企业领导人违反勤勉义务犯罪的注意能力标准，是指要坚持以客观标准为基础的折中说，并充分考虑公司、企业领导人作出生产、经营决策的实际过程和特点。也即一般情况下以公司、企业领导人这类人员的平均人水平为标准，当公司、企业领导人个人注意能力低于该类人的平均水平时，以平均人水平为标准，③当其个人注意能力高于平均人水平时，以个

① 易益典：《监督过失犯罪论》，华东政法大学 2012 年博士学位论文，第 58 页。

② 可以认为，公司、企业法中的勤勉义务标准实际上是注意能力标准在特定领域的具体化，因而是一种具体的或者特殊的注意能力标准。注意能力与注意义务具有密切的关系，勤勉义务本身可以视为是一般注意义务（或者注意能力）在特定领域的具体化，因而是一种具体的或者特殊的注意义务，勤勉义务是内涵着注意义务与注意能力质素的一种主观结合体。

③ 对于实际能力低于业务活动或者监督者地位所要求的注意能力的行为人，德日刑法界用“超越承担过失”理论解释其注意能力的判断标准问题。所谓超越承担过失，就是行为人明知是个人能力不能胜任的事务却超越个人注意能力而承担，因而危害结果发生时所形成的过失。行为人明知欠缺从事某种特定业务活动的知识与技能，但仍冒险超越承担其个人能力所不及的事务，追究其过失责任自然是应该的。周光权著：《注意义务研究》，中国政法大学出版社 1998 年版，第 115 页。

人注意能力为标准；但在判断公司、企业领导人是否存在违反勤勉义务的过失时要对其作出的决策所可能带来的风险尽量持一种宽容的态度。采用这一标准的具体理由与前文对勤勉义务标准的探讨基本相同，不再赘述。这一标准与前述一般意义上的注意能力之以主观标准为基础的折中说是不相同的。[①]

（二）违反勤勉义务犯罪的注意义务

1. 违反勤勉义务犯罪之注意义务的概念

公司、企业领导人违反勤勉义务犯罪的注意义务概念的界定离不开对一般注意义务概念的理解。受新过失论的影响，一般认为，注意义务包括了结果预见义务和结果避免义务。因为违反勤勉义务犯罪属于业务过失犯罪，因而该类犯罪的注意义务与普通过失义务犯罪的注意义务也有所不同，其所要求的是一种进行业务活动时特殊的注意义务。又因为违反勤勉义务所涉及之犯罪主体的特殊性，其注意义务又有其特殊性，因而笔者认为公司、企业领导人违反勤勉义务所涉及之犯罪的注意义务应是法律、法令及规章制度所要求的公司、企业领导人为一定业务活动时应当谨慎小心、对业务活动所具有的危险应当预见到并采取一定措施避免其发生的责任。

2. 违反勤勉义务犯罪之注意义务的内容

该类犯罪注意义务的内容包括了结果预见义务和结果避免义务。

第一，结果预见义务。结果预见义务要求行为人对危害结果要有预见，但对这里的危害结果如何理解，存在不同的见解：一种观点为具体结果说，认为危害结果为具体的危害结果，是刑法分则对过失犯罪所规定的具体的犯罪结果。但这种具体结果之“具体”又应作相对的理解。[②]我国台湾地区学者陈朴生、洪福增就持该种观点。[③]第二种观点为一般结果说，认为过失犯罪中对危害结果的预见，只要预见到一般的危害结果就足够了。要求一定预见到某种具体危害结果是不现

---

① 这一标准是一种以客观标准为基础的折衷说。

② 赵秉志主编：《刑法学通论》，高等教育出版社1993年版，第126页。

③ 陈朴生著：《刑法专题研究》，台湾三民书局1988年版，第322页；洪福增著：《过失论》，载台湾地区《刑事法杂志》1992年第16卷第3期。

实的，也不符合刑法规定的精神和同过失犯罪作斗争的需要。从人类的认识能力和认识特点看，在过失犯罪场合，要求行为人非常具体地对危害结果有预见也是不大可能的；从刑法的立法精神和实际效果看，危害结果通常指一般的危害结果而非具体的危害结果。[①]第三种观点为抽象结果说，也称畏惧感说，该说为藤木英雄教授所首倡，他认为，虽然推进科学技术革新并把革新成果应用到社会生活上去的做法基本上是正确的，但是我们也应当对科学技术所具有的巨大破坏力负有充分的责任。在科学技术无限发展和扩大的同时，未知的危险对我们的威胁越来越多，因此，应当采取新的过失理论来谴责犯罪人。在过失犯注意义务的内容上，也应有新的认识。行为人虽无具体的结果预见可能性，但对于结果的发生具有笼统的、一般的畏惧感、不安感，即可判定为有结果预见可能性，追究其过失责任自然就不成为问题。[②]

就违反勤勉义务犯罪注意义务之结果预见义务而言，笔者赞同一般结果说。但理由不同于上述持该种观点的学者。首先，持该种观点的学者是站在一般注意义务的立场来主张该说的，因而其理由也是从一般意义上来论证的。而反对该说的观点也是站在一般注意义务的立场上，都对业务过失犯罪的特殊性关注不够。但第三种观点却矫枉过正，过于关注业务过失的特殊性而走向极端，都为我们所不取。笔者认为，在探讨公司、企业领导人违反勤勉义务所涉及的犯罪之注意义务的内容时，必须对该种犯罪的特点予以适度的关注。其次，由于业务过失犯罪严重的危害性，从刑事政策的层面必须对该种犯罪予以较普通过失犯罪更为严厉的惩治，在预见对象上过于严格的标准与要求不利于对该种犯罪的惩治。再次，主张具体结果说的观点过于关注刑法规范裁判规范的一面，而没有认识到刑法规范同时也是一种行为规范。实际上，如果站在行为人立场，就应该更加侧重于刑法规范的行为规范的一面。最后，由于业务过失犯罪对行为人注意义务的要求较普通过失犯罪为高为重，因而对危害结果的预见要求应适当降低。基

① 宋庆德：《过失犯罪探微》，载《政法学习》1988年第4期。

② [日]藤木英雄著：《公害犯罪》，丛选功等译，中国政法大学出版社1992年版，第62页。

于以上理由，我们赞成一般结果说。[①]

第二，结果避免义务。避免义务为注意义务的本质或核心。尽管刑法理论界对避免义务研究较多，但学者们对避免义务内容的认识并不一致。[②]就违反勤勉义务犯罪之结果避免义务的内容而言，有学者认为，避免义务的内容包括：在行为前考虑如何才能避免危害结果发生、不实施危险行为、为防止危害结果发生而采取适当措施的义务，在实施危险行为过程中保持谨慎态度的义务，在危险行为即将造成危害结果发生时采取措施防止其发生的义务。[③] 也有研究者认为，沿着行为发生过程以及行为与结果的关系，结果避免义务的主要内容应该是在全过程、全方位来防止危害结果发生。[④]有研究者认为结果避免义务具体内容包括：其一，在判断行为是否有可能发生危害社会的后果时，采取相应的信息收集行为，全面掌握行为的性质和当时的行为环境；其二，在决定要实施具有一定危险的行为后，通过一定形式学习、掌握该行为必须遵守的行为规则；其三，在行为过程中，严格按照注意规则来操作；其四，在遇到紧急情况时，迅速果断地采取相应的应急措施，以避免危害结果的发生。[⑤]上述学者对于避免义务内容的阐述立场近似，内容互补，方法合理，为笔者所赞同。

（三）监督过失

1. 监督过失的概念

监督过失是过失的一种形态。监督过失问题的探讨，缘于20世纪60年代末期确定灾难性重大事故的过失责任，由于此类事故往往为多人的过错行为所导致，而行为人之间又存在着有机的联系，追查过程中，除了现场直接作业的人员违反规章制度外，往往还发现生产经营的组织领导和管理者疏于管理监督，但实践中一般只处理前者，对后

---

① 实际上，上述具体结果说中的相对结果说，已经比较接近一般结果说。

② 洪福增著：《刑事责任之理论》，台湾刑事法杂志社1988年修订再版，第271-272页；姜伟著：《犯罪故意与犯罪过失》，群众出版社1992年版，第286页；周光权著：《注意义务研究》，中国政法大学出版社1998年版，第87页。

③ 刘志伟、聂立泽主编：《业务过失犯罪比较研究》，法律出版社2004年版，第42-43页。

④ 易益典：《监督过失犯罪论》，华东政法大学 2012年博士学位论文，第52页。

⑤ 程皓著：《注意义务比较研究》，武汉大学出版社 2009 年版，第 58 页。

者则网开一面，通常是“地位越高，离现场越远，越没有责任”，即免除了上层领导者和监督者过失责任。[①]这样一来，不仅造成适用刑罚不公正，而且不利于有效地抑制和预防过失犯罪。为防止这种不公正现象，日本等国的学者提出了“监督过失理论”。该理论的直接意图是为了解决现代工业社会中污染、火灾等案件发生时，公司、企业领导人是否有监督过失的过失责任。对于该问题，日本学者认为，地位越高具有更大权限的人是能够影响企业组织体的活动状况的，但他却对企业的活动情况置之不理，必须将这种没有执行防止危害发生的对策的不作为理解为企业活动的统括者乃至运营者违反了社会生活要求的注意义务，具有高度的违法性，基于经营者等首领的作为、不作为，追究其个人责任，应当是可能的。[②]因此，监督过失责任，实质上就是领导责任问题。[③]

监督过失存在广狭两义。所谓狭义的监督过失，指与实施直接使结果发生的过失（直接过失）行为的行为人（直接行为人）相对应，处于指挥、监督直接行为人的立场的人（监督人）怠于应当防止该过失的义务的情况。所谓广义的监督过失，指狭义的监督过失之外的包括管理过失的过失。所谓管理过失，指由于管理人的设备、机构、人的体制等的不完备而导致了结果发生的过失。例如，旅馆经营人因为怠于履行像设置自动火灾报警设备、保持正常运作状态此类的管理义务，以致发生火灾，造成多数死伤者的情况，就属于管理过失。[④]这一监督过失具有广狭两义说是我国刑法理论的通说。[⑤]

---

① 林亚刚：《犯罪过失的理论分类中若干问题的探讨》，载《法学评论》1999 年第 3 期。

② 王良顺：《管理、监督过失及其判断》，载《政法论坛》2010 年第 6 期。

③ 林亚刚著：《犯罪过失研究》，武汉大学出版社 2000 年版，第 249 页。不过，有研究者认为，监督者与领导是两个不同的概念，他们的追责原理也不一样，所以把监督过失责任限制在领导责任上是不恰当的，它无意中缩小了监督过失理论的适用范围，可能导致有些问题无法解释，参见易益典：《监督过失犯罪论》，华东政法大学 2012 年博士学位论文，第 22 页。

④ 马克昌著：《比较刑法原理：外国刑法总论》，武汉大学出版社 2002 年版，第 269 页；[日]大谷实著：《刑法总论》，黎宏译，法律出版社 2003 年版，第 156 页。

⑤ 马克昌著：《比较刑法原理》，武汉大学出版社 2002 年版，第 245 页。也有学者提出监督过失的狭义、广义、最广义说。张凌著：《论过失犯罪中的监督过失责任》，吉林大学法学院 1995 年博士学位论文，第 6-9 页。

在监督过失的概念上，笔者赞成广义说，一则因为在监督过失中，与对被监督人不适当的指挥、监督相比，不实施为了避免结果发生的适当的管理这一不作为行为的危害更大，特别是因为确定安全体制的义务是重要的，所以真正不作为犯的成立要件，特别是根据能否认为管理人等处于保障人的地位的见地，必须要把握管理过失。[①]二则因为管理过失的场合，在命令从业人员完善物质配备、人事制度的时候，也存在对该从业人员的行为进行监督的问题。因此，将管理过失和监督过失（狭义）二者进行区别的意义并不是很大。管理过失、监督过失不过是对现象形态的称呼，并不是说存在管理过失、监督过失这一特别的犯罪类型。只是能在一般的过失犯的理论框架中，对管理过失、监督者的过失加以说明而已。[②]三则因为对于同一个监督者来讲，他的过失行为往往是监督过失（狭义）和管理过失兼而有之，不易区分，笔者将之称为监督过失和管理过失的竞合或者混合。总之，不论是监督过失，还是管理过失，一般均是处于领导地位者所犯的过失，并且两者关系紧密，不易区分，因而在研究监督过失时，将两者一同纳入广义的监督过失之中一并展开研究，对于刑法理论和司法实践均有助益。

2. 监督过失的成立条件

成立监督过失须具备下列条件：

第一，监督过失的主体——监督者。监督者是指处于监督领导地位，负有监督、管理职责和义务的人。处于监督领导地位，是指相对于直接从事具体事务的人而言，对直接作业者的工作进行指导、指挥、管理和监督，对规章制度的建立健全、对机构的管理负有职责；负有监督、管理职责和义务，是指根据法律法规，或相应单位的规章制度，具有管理权限，应当对具体作业人员进行指导监督。监督义务的来源，主要是具体业务领域的行政法规或规章制度。[③]

从上文对直接负责的主管人员和其他直接责任人员的分析可以看

① 马克昌著：《比较刑法原理：外国刑法总论》，武汉大学出版社 2002 年版，第 269 页。

② [日]大塚裕史：《企业灾害和过失论》，黎宏译，载高铭暄、赵秉志主编：《过失犯罪的基础理论》，法律出版社 2002 年版，第 86 页。

③ 宋丹：《监督过失研究》，武汉大学 2004 年硕士学位论文，第 14 页。

到，负监督过失责任的，也即监督过失责任者一般只能是直接负责的主管人员，[①]其他直接责任人员由其身份所决定，不处于监督者的地位，也不可能负监督过失的责任。也就是说，在业务过失犯罪或者非业务过失犯罪中，直接负责的主管人员所负的责任一般应是监督过失的责任。换句话说，在业务过失犯罪中，对直接负责的主管人员责任的规定实际上是在明文规定其监督过失。进一步说，在业务过失犯罪中，立法者将监督者和被监督者的刑事责任作了一体的规定，即以同一条文规定罪刑规范，罪名相同，法定刑相同。[②]当然，由于我国刑法对身份的强调，特别是国家工作人员的身份和非国家人员的身份区别，在同一个业务过失犯罪案件中，具有国家工作人员身份，特别是国家机关工作人员身份的监督者和不具有国家工作人员身份，特别是不具有国家机关工作人员身份的监督者可能构成不同的犯罪。

由于在现代化的企业中，监督关系复杂，要确认有关监督者的过失责任，无论在理论上还是实践中都具有相当的难度。[③]监督者的确定，不仅仅是依据法律法规规定的监督地位和义务，还必须实地考察监督者是否具有能够适当履行监督所必要的业务权限。寻求确定监督者，需要根据支配领域或事实情况，从对业务中危险原因的管理和控制中确定。[④]在森永奶粉砒霜中毒事件中，最终判决制造科科长有罪，厂长无罪。判决认为，厂长是无罪的，厂长主要是从事工厂日常事务管理，不负责工厂技术方面的事项。厂长是无权指挥和监督有关技术上的具体事项的，而且根据制造奶粉当时的技术和工作流程，厂长也提不出什么很大的疑问来。[⑤]厂长是该厂最明显的领导者，对全厂的生产经营负全面的责任，处于企业组织层领导结构中的最上层，但是判决并没有因为厂长有一张委任状就确定他的监督过失责任，而是根

① 林亚刚教授认为，我国刑法规定中处于监督过失地位的主体，通常就是直接负责的主管人员。林亚刚著：《犯罪过失研究》，武汉大学出版社 2000 年版，第 249 页。

② 当然，在量定刑罚时会区别对待。不过，对监督者与被监督者规定同样的罪与刑，是否符合义务犯的原理，值得讨论。

③ 林亚刚：《犯罪过失的理论分类中若干问题的探讨》，载《法学评论》1999 年第 3 期。

④ 宋丹：《监督过失研究》，武汉大学硕士学位论文，第 14-15 页。

⑤ [日]藤木英雄著，从选功等译：《公害犯罪》，中国政法大学出版社 1992 年版，第 67 页。

据当时危险发生的情况，明确厂长无法履行监督奶粉生产安全的权限，排除了他的过失责任。[①]这一判决所体现出来的确定监督主体与责任主体的思路，与我国司法实践中对监督过失中直接负责的主管人员的认定思路是一致的。法国刑法学者认为，因职员或雇员实行的犯罪规定企业主要负责人与雇主承担刑事责任，仅在具备以下条件时，始能成立：一是犯罪已由他人实行；二是如企业主要负责人或雇主本人有过错，从而允许、方便或帮助了由其职员或雇员实际实行的犯罪；三是企业主要负责人并未按照规定将其监视权与监督权授予有能力的其他人行使。[②]其总结的确定企业监督者的条件也值得我们借鉴。

不过，对于监督者究竟应当追究到哪一层级为止，一直是监督过失理论中的一个难点。为此，有研究者提出，对监督过失的主体限定有四个方面的要求应当考虑：一是被监督人违反自己义务程度的深浅。一般来说，被监督人违反义务的程度越深，监督人越可能被归责。二是危害结果的严重程度。危害结果越严重，说明监督不力的行为可能涉及多层级领导，更高层级的监督者也更可能受责难。三是工作过程中行为人的行为样态。如果在集体讨论、审批、决策过程中，监督管理人员盲目表达自己的意见，或在相关审批文件上随意签名，因而造成危害结果的，相关领导人员都应承担监督过失的刑事责任。四是行为人参与事件的程度。社会分工的细化使得领导职责都相对明确，监督过失责任主要由直接负责的领导予以承担。但如果其他分管领导实际参与了特定业务，不管其合法参与还是越权行事，造成危害结果的，该领导者也应该承担监督过失的责任。[③]

第二，监督过失中的注意义务。注意义务是包括监督过失在内的过失犯的核心要素，因为对过失来说，本质性的东西不是使他人负伤的结果，而是懈怠了社会生活上必要的注意这种行为的性质。[④]新过

---

① 宋丹：《监督过失研究》，武汉大学 2004 年硕士学位论文，第 15 页。

② [法]卡斯东·斯特法尼等著：《法国刑法总论精义》，罗结珍译，中国政法大学出版社 1998 年版，第 328 页。

③ 陈伟：《监督过失理论及其对过失主体的限定》，载《中国刑事法杂志》2007 年第 5 期。

④ [日]大塚仁著：《犯罪论的基本问题》，冯军译，中国政法大学出版社 1993 年版，第 229 页。

失论认为，人类要尽力防止现代社会中的企业灾害犯罪和公害犯罪的发生，最有效的办法之一就是强化相关责任人员的特别注意义务。这些相关责任人员不仅包括直接行为者，也包括监督管理人员。[①]

由于监督者的过失是介于直接过失者的过失行为之间，即发生所谓的“过失竞合”。违反监督义务虽是由于对被监督者的过失行为没有注意防止，但监督者的过失与危害结果的联系只是间接性的，而不是直接性的，所以，日本学者认为，监督者的过失与一般的过失相比，在论及过失责任时有着特殊的问题。就监督者的注意义务而言，由于危害结果的发生并非由监督者的行为直接引起，因此，监督者的预见义务并非是对结果发生可能性的预见，而是对因自己的行为与被监督者的过失行为引起结果发生的两行为之间关联性存在可能的预见。结果回避义务，也不是对最终发生的结果的回避义务，而是对与结果发生直接联系着的被监督者过失行为的防止义务。[②]

从中国刑法理论与实践看，在认定公司、企业领导人监督过失这样的业务过失问题时，[③]就结果预见义务而言，笔者认为仍应采用一般结果说。原因在于，一方面，恐惧感有其天然的缺陷，因为该说科以的注意义务太严格，从而过于扩大了过失犯罪的范围。另一方面，一般结果说能顾及到公司、企业领导人违反勤勉义务犯罪的特点，[④]即这一类犯罪的主体具有较高的注意能力与义务，其违反勤勉义务犯罪的危害性又往往较大，因而需要较为严格的注意义务，但较为严格的注意义务不是极端严格的注意义务，公司、企业领导人的预见能力也天然具有人类认识所具有的局限性，其预见义务也不能过于严格。可以说，一般结果的预见对于监督过失来讲是适度的，所以，监督过失也应以一般结果说为其预见范围。

就结果避免义务而言，监督者的结果避免义务就是以防止危害结果为目标而应当采取各种避免措施的义务，包括预防危险和制止危害扩大

---

① 易益典：《监督过失犯罪论》，华东政法大学 2012 年博士学位论文，第 19 页。

② 林亚刚：《犯罪过失的理论分类中若干问题的探讨》，载《法学评论》1999 年第 3 期。

③ 监督工作是一种职务行为，因而属于一种业务行为，监督过失当然也就属于业务过失。

④ 该说甚至也可以适用于违反社会责任所涉及犯罪中之过失犯罪。

两大方面。具体可以分为六个方面：其一，制定预防危险和制止危害扩大的规章制度的义务；其二，配备物资设备、设置管理机构、配备责任人员的义务；其三，督促、检查从业人员业务行为的义务；其四，及时制止从业人员违法违规行为的义务；其五，在发生危险后，及时采取措施避免危害扩大的义务；其六，惩戒从业人员违法行为的义务。①

3. 监督过失刑事责任的立法体现和司法适用

“监督过失”刑事责任是从业人员的过失行为导致严重的结果发生时，处于监督、领导、管理地位的人员担负刑事责任的问题。按照我国刑法的规定，处于该种地位的主体，通常规定的是“直接负责的主管人员”，即只有当直接负责的主管人员由于未履行或未正确履行其监督、领导、管理职责，导致下属从业人员实施了不适当的行为，从而导致结果发生时，才产生监督过失责任问题。

在刑法典关于违反勤勉义务犯罪的条文中，有的条文明文规定了“直接负责的主管人员”的业务过失犯罪，如第167条签订、履行合同失职被骗罪的主体是“国有公司、企业、事业单位直接负责的主管人员”，表明该种犯罪中在确认过失责任时，仅处罚监督者。有些条文规定的则是“直接责任人员”，如刑法第139条消防责任事故罪、第138条教育设施重大安全事故罪。但“直接责任人员”包括“直接负责的主管人员”在内，因而该类犯罪也要处罚监督者。还有些条文对上述两种主体都没有明文规定，例如，第131条重大飞行事故罪、第132条铁路运营安全事故罪、第133条交通肇事罪等。那么，是否可以说条文中没有明确规定“直接负责的主管人员”的过失犯罪，就不存在“监督过失”的问题呢？回答是否定的。从原则上讲，只要是涉及业务过失犯罪的，都存在并应当考虑“监督过失”的问题，如交通肇事犯罪，最高人民法院相关解释实际上指明要考虑和追究监督过失责任。关于这一问题，下文还有论述。还有相当多的司法解释都体现了对于监督过失的追究，如最高人民法院和最高人民检察院《关于办理危害矿山生产安全刑事案件具体应用法律若干问题的解释》第一条对重大

① 王良顺：《管理、监督过失及其判断》，载《政法论坛》2010年第6期。

责任事故罪、强令违章冒险作业罪主体的解释包含有“对矿山生产、作业负有组织、指挥或者管理职责的负责人”，即是对于监督者监督过失的规定。

适用“监督过失”理论认定处于领导、监督地位者有无过失，需要注意以下三点：一是合理界定对事故发生负有领导、监督职责的领导者、监督者的范围，二是合理地运用信赖原则的理论来确认监督者、领导者有无过失责任。信赖原则是指在有关多数人的事件中，行为人信赖其他参与人能够遵守规则并采取适当的行动，只要该信赖具有相当性，即使由于其他参与人无视规则而采取了不适当的行动，并与自己的行动相结合发生了构成要件结果，对此结果不追究行为人过失责任的原则。[①]信赖原则的发展和适用通常与危险分配理论、容许的危险理论、社会相当性理论联系在一起。[②]在企业活动中监督者信赖被监督者实施适当的行为，该被监督者却违背信赖实施不适当行为，该行为即使导致危害发生，也不能追究监督者的过失责任。[③]三是坚持罪刑法定原则。监督过失涉及过失的竞合，与一般形态的过失犯罪相比，其过失形态较为复杂。过失的实行行为、监督者的责任范围等都不易确定。无论是从理论的还是技术的角度探讨和把握上述问题，都必须始终秉持罪刑法定原则保障人权的趣旨。因此，必须坚持监督过失实行行为应具有的实质危险性，防止无限扩大监督者之监督过失的范围。

第三节　违反勤勉义务犯罪的刑事处罚

一、违反勤勉义务犯罪的法定刑

本类犯罪最高法定刑主刑为15年有期徒刑。有期徒刑是该类犯罪

① 马克昌著：《比较刑法原理——外国刑法学总论》，武汉大学出版社2002年版，第238页。

② 赵慧著：《刑法上的信赖原则研究》，武汉大学出版社 2007 年版，第 100 页。

③ 林亚刚：《犯罪过失的理论分类中若干问题的探讨》，载《法学评论》1999年第3期。

的主要刑罚方法，所有犯罪均规定了有期徒刑。从有期徒刑的规定情况看，可以分为下面几种情况：第一，分三年以下一个档次。出具证明文件重大失实罪、过失致人重伤罪如此规定。第二，分五年以下一个档次。采集、供应血液、制作、供应血液制品事故罪如此规定。第三，分三年以下和三年以上七年以下两个档次。本类犯罪绝大多数分为三年以下和三年以上七年以下两个档次，如重大飞行事故罪，铁路运营安全事故罪，重大劳动安全事故罪，大型群众性活动重大安全事故罪，危险物品肇事罪，教育设施重大安全事故罪，消防责任事故罪，签订、履行合同失职被骗罪，国有公司、企业人员失职罪，过失致人死亡罪如此规定。第四，分五年以下和五年以上十年以下两个档次。工程重大安全事故罪如此规定。第五，分三年以下、三年以上七年以下和七年以上有期徒刑三个档次。交通肇事罪如此规定。第六，一般分三年以下和三年以上七年以下两个档次，在特定情况下又分为分五年以下有期徒刑和五年以上有期徒刑两个档次。重大责任事故罪如此规定。

本类犯罪除了过失致人死亡罪外均规定有拘役之刑罚。

本类犯罪仅有工程重大安全事故罪规定并处罚金，出具证明文件重大失实罪单处或者并处罚金。其余个罪都没有规定罚金刑。本类犯罪没有规定剥夺政治权利和没收财产的附加刑。

二、违反勤勉义务犯罪刑事处罚的特点

总体上，本类犯罪的法定刑低于违反忠实义务犯罪。这是符合相关刑法原理的。上文已述，该类犯罪均为过失犯罪，而违反忠实义务犯罪均为过失犯罪。一方面，刑法以处罚故意为原则，以处罚过失为例外。另一方面，一般认为，犯罪故意的可谴责性以及主观恶性大于犯罪过失。反映在法定刑的规定上，便是故意犯罪的法定刑一般重于过失犯罪的法定刑，因而违反勤勉义务的法定刑便低于违反忠实义务的法定刑。从所违反的义务的性质、特点而言，忠实义务重于勤勉义务，违反忠实义务对于义务履行的危害性要重于违反勤勉义务对于义

务履行的危害性。体现在法定刑上，便是违反勤勉义务的法定刑低于违反忠实义务的法定刑。

就公司、企业领导人违反勤勉义务犯罪而言，其中许多犯罪属于监督过失犯罪。现在司法实践逐渐加大了对业务过失犯罪以及领导者、监督者监督过失责任的追究力度，因而也就加大了公司、企业领导人违反勤勉义务犯罪的刑事风险。

第四节　违反勤勉义务犯罪个罪问题研究

一、监督过失视角下的交通肇事罪问题

（一）监督过失与共同过失犯罪

1. 关于共同过失犯罪的争议

我国现行刑法立法明确规定共同犯罪为共同故意犯罪，否认了共同过失犯罪的成立，理论界也大都否认存在共同过失犯罪，如有学者认为，根据我国刑法理论，共同实行犯的成立在客观上须具有实行行为，在主观上必须具有共同实行犯罪的意思联系，即对共同实行犯罪具有互相的认识。而过失的共同实行犯的肯定说恰恰在这一点上有悖于法律规定共同犯罪的旨趣。[①]还有学者认为，在我国现行刑法的规定之下，将共同过失引起危害结果的行为作为共同正犯处理，违反罪刑法定原则，背离共同犯罪的成立条件，会导致共同正犯认定标准的松弛，人为地扩大共犯处罚范围的后果。[②]

有些学者则对共同过失犯罪持肯定态度。如有学者认为，把共同犯罪限定为二人以上共同故意犯罪，实际上缩小了共同犯罪的范围。在共同过失犯罪中各过失行为人在违反共同注意义务上存在懈怠注意

① 陈兴良著：《共同犯罪论》，中国人民大学出版社 2006 年版，第 399-400 页。

② 黎宏：《“过失共同正犯”质疑》，载《人民检察》2007 年第 14 期。

的共同心情，这种共同心情助长了各行为人主观上的不注意、不谨慎，从而必然地而非巧合地共同造成了一个危害结果，由于过失共同犯罪的成立需要具备各行为人违反其共同注意义务的共同行为和共同过失，所以不违背主客观相一致的刑事责任原则。[①]基于刑法规定而否定共同过失犯罪现象是不恰当的。对这种共同过失行为的犯罪现象如果不能作为共同犯罪而正确对待，势必使有些过失犯罪案件得不到妥当的处理。[②]我国现行刑法的规定，明确否定了过失的共同犯罪。因此，试图从解释论上肯定过失的共同犯罪几乎不可能。但否认过失的共同犯罪的结局，一方面会导致一些应当作为犯罪处理的行为不能当作犯罪处理，另一方面也会导致法官在没有认定为过失的共同正犯的情况下，悄悄地适用“部分实行全部负责”的原则。因此，从立法论上主张共同过失犯罪也使共同犯罪具有合理性和存在价值。[③]

2. 肯定共同过失犯罪的必要性与合理性

在共同过失犯罪问题上，笔者持肯定观点。原因在于：第一，社会现实的需要。科技高速发展的工业文明一方面使人们的生活更加便利，另一方面也由于其固有的危险性形成了所谓的风险社会。在生产、工作的诸多领域，特别是交通、医疗、建筑、机械等领域，业务行为往往存在危险性。任何一个环节稍有纰漏和疏忽，都将导致严重危害社会的后果。在这些专业性强、危险性大的高强度工作中，分工协作、相互敦促是从业人员的职责之一，也是整体环节中的每个协作者充分重视其共同注意义务的要求使然。对于社会生产、生活中有相互分工、协作、依赖关系的行为人，因未履行共同注意义务共同过失导致危害结果发生的情况下，适用共同过失犯罪的有关理论追究其刑事责任，可以督促各行为人尽量履行共同注意义务，维护社会安全，从而防止

① 冯军：《论过失共同犯罪》，载《西原春夫先生古稀祝贺论文集》，法律出版社 1998 年版，第 165-166 页。

② 林亚刚：《论共同过失正犯及刑事责任的实现（下)》，载《江西公安专科学校学报》，2001 年第 3 期，第 2 页。

③ 张明楷：《共同过失与共犯》，载马克昌、莫洪宪主编：《中日共同犯罪比较研究》，武汉大学出版社 2003 年版，第 47 页。

过失危害结果的发生。[①]第二，是司法实践的需要。司法实践中，存在许多事实上的共同过失犯罪，如果不运用共同过失理论，将使案件无法得到合理的处理，从而有损公正原则。第三，成立共同过失犯罪能够获得共同犯罪理论的支撑。一是共同过失行为人存在着共同的注意义务，二是具有共同的过失实行行为，从而决定了能够以共同犯罪处理。

3. 共同过失犯罪存在范围之确定

关于共同过失在何种范围内成立，我国学者一般是根据共同过失犯罪的情况，认为存在过失的教唆犯、实行犯和从犯。有学者认为，为防止对过失犯罪处罚扩大化，共同过失犯罪的范围宜限定在过失共同正犯，即共同过失实行犯的范围，过失帮助、过失教唆的行为均不成立共同过失。[②]但具体理由并没有展开论述。

笔者赞同共同过失犯罪的范围仅限定于过失共同实行犯的观点，具体理由如下：

第一，是处罚过失犯罪的立法精神使然。世界各国刑法，均以处罚故意犯罪为原则，以处罚过失犯罪为例外；过失犯罪只有造成了法定危害结果才负刑事责任。之所以如此，是因为过失犯较之故意犯的主观恶性较小，对法律的轻蔑态度以及伦理非难性不如故意强烈之故。在处理过失犯罪行为时，应认真贯彻立法的这一精神。对虽有过失，但情节较轻的可不以犯罪处理，如过失从犯，由于其在共同过失中仅起次要和辅助作用，从立法精神出发，一般可不以犯罪处理。第二，是由所要解决的司法实践中的问题所决定。司法实践中之需要以共同过失理论才能得到合理和公正处理的疑难案件，一般都是共同过失实行犯的适例。例如，雷某与孔某两人相约在阳台上，选中离阳台 8.5 米左右处的一个树干上的废瓷瓶为目标比赛枪法，共享一支 JW-20 型半自动步枪。两人轮流各射击 3 发，均未打中，但其中 1 发将离阳台一百多米附近的行人龙某打死。现不能查明击中被害人的子弹由谁发

① 黄澄：《论共同过失犯罪》，苏州大学 2005 年硕士学位论文，第 15 页。

② 林亚刚著：《犯罪过失研究》，武汉大学出版社 2000 年版，第 254 页。

射。[①]如果不承认共同过失犯罪，则雷某和孔某无罪，但这显然是不合适的；如承认共同过失犯罪，两被告即是共同过失实行犯。第三，共同过失正犯在本质上契合共同正犯存在的根据，应当归入共同正犯的范畴。[②]一般来讲，一些国家如日本的刑法理论在探讨共同过失犯罪时，实际上是在探讨的共同过失正犯或者说是共同过失实行犯。第四，是合理区分过失竞合和过失共同犯罪的需要。过失竞合是指几个过失行为共同造成了某种危害结果的情况。包括两种情况：一是一个行为人的数个过失并存的场合；二是数个行为人的过失并存的场合，[③]如前文所研究的监督过失即是。在第二种情况下，数个过失行为由数人实施，但数人之间并不存在共同的注意义务，并不构成共同过失犯罪关系。在超出共同过失实行犯的范围之外承认共同过失犯罪，势必使得过失竞合与过失共同犯罪之间的界限发生混淆，把过失竞合误以为是共同过失，将竞合过失理论、监督过失理论能够解决的问题拿到共同过失理论中去解决，这是不合理和没有必要的。最高人民法院有关交通肇事罪的司法解释就存在这方面的问题，下文还有论述，此处不赘。第五，不以共同过失处理的其他行为仍能得到刑法规范的正确评价和处理。如上文所述，由立法精神所决定，对过失从犯一般可以不追究刑事责任。对于过失教唆犯，如果和被教唆者具有监督和被监督的关系，可以根据监督过失的理论认定教唆者具有监督过失，以相应的过失犯罪处理。如果不具有监督关系，需要承担刑事责任的，可以一般的过失犯罪处理，也没有必要运用共同过失犯罪的理论。

上述论述表明，不应该将监督过失、过失竞合等同于共同过失犯罪。监督过失、过失竞合能够解释与解决的问题，就不应该以共同过失来解释与解决。

（二）监督过失理论对于交通肇事罪相关司法解释的再解释

最高人民法院 2000 年 11 月 15 日公布、并于同年 11 月 21 日施行

---

① 案例选自黄澄：《论共同过失犯罪》，苏州大学 2005 年硕士学位论文，第 8 页。该案最终由重庆市中级人民法院认定两被告人均构成过失犯罪。

② 邹兵著：《过失共同正犯研究》，人民出版社 2012 年版，第 190-221 页。

③ [日]大谷实著：《刑法总论》，黎宏译，法律出版社 2003 年版，第 155 页。

的《关于审理交通肇事刑事案件具体应用法律若干问题的解释》(法释[2000] 33号)第五条第2款规定:“交通肇事后,单位主管人员、机动车辆所有人、承包人或者乘车人指使肇事人逃逸,致使被害人因得不到救助而死亡的,以交通肇事罪的共犯论处。”第七条规定:“单位主管人员、机动车辆所有人或者机动车辆承包人指使、强令他人违章驾驶造成重大交通事故,具有本解释第二条规定情形之一的,以交通肇事罪定罪处罚。”一般认为,这两处规定承认了共同过失犯罪。由于与现行刑法对于共同犯罪的规定不相符合,[①]这两处规定引起了广泛的争议。

笔者认为,最高人民法院关于交通肇事罪司法解释的这两处规定既有合理之处,也存在一定的缺陷,具体分析如下:

首先,来看该解释第七条的规定,笔者认为,最高人民法院解释得出的结论是正确的,但并非如许多学者所认为的是由共同过失理论得出的结论,而是应该运用监督过失的理论才能合理解释司法解释的结论。单位主管人员、机动车辆所有人或者机动车辆承包人指使、强令他人违章驾驶造成重大交通事故时,单位主管人员(如运输公司的经理)、机动车辆所有人或者机动车辆承包人毫无疑问是处于监督者的地位,其对具体从事交通运输的人员负有监督其照章行驶,并避免交通事故的职责,但其却不履行自己的监督职责,而是指使、强令他人违章驾驶,严重违背了自己的监督职责,因而对于发生的交通肇事,其应付监督责任,可以交通肇事罪处理;没有必要将单位主管人员、机动车辆所有人或者机动车辆承包人作为过失教唆犯,以共同过失犯罪来解释和处理。

其次,对于该解释第五条第2款的规定,仍应立足于监督过失的理论来理解。先看单位主管人员、机动车辆所有人、承包人的处理。交通肇事后,负有监督职责的单位主管人员、机动车辆所有人、承包人指使肇事人逃逸,致使被害人因得不到救助而死亡的,这一事实本

① 刑法典第25条规定:“共同犯罪是指二人以上共同故意犯罪。二人以上共同过失犯罪,不以共同犯罪论处;应当负刑事责任的,按照他们所犯的罪分别处罚。”

身即说明，处于监督职责的上述几类人员并没有履行好自己的监督职责，因为监督职责不但要求监督照章行驶，而且还要求监督避免出现肇事后果，在上述情况下，即使单就监督避免出现肇事后果来看，监督者就没有履行好自己的监督职责，因而对单位主管人员、机动车辆所有人、承包人可以以交通肇事处理，但其实这三类人员并非是交通肇事罪的共犯，而是由其负有的监督职责而应负交通肇事罪的刑事责任。再来看乘车人。对于乘车人来讲，其并没有照章行驶和避免肇事后果的注意义务，对其以交通肇事罪的共犯处理，首先就缺乏共同过失的理论根基。而且，作为一个普通的乘车人，其指使逃逸的行为到底对驾驶人员能够起多大的作用，应该存有疑问。因此，从刑事政策的角度出发，对于指使逃逸的乘车人一般可不以犯罪处理，即使由于情节恶劣需要负刑事责任的，也应以普通过失犯罪处理，不应该以业务过失的交通肇事罪处理，更不应作为过失共同犯罪的从犯。

回到我们所研究的公司、企业领导人的交通肇事罪的责任来讲，从理论探讨的角度，笔者认为，其只能以监督者的身份负交通肇事罪的刑事责任，不应作为交通肇事罪的共同过失犯罪处理。[①]

二、重大责任事故罪与其他违反勤勉义务事故类犯罪的界限

重大责任事故罪是企业事故罪中的基本犯罪类型，它与其他企业事故犯罪既有联系又有区别。[②]在《刑法修正案（六）》对该罪作出修改，去掉主体的限制之后，其作为业务过失犯罪中之事故类犯罪的基本犯罪类型的特征更为显著。下面论述一下重大事故罪和其他事故类犯罪的界限。

（一）重大责任事故罪和交通肇事罪的界限

在这方面，刑法理论界对于如何解决企业、事业单位职工在生产、

---

① 监督者与被监督者构成监督过失犯罪时，两者是否应该构成相同的罪名，是一个需要深入研究的问题。

② 陈兴良：《重大责任事故研究》，载高铭暄、赵秉志主编：《过失犯罪的基础理论》，法律出版社 2002 年版，第 125 页。

经营中违反规章制度驾驶或操作具有交通功能的生产、经营设备，发生严重危害结果情况的定性问题存在着不同的观点，有学者将其概括为场所论与业务论之争。场所论认为，在这种情况下，重大责任事故罪与交通肇事罪的区分应以肇事场所为标准，即事故发生在厂矿企业内的为重大责任事故；发生在厂矿企业外的场所，则为交通肇事罪。业务论认为，在这种情况下，重大责任事故罪与交通肇事罪的区分应以从事业务的性质为标准，即着重注意事故是否发生在特定的生产线上，发生在特定的生产线上的，应定重大责任事故罪，不是发生在特定的生产线上而是发生在交通线上的，则应定交通肇事罪。①

关于这个问题，司法解释的意见也不一致。1992 年 3 月 23 日最高人民检察院《关于在厂（矿）区内机动车造成伤亡事故的犯罪案件如何定性处理问题的批复》指出，在厂（矿）区内机动车作业期间发生的伤亡事故案件，应当根据不同情况，区别对待：在公共交通管理范围内，因违反交通运输规章制度，发生重大事故，应按交通肇事罪处理；违反安全生产规章制度，发生重大伤亡事故，造成严重后果的，应按重大责任事故罪处理；在公共交通管理范围外发生的，应当定重大责任事故罪。这一司法解释实际上坚持的是公共交通管理和违反规章制度的性质的双层次标准：首先根据公共交通管理范围的标准，在此范围外的，均定重大责任事故罪；在此范围内的，再根据违反规章制度的性质，分别定重大责任事故罪与交通肇事罪。最高人民法院在 2000 年 11 月 15 日发布的《关于审理交通肇事刑事案件具体应用法律若干问题的解释》第 8 条对交通肇事罪与重大责任事故罪的界限问题也作了明确规定，即在实行公共交通管理的范围内发生重大交通事故的，依照交通肇事罪处理，在公共交通管理的范围外，驾驶机动车辆或者使用其他交通工具致人伤亡或者致使公共财产或者他人财产遭受重大损失，构成犯罪的，依照重大责任事故罪等犯罪处理。这一司法解释实际上坚持的是公共管理范围的单一标准。

---

① 陈兴良：《重大责任事故研究》，载高铭暄、赵秉志主编：《过失犯罪的基础理论》，法律出版社 2002 年版，第 127 页。下文场所论与业务论观点内容为陈兴良教授所概括。

笔者认为最高人民法院司法解释所坚持的公共交通范围标准较为简明，也符合法理，应该以此标准区分重大责任事故罪与交通肇事罪的界限。因为上述行为兼具一般生产业务和交通业务的性质。其一些违章行为也往往兼具违反交通运输规章制度和违反安全生产规章制度的性质，一旦进入公共交通区域，便主要应为交通法规所规制，此时交通肇事罪是特殊法，因而应认定构成交通肇事罪。

但现在司法实践中对于相关案件似有偏重于以重大责任事故罪罪名定性的倾向。例如，下面的呼运集团重大责任事故案：

2012 年 8 月 26 日凌晨 2 点 40 分许，陕西延安境内的包茂高速公路化子坪服务区南出口 73 米处发生特大交通事故，一辆呼和浩特市运输集团公司的宇通牌双层卧铺客车与河南孟州市第一汽车运输有限公司一辆解放牌重型罐式半挂车（装有甲醇）发生追尾事故，造成甲醇泄漏、客车起火，36 人遇难，3 人受伤。公安机关以涉嫌重大责任事故罪对大客车所在单位呼和浩特运输集团的 8 名管理人员采取强制措施，[①]目前该案仍在司法处理中。

本案中，行为人生产业务本身就是一种交通运输行为，行为也发生在公共交通管理的范围内，但到目前为止司法机关确定涉嫌的罪名仍是重大责任事故罪，似乎与上述最高院解释的规定相抵触。笔者认为，按照上述最高院的解释，由于本案发生在公共交通管理的范围之内，所以对相关人员应以涉嫌交通肇事罪进行查究。

（二）重大责任事故罪与重大劳动安全事故罪的界限

从构成要件的规定上看，两罪存在明显的区别。一是重大责任事故罪明文规定是“在生产作业中”，而重大劳动安全事故罪并无该要件的规定。二是重大责任事故罪是违反有关安全管理的规定，而重大劳动安全事故罪是安全生产设施或者安全生产条件不符合国家规定。

但两罪存在着密切的联系。可以认为，安全生产设施或者安全生

---

① 参见《延安“8·26”特大车祸调查报告出炉》，载 http://china.caixin.com/2013-04-12/100513430.html，最后访问日期：2014 年 2 月 2 日。

产条件也属安全管理的内容，因而两罪存在普通法与特殊法的关系。当发生竞合时，按照法条竞合的适用原则，应以重大劳动安全事故罪处理。

（三）重大责任事故罪与工程重大安全事故罪、教育设施重大安全事故罪、消防责任事故罪、危险物品肇事罪等罪的关系

有人认为，工程重大安全事故罪、教育设施重大安全事故罪、消防责任事故罪等犯罪都是从重大责任事故罪中分离出去的，分别涉及劳动保护、建筑工程质量、教育设施及消防设施等生产、作业中的安全，都造成了重大事故或其他严重后果，是特殊形式的重大责任事故的独立成罪，与重大责任事故罪法条的关系是特殊法条与一般法条的关系，属于刑法理论中法条竞合之独立竞合的情形。①笔者认为，从立法背景上看，工程重大安全事故罪、教育设施重大安全事故罪、消防责任事故罪等犯罪都是从重大责任事故罪中分离出去的犯罪，但在分离出去的同时，上述各罪又同时增添了为分离之前的重大责任事故罪构成要件所不能容纳的新内容，因而上述3个罪名现已成为独立于重大责任事故罪的新罪。从时空上讲，消防责任事故罪、教育设施重大安全事故罪都可发生于日常生活中，从违反的法规范围上讲，工程重大责任事故罪实际上违反的是质量管理方面的法律法规而非安全管理法规。所以重大责任事故罪与工程重大安全事故罪、教育设施重大安全事故罪、消防责任事故罪等罪之间不存在所谓的法条竞合关系，也不是什么普通法与特殊法的关系。从罪数理论分析，若发生竞合的情况，笔者认为应认定重大责任事故罪和上述三罪之间存在想象竞合关系较为妥当。

重大责任事故罪与危险物品肇事罪两者之间存在法条竞合的关系，属于普通法与特殊法的关系。适用特殊法优于普通法的原则。

---

① 王海涛主编：《刑法修正案（六）罪名图解与案例参考》，中国法制出版社2006年版，第5页。

三、签订、履行合同失职被骗罪“严重不负责任”的认定

区分签订、履行合同失职被骗罪与非罪的界限的关键在于看行为人在签订、履行合同的过程中是否“严重不负责任”。所谓“严重不负责任”，是指行为人完全应该并且有能力预见可能被诈骗，并且应该和能够采取必要的措施和方法防止被骗，但是，却因为其对工作抱有不严肃、不认真的态度，而没有按上述要求做。①在笔者看来，“严重不负责任”是含有价值评价因素的一个要件，因而对其认定非常重要，但也具有一定的难度。认定行为人是否“严重不负责任”，应考察以下方面：（1）行为人应尽的职责与义务，在有条件、有可能履行的情况下，是正确履行，还是放弃职守，不积极履行，放任自流；（2）行为人是否滥用职权，超越职权，擅自作出决定；（3）行为人是否违反国家法律、政策、企业管理规章制度和经商原则；（4）行为人在造成重大损失过程中的态度。②应注意总结司法实务中出现的“严重不负责任”的具体行为方式。③

四、国有公司、企业人员失职罪与相邻罪的界限

（一）本罪与重大责任事故罪的界限

上述两罪有一定的相似性，如都可以是公司、企业的工作人员，都使单位利益受到损害，都是过失犯罪等，区别在于：（1）犯罪客体不同。国有公司、企业、事业单位人员失职罪的客体是国有公司、企业、事业单位的管理制度和国家利益，而重大责任事故罪的客体是公共安全。（2）犯罪发生的领域不同。国有公司、企业、事业单位人员失职罪发生在国有公司、企业、事业单位的经营管理之中，而重大责任事故罪往往发生在生产作业中。因而，可以说，尽管两罪都发生于

① 王作富主编：《刑法》，中国人民大学出版社 1999 版，300-301 页。

② 高铭暄、马克昌主编：《刑法学》（下编），中国法制出版社 1999 版，第 711 页。

③ 关于司法实践中“严重不负责任”的具体行为表现可参见黄京平主编：《破坏市场经济秩序罪研究》，中国人民大学出版社 1999 年版，第 290 页。

业务活动中，但业务的性质不同，前者为经营性质的活动，后者为生产性质的活动。(3) 行为方式不同。国有公司、企业、单位人员失职罪的行为方式表现为严重不负责任的行为，而重大责任事故罪的行为方式则表现为不服管理，违章作业的行为。(4) 犯罪结果要求不同。国有公司、企业、事业单位人员失职罪的法定结果是造成公司、企业、事业单位破产或者严重损失，致使国家利益遭受重大损失，而重大责任事故罪的法定结果是发生重大伤亡事故或者造成其他严重后果。(5) 犯罪主体不同。国有公司、企业、事业单位人员失职罪主体仅限于国有公司、企业、事业单位的工作人员，属于特殊主体；而重大责任事故的犯罪主体为一般主体。

(二) 本罪与签订、履行合同失职被骗罪的界限

上述两罪有一定的相似，具体表现为：(1) 犯罪客体相同，即都妨害了对公司、企业的管理秩序，并都使国家利益遭受了重大损失；(2) 犯罪客观方面都表现为严重不负责任的行为；(3) 犯罪结果方面都表现为致使国家利益遭受重大损失；(4) 犯罪主观方面都表现为过失；(5) 犯罪主体都是国有公司、企业人员。二者的区别是：(1) 犯罪发生的时空范围不同。国有公司、企业人员失职罪发生在国有公司、企业的一切经营活动之中，而签订、履行合同失职被骗罪则仅发生在签订、履行合同过程中；(2) 犯罪行为方式不同。国有公司、企业人员失职罪的行为方式表现为严重不负责任的行为，而签订、履行合同失职被骗罪的行为方式则仅限于因严重不负责任被诈骗；(3) 犯罪主体不完全相同。国有公司、企业、人员失职罪的主体是国有公司、企业的工作人员，不限于直接负责的主管人员，而签订、履行合同失职被骗罪的主体则仅限于直接负责的主管人员。整体上看，签订、履行合同失职被骗罪与国有公司、企业、事业单位人员失职罪构成一种特殊法与普通法之间的法条竞合关系，根据特别法优于普通法的关系，应优先适用签订、履行合同失职被骗罪法条。而对于直接经办合同签订、履行业务的国有公司、企业的工作人员，也即主管人员之外的其他直接责任人员在签订、履行合同过程中，因严重不负责任被诈骗，造成该单位破产或者严重损失，致使国家利益遭受重大损失的行为，则应按国有公司、企业人员失职罪追究刑事责任。

第六章

公司、企业领导人违反社会责任的刑事责任

【概要】公司、企业领导人严重违反社会责任，触犯刑法的，即须承担违反社会责任的刑事责任。公司、企业领导人违反社会责任犯罪是指公司、企业领导人故意或者过失实施的违反社会责任、触犯刑法、应受刑罚处罚的行为。刑法典规定了 140 多个违反社会责任犯罪的罪名。该类犯罪的共同构成特征是：客观方面表现为严重违反社会责任的行为；侵犯的客体具有广泛性；本类犯罪除不报、谎报事故情况罪等少数几个犯罪是单纯自然人犯罪外，绝大多数都是单位犯罪，或者是自然人和单位均能构成的犯罪；除少数犯罪属于特殊主体之外，其他都属于一般主体；主观要件表现为故意或者过失。本类犯罪最高法定刑为死刑。应注意对社会责任强化与假冒伪劣犯罪惩防、生态文明建设与环境犯罪惩防、资本犯罪、信息披露犯罪、税收犯罪的研究。

关键词：违反社会责任　犯罪　共同构成特征　刑事处罚

这些年来，一些社会问题越来越突出：空气、水源、土地的全方位环境污染，遍布的沉沉雾霾，屡禁难止的假冒伪劣，官商勾结的腐败淫靡。社会性事件层出不穷：山西黑砖窑事件、“三鹿奶粉”事件、

富士康员工“连跳门”事件、“有毒馒头”事件、“毒豆芽”事件、双汇“瘦肉精”事件，等等。这些情况表明，我国企业在生态环境保护、产品安全生产、员工权益保障等方面还存在着较为严重的问题，很多企业还存在着片面追求企业高额利润，而忽视社会责任承担的现象。[①]公司、企业及其领导人的社会责任观念与制度缺失，违反社会责任的违法乃至犯罪行为猖獗。对此，必要时必须以刑事手段予以遏制。

公司、企业领导人严重违反社会责任，触犯刑法的，即须承担违反社会责任所引起的刑事责任，包括罪之评价与刑之承担。

本章即对公司、企业领导人违反社会责任的刑事责任展开研究，具体内容包括公司、企业领导人违反社会责任犯罪的概念、特征、分类、立法概况，违反社会责任犯罪的共同构成特征、刑事处罚，以及违反社会责任相关个罪问题的研究。

第一节　公司、企业领导人违反社会责任犯罪概述

一、违反社会责任犯罪的概念、特征

公司、企业领导人违反社会责任犯罪是指公司、企业领导人故意或者过失实施的违反自身所需承担的社会责任，触犯刑法，应受刑罚处罚的行为。

违反社会责任犯罪的特征是：首先，该类犯罪严重违反了公司、企业及其领导人的社会责任，具有严重的社会危害性。关于社会责任的概念，前文已经作了论述，此处不赘。由于社会责任本身所具有的社会性特点，较之其他种类的犯罪，违反社会责任犯罪的社会危害性比较明显。其次，该类犯罪违反了刑法的规定。由于该类犯罪涉及领域广泛，数量众多，体现于刑法立法，便是该类犯罪在刑法典分则第

---

① 崔丽：《当代中国企业社会责任研究》，吉林大学 2013 年博士学位论文，第 2 页。

十章“军人违反职责罪”之外的其他九章都有体现。最后，该类犯罪所具有的社会危害性以及预防的需要决定了这类犯罪行为应该受到刑罚处罚。

既然社会责任是公司、企业相对于社会的责任，而公司、企业犯罪对象的指向也主要是公司、企业之外的社会。正是因为指向的一致性，因此可以说，公司、企业犯罪主要是公司、企业违反社会责任的犯罪，公司、企业领导人违反社会责任的犯罪与公司、企业犯罪紧密相连。也正是基于此原因，公司、企业领导人违反社会责任犯罪多与公司、企业犯罪相伴，在公司、企业犯罪成立的前提下往往预示着公司、企业领导人违反社会责任之刑事责任的存在。[①]

二、违反社会责任犯罪的分类

可以从不同的角度、按照不同的标准将公司、企业领导人违反社会责任的犯罪划分为不同的种类：

第一，鉴于该类犯罪涉及客体的广泛性及其在刑法典中的覆盖面，可以按照刑法典分则“章”所依据的客体分类将违反社会责任犯罪分为 7 类，即：危害国家与公共安全犯罪（包括了分则第一、二、七章），破坏市场经济秩序罪（包括伪劣商品犯罪，走私犯罪，妨害对公司、企业的管理秩序犯罪，金融犯罪，税收犯罪，侵犯知识产权和财产权犯罪，扰乱市场秩序犯罪），侵犯公民人身权利、民主权利犯罪，侵犯财产罪，妨害社会管理秩序罪（包括扰乱公共秩序罪、危害公共卫生犯罪、环境资源犯罪、风化犯罪），贪污贿赂犯罪，渎职犯罪。

第二，按照该类犯罪涉及的对象和领域可以将该类犯罪划分为 3 类：违反对劳动者的社会责任犯罪、违反对消费者的社会责任犯罪、违反对社区和国家的社会责任犯罪。违反对社区和国家的责任还可以进一步细分为违反环境责任犯罪、违反产品质量安全责任犯罪、违反纳税责任犯罪等等。

---

① 当然，这只是针对一般的情况而言。

第三，以该类犯罪发生的阶段为标准，可以划分为公司、企业设立中的违反社会责任犯罪，公司、企业运营中的违反社会责任犯罪，公司、企业终结中的违反社会责任犯罪。①

第四，按照生产要素分类，可以划分为资本犯罪、劳动力犯罪、土地犯罪、技术信息犯罪等。生产要素是指进行社会生产经营活动时所需要的各种社会资源，是维系国民经济运行及市场主体生产经营过程中所必须具备的基本因素。现代西方经济学认为生产要素包括劳动力、土地、资本、企业家四种，随着科技的发展和知识产权制度的建立，技术、信息也作为相对独立的要素投入生产。由于公司、企业领导人所系属的公司、企业本身是从事生产经营的单位，因而可以按照生产要素对违反社会责任的犯罪进行分类。

三、违反社会责任犯罪的刑法立法概况

（一）违反社会责任犯罪的罪名

根据对违反社会责任犯罪的概念、特征、类型的认识，结合刑法典分则相关罪刑规范进行分析、筛选，从整体上看，公司、企业领导人违反社会责任的犯罪涉及现行刑法典 140 多个罪名。公司、企业领导人违反社会责任所涉及的社会关系和对象的复杂性，决定了违反该种义务的犯罪罪名的众多性和广泛性。由于罪名较多，笔者将这些罪名作为附录列于本章最后，这里不再列举这些罪名。

（二）违反勤勉义务犯罪刑法立法沿革

1. 1997 年刑法典对违反社会责任犯罪的规定

1997 年刑法典中公司、企业领导人违反社会责任犯罪罪名较多，上文所提及之违反社会责任犯罪的 140 多个罪名绝大多数已为 1997 年刑法典所规定。

---

① 实际上，可以将公司、企业领导人违反三项义务的所有犯罪从整体上按这一标准分类，即可以划分为公司、企业设立中的公司、企业领导人犯罪，公司、企业运营中的公司、企业领导人犯罪，公司、企业终结中的公司、企业领导人犯罪。根据这一标准，前述违反忠实义务犯罪以及违反勤勉义务犯罪基本上属于公司、企业运营中的公司、企业领导人犯罪。

本类犯罪根据不同的犯罪种类主要采用叙明罪状和空白罪状的形式，前者主要体现于第三章的犯罪，后者主要体现于第六章的犯罪。有些犯罪还采用了引证罪状的形式。在本类犯罪中，还采用了罪刑系列的立法技术。如第三章第 1 节走私罪、第五章金融诈骗罪即采用该项技术。

1997 年刑法典吸收了之前的单行刑法之规定，在整个分则第三章共分 8 节专章规定了“破坏社会主义市场经济秩序罪”，其中绝大多数属于公司、企业及其领导人违反社会责任所涉及的犯罪，是刑法典中违反社会责任犯罪规定最为集中的一章。分则第六章妨害社会管理秩序罪中也规定了较多的违反社会责任所涉及的犯罪，仅次于第三章规定的违反社会责任所涉及之犯罪的数量。这是和违反社会责任犯罪的性质相适应的，因为该类犯罪绝大多数具有经济犯罪和破坏社会秩序犯罪的双重属性。1997 刑法典也在第四章侵犯公民人身权利、民主权利罪、第五章侵犯财产罪、第七章危害国防利益罪、第八章贪污贿赂罪中规定了一些违反社会责任所涉及的犯罪。总之，1997 年刑法典所规定的违反社会责任犯罪是较为详备的。另外，采用罪刑系列的立法技术，[①]一方面严密了刑事法网，另一方面也增强了明确性，符合罪刑法定原则的要求。

2. 单行刑法及刑法修正案对违反社会责任犯罪的修正

从 1998 年起，全国人民代表大会以单行刑法和刑法修正案的形式对刑法典进行修改和补充，对违反社会责任的犯罪作了许多补充修正，大致体现在如下三个方面：

第一，新增犯罪。

一是资助恐怖活动罪。这是《中华人民共和国刑法修正案（三）》[②]

---

① “罪刑系列”是指就同一种罪法律规定的一串近似的犯罪构成以及与之相应的刑罚。这种法律现象在外国刑法典上不乏其例。例如，日本刑法规定的受贿罪（第 197 条）有 7 个：单纯受贿罪、普通受贿罪、事前受贿罪、离职后受贿、枉法受贿罪、斡旋受贿罪、贿赂第三人。原联邦德国刑法典规定的杀人罪有：谋杀、故杀、激愤杀人、应被杀者请求而杀人、杀婴、残害人群、过失杀人等 7 个，并规定了相应的法定刑。储槐植：《完善贿赂罪立法——兼论“罪刑系列”的立法方法》，载《中国法学》1992 年第 5 期。

② 以下简称《刑法修正案（三）》。

新设的刑法典第120条之一所增设的犯罪。增设这一犯罪，是对联合国安理会第1373（2001）号决议的回应，同时也为惩治这种犯罪行为提供了有力的法律武器。

二是不报、谎报事故罪。这是《刑法修正案（六）》新设的第139条之一所增设的犯罪。一些煤矿等单位在安全事故发生后，责任人员出于利益考虑，不报、谎报事故，贻误抢救时机，造成人员伤亡，为惩治该种行为，保护人民群众生命财产安全，故增设本罪。

三是虚假破产罪。这是《刑法修正案（六）》新设的刑法第162条之二所增设的犯罪。该种行为是逃避债务、损害债权人和广大投资者利益的典型手法，对证券市场也有严重影响，必须严加惩治，故增设本罪。

四是隐匿、故意销毁会计凭证、会计账簿、财务会计报告罪。这是《刑法修正案》新设的刑法典第162条之一所增设的犯罪。增设这一犯罪，主要是考虑到随着市场经济的发展以及改革的深化，会计工作的特殊重要作用日益显示出来，隐匿、故意销毁会计资料，会使经济核算、宏观调控、监督检查经济工作乃至追究违法犯罪失去数据、依据和证据，因而其社会危害性较大。

五是向外国公职人员、国际公共组织官员行贿罪。《中华人民共和国刑法修正案（八）》[①]在刑法典中新设第164条第2款增设了该罪，以打击对外经济交往中的行贿行为，履行我国批准加入的相关国际条约义务。

六是骗取金融机构贷款、祟据承兑、金融票证罪。这是《刑法修正案（六）》新设的刑法第175条之一所增设的犯罪。司法实践中，一些单位和个人以虚构事实、隐瞒真相等欺骗手段，骗用银行或其他金融机构的贷款，危害金融安全。《刑法修正案（六）》增设本罪，以对骗贷犯罪进行惩处和震慑。

七是利用未公开信息交易罪。这是《中华人民共和国刑法修正案（七）》[②]在第180条新设第4款所增设的犯罪，以打击破坏金融秩序、

① 以下简称《刑法修正案（八）》。

② 以下简称《刑法修正案（七）》。

损害公众投资者利益的“老鼠仓”行为。

八是背信运用受托财产罪与违法运用资金罪。这是《刑法修正案（六）》新设的刑法第185条之一所增设的犯罪，以加强对金融证券行业常见多发违法犯罪行为的打击。

九是骗购外汇罪。这是全国人大常委会《关于惩治骗购外汇、逃汇和非法买卖外汇犯罪的决定》第1条所增设的犯罪。[①]增设这一犯罪，主要是为了维护国家外汇管理秩序，防止境外金融风暴可能带来的负面影响。

十是虚开发票罪。《刑法修正案（八）》新设第205条之一增设了该罪，以严厉打击虚开、使用假发票的行为。[②]

十一是持有伪造的发票罪。《刑法修正案（八）》新设第210条之一增设了该罪，以严密刑事法网，打击假发票犯罪。

十二是组织、领导传销活动罪。《刑法修正案（七）》新设的第224条之一增设了该罪，以打击非法传销活动。

十三是雇用童工从事危重劳动罪。《中华人民共和国刑法修正案（四）》[③]新设的刑法典第244条之一增设了该罪，以加强对未成年人身心健康的保护，同时也是对中国《劳动法》、《未成年人保护法》规定的未成年人权益的有力保障。

十四是出售、非法提供公民个人信息罪以及非法获取公民个人信息罪。这是《刑法修正案（七）》新设的第253条之一所增设的犯罪，以打击非法泄露公民个人信息、侵害公民权益的行为。[④]

十五是拒不支付劳动报酬罪。《刑法修正案（八）》新设刑法典第276条之一规定了该罪，旨在借助刑罚严厉性，迫使拒不支付劳动报酬的个人和单位积极履行支付义务，惩治和防范严重侵犯劳动者利益，

---

① 有学者根据刑法修正案的规定形式将该条称为“第190条之一”，参见李立众编《刑法一本通》，法律出版社2011年版，第193-194页。

② 高铭暄著：《中华人民共和国刑法的孕育诞生和发展完善》，北京大学出版社2012年版，第421页。

③ 以下简称《刑法修正案（四）》。

④ 高铭暄著：《中华人民共和国刑法的孕育诞生和发展完善》，北京大学出版社2012年版，第421页。

影响社会稳定的恶意欠薪行为，[①]加强对民生的保护。

十六是非法收购、运输、加工、出售国家重点保护植物、国家重点保护植物制品罪。这是《刑法修正案（四）》在刑法第344条所增设的犯罪，以打击作为“非法采伐、毁坏”关联行为的“非法收购、运输、加工、出售”行为。

十七是伪造、盗窃、买卖、非法提供、非法使用武装部队专用标志罪，这是《刑法修正案（七）》将刑法典第375条进行修改而新增设的犯罪。旨在打击盗窃、出租、非法使用军队车辆号牌等损害军队形象声誉、影响部队战备训练等工作的行为。[②]

第二，构成要件的修正。全国人大常委会通过的刑法修正案对某些犯罪的行为方法和对象范围进行了修改和补充，属于这种情形的有：

一是《刑法修正案（八）》将刑法第107条修改为：“境内外机构、组织或者个人资助实施……”，扩大了资助对象，拓展了本条的适用范围。

二是《刑法修正案（三）》将刑法典第125条第2款中的“非法买卖、运输核材料”修改补充为“非法制造、买卖、运输、储存毒害性、放射性、传染病病原体等物质”，从而将“非法买卖、运输核材料罪”修订为“非法制造、买卖、运输、储存危险物质罪”。

三是《刑法修正案（八）》将刑法典第141条规定的生产、销售假药罪的构成要件予以修改，降低了该罪的入罪门槛，将一切非法生产、销售假药的行为纳入刑法调整范围，同时加大对该罪的刑事处罚力度。

四是《刑法修正案（八）》将刑法典第143条规定的犯罪构成要件予以修改，扩大了犯罪对象的范围，将不符合卫生标准的食品扩大到不符合安全标准的食品，解决了实践中生产、销售不符合营养安全标准食品案件定罪难的尴尬，扩大了本罪的处罚范围，罪名也相应改变为“生产、销售不符合安全标准的食品罪”。此外，增加了“或者有其

① 赵秉志、张伟珂：《拒不支付劳动报酬罪立法研究》，载《南开学报》（哲学社会科学版）2012年第2期。

② 高铭暄著：《中华人民共和国刑法的孕育诞生和发展完善》，北京大学出版社2012年版，第504页。

他严重情节的”也处以相关刑罚的规定，扩大了本罪的处罚范围；同时修改罚金刑的规定，删除罚金刑的比例限制和单处罚金，有利于加大本罪的刑事处罚力度。

五是《刑法修正案（七）》将刑法典第151条第3款“走私国家禁止进出口的珍稀植物及其制品的”修改为“走私珍稀植物及其制品等国家禁止进出口的其他货物、物品的”，扩大了对象范围，罪名也由“走私珍稀植物及其制品罪”改变为“走私国家禁止进出口的货物、物品罪”。

六是《刑法修正案（四）》将刑法典第155条第3项“逃避海关监管将境外固体废物运输进境的”修改补充为“逃避海关监管将境外固体废物、液态废物和气态废物运输进境”，并将其位置移至第152条作为第2款（原第2款修正为第3款）。这样，就将原来不具有明确法定刑的“走私固体废物罪”修订为具有独立法定刑的“走私废物罪”。

七是根据《刑法修正案（六）》对刑法第161条提供虚假财会报告罪予以修改。一是对主体添加了“依法负有信息披露义务”的限制词，使构成本罪的主体更为明确。二是增加了“企业”这一主体。三是增加了行为样态，即增加了“或者对依法应当披露的其他重要信息不按照规定披露”。四是增加了“其他严重情节”。此罪罪名也相应变为“违规披露、不披露重要信息罪”。

八是《刑法修正案（六）》扩大了行贿对象的范围。刑法原第164条第1款的“对公司、企业人员行贿罪”的对象仅限于“公司、企业的工作人员”，该修正案第8条增加了“其他单位”，相应扩大了行贿对象的范围，本罪罪名也相应变为“对非国家工作人员行贿罪”。

九是《刑法修正案》将刑法典第174条第2款中的“伪造、变造、转让商业银行或者其他金融机构经营许可证”修改补充为“伪造、变造、转让商业银行、证券交易所、期货交易所、证券公司、期货经纪公司、保险公司或者其他金融机构经营许可证或者批准文件”，从而将“伪造、变造、转让金融机构经营许可证罪”修订为“伪造、变造、转让金融机构经营许可证、批准文件罪”。

十是将刑法典第180条规定的犯罪行为增加“或者明示、暗示他人从事上述交易活动”，从而扩大了内幕交易罪的行为样态。

十一是对刑法典第 181 条、第 182 条有关证券犯罪规定的修改，从而使罪名有所修订。具体而言，《刑法修正案》将刑法典第 181 条第 1 款的“编造并传播证券交易虚假信息罪”修订为“编造并传播证券、期货交易虚假信息罪”；将刑法典第 181 条第 2 款的“诱骗投资者买卖证券罪”修订为“诱骗投资者买卖证券、期货合约罪”；将刑法典第 182 条的“操纵证券交易价格罪”修订为“操纵证券、期货交易价格罪”。《刑法修正案（六）》在此基础上进一步修改，将原来“操纵证券、期货交易价格，获取不正当利益或者转嫁风险”修改为“操纵证券、期货市场”；并在第一款第三项中增加了“在自己实际控制的账户之间进行证券交易”这一种操纵市场的典型手法，本罪罪名也由原来的“操纵证券、期货交易价格罪”相应变为“操纵证券、期货市场罪”。

十二是《刑法修正案（六）》对刑法典 187 条第 1 款用账外客户资金非法拆借、发放贷款罪进行修改，删除“以牟利为目的”的主观要件以及“将资金用于非法拆借、发放贷款”的客观行为要件，增设“数额巨大”、“数额特别巨大”的情节，相应地，本罪罪名应该改为“吸收客户资金不入账罪”。

十三是刑法典第 191 条洗钱罪的修改。通过《刑法修正案（三）》将该罪的上游犯罪扩大至恐怖活动犯罪，并规定了加重法定刑。《刑法修正案（六）》进一步扩大上游犯罪至贪污贿赂犯罪和金融犯罪，取消“犯罪的违法所得”中的“违法”二字，并在原第二项中增加“有价证券”，以和有关国际公约相协调，加大反洗钱、反腐败力度，及时阻止资金外流。

十四是《刑法修正案（七）》将刑法典第 201 条进行修改，将基本行为方式修改为“纳税人采取欺骗、隐瞒手段进行虚假纳税申报或者不申报，逃避缴纳税款数额较大”，具体数额标准改变为“数额较大”、“数额巨大”。原来的罪名“偷税罪”也相应改变为“逃税罪”。

十五是《刑法修正案（七）》将刑法典第 225 条非法经营罪的行为样态增加“非法从事资金支付结算业务的”的规定。

十六是《刑法修正案（八）》将第 226 规定的强迫交易罪增加了以

下几类行为方式，即："（三）强迫他人参与或者退出投标、拍卖的；（四）强迫他人转让或者收购公司、企业的股份、债券或者其他资产的；（五）强迫他人进入或者退出特定的经营领域的。"

十七是刑法修正案（八）对1997年刑法典第244条强迫职工劳动罪进行修改，以加大对弱势群体的保护。[①]具体而言，将该罪犯罪主体由用人单位扩大到"任何自然人或者单位"，相应地，犯罪对象也由职工扩大到"他人"；将行为方式由单一的"以限制人身自由的方法"扩大到"以暴力、威胁或者限制人身自由的方法"，明确将协助强迫劳动的行为规定为该罪行为样态；增设单位犯罪的规定，等等，该罪罪名也相应改变为"强迫劳动罪"。

十八是《刑法修正案（六）》对1997年刑法典第312条进行修改，丰富了行为方式，明确并扩大了行为对象，罪名也由原来的"窝藏、转移、收购、销售赃物罪"改变为"掩饰、隐瞒犯罪所得、犯罪所得收益罪"。《刑法修正案（七）》在此基础上对该罪新增了单位犯罪主体。

十九是《刑法修正案（七）》将刑法典第337条修改为"违反有关动植物防疫、检疫的国家规定，引起重大动植物疫情的，或者有引起重大动植物疫情危险，情节严重的"，增加了对于逃避境内动植物防疫检疫行为的惩治，罪名也相应改变为"妨害动植物防疫、检疫罪"。

二十是《刑法修正案（八）》对刑法典第338条规定的重大环境污染事故罪作出修正，以加强对广大人民群众生命健康的保护。[②]该修正案扩大了行为对象的范围。将"危险废物"修改为"有害物质"，扩大了处罚的范围。对危害后果予以修正，将原来规定的危害后果"造成重大环境污染事故，致使公私财产遭受重大损失或者人身伤亡的严重后果"修改为"严重污染环境"，扩大了处罚范围。删除了"向土地、水体、大气"排放、倾倒或者处置的规定，条文更为简洁，罪名也因此改变为"污染环境罪"。

---

① 高铭暄、赵秉志编：《中国刑法规范与立法资料精选》（第二版），法律出版社2013年版，第213页。

② 高铭暄、赵秉志编：《中国刑法规范与立法资料精选》（第二版），法律出版社2013年版，第213页。

二十一是《中华人民共和国刑法修正案（二）》将刑法典第 342 条中的“非法占用耕地改作他用……造成耕地大量毁坏”修改补充为“非法占用耕地、林地等农用地，改变被占用土地用途，……造成耕地、林地等农用地大量毁坏”，从而将“非法占用耕地罪”修订为“非法占用农用地罪”。

二十二是《刑法修正案（八）》对刑法典第 343 条规定的非法采矿罪作出修改，删去“经责令停止开采后拒不停止开采”这一前置程序性规定，加大了对我国矿产资源的保护力度。将基本犯的犯罪结果“造成矿产资源破坏的”改为“情节严重的”，对犯罪结果采取更为抽象的规定，有利于适应实践中案件的多发性和复杂性；相应调整了非法采矿行为类型的法条表述，进一步明确了非法采矿的行为方式；将加重构成中“造成矿产资源严重破坏的”改为“情节特别严重的”，以增加刑法适用的灵活性。

二十三是非法采伐、毁坏国家重点保护植物罪。这是《刑法修正案（四）》对刑法第 344 条“非法采伐、毁坏珍贵树木罪”修改所形成的罪名，这一修改扩大了保护对象的范围。

二十四是《刑法修正案（四）》将刑法典第 345 条第 3 款中的“以牟利为目的，在林区非法收购明知是盗伐、滥伐的林木”修改为“非法收购、运输明知是盗伐、滥伐的林木”，去掉了目的限制，增加了行为方式，从而将“非法收购盗伐、滥伐的林木罪”修订为“非法收购、运输盗伐、滥伐的林木罪”。

二十五是《刑法修正案（八）》对刑法典第 358 条第 3 款予以修改，进一步明确协助组织卖淫罪的行为样态。

第三，对某些犯罪法定刑的调整。[①]

一是《刑法修正案（八）》对刑法典第 144 条生产、销售有毒有害食品罪进行了修改，删除了“五年以下有期徒刑或者拘役”中的“拘役”，删除了“造成严重食物中毒事故或者其他严重食源性疾患”的限

① 个别犯罪法定刑的调整放在前面“构成要件的修正”部分论及。

制性条件，增加了“或者有其他严重情节”的处罚条件，删除罚金刑的比例限制和单处罚金的规定，用“其他特别严重情节”代替“对人体健康造成特别严重危害”的规定，该罪的处罚力度得以加强。

二是刑法修正案（四）对刑法典第145条生产、销售不符合标准的医用器材罪的入罪条件以及法定刑作了调整。

三是《刑法修正案（八）》对刑法典第151条主要做出如下修改：其一，对犯走私文物罪，走私贵重金属罪，走私珍贵动物及其制品罪，走私普通货物、物品罪这四个罪名取消了死刑的规定。其二，在第二款规定走私文物罪，走私贵重金属罪，走私珍贵动物、珍贵动物制品罪的条文中，将对一般犯罪情形的处罚由原来的“处五年以上有期徒刑，并处罚金”改为“处五年以上十年以下有期徒刑，并处罚金”；同时将原来在第四款中规定的“情节特别严重”的情形规定在该款中，并将原来的“处无期徒刑或者死刑，并处没收财产”改为“处十年以上有期徒刑或者无期徒刑，并处没收财产”。

四是《刑法修正案（八）》对刑法典第153条第1款作了三方面的修改，其一，将法定刑进行了修改并调整了各法定刑的前后顺序；其二，将原条文中的偷逃应缴税额的具体数目改为“较大”、“巨大”、“特别巨大”；其三，增加“一年内曾因走私被给予二次行政处罚后又走私的”的规定。①

五是《刑法修正案》对刑法第168条作了修改，增加了“致使国家利益遭受特别重大损失的，处三年以上七年以下有期徒刑”这个法定刑幅度，从而使原有的法定刑得以提高。

六是《刑法修正案（六）》将刑法第182条的操纵证券、期货市场罪的法定最高刑期由原来的5年有期徒刑提高至10年有期徒刑，并去掉罚金数额的限制。

七是《刑法修正案（八）》对刑法典第199条作了修改，删去了对第194条规定的票据诈骗罪、金融凭证诈骗罪以及第195条规定的信

① 后两个方面的修改也可以说是构成要件的修正。

用证诈骗罪适用死刑的规定；对第200条作了修改，增加了在单位犯集资诈骗罪、票据诈骗罪、金融凭证诈骗罪、信用证诈骗罪时对直接负责的主管人员和其他直接责任人员适用罚金的规定。

八是《刑法修正案（七）》还将刑法典第201条规定的逃税罪的法定刑进行修改，增加了“并处罚金”的规定。还新增第4款对本罪的认定处理问题作出了具体规定。

九是《刑法修正案（八）》取消了刑法典第205条、第206条规定的虚开增值税专用发票、用于骗取出口退税、抵扣税款发票罪，伪造、出售伪造的增值税专用发票罪的死刑刑种设置。

十是《刑法修正案（八）》对刑法典第226条强迫交易罪增加一档法定刑幅度，即增加“情节特别严重，处三年以上七年以下有期徒刑，并处罚金”这一加重刑的法定刑幅度。

十一是《刑法修正案（八）》对刑法典第244条强迫职工劳动罪作了修改，增加了一档法定刑幅度，将本罪分为基本犯和情节加重犯，提升最高法定刑至十年有期徒刑；附加刑也由“单处或者并处罚金”改为一律“并处罚金”。该修正案还对单位犯罪的处罚合理化，变“单罚制”为“双罚制”，既处罚单位，又处罚其直接责任人员。

十二是《刑法修正案（七）》将刑法典第395条规定的巨额财产来源不明罪增加规定“差额特别巨大的，处五年以上十年以下有期徒刑。”从而将原来的法定最高刑5年有期徒刑提升至10年有期徒刑。

单行刑法以及八个刑法修正案对违反社会责任的犯罪都有所涉及，可以看到该类犯罪涉及社会关系之广以及与我们生活结合之紧密，同时也可以发现该类犯罪随社会发展而变化之迅速。适应社会发展变化之需要，对违反社会责任所涉及之犯罪不断做出调整，或增或改，或者加强惩治力度，或者根据犯罪特点有针对性地增加刑罚种类，以预防和惩治该类犯罪，体现出刑法立法的不断进步。

第二节 违反社会责任犯罪的共同构成特征

一、客观方面要件——严重违反社会责任的行为

根据侵害的对象及犯罪的领域，违反社会责任犯罪的具体行为可以概括为侵害职工行为、侵害消费者行为、侵害债权人行为、侵害一般抽象社会主体等行为。从刑法的具体规定看，其行为样态也是多种多样。

1. 侵害职工的行为

公司、企业本应做到保障员工的收入、劳动者的权益，改善企业内部的劳资关系，要在劳动法意义上保证实现雇员的就业与择业权、劳动报酬获取权、劳动安全保障权、享受职业技能培训权、休假权、社会保险与社会福利待遇取得权等法律权利的实现。[①]但其却违反其所应负的这些社会责任，实施强迫劳动、雇用童工从事危重劳动以及拒不支付劳动报酬等行为。

2. 侵害消费者行为

消费者本是公司、企业产品和服务的接受者与使用者。消费者的分散性、求偿能力的局限性，以及现代科技的发达所导致的产品缺陷的隐蔽性，又使得消费者在客观上处于一种社会弱者的地位。鉴于此，公司、企业对消费者的责任被视为是社会责任的一项重要内容。[②]公司、企业及其领导人对消费者的责任主要包括：丰富产品市场，满足消费者的各种需求；保证产品质量，杜绝制假售假、以假充真、以次充好；完善售后服务，及时为消费者排忧解难等。[③]但其却违背这些义

① 蒋森林：《建立企业社会责任体系 预防企业犯罪》，载《中国犯罪学学会第十八届学术研讨会论文集》（下册），第2-7页。

② 卢代富著：《企业社会责任的经济学与法学分析》，法律出版社2002年版，第102-103页。

③ 蒋森林：《建立企业社会责任体系 预防企业犯罪》，载《中国犯罪学学会第十八届学术研讨会论文集》（下册），第2-7页。

务与要求，而实施生产、销售伪劣商品、强迫交易、虚假广告等行为。

3. 侵害债权人行为

公司、企业是股东用来进行投资的一种基本形式，股东享受有限责任的优惠，将投资风险限定在一定范围内，实际上是将投资风险消化在公司、企业的外部，由公司、企业债权人承担，由此构成他们之间明显的利益消长关系。因此，倡导公司、企业对债权人负担一定的社会责任就显得十分必要，这种责任主要包括：及时准确披露公司信息，不编造、隐瞒；诚实信用，不滥用公司人格；积极主动偿还债务，不无故拖欠等。[①]但公司、企业领导人却违反这些义务与要求，而实施各种诈骗行为、信息披露犯罪行为、资本犯罪行为等。

4. 侵害一般社会抽象主体行为

公司、企业本应按照政府的有关法律法规，向社会提供安全的产品，不得危害国家安全、公共安全和各种管理秩序。需照章纳税并承担政府规定的其他责任义务，接受政府的依法干预和监督，对环境、资源的保护和合理利用承担责任。[②]但其却违反这些义务与责任，而实施危害环境、危害税收管理等行为。

从整体上看，公司、企业领导人违反社会责任犯罪行为大多发生于公司、企业生产、经营及某些具体的管理活动中。如生产伪劣商品的行为即发生于生产过程中，出版歧视、侮辱少数民族作品行为与私自开拆、隐匿、毁弃邮件、电报行为发生于经营活动中，不报、谎报事故以及打击报复会计、统计人员行为发生于管理活动中，等等。

本类犯罪行为，作为、不作为和持有行为均可构成。如资助危害国家安全的犯罪活动行为、走私行为、金融诈骗行为等是作为行为，不报事故行为是典型的不作为行为。持有是行为人对特定物品进行事实上和法律上的支配、控制。[③]违反社会责任犯罪中，巨额财产来源不明罪即属典型的持有型犯罪行为；妨害信用卡管理罪的一部分行为，

① 蒋森林：《建立企业社会责任体系　预防企业犯罪》，载《中国犯罪学学会第十八届学术研讨会论文集》（下册），第2-7页。

② 卢代富著：《企业社会责任的经济学与法学分析》，法律出版社2002年版，第103页。

③ 高铭暄、马克昌主编：《刑法学》（第三版），北京大学出版社、高等教育出版社2007年版，第79-80页。

即持有伪造的信用卡、持有伪造的空白信用卡等属于持有行为。

本类犯罪的一些具体犯罪，如环境污染等公害犯罪的因果关系具有一定的特殊性，将在下文相关部分做一论述。

二、客体要件——利益相关者的利益

从刑法学角度分析，本类犯罪涉及领域众多，侵犯的客体非常广泛，刑法典分则所有10章中，除第十章军人违反职责罪没有该类犯罪外，其他各章均有涉及。因而从规范的角度看，违反社会责任犯罪侵犯了国家安全、公共安全、社会管理秩序、市场经济秩序、财产关系、公民人身和民主权利、职务廉洁性等客体。犯罪对象涉及公司、企业职工、消费者、债权人、客户、社区和国家等。但无论该类犯罪客体呈现为何种形态，立足于公司、企业领导人刑事责任角度，从本质上分析，公司、企业领导人违反社会责任的犯罪都侵犯了利益相关者的利益，这是本来犯罪的同类客体。

三、主体要件——公司、企业与公司、企业领导人

本类犯罪除不报、谎报事故情况罪等少数几个犯罪是单纯自然人犯罪外，140 多个犯罪中绝大多数都是单位犯罪，或者是自然人和单位均能构成的犯罪。除少数犯罪属于特殊主体之外，其他都属于一般主体。本类犯罪绝大多数为单位犯罪的情况，从刑法规范层面说明了公司、企业社会责任与公司、企业领导人社会责任的不可分割性以及从前者向后者的传递性。如果说从公司、企业与公司、企业领导人的关系进行推论，认为公司、企业具有社会责任，公司、企业领导人就也应该承担社会责任还不是非常直接的话，那么违反社会责任的大量犯罪设定为单位犯罪，采用两罚制，不仅单位要承担刑事责任，作为直接责任人员的公司、企业领导人也要承担刑事责任，犯罪的公司、企业负刑事责任是因为违反了社会责任，那么犯罪单位直接责任人员负刑事责任是违反了什么义务与责任呢？从刑法规范对该类犯罪所规

定的行为方式、危害指向等特征分析，违反的显然也应该是社会责任。如果坚持公司、企业社会责任仅为公司、企业义务而非个人义务的观点，就很难解释公司、企业仅仅违反了只有自己才能承担的责任而构成犯罪，却为什么还要公司、企业领导人个人来承担刑事责任。答案只有一个：公司、企业社会责任能够向公司、企业领导人传导，公司、企业领导人也应负有社会责任。如此一来，从该类犯罪主体及主体所担负的义务与责任出发，可以较为合理地解释社会责任也应是公司、企业领导人所承担的义务的推论。

四、主观要件——故意与过失

就主观要件的类型看，本类犯罪包括故意和过失，故意犯罪占绝大多数。本类犯罪的犯罪故意是指公司、企业领导人明知自己的行为会造成危及公司、企业员工、消费者、社会或者国家的个人法益、社会法益或者国家法益的后果，而仍希望或者放任这种危害后果发生的主观心态。本类犯罪的过失是指应当预见到自己的行为会发生危及个人法益、社会法益与国家法益的后果，由于疏忽大意而没有预见到，或者已经预见到而轻信能够避免。本类犯罪绝大多数是公司、企业犯罪，因而公司、企业领导人的犯罪故意和过失与公司、企业的犯罪故意和过失密切相关，公司、企业意志与其领导人意志的紧密相连。关于公司、企业意志与公司、企业领导人意志的关系在本论著第七章还有论述，此处不赘述。

第三节　违反社会责任犯罪的刑事处罚

一、违反社会责任犯罪的法定刑

本类犯罪最高法定刑为死刑，尽管相关刑法修正案已经废除多个违反社会责任犯罪的死刑规定，但该类犯罪仍有约十余种犯罪规定有死刑。

本类犯罪自由刑的最高法定刑为无期徒刑，最低法定刑为拘役。

本类犯罪最高法定刑规定为死刑的均规定有无期徒刑。无期徒刑是骗购外汇罪、贷款诈骗罪的最高刑。

有期徒刑是该类犯罪的主要刑罚方法，所有犯罪均规定了有期徒刑。从整体的法定刑档次看，可以分为下面几种情况：第一，第一档次法定有期徒刑，可以分为三年以下有期徒刑和五年以下有期徒刑两种。第二，第二档次法定有期徒刑，可以分为三年以上七年以下有期徒刑、三年以上十年以下有期徒刑、五年以上有期徒刑、五年以上十年以下有期徒刑四种情况。第三，第三档次法定有期徒刑，可以分为七年以上有期徒刑、十年以上有期徒刑两种情况。

本类犯罪一般均具有拘役之刑罚。

本类犯罪大多数都规定有单处或者并处罚金，也大多规定有没收财产的附加刑。

除了根据刑法第 57 条关于被判处死刑、无期徒刑的犯罪分子，应当剥夺政治权利终身的规定，对规定有死刑和无期徒刑的本类犯罪应当附加适用剥夺政治权利之外，此类犯罪仅资助危害国家安全犯罪活动罪规定有剥夺政治权利，其他犯罪均没有规定剥夺政治权利的法定刑。

二、处罚原则问题

从处罚方面讲，违反社会责任犯罪，假若构成公司、企业犯罪的，一般实行两罚制，即同时处罚犯罪的公司、企业与直接责任人员；[①]个

① 虽同为两罚制，但中外规范的视角似乎并不一致，如日本的“两罚规定”是指法人之代表人、法人或人之代理人及其他从业人员，在法人的业务及财产方面，实施了违反某条文所规定之行为时，除处罚该行为人外，另对该法人或人也科以各本条所定之罚金刑，转引自黎宏著：《单位刑事责任论》，清华大学出版社 2001 年版，第 74-75 页。也即无论何种情形，担任实务者实行业务主体之行为，须以事实上该当违法行为为前提，首先确认其犯罪成立后，再对其业务主体之人或法人处以罚金刑，此乃两罚规定之基本见解，参见[日]铃木敬夫：《中、日、韩三国的法人刑事责任论》，载《东北亚论坛》1999 年第 1 期。也就是说，日本两罚规定中对法人科处罚金的前提是代理人的行为构成犯罪，这就与我国两罚制之代理人承担刑事责任的前提是单位构成犯罪的视角不同。

别的犯罪，包括资助危害国家安全犯罪活动罪，违规披露、不披露重要信息罪，妨害清算罪，虚假破产罪，背信运用受托财产罪、违规运用资金罪、强迫劳动罪、雇用童工从事危重劳动罪、私分国有资产罪、私分罚没款物罪实行单罚制中的代罚制，即只处罚直接责任人员。然而，公司、企业领导人违反勤勉义务的犯罪，虽然也存在公司、企业犯罪，但均仅处罚直接责任人员，不处罚公司、企业；而违反忠实义务的犯罪除了背信损害上市公司利益罪外均为自然人犯罪，基本上不存在单罚制抑或两罚制的问题。因此，总体而言，违反社会责任犯罪较为典型地体现了单位犯罪的处罚原则。

世界各国和地区关于单位犯罪的处罚原则大致有四种，即转嫁制[①]、代罚制[②]、两罚制[③]和混合制[④]。两罚制是当今处罚法人犯罪或单位犯罪的主流模式，而我国现行刑法却是混合制的实例。[⑤]我国刑法第31条规定："单位犯罪的，对单位判处罚金，并对其直接负责的主管人员和其他直接责任人员判处刑罚。本法分则和其他法律另有规定的，依照规定。"该条确立了我国对单位犯罪"以两罚制为主，以代罚制为辅"的处罚原则。[⑥]公司、企业领导人违反社会责任犯罪中的许多属于单位犯罪的具体个罪采用的即是混合制的处罚原则。

一般认为，各种处罚原则均具有其合理性，但转嫁制与代替制由于其单一性，已为现代刑法所弃置不用。而两罚制吸收了转嫁制和代

① 所谓转嫁制，就是只对犯罪单位处以刑罚，而不处罚单位成员的一种处罚原则，这是一种较早的惩罚单位犯罪的模式，体现了承认单位犯罪能力的思想。

② 代罚制是与转嫁制相反的一种处罚原则，是指只对单位中实施单位犯罪的自然人处以刑罚，而不处罚犯罪单位的一种模式。

③ 两罚制又称双罚制，是指对犯罪单位及直接责任人员都给予刑事处罚的模式。

④ 混合制是指刑法对单位犯罪并不规定单一的处罚原则，而是同时采纳多种处罚方式的处罚原则。

⑤ 有研究者从另一角度将单位处罚原则划分为单罚制、双罚制与三罚制。单罚制是指仅处罚单位或者单位主管人员一方，主要形式有转嫁制和代罚制两种。双罚制是指同时处罚单位的代表人与单位本身。三罚制是指同时处罚单位、单位代表人以及单位犯罪的直接行为人。参见陈丽天著：《单位犯罪刑事责任研究》，中国法制出版社2010年版，第119-143页。按照此分类标准，上文提及的我国刑法中之双罚制，有许多实际上属于这里所说的三罚制。

⑥ 高铭暄主编：《刑法专论》，高等教育出版社2006年版，第236-237页。

罚制的优势，正确把握了单位作为一个人格化社会系统，[①]其犯罪是自然人和单位两方面的有机整体的行为这一特点，它对单位犯罪的处罚更科学，更符合公正性，也能够取得更为有效的犯罪预防效果。[②]更有学者深入指出，结合公司、企业犯罪的机理与公司、企业的结构，对公司、企业犯罪的刑事责任在特定自然人与公司、企业主体之间进行分担是解释公司、企业犯罪两罚制较为合理的学说。[③]而两罚制与代罚制相结合的混合模式既最大地发挥了两罚制的优势，又弥补了其不足，因而更具理性。[④]对上述这些关于公司、企业两罚制及混合制优长的论述，笔者基本赞同。同时认为为了更好地适应对公司、企业犯罪的惩处与防范，应逐渐将我国刑法对于单位犯罪，包括公司、企业犯罪的处罚原则统一为两罚制，即将两罚制规定贯彻彻底。这是因为，仅处罚单位犯罪中的自然人或者单位一方的单罚制，特别是仅处罚自然人一方，而不处罚犯罪的单位的代罚制，失却了规定单位犯罪的意义，不利于促使犯罪的单位如公司、企业改进管理，也不能体现刑法的公正。而且，两罚制（或曰双重原则）也是法人犯罪国际法律制度的原则，像《联合国打击跨国有组织犯罪公约》和《联合国反腐败公约》等国际公约均有法人犯罪双重责任原则的要求。单罚制违反了双重责任原则的要求，不符合国际潮流，从履行国际公约义务的角度看，我国也应该考虑取消单罚制，将法人犯罪的双罚制原则贯彻到底。[⑤]

三、直接责任人员与自然人同等与区分处罚问题

刑法规定的一些犯罪，包括我们所研究的公司、企业领导人违反社会责任犯罪中存在一些单位与个人均能构成的犯罪，我国刑法对这

---

① 关于法人人格化社会系统责任论，参见何秉松主编：《法人犯罪与刑事责任》，中国法制出版社 2000 年版，第 470-492 页。

② 赵秉志主编：《单位犯罪比较研究》，法律出版社 2004 年版，第 166-167 页。

③ 蒋熙辉：《公司犯罪研究》，北京大学 2004 年博士论文，第 90 页。

④ 赵秉志主编：《单位犯罪比较研究》，法律出版社 2004 年版，第 167-168 页。

⑤ 范红旗著：《法人犯罪的国际法律控制》，中国人民公安大学出版社 2007 年版，第 211 页。

些犯罪的直接责任人员之刑罚的规定有如下两种情形：一是直接责任人员的刑罚低于自然人的刑罚，二是直接责任人员与自然人同等处罚。有学者将第一种情形称为区分原则，第二种情形称为同等原则，[①]笔者这里借用这两个概念。

关于采用区分原则的理由，最高检察机关认为，从合理性和刑事政策的角度出发，单位犯罪定罪处刑要略轻于自然人同类犯罪；最高人民法院认为，单位犯罪非法所得归单位所有，单位造成的危害由单位承担，对主管人员和其他直接责任人员处刑应较个人犯罪为轻。[②]可以说，区分原则的思想根深蒂固，如有人认为，即使刑法规定采用同等原则的，在量刑的时候，应考虑到单位犯罪中的直接负责的主管人员和其直接责任人员在犯罪动机上是为了团体的利益，而且单位犯罪往往是多人共同决定、共同实施，具有责任分散的特点。因此，对单位实施普通经济犯罪，追究个人刑事责任时，一般要轻于自然人犯同种罪的情况。只是对于危害社会治安等严重犯罪（如走私武器、毒品或者武装掩护走私等），其处罚原则、标准才应与个人犯罪相同。[③]

笔者赞同同等处罚原则，理由在于：第一，一般而言，单位犯罪的危害性大于自然人犯罪。单位是一个组织体，其力量大于个人，从经济层面看，有些大公司的财富甚至超过了一个国家乃至多个国家。其犯罪的破坏性巨大，就拿前述主张对规定了同等处罚原则的单位普通经济犯罪还要从轻量刑的观点来讲，实际上单位普通经济犯罪也往往危害巨大，其所造成的损失之大，涉及面之广，往往非单纯的自然人所能比拟。仅一个南方证券就留下了80多亿元的大窟窿；而单位环境犯罪造成的危害也超出了自然人所能为。可以说，单位的犯罪能力决定了其危害性要大于自然人。第二，区分原则违反罪责刑相适应原则。罪责刑相适应原则要求重罪重罚，轻罪轻罚，同罪同罚，异罪异罚，罪刑相当。而区分原则就是同罪异罚，违反了罪责刑相适应原则。

---

① 黄京平主编：《破坏市场经济秩序罪研究》，中国人民大学出版社1999年版，第53-54页。

② 高铭暄、赵秉志主编：《新中国刑法立法文献资料总览》（下），中国人民公安大学出版社1998年版，第2260、2637页。

③ 周道鸾等主编：《刑法的修改与适用》，人民法院出版社1997年版，第127页，

第三，区别原则违反刑法平等原则。刑法平等原则要求所有人在适用刑法面前人人平等。而区分原则就是在单位犯罪的直接责任人员和一般自然人之间划分界线，区别对待，厚此薄彼，违反了刑法平等原则。第四，区分原则宽纵甚至放纵了罪犯。正是由于区分原则的存在，犯罪发生之后，犯罪人往往把自己的行为往单位犯罪上靠，意图减轻自己的责任，行为成立单位犯罪成为一个普遍的辩护策略。这样可能会导致两种结果：本不该单位承担责任的反而承担了责任，本来该承担责任的行为人却没有承担责任。区分原则之所短正是同等原则之所长，由于同等原则避免了上述缺陷，因而我们主张刑法立法和司法中应统一贯彻同等原则，在对违反社会责任犯罪的惩处中，[①]对公司、企业犯罪中的直接责任人员和犯同种犯罪的自然人应适用相同的刑罚。

第四节　违反社会责任犯罪个罪问题研究

一、社会责任强化与假冒伪劣犯罪惩防

据世界贸易组织提供的资料，20世纪初，全球的假冒伪劣产品销售额只有50万美元，而到21世纪初已突破1000亿美元。自1990年以来，全球假冒商品的贸易额增长速度是全球贸易额增长速度的3.2倍，假冒伪劣现象已成为“仅次于贩毒的世界第二大公害”，成为全球性的问题。[②]而中国已成为全球假冒伪劣商品制售的最大产地。假冒伪劣产品不当地增大社会交易成本，严重损害中国企业在世界的形象，使国内名牌企业遭受重创；严重损害消费者权益，增加社会不稳定因素，引发严重社会问题。而假冒伪劣商品泛滥的一个重要的原因，就

① 包括公司、企业领导人违反其他两种义务犯罪中规定了区分原则的情况。

②“打击假冒伪劣与社会信用制度建设——兼谈组织机构代码在社会信用体系方面的作用”，网址：http://finance.people.com.cn/GB/8215/65496/18068390.html，最后访问日期：2012年8月8日。

是由于公司、企业及其领导人缺乏社会责任意识，不履行社会责任，社会责任的制度和机制不健全、措施不得力、不完善所造成的。2008年三鹿奶粉事件发生后，一位领导人在谈及该事件时说：企业家身上应该流着道德的血液，而不能只流淌利润的血液。一个企业要做大做强，必须关心社会，承担必要的社会责任。[①]因此从公司、企业及其领导人社会责任强化的视角探究加大对制售假冒伪劣犯罪的惩防力度具有十分重要的意义。

公司、企业及其领导人的社会责任要求公司、企业及其领导人不能仅仅以最大限度地为股东们营利或赚钱作为自己的唯一存在目的，而应当最大限度地关怀和增进股东利益之外的其他所有社会利益。公司、企业及其领导人的社会责任，既是一种道德义务，更是一种法律责任。公司、企业及其领导人作为现代社会的重要组织和成员，必须坚守其对于社会的道德底线，诚实守信，不损害社会及其他成员的权益；而这种道德底线的约束经过公司法等法律的规定，业已成为必须遵守的法律规范和必须履行的法律义务。产品质量责任是公司、企业及其领导人的社会责任之一，是公司、企业对于利益相关者中的消费者、客户甚至是社区或者国家所应该承担的社会责任。我国《消费者权益保护法》第三章规定了经营者应承担的义务，包括提供合格的产品和服务，保障消费者的人身、财产安全，提供售后服务，满足消费者的知情权和尊重消费者等，同时我国的《产品质量法》第三章也规定了产品的生产者和销售者应生产销售质量合格产品，不得制造、销售假冒伪劣产品。因此，产品质量责任是法律所明确规定的公司、企业及其领导人的社会责任之一。

制售假冒伪劣商品明显是对于《消费者权益保护法》、《产品质量法》中所规定的不得制造、销售假冒伪劣产品这一社会责任的违反。对于制售假冒伪劣商品的违法行为，公司、企业及相关人员必须承担民事或者行政责任；对于制售假冒伪劣的犯罪行为，则必须承担相应的刑事责任。现行刑法典在分则第六章第一节专门规定了“生产、销

---

① 何勇：《“道德血液”不应缺失》，载《人民日报》2008年10月23日第5版。

售伪劣商品罪”，申明了国家对于制售假冒伪劣严重违反社会责任的犯罪行为的刑法惩治态度。

加强公司、企业社会责任的履行是惩防制售假冒伪劣犯罪的有效举措。公司、企业的社会责任既是一种道德义务，又是一种法律责任，公司、企业社会责任的这一性质决定了对于假冒伪劣犯罪而言，强化社会责任的履行可以通过道德和法律两个层面，内外结合，标本兼治，从而对制售假冒伪劣商品犯罪进行有效的惩治与预防。

第一，社会责任对于假冒伪劣犯罪的道德约束性。斯蒂芬·P.罗宾斯认为，企业社会责任是指超过法律和经济需要的、企业为谋求有利于社会的长远目标所承担的责任，而不是法律和经济所要求的义务。[①]他的论述意在强调社会责任的道德性。企业社会责任观念最初提出主要是针对道德责任而言的，企业社会责任与企业伦理在内容上是一致的。公司、企业及其领导人对于顾客和政府所负的社会责任的道德要求是：企业应该对顾客忠诚，应深入调查并千方百计地满足顾客的需求，广告要真实，交货要及时，价格要合理，产品使用要方便、经济、安全，产品包装不应引起环境污染，实行质量保证制度，提供周到的售后服务。企业应执行国家的法令、法规，等等。[②]诚实守信，不损害消费者以及其他利益相关者的权益，是公司、企业及其领导人应该坚守的道德良知，是其应尽的社会义务，是其不可触碰的道德底线。而制售假冒伪劣商品的犯罪行为严重损害消费者等利益相关者的权益，恰恰超越了道德底线的要求。因此，强化企业及其领导人的社会责任，就是在培育企业及其领导人的良知，能够使企业及其领导人在内心深处信守和服从童叟无欺、不制售假冒伪劣商品、不加害于人、不见利忘义的道义信条，使企业从内心深处自我抑制实施制售假冒伪劣商品违法犯罪行为的内心冲动。通过社会责任的道德约束，企业会懂得，从事制售假冒伪劣商品这些违反企业社会责任的违法犯罪活动，

---

① 斯蒂芬·P. 罗宾斯著，孙健敏等译：《管理学》（第4版），中国人民大学出版社 1997 版，第 79 页。

② 叶陈刚、叶陈云：《论企业社会责任与道德责任》，载《石家庄经济学院学报》2008 年第 3 期。

只是其目光短浅，仅只着眼于一次博弈而非长期博弈，既违背道德又违反法律的经营之道。从而使得社会责任成为对于制售假冒伪劣商品违法犯罪行为有力而恒久的道德约束。

第二，社会责任对于假冒伪劣犯罪的法律制约性。公司、企业及其领导人的社会责任已经上升到法律层面，成为法律的强制性规定，从而公司、企业及其领导人履行社会责任具有法律的强制性。现代公司、企业及其经营者都是一个“经济人”或者“理性人”，其之所以要制售假冒伪劣商品，是在于其对成本与收益的计量，在于其对制售假冒伪劣商品投入与产出的权衡。因此，必须加大制售假冒伪劣商品违法犯罪行为的成本，使企业及其经营者感到制售假冒伪劣商品无利可图、得不偿失，才能使其失去制售假冒伪劣商品的动因。而法律成本，是各种成本中比较高昂的成本，特别是刑法对于制售假冒伪劣商品所规定的刑事责任这一刑法成本，是法律成本中最为高昂的成本。因此，在制售假冒伪劣商品违法犯罪行为的惩防中，必须加大制售者的法律成本，特别是针对当前制售假冒伪劣商品违法犯罪行为泛滥的情况，要注意刑事责任这一最为高昂的法律成本的投入，从而以法律成本的高投入获得有效遏阻假冒伪劣犯罪猖獗态势的高回报。

总之，制售假冒伪劣商品犯罪治理的关键在于勇于承担社会责任这一蔚然大气的企业精神与企业文化的培育，以及对于制售伪劣商品这一违反社会责任行为的法律惩治，因此，强化企业社会责任对于制售假冒伪劣商品的犯罪而言，实乃一个标本兼治的有效举措。自古以来，中国封建统治者大多实行重农抑商的政策，造成这一局面的原因有多种，但对于商业及商人群体见利忘义、势力坐大、不履行社会责任从而危及国家统治稳固的担心不失为一个重要因素。转型期的中国社会，出于种种原因，一些企业及其领导人不守诚信，罔顾自己所应负的社会责任，为利所驱，大肆制售假冒伪劣商品，仍在继续扮演着千百年来人们所定位于它的见利忘义的角色。中国企业及其领导人应从心理和制度上冲破怯于承担社会责任的樊笼，在外部通过法律等手段强制企业及其领导人承担社会责任的同时，企业及其领导人自身必须将承担社会责任化为自己内在的需求和自觉履行的责任，如此，制售假冒伪劣的犯罪可以休矣。

二、生态文明建设与环境犯罪惩防

环境是人类赖以生存的前提，是可持续发展的基础，保护环境不仅利在当代，而且功及千秋，关系到子孙万代的福祉。中共十八大报告已经提出了“把生态文明建设放在突出地位，融入经济建设、政治建设、文化建设、社会建设各方面和全过程，努力建设美丽中国，实现中华民族永续发展”的目标。[①]但是，现代工业的发展，使我们付出了生态环境遭到严重破坏的代价。[②]因而，现代各国及国际社会极为重视对生态环境的保护，保护生态环境成为公司、企业及其领导人社会责任的一个重要方面。违反保护生态环境的社会责任须承担民事、行政、刑事责任。刑事责任的承担是保护生态环境的最后的强力手段。我国刑法在第六章第六节专节规定了“破坏环境资源保护罪”，用 8 个条款总共规定了污染环境罪等 15 个犯罪，基本上适应了对破坏环境资源犯罪的惩处，是保护生态环境的坚强的后盾立法，是对人与自然和谐的有力保障。

我国每年发生的重大环境污染事故和处理的环境污染行政违法案件有数千件，但真正被追究刑事责任的案件寥寥无几，两者差异极其悬殊。2003 年至 2006 年上半年共三年半时间，全国法院审结的重大环境污染事故罪、擅自进口固体废物罪和环境监管失职罪案件只有区区三十件，而非法处置进口的固体废物案件竟然为零。产生这种现象的原因很复杂，但法律意识的淡薄、刑事法律适用的缺失和不足，不能不引起人们的重视。[③]为了更好地惩治危害环境犯罪，2006 年 7 月

① 胡锦涛：《坚定不移沿着中国特色社会主义道路前进 为全面建成小康社会而奋斗——在中国共产党第十八次全国代表大会上的报告》，载《人民日报》2012 年 11 月 18 日 1-4 版。

② 近一年来，雾霾天气遍布中国大部分地区，成为人们的“心肺之患”，大自然正在无情地惩罚人类残忍破坏环境的行为，政府到了必须反思、反省自己的经济政策、环境政策、社会政策的时候了。

③ 祝二军：《〈关于审理环境污染刑事案件具体应用法律若干问题的解释〉的理解与适用》，载《刑事法学》2007 年第 2 期，第 73 页。

最高人民法院公布了《关于审理环境污染刑事案件具体应用法律若干问题的解释》，2013 年 6 月两高又公布了《关于办理环境污染刑事案件适用法律若干问题的解释》，从司法保障的角度，对于准确适用法律，遏制环境污染犯罪多发势头，推动各地区、各部门、各单位贯彻落实和实现科学发展观提供了惩治环境犯罪的司法适用标准。

笔者认为，应从以下两方面做好环境犯罪法律适用工作：

1．环境犯罪中结果要件的把握

(1)现行刑法中环境犯罪结果要件的理解。上述解释对刑法第 338 条污染环境罪、第 339 条非法处置进口的固体废物罪和擅自进口固体废物罪及其他相关犯罪中的“公私财产遭受重大损失”、“人身伤亡的严重后果”或者“严重危害人体健康”作了解释，提供了标准，应严格遵守解释的规定。

在认定结果要件时，应合理确定公私财产损失的范围。因为财产损失的范围直接决定着危害后果的计算。从理论上讲，环境污染造成的公私财产损失应当包括四部分：一是环境污染造成的现有财产损毁、减少的实际价值，即直接经济损失；二是为防止污染扩大、减少污染造成的损害而采取的必要的、合理的措施发生的费用，即紧急措施费用；三是为消除污染采取的措施而发生的费用，即消除污染费用；四是为恢复生态而采取的措施发生的费用，即恢复生态费用。这四部分内容的结合，反映了环境污染行为及其造成的财产损失的特征。第一部分的损失属于公司财产的损失一般不存在疑问，对其余部分的损失是否包括在财产损失的范围内存在争论。有人认为，紧急措施费用和消除污染费用没有统一的计算标准，实践中差别太大，事故发生后，政府部门、有关单位采取的措施多样，费用不好计算，各地掌握起来差距悬殊，因此，不宜纳入公私财产损失的范围。第四部分费用，虽然理论上也是由环境污染行为造成的，但在实践中难以操作，正如一个地方的生态形成是自然界多种因素在很长时间内综合作用的结果一样，一个地方的生态恢复也需要相当长的时间，而且有些生态环境一旦被破坏，将永远不可能恢复，其损失难以估量。因此，该部分费用在审判实践中不宜计算在财产损失的范围之内。[①]

笔者认为，确定财产损失的范围，一是应考虑到惩治环境犯罪的刑事政策，二是要考虑到范围确定的合理性，三是要考虑到实际可操作性。首先，保护环境，严惩危害环境的犯罪已成为国际大势。有关国际文件表明，甚至国家也可以成为国际环境犯罪的主体。[②]面对环境犯罪不能得到有力惩治的现实和世界各国加强对环境犯罪惩治的趋势，我们的司法实践应充分贯彻体现严惩环境犯罪的刑事政策。具体到财产损失的范围确定上，应当放宽掌握，因此，从惩治环境犯罪的刑事政策出发，第二、第三、第四部分的损失都可以计算在内。其次，从范围确定的合理性上考虑，环境污染犯罪有其自身的特殊性，与一般侵犯财产的犯罪或者侵犯人身的犯罪不同，其造成的后果具有明显的持续性和环境影响性，持续影响着环境和人类生存的质量状况。紧急措施费用和消除污染费用是在环境污染行为发生后，是有关单位和个人采取必要的、合理的措施而发生的，是实实在在的损失，因此，应当计算在财产损失的范围之内。最后，从可操作性上考虑，环境犯罪危害后果的确定涉及多个学科，多种知识，需要多部门密切配合，确定范围本身即具有一定的复杂性和困难。但现代科学的发展已为我们确定这些危害后果提供了一定的手段，我们可以综合运用各种科学手段对损失加以确定，不能因为某些费用判断起来复杂，就不计算在公私财产损失的范围之内。因而，从现代科学所提供的手段及将要提供的手段看，上述第二、第三、第四部分的损失是可以计算的，是可以划入财产损失的范围之内的。

笔者基本赞同上述两个解释在公私财产损失范围的解释上所持的

---

① 祝二军：《〈关于审理环境污染刑事案件具体应用法律若干问题的解释〉的理解与适用》，载《刑事法学》2007年第2期，第74页。

② 1979年国际法委员会《关于国家责任的条文草案》规定：一国所违背的国际义务对于保护国际社会的根本利益至关重要，以致整个国际社会公认违背该项义务是一种罪行时，其因而产生的国际不当行为构成国际犯罪。其中第19条第3款规定，能引起国家责任的国际犯罪可能产生于：（1）严重违反维护国际和平与安全的国际义务，如侵略行为；（2）严重侵犯民族自决权，如建立或以武力维持殖民统治；（3）大规模侵犯人权，如奴役、种族灭绝、种族隔离；（4）大规模破坏环境。

适度扩大的立场。两个解释确定的公私财产损失的范围基本上是一致的，包括了上述第一、二、三部分损失，只是将第四部分的损失排除在外。仍是从上述论证的理由出发，笔者建议应尽快通过解释将第四部分的损失也包括在内。

（2）危险结果的探讨。从刑法对有关环境犯罪的规定上看，我国刑法对环境犯罪所规定的危害结果是一种实害结果，不包括危险结果。从形式上看，我国刑法在这一点上和一些国家如俄罗斯、德国和日本等国的立法例不同。俄罗斯和德国的立法例将故意的具体危险犯甚至抽象危险犯都规定为犯罪，在惩罚范围和惩罚力度上显然更为有力。日本有关刑法罚则规定了过失危险犯。①

我国刑法没有规定环境犯罪的故意危险犯和过失危险犯，至于是否需要借鉴外国的立法对此加以规定，应综合考虑多种因素。我国刑法对环境犯罪的故意危险犯没有规定，并不表明不能对该种行为予以处罚，一是我国刑法规定有“以危险方法危害公共安全罪”，可以适用该罪名对故意危害环境的危险犯予以处罚；二是按照我国刑法，对所有犯罪均处罚未遂犯，因而对刑法规定的环境犯罪的故意实害犯，如未造成实害结果而仅造成了危险结果的，可以故意实害犯的未遂犯（包括预备犯和中止犯）处理。

因此，真正的问题所在，也是我国刑法与一些外国刑法的最大区别之处，在于是否处罚环境犯罪的过失危险犯。在该问题上，笔者持肯定立场。因为环境犯罪的特点是污染，破坏起来容易而恢复和治理起来极难。它不仅涉及范围广、持续时间长，而且有些情形下造成的后果常常是不可逆转的。如苏联切尔诺贝利核泄漏事故就使欧亚大陆近半个地球均遭受到放射性尘埃的危害。至今这场核灾难已经过去多年，但那里的树林、土地、房屋等一切都留有核污染，成了疾病和死亡的媒介。日本福岛核泄漏事故的核泄漏所引发的对大气、水体与土

---

① 时延安、阴建峰：《过失破坏环境资源犯罪之比较研究》，载《浙江社会科学》2003 年第 1 期，第 106-107 页。

壤的危害也是巨大的。[①]1986 年发生的印度博帕尔毒气泄漏事件，受害者生育的子女患有先天性双目失明。一些医学专家认为这些毒气所造成的后遗症在今后的几年甚至几十年内都难以消除。鉴于此，环境保护的基本原则应体现在重在预防，防止危害环境结果的发生。如果刑事立法只注意去惩罚那些造成实害结果的环境犯罪，忽略了对环境造成严重危险状态行为的处罚，那不仅是对行为主体的放纵，而且也极不利于对环境的保护，因为等到行为对环境已经造成严重后果时再去处罚，恐怕一切都为时已晚，将危险犯（包括故意危险犯和过失危险犯）引入刑法领域是极其必要的。[②]当然，引入环境犯罪的过失危险犯，需考虑立法协调、[③]司法适用的诸多因素。但这些都不是不可克服的困难，也不能成为我们在环境犯罪中拒绝引入过危险犯的理由。

2．疫学的因果关系的借鉴

由于环境犯罪的特殊性，需要我们在司法实践中适用一些特别的规则，在这方面外国刑法理论关于环境或者公害犯罪的疫学因果关系理论值得我们重视和借鉴。

因果关系的认定对于环境犯罪具有重要的意义，但环境犯罪的特殊性使得传统的因果关系理论在处理环境犯罪时显得捉襟见肘，正如台湾地区学者所言，公害现象严重到对生命、身体或健康产生具体危险时，常常经过了长久时间及广大空间之积聚，且有毒物质之检验及其危害程度之确定，常涉及极高深的科学技术，因此，在因果关系的追踪上，既相当复杂，而且极端困难。[④]为此，日本、德国刑法理论针对公害犯罪提出了疫学的因果关系理论。疫学是研究疾病的流行、

---

① 王曼琳、夏治强：《日本福岛核泄漏事件的环境危害与思考》，载中国环境科学学会编《2011中国环境科学学会学术年会论文集（第四卷）》，中国环境科学出版社 2011 年版，第 3567-3671 页。

② 张瑞幸、郭洁：《过失危险犯与环境犯罪》，载《福建政法管理干部学院学报》2000 第 4 期。

③ 如需要考虑我国刑法中的危害公共安全犯罪是否引入过失危险犯的问题。笔者认为，原则上应考虑引入，但当务之急是考虑引入环境犯罪的过失危险犯。正因如此，在过失危险犯问题上，我们不赞成有些学者所持的仅有危害公共安全犯罪存在过失危险犯的观点（储槐植、蒋建峰：《过失危险犯之存在性与可存在性思考》，载《政法论坛（中国政法大学学报）》2004 年第 1 期，第 121-128 页）。

④ 邱瑞智著：《公害与刑事责任》，载台湾《刑事法杂志》第 16 卷第 5 期。

群体发病的原因与特征，以及预防对策的医学分支学科。与临床医学以诊断、治疗单个患者为目的相反，疫学以多数群体为对象，通过调查疾病的发生状态探讨该疾病的存在原因、扩散过程及预防方法，其对原因的解明有助于刑法上因果关系的认定。[①]日本学者大塚仁认为，所谓疫学的因果关系，是疫学上所采用的因果的认识方法，某因子与疾病之间的关系，即使不能够从医学、药理学等观点进行详细的法则性的证明，但根据统计的大量观察，认为其间具有高度的盖然性时，就可以肯定存在因果关系。既然在社会观念上已经认识到某事实与某事实之间具有高度盖然性的联系，就不妨肯定其间存在刑法上的因果关系。占通说地位的相当因果关系理论也无非是按照人类的社会经验认识到，在实行行为与结果之间存在着实施某种行为就会由它产生某种结果这种高度的盖然性，因此在这种意义上它与疫学的因果关系没有本质的不同。[②]

根据疫学理论，符合以下四个条件，就可以肯定某种因子与疾病之间具有因果关系：第一，该因子是在发病的一定期间之前起作用的因子；第二，该因子的作用程度越显著，患病率就越高；第三，该因子的分布消长与疫学观察记载的流行特征并不矛盾；第四，该因子作为原因起作用，与生物学并不矛盾。概括起来说，某种因子与疾病之间的关系，在医学上、药理学上即使得不到科学证明，但根据大量的统计、观察，能够说明该因子对产生疾病具有高度的盖然性时，就可以肯定其因果关系。日本水俣病案[③]即运用了疫学的因果关系，在德国也有类似的案件。[④]疫学因果关系的理论特点是：（1）疫学因果关

---

① 张明楷著：《外国刑法纲要》（第二版），清华大学出版社 2007 年版，第 130 页。

② [日]大塚仁著、冯军译：《犯罪论的基本问题》，中国政法大学出版社 1993 年版，第 104、105 页。

③ 该案的基本案情是：熊本县水俣湾周围的居民，多发原因不明的怪病，被称为水俣病。发病原因在医学上、药理学上不能得到证明，但地处水俣市的肥料公司的工厂所排出的含有有机水银的废水污染了水俣湾的鱼贝类，裁判所认定吃了这种鱼贝的人有很大可能患上此病。因而肯定工厂有关人员排出废水的行为与居民患水俣病之间具有疫学的因果关系。裁判所认定该公司的经理和工厂厂长犯有业务上过失致死伤罪。

④ 张明楷著：《外国刑法纲要》（第二版），清华大学出版社 2007 年版，第 130 页。

系是一种推定的因果关系理论；（2）这种理论只能适用于公害犯罪因果关系的认定；（3）因子对结果的发生，无须具有必然性。承认疫学因果关系具有合理性，该理论符合高度盖然性的证明标准，疫学观察上的推定具有证据学和疫学理论上的基础。[①]

笔者认为，将疫学的因果关系运用到惩治环境犯罪具有必要性和可行性。首先，该理论符合危害环境等公害犯罪发生的特点，其次，正如上述论者所言，疫学的因果关系以推测性判断作为桥梁对因果关系作间接证明，因而避开了传统因果关系认定中运用科学法则直接证明因果关系的存在所带来的认定上的困难，大大降低了证明的困难，因此适应了惩治环境犯罪之刑事政策的需要。最后，该理论与证据规则和证明理论并不矛盾。疫学因果理论所使用的推定是一种合理的推定，其排除合理矛盾符合刑事诉讼的证明标准，因为刑事诉讼法上的证明标准并不是要求案件的证明程度达到百分之百的客观真实，而是要求达到法律上的真实，刑事诉讼的证明标准只要是能够排除一切合理的矛盾即可。[②]

三、公司、企业资本制度与公司、企业领导人资本犯罪

公司、企业领导人资本犯罪与公司、企业资本制度紧密相关。我国《公司法》对注册资本的规定经历了一个曲折的变化过程，相应地公司、企业领导人资本犯罪的成立条件也随之发生着变化。

1. 公司、企业资本制度经历了从严格的法定资本制到分期缴纳的法定资本制的转变[③]

1993年《公司法》对注册资本实行的是严格的法定资本制，即有限责任公司、股份有限公司、上市公司的注册资本不得少于所规定的最低限额，而且有限责任公司的注册资本应当由股东一次足额缴纳各

① 庄劲：《从一起案例看传染病犯罪因果关系的司法认定》，载《中国刑事法杂志》，2003年第6期。

② 樊崇义：《客观真实管见——简论刑事诉讼证明标准》，载《中国法学》2000年第1期。

③ 赵旭东主编：《新旧公司法比较分析》，人民法院出版社2005年版，第111、118页。

自所认缴的出资额，股份有限公司的注册资本由发起人及社会公众全部认购并一次缴纳股款，经法定验资机构验资并出具证明，才能获准公司设立登记。这种严格法定资本确定制度具有明显的缺陷，表现在最低注册资本数额过高，导致公司设立门槛较高，不利于民间资本进入市场；注册资本一次缴足也易造成资金闲置和浪费；从公司登记管理情况看，根据公司经营的不同产业分别规定不同的最低注册资本实际意义不大。[①]为此，2005 年《公司法》降低了公司设立的门槛，表现为不再根据公司的不同产业类型规定有限责任公司的最低注册资本，而是统一将有限责任公司最低注册资本降为人民币 3 万元（法律、行政法规对有限责任公司注册资本的最低限额有较高规定的，从其规定）；将股份有限公司的最低注册资本由 1，000 万元、上市公司的 5，000 万元降至 500 万元（法律、行政法规对股份有限公司注册资本的最低限额有较高规定的，从其规定），并允许公司的全体发起人的首次出资额不得低于注册资本的 20%，即只要发起人缴足 100 万元，公司即可成立，这有利于公众投资者投资兴业；注册资本由股东一次全部认足并缴纳，改为有限责任公司的注册资本为在公司登记机关登记的全体股东认缴的出资额。公司全体股东的首次出资额不得低于注册资本的 20%，也不得低于法定的注册资本最低限额，其余部分由股东自公司成立之日起 2 年内缴足；其中，投资公司可以在 5 年内缴足（新《公司法》第 26 条第 1 款）。股份有限公司采取发起设立方式设立的，注册资本为在公司登记机关登记的全体发起人认购的股本总额。公司全体发起人的首次出资额不得低于注册资本的 20%，其余部分由发起人自公司成立之日起 2 年内缴足；其中，投资公司可以在 5 年内缴足（新《公司法》第 81 条第 1 款）可见，新《公司法》对注册资本实行的是分期缴纳的法定资本制。

由于公司法注册资本制度的改变，因而会对虚报注册资本罪的成立带来相应影响。首先，由于 1993 年《公司法》对公司设立门槛规定得较高，尤其是股份有限公司的设立几乎成为国有企业的奢侈品和专

① 刘俊海：《新〈公司法〉的制度创新》，载《法制日报》2005 年 11 月 1 日第 9 版。

利品，导致虚报注册资本犯罪案件大量发生。新《公司法》降低了公司设立门槛，虽说虚报注册资本行为不会踪影全无，但与先前相比，会大幅减少。[①]其次，有研究认为，新《公司法》改变了注册资本的出资时间，实行分期缴纳的法定资本制，只要股东或者发起人缴纳法定的首次出资额即可申请成立公司，注册资本仅仅是一种宣示作用或者确定首次出资额的参照作用，而且注册资本越高，意味着首次出资额缴纳得越多，成立公司的难度越大，即虚报注册资本成为无利反而有害的行为。在此情形下，行为人一般不会选择虚报注册资本，而会选择虚报首次出资额（即实收资本）。也就是说，新《公司法》使刑法典所规定的虚报注册资本罪基本处于“法律虚置”状态，取而代之的是虚报实收资本行为，而现行《刑法》对虚报实收资本行为尚处于规制的“真空”，因此，修订现行《刑法》就成为必然。为此，该学者建议，可以通过颁布刑法修正案的形式，对刑法典第158条做出修订。鉴于在公司成立后，存在增加注册资本申请变更登记时，可能存在虚报注册资本的情况，可以在刑法典第158条之后增加一条，规定虚报实收资本罪。[②]笔者认为，该学者体察到了新《公司法》注册资本制度的变化对虚报注册资本罪的影响。但笔者认为修订刑法没有必要，因为从实质上讲，行为人所缴纳的仍为注册资本，只不过不是全部的注册资本，而是部分注册资本，因而其虚报实收资本也就是虚报部分注册资本。该问题通过司法解释即可解决。

2. 公司、企业资本制度经历了从分期缴纳的法定资本制到较为彻底的认缴资本制的转变

2013年12月28日，第十二届全国人民代表大会常务委员会第六次会议审议通过了《关于修改〈公司法〉的决定》。这次《公司法》修改主要涉及三方面。第一，将注册资本实缴登记制改为认缴登记制。除法律、行政法规以及国务院决定对公司注册资本实缴另有规定的外，

---

① 李玉福、曲伶俐、王瑞洲、杨晓静著：《公司运作的刑法保障》，中国检察出版社2006年版，第124页。

② 曲伶俐：《新〈公司法〉下的虚报注册资本罪新论》，载《政法论丛》2006年第4期，第55页。

取消了关于公司股东（发起人）应当自公司成立之日起两年内缴足出资，投资公司可以在五年内缴足出资的规定；取消了一人有限责任公司股东应当一次足额缴纳出资的规定。公司股东（发起人）自主约定认缴出资额、出资方式、出资期限等，并记载于公司章程。第二，放宽注册资本登记条件。除法律、行政法规以及国务院决定对公司注册资本最低限额另有规定外，取消了有限责任公司最低注册资本 3 万元、一人有限责任公司最低注册资本 10 万元、股份有限公司最低注册资本 500 万元的限制；不再限制公司设立时股东（发起人）的首次出资比例；不再限制股东（发起人）的货币出资比例。第三，简化登记事项和登记文件。有限责任公司股东认缴出资额、公司实收资本不再作为公司登记事项。公司登记时，不需要提交验资报告。这次修法进一步降低了公司设立门槛，减轻了投资者负担，便利了公司准入，为推进公司注册资本登记制度改革提供了法制保障。[①]通过上述修改，实际上刑法典中虚报注册资本罪已经取消，而诸如虚假出资、抽逃出资罪也会发生实质性改变，[②]刑法立法一定会因公司法的上述修改而对资本犯罪作出根本性调整。

四、信息披露制度与违规披露、不披露重要信息罪

（一）信息披露制度的重要性

现代公司、企业财务制度、信息披露制度是保证公司、企业经济安全运行的一项重要制度。在《公司法》对公司资本制度作出根本性修改，不再将资本制度视作交易安全保障的重要制度的情况下，信息披露制度保障市场透明度与交易安全的制度价值无疑会凸显。在美国，安然公司的破产导致投资者数十亿资产的损失，其能够保持持续虚假

---

①《全国人大常委会通过关于修改〈公司法〉决定》，载 http://news.xinhuanet.com/legal/2013-12/31/c_125938705.htm。

② 笔者查阅北大法宝上的案例，截止到 2014 年 2 月 30 日，关于分则第三章第三节“妨害对公司、企业管理秩序罪”的一千多个案例，绝大多数为虚报注册资本罪以及虚假出资、抽逃出资罪，令人触目惊心。可以预料的是，随着相关制度的变革，今后这一情况必然会彻底改观。

盈利直至破产与安达信毁坏财务记录直接相关。直接导因于安然公司事件的萨班斯法案是一项针对商业领域公司丑闻不断而确立的重建公众信任、重建现代经济伦理的法案。它重在惩治和防范公司采取各种欺诈手段不履行信息披露义务，严重影响交易安全的行为。涉及刑事责任的三个法案基本上都是从欺诈着眼，审视公司经营过程中财务报表、资料的真实性、可靠性，通过加大公司信息披露的责任，增加公司运营的透明度，从而敦促公司合法经营。①我国也十分重视财务及信息披露制度的建设，《公司法》、《证券法》、《证券投资基金法》都对财会信息及其他信息披露作了规定；《上市公司信息披露管理办法》又对上市公司信息披露制度作了详细的规定。

（二）信息披露相关犯罪

我国刑法规定的信息披露方面的犯罪包括隐匿、故意销毁会计凭证、会计账簿、财务会计报告罪②，提供虚假证明文件罪③，出具证明文件重大失实罪④，违规披露、不披露信息罪，打击报复会计、统计人员罪等犯罪。⑤其中笔者将出具证明文件重大失实罪归为违反勤勉义务的犯罪，将隐匿、故意销毁会计凭证、会计账簿、财务会计报告罪，提供虚假证明文件罪，打击报复会计、统计人员罪归属于违反社会责任的犯罪。这里存在的疑问是《上市公司信息披露管理办法》将信息披露作为公司、企业领导人忠实、勤勉义务的内容。笔者认为，信息披露不仅涉及忠实义务和勤勉义务，更主要的是涉及社会责任。因为信息披露不仅涉及股东，更涉及社会公众。违反信息披露义务的具体行为，有的涉及的关系较为单纯，可以较为明确地划入某一义务

---

① 蒋熙辉：《美国 SARBANES-OXLEY2002 法案刑事责任条款研究》，载《中国法学》2003年第 5 期，

② 该罪是指隐匿或者故意销毁依法应当保存的会计凭证、会计账簿、财务会计报告，情节严重的行为。

③ 该罪是指承担资产评估、验资、验证、会计、审计、法律服务等职责的中介组织的人员故意提供虚假证明文件，情节严重的行为。

④ 该罪是指承担资产评估、验资、验证、会计、审计、法律服务等职责的中介组织的人员严重不负责任，出具的证明文件有重大失实，造成严重后果的行为。

⑤ 该罪是指公司、企业、事业单位、机关、团体的领导人，对依法履行职责、抵制违反会计法、统计法行为的会计、统计人员实行打击报复，情节恶劣的行为。

类别，有的较为复杂，同时涉及两种或者三种义务，此种情况下，我们一般是根据涉及的主要对象作出归类，能够归入社会责任的，我们一般是将其归入违反社会责任所涉及的犯罪，如违规披露、不披露重要信息罪，我们就将其主要归为违反社会责任的犯罪。下文重点对违规披露、不披露重要信息罪作一论述。

违规披露、不披露重要信息罪是在《刑法修正案（六)》中对原刑法典第 161 条规定的提供虚假财会报告罪作出相应的修改后所形成的罪名。

违规披露、不披露重要信息罪是指依法负有信息披露义务的公司、企业向股东和社会公众提供虚假的或者隐瞒重要事实的财务会计报告，或者对依法应当披露的其他重要信息不按照规定披露，严重损害股东或者其他人利益，或者有其他严重情节的行为。

本罪的客观方面表现为向股东和社会公众提供虚假的或者隐瞒重要事实的财务会计报告，或者对依法应当披露的其他重要信息不按照规定披露，严重损害股东或者其他人利益，或者有其他严重情节的行为。关于财务报告及其他重要信息的内容及披露要求，应根据《公司法》、《证券法》、《银行业监督管理法》、《证券投资基金管理法》、《会计法》、《注册会计师法》、《上市公司信息披露管理办法》、《金融违规行为处罚办法》等法律规章确定。

本罪的客体是复杂客体，不仅侵犯了国家对公司、企业的管理秩序，也侵犯了股东或者其他利益相关者的利益。

本罪的主体为特殊主体，即依法负有信息披露义务的公司、企业。根据上述公司法、证券法等法律规章规定，负有信息披露义务的公司、企业主要包括：发行人、上市公司、公司债券上市交易的公司或者其他信息披露义务人，银行、基金管理人、基金托管人和其他基金信息披露义务人，等等。但本罪不处罚公司、企业，仅处罚直接负责的主管人员和其他直接责任人员。根据上述相关法律规章的规定，这里的直接负责的主管人员和其他直接责任人员基本上限于公司、企业的董事、监事、高级管理人员。

本罪在主观方面表现为故意，包括直接故意和间接故意。即行为人明知自己提供虚假的或者隐瞒重要事实的财务会计报告，或者对依法应当披露的其他重要信息不按照规定披露的行为必然或可能会严重损害股东或者其他人利益而仍决意实施。过失不构成本罪。

在本罪认定中应注意罪与非罪、此罪与彼罪的界限。如下面的于某违规不披露重要信息案：

于某系江苏琼花高科技股份有限公司（以下简称江苏琼花）实际控制人。2006 年 11 月至 2008 年 11 月间，时任江苏琼花法定代表人、董事长的于某使用江苏琼花公章，以江苏琼花的名义，为明显不具有清偿能力的控股股东琼花集团等关联方提供 24 笔担保，担保金额共计人民币 16035 万元，占江苏琼花 2008 年 12 月 31 日经审计的净资产的 101.29%。其中，2007 年 11 月 1 日至 2008 年 10 月 31 日连续 12 个月的担保累计金额为 12005 万元，占江苏琼花 2008 年 12 月 31 日经审计的净资产的 75.83%。江苏琼花对上述担保事项未按规定履行临时公告披露义务，也未在 2006 年年报、2007 年年报、2008 年半年报中进行披露。截至 2009 年 12 月 31 日，琼花集团、于某均通过以股抵债或者用减持股票款方式向债权人清偿了全部债务，江苏琼花的担保责任已经解除。[①]

本案中，江苏琼花对依法应当披露的重要信息不按规定披露，担保金额达 1.6 亿余元，已经超过公司净资产，其中连续 12 个月的担保累计金额占净资产的比例远远超过 50%，而且连续 3 年对应当披露的重要信息不按照规定披露，属于情节严重行为，被告人于某作为江苏琼花的直接主管人员，其行为构成违规不披露重要信息罪。于某虽然有向明显不具有清偿能力的关联企业提供担保，行为形式上符合背信损害上市公司利益行为，但其违规担保的风险在公安机关立案前已全部化解，未给江苏琼花造成实际损失。因此，其行为不符合背信损害上市公司利益罪的构成特征，不构成该罪。

① 见《于在青违规不披露重要信息案》，载 http://www.pkulaw.cn/fulltext_form.aspx?Db=pfnl&Gid=119569847&keyword=&EncodingName=&Search_Mode=accurate，最后访问日期：2014 年 2 月 1 日。

五、税收犯罪问题

税收是政府财政收入的主要来源，是国家资本积累的基本形式。同时，作为重要的经济杠杆，税收还起着保持供需平衡、调节经济发展、监督经济活动、管理经济秩序的重要作用。当代社会，税收渗透于社会生活的各个领域。税收工作与国家政治经济密切相关，税收问题不仅是一个经济问题，也是一个政治问题。①

用刑事手段对严重危害税收征管的行为予以制裁，保证税收秩序，乃世界各国的通例。我国刑法典在分则第三章第六节专节规定“危害税收征管罪”，共规定了逃税罪、抗税罪等多个具体的税收犯罪罪名。

2008 年 1 月 1 日起实施的《企业所得税法》将国内企业适用的“企业所得税”和外资企业适用的“外国企业和外国投资企业所得税”合二为一，在中国的外资企业将与内资企业按照 25%的统一税率交纳企业所得税，并将与内资企业平等享受更侧重于产业结构优化的优惠税率政策。统一内外资企业所得税，使内外资企业处于平等竞争地位，是 WTO 组织非歧视规则的体现，对于进一步完善社会主义市场经济体制，为各类企业发展提供公平的竞争环境，创造统一的公平的税收制度，降低国内企业的税负，推动企业的发展，都具有重要意义。

笔者认为，新的《企业所得税法》将对税收犯罪产生一定程度的影响，具体说来，有以下几个方面：

第一，国内企业税率的降低将使逃税犯罪及其他犯罪有一定程度的降低。新的《企业所得税法》实施前，内资企业和外资企业所得税税率均为 33%。同时，对一些特殊区域的外资企业实行 24%、15%的优惠税率，对内资微利企业实行 27%、18%的二档照顾税率等，税率档次多，使不同类型企业名义税率和实际税负差距较大。全世界 159 个实行企业所得税的国家（地区）平均税率为 28.6%，我国周边 18 个

① 金人庆：《完善税制 加强征管 强化调控——关于社会主义市场经济条件下的若干税收问题》，载《人民日报》2000 年 4 月 20 日第 9 版。

国家（地区）的平均税率为26.7%。[①]比较起来，我国现行企业税负确实过重。税负较高成为企业逃税违法犯罪的一个直接诱因，比如，2005年全国税收收入与当年 GDP 之比仅为 15.8%，实际征收率这个变量导致名义税率与实际税率相差较大。名义税率与实际税率之间的空白地带，正是大量的逃税违法犯罪行为的栖身之所。过高的名义税率导致了一个非常严重的道德与法律后果：它让几乎所有人、所有企业都成为违法违规者，这种违法在很大程度上是由于法律本身不合理造成的。[②]而强化税收征管的结果只能是诚实、守法民众和企业的交税压力大幅度提高，而不诚实者可以轻易地逃税漏税，整个社会可能形成一种不尊重税法、设法逃税避税的心理与风气。[③]

“解铃还须系铃人”，新的《企业所得税法》将新的税率确定为25%，对内资企业要减轻税负，对外资企业也尽可能少增加税负，同时要将财政减收控制在可以承受的范围内，对比国际上尤其是周边国家（地区）的税率水平。全世界159个实行企业所得税的国家（地区）平均税率为28.6%，我国周边18个国家（地区）的平均税率为26.7%。草案规定的25%的税率，在国际上是适中偏低的水平，有利于提高企业竞争力和吸引外商投资。[④]也从一定程度上切除了税收及相关犯罪的诱因，有利于减少税收犯罪及相关犯罪的发生。

附：公司、企业领导人违反社会责任犯罪罪名（共146个罪名）

依刑法典分则条文的先后顺序，公司、企业领导人违反社会责任犯罪的罪名分别是；

刑法典分则第一章危害国家安全罪中（共1个罪名）：第107条资助危害国家安全犯罪活动罪。

刑法典分则第二章危害公共安全罪中（共1个罪名）：第139条之

① 金人庆：《关于〈中华人民共和国企业所得税法（草案）〉的说明——2007年3月8日在第十届全国人民代表大会第五次会议上》，载《人民日报》2007年3月9日第2版。

② 秋风：《税法不应诱人犯罪》，载《中国经营报》2006年10月23日第A12版。

③ 秋风：《税法不应诱人犯罪》，载《中国经营报》2006年10月23日第A12版。

④ 金人庆：《关于〈中华人民共和国企业所得税法（草案）〉的说明——2007年3月8日在第十届全国人民代表大会第五次会议上》，载《人民日报》2007年3月9日第2版。

一不报、谎报安全事故罪。

刑法典分则第三章破坏社会主义市场经济秩序罪中，第一节生产、销售伪劣商品罪中（共9个罪名）：第140条生产、销售伪劣产品罪，第141条生产、销售假药罪，第142条生产、销售劣药罪，第143条生产、销售不符合安全标准的食品罪，第144条生产、销售有毒、有害食品罪，第145条生产、销售不符合标准的医用器材罪，第146条生产、销售不符合安全标准的产品罪，第147条生产、销售伪劣农药、兽药、化肥、种子罪，第148条生产、销售不符合卫生标准的化妆品罪。

第二节走私罪中（共11个罪名）：第151条走私武器、弹药罪，走私核材料罪，走私假币罪，走私文物罪，走私贵重金属罪，走私珍贵动物、珍贵动物制品罪，走私国家禁止进出口的货物、物品罪；第152条走私淫秽物品罪，走私废物罪；第153条走私普通货物、物品罪；第154条走私普通货物、物品罪。

第三节妨害对公司、企业的管理秩序罪中（共9个罪名）：第158条虚报注册资本罪，第159条虚假出资、抽逃出资罪，第160条欺诈发行股票、债券罪，第161条违规披露、不披露重要信息罪，第162条妨害清算罪，第162条之一隐匿、故意销毁会计凭证、会计账簿、财务会计报告罪，第162条之二虚假破产罪，第164条对非国家工作人员行贿罪，对外国公职人员、国际公共组织官员行贿罪。

第四节破坏金融管理秩序罪中（共22个罪名）：第174条擅自设立金融机构罪，伪造、变造、转让金融机构经营许可证、批准文件罪；第175条高利转贷罪；第175条之一骗取贷款、票据承兑、金融票证罪；窃取、收买、非法提供信用卡信息罪；第176条非法吸收公众存款罪；第177条伪造、变造金融票证罪；第177条之一妨害信用卡管理罪；第178条伪造、变造国家有价证券罪；伪造、变造股票、公司、企业债券罪；第179条擅自发行股票、公司、企业债券罪；第180条内幕交易、泄露内幕交易信息罪；利用未公开信息交易罪；第181条编造并传播证券、期货交易虚假信息罪；诱骗投资者买卖证券罪；第182条操纵证券、期货市场罪；第185条之一背信运用受托财产罪；

违法运用资金罪；第 187 条吸收客户资金不入账罪；第 190 条逃汇罪；骗购外汇罪；第 191 条洗钱罪。

第五节金融诈骗罪中（共 6 个罪名）：第 192 条集资诈骗罪，第 193 条贷款诈骗罪，第 194 条票据诈骗罪、金融凭证诈骗罪，第 195 条信用证诈骗罪，第 198 条保险诈骗罪。

第六节危害税收征管罪中（共 14 个罪名）：第 201 条逃税罪，第 202 条抗税罪，第 203 条逃避追缴欠税罪，第 204 条骗取出口退税罪，第 205 条虚开增值税专用发票、用于骗取出口退税、抵押税款发票罪，第 205 条之一虚开发票罪，第 206 条伪造、出售伪造的增值税专用发票罪，第 207 条非法出售增值税专用发票罪，第 208 条非法购买增值税专用发票、购买伪造的增值税专用发票罪，第 209 条非法制造、出售非法制造的用于骗取出口退税、抵押税款发票罪，非法制造、出售非法制造的发票罪，非法出售用于骗取出口退税、抵扣税款发票罪，非法出售发票罪，第 210 条之一持有伪造的发票罪。

第七节侵犯知识产权罪中（共 6 个罪名）：第 213 条假冒注册商标罪，第 214 条销售假冒注册商标的商品罪，第 215 条非法制造、销售非法制造的注册商标标识罪，第 216 条假冒专利罪，第 217 条侵犯著作权罪，第 218 条销售侵权复制品罪。

第八节扰乱市场秩序罪中（共 10 个罪名）：第 211 条损害商业信誉、商品声誉罪，第 212 条虚假广告罪，第 223 条串通投标罪，第 224 条合同诈骗罪，第 224 条之一组织、领导传销活动罪，第 225 条非法经营罪，第 226 条强迫交易罪，第 228 条非法转让、倒卖土地使用权罪，第 229 条提供虚假证明文件罪，第 230 条逃避商检罪。

刑法典分则第四章侵犯公民人身权利、民主权利罪中（共 7 个罪名）：第 244 条强迫劳动罪，第 244 条之一雇用童工从事危重劳动罪，第 250 条出版歧视、侮辱少数民族作品罪，第 253 条私自开拆、隐匿、毁弃邮件、电报罪，第 253 条之一出售、非法提供公民个人信息罪，非法获取公民个人信息罪，第 255 条打击报复会计、统计人员罪。

刑法典分则第五章侵犯财产罪中（共 2 个罪名）：第 273 条挪用特定款物罪，第 276 条之一拒不支付劳动报酬罪。

刑法典分则第六章妨害社会管理秩序罪，其中第一节扰乱公共秩序罪中（共 1 个罪名）：第 304 条故意延误投递邮件罪。

第二节妨害司法罪中（共 1 个罪名）：第 312 条掩饰、隐瞒犯罪所得、犯罪所得收益罪。

第五节危害公共卫生罪中（共 3 个罪名）：第 330 条妨害传染病防治罪，第 332 条妨害国境卫生检疫罪，第 337 条妨害动植物防疫、检疫罪。

第六节破坏环境资源保护罪中（共 14 个罪名）：第 338 条污染环境罪，第 339 条非法处置进口的固体废物罪，擅自进口固体废物罪，第 340 条非法捕捞水产品罪，第 341 条非法猎捕、杀害珍贵、濒危野生动物罪，非法收购、运输、出售珍贵、濒危野生动物、珍贵、濒危野生动物制品罪，非法狩猎罪，第 342 条非法占用农用地罪，第 343 条非法采矿罪，第 344 条非法采伐、毁坏国家重点保护植物罪，非法收购、运输、加工、出售国家重点保护植物、国家重点保护植物制品罪，第 345 条盗伐林木罪，滥伐林木罪，非法收购、运输盗伐、滥伐的林木罪。

第七节走私、贩卖、运输、制造毒品罪中（共 4 个罪名）：第 347 条走私、贩卖、运输、制造毒品罪，第 350 条走私制毒物品罪，非法买卖制毒物品罪，贩卖毒品罪。

第八节组织、强迫、引诱、容留、介绍卖淫罪中（共 5 个罪名）：第 358 条组织卖淫罪，强迫卖淫罪，协助组织卖淫罪，第 359 条引诱、容留、介绍卖淫罪，引诱幼女卖淫罪。

第九节制作、贩卖、传播淫秽物品罪中（共 4 个罪名）：第 363 条制作、复制、出版、贩卖淫秽物品牟利罪，第 364 条传播淫秽物品罪，组织播放淫秽音像制品罪，第 365 条组织淫秽表演罪。

刑法典分则第七章危害国防利益罪中（共 6 个罪名）：第 370 条故意提供不合格武器装备、军事设施罪，过失提供不合格武器装备、军事设施罪，第 375 条非法生产、买卖武装部队制式服装罪，伪造、盗窃、买卖、非法提供、非法使用武装部队专用标志罪，第 380 条战时拒绝、故意延误军事订货罪。

刑法典分则第八章贪污贿赂罪中（共 8 个罪名）：第 387 条单位受贿罪，第 389 条行贿罪，第 391 条对单位行贿罪，第 392 条介绍贿赂罪，第 393 条单位行贿罪，第 395 条巨额财产来源不明罪，隐瞒境外存款罪，第 396 条私分国有资产罪。

刑法典分则第九章渎职罪中（共 2 个罪名）：故意泄露国家秘密罪和过失泄露国家秘密罪。

第七章

公司、企业领导人的刑事责任与公司、企业的刑事责任

【概要】正确区分公司、企业领导人刑事责任与公司、企业刑事责任的界限具有重要的意义。两者界分的基础在于对两者属性的认识，界分的关键点是对规定了两罚制的公司、企业领导人违反社会责任犯罪之单位责任与个人责任的认定。公司、企业意志还是公司、企业领导人个人意志的认定对公司、企业领导人刑事责任与公司、企业刑事责任的界分具有重要的意义。应注意区分下列界限：公司、企业法意义上的公司、企业与刑法意义上的公司、企业；单位犯罪主体资格否认下的公司、企业与其领导人的刑事责任；一人公司中的公司、企业与其领导人的刑事责任；单位实施只能由自然人构成之犯罪情形下的公司、企业与其领导人的刑事责任。

关键词：公司、企业　领导人　刑事责任　界分

公司、企业领导人刑事责任与公司、企业刑事责任之间天然地存在着联系，对两者作出区分也具有重要意义。一是对两者界限的认识有助于加深对公司、企业领导人刑事责任本身性质、特性的认识。二是两者界限的厘清有助于正确评定公司、企业领导人的刑事责任。因

为，从整体上看，单位犯罪的刑事责任轻于个人犯罪，具体表现在：第一，单位犯罪定罪数额起点高，一般为自然人犯罪数额的2至5倍，即单位犯罪构成犯罪的门槛较高，其入罪起点高于自然人犯罪；第二，在个人和单位都可独立成为犯罪主体的罪名中，单位犯罪的直接责任人员的法定刑通常轻于自然人犯罪的法定刑，如按照刑法典第390条和第393条的规定，自然人犯行贿罪的场合，最高法定刑为无期徒刑，单位犯本罪的，对自然人最高则只能判处5年的有期徒刑；第三，单位犯罪必须以刑法分则有特别规定为前提，即“法律规定为单位犯罪的”，才应当负刑事责任，而个人犯罪无须刑法分则作出特别规定。正因如此，司法实践中，单位犯罪已经成为对被告从轻定罪量刑的一个思路，这不仅是辩护思路，有时还往往是起诉和审判中的思路。其中不乏存在通过认定单位犯罪（否定自然人犯罪）或否定单位犯罪（认定自然人犯罪）来平衡责任人罪责的情况。①如此一来，是否成立公司、企业犯罪，是公司、企业刑事责任还是公司、企业领导人个人责任于刑事责任的承担而言便具有明显的差别，具有不同的意义，

公司、企业领导人刑事责任与公司、企业刑事责任的界限问题，实际上就是，对于公司、企业领导人违反忠实义务、勤勉义务、社会责任这三项义务的犯罪特别是违反社会责任的犯罪而言，当表象呈现为公司、企业领导人个人犯罪的形态之后，这一犯罪到底是公司、企业领导人个人犯罪还是公司、企业犯罪？或者确定为公司、企业犯罪后，如何确定直接责任人员的范围？②对这些问题的不同回答涉及刑事责任承担的不同主体、形式和程度，对行为人而言关系重大，因而正确区分两者的界限也就具有重要的意义。

本章即从公司、企业领导人刑事责任与公司、企业刑事责任两者界分的基础、关键点、理论争议以及两者界分的具体问题等方面对两者界分的相关问题加以探讨。

---

① 林荫茂：《单位犯罪理论与实践的冲突》，《政治与法律》2006年第2期，第39页。

② 当然，从刑法典的规定来看，某些情况下不成立单位犯罪也会存在直接责任人员的确定问题。

第一节　公司、企业领导人的刑事责任与公司、企业的刑事责任界分的基础

要界分公司、企业领导人的刑事责任与公司、企业的刑事责任，首先应该从静态角度对两者的性质、属性作出准确的认识与区分，这是两者刑事责任界分之基础。

从前文的论述可知，本论著公司、企业领导人的刑事责任是指公司、企业领导人因严重违反其所应负的积极义务，即忠实义务、勤勉义务、社会责任所应承担的刑法的否定性评价和负担。那么，公司、企业的刑事责任的性质是什么呢？按照本论著对于刑事责任等概念的理解，公司、企业的刑事责任也应该是公司、企业因违反其自身所应负的积极义务而须承担的刑法上的否定性评价与负担。因此要准确把握公司、企业刑事责任的性质，关键的问题是确定公司、企业所负有的积极义务，也即公司、企业这一组织体的社会角色义务。

从法律的规定而言，公司法明文规定了公司应承担社会责任，社会责任自然是公司、企业的积极义务，这一点前文业已论及。因此，公司、企业刑事责任理应包括公司、企业违反社会责任的刑事责任在内，公司、企业刑事责任首先是公司、企业违反社会责任而须承担的刑法上的否定评价与负担。

从公司、企业刑事责任的产生发展史观察，公司、企业刑事责任实际上就是因应公司、企业社会责任的强化而出现的。随着法人制度的建立以及公司、企业经济的迅猛发展，公司、企业的角色已经不仅仅是一种媒介和一种工具性的设置，个人社会转变成了法人社会，公司、企业成了“扩大的个人，缩小的社会”。由此，如何更有效地控制公司、企业经济所带来的负面问题引起了各学科的思考，法学界对传统刑法理论的局限性开始反思。公司、企业社会责任的提出，给这样的思考和反思提供了一个契机。法学家首先即用侵权法中的法人替代责任，论证公司法人为其代理人犯罪行为承担刑事责任的正当性，然

后又以同一原则论证了公司法人管理者的职务行为即可视为法人本身的行为。在英美法中，公司刑事责任实质就是响应公司社会责任思想的兴起而提出的一项法律制度安排，是国家通过制度化的、可诉性的公法责任制度控制公司法人滥用企业权利，以公法性质的刑事责任给企业道德设定最低的底线，将企业道德法律化，同时给企业权力设定边界，防止企业权力的滥用。①

因此，本论著将公司、企业的刑事责任主要定位或者定义为公司、企业违反自身所应担当的社会责任而须承担的刑法上否定性评价与负担。

比较公司、企业领导人刑事责任与公司、企业刑事责任的属性，可以看到，作为刑事责任基础的两者所违反的积极义务或刑事义务既存在不同，也存在关联。一方面，公司、企业领导人刑事责任的刑事义务是忠实义务、勤勉义务与社会责任，而公司、企业刑事责任的刑事义务只是社会责任。因此，从属性层面分析，两者明显存在不同，即公司、企业刑事义务不包括忠实义务、勤勉义务的问题。另一方面，两者又存在关联之处，即两者在违反社会责任方面性质是相通的。那么，就两者的属性观察，在对公司、企业领导人刑事责任与公司、企业刑事责任进行界分时，一般而言，遇到违反忠实义务犯罪与违反勤勉义务犯罪时，两者的界限会相对清晰，而违反社会责任犯罪或者刑事责任应是区分两者的难点所在。

第二节 公司、企业领导人的刑事责任与公司、企业的刑事责任界分的关键点

在某一犯罪刑法典并没有规定单位犯罪的情况下，公司、企业领导人处于该罪自然人犯罪主体范围的（包括身份犯的情况），就存在构

① 王挺、陈晓：《论上市公司的刑事责任——以公司社会责任为视角》，载《中国人民公安大学学报》（社会科学版）2008 年第 2 期；丛培国：《论企业的社会责任——从企业的刑事责任角度》，载《北京论坛（2007）文明的和谐与共同繁荣——人类文明的多元发展模式："全球化趋势中跨国发展战略与企业社会责任" 法学分论坛论文或摘要集（下）》，第 616 页。

成该罪的可能，此时没有必要区分公司、企业犯罪与公司、企业领导人犯罪，径直依照刑法典规定对公司、企业领导人的罪与罚作出认定即可。[①]

对于刑法规定为纯粹单位犯罪的罪名而言，在规定代罚制的情况下，也没有区分公司、企业犯罪与公司、企业领导人犯罪的必要；在规定两罚制的情况下，关键是确定公司、企业领导人是否直接责任人员（主要是直接负责的主管人员）。

对于规定自然人与单位均可构成的犯罪，就典型地存在公司、企业领导人犯罪与公司、企业犯罪的界分问题。而一旦确定为公司、企业犯罪的情况下，问题还是会部分回归到上述的确定公司、企业领导人是否直接责任人员（主要是直接负责的主管人员）的问题。

因而，在下面两种情形之下才存在公司、企业领导人刑事责任与公司、企业刑事责任之界分问题：一是自然人与单位均能构成的犯罪之中的两者界分问题，二是规定了两罚制的单位犯罪中的直接责任人员（主要是直接负责的主管人员）的认定问题。

具体到本论著所研究的主题，由于笔者所研究的公司、企业领导人的刑事责任有自己特定的内涵，即是指公司、企业领导人违反忠实义务、勤勉义务、社会责任构成犯罪、承担刑事处罚的情形，基于前面对违反三项义务刑事责任的研究，由于违反忠实义务犯罪中除了背信损害上市公司利益罪、违法发放贷款罪可由单位构成外，其余均为纯粹的自然人犯罪，即只是公司、企业领导人构成的违反忠实义务的犯罪，仅需公司、企业领导人承担相应的责任。因此对于该类犯罪而言，基本上不存在公司、企业领导人刑事责任与公司、企业刑事责任的区分问题。公司、企业领导人违反勤勉义务犯罪主体也绝大多数都是自然人。只有其中的工程重大安全事故罪和采集、供应血液、制作、供应血液制品事故罪，出具证明文件重大失实罪为单位犯罪，因而该类犯罪也基本上不存在公司、企业领导人与公司、企业的刑事责任的区分问题。由公司、企业领导人违反社会责任犯罪的性质所决定，该

① 即刑法规定为纯粹自然人犯罪的，不存在个人犯罪和单位犯罪的区分问题。

类犯罪中除不报、谎报事故情况罪等少数几个犯罪是单纯自然人犯罪外，140 多个犯罪绝大多数都是纯粹的单位犯罪，或者是自然人和单位均能构成的犯罪，而且罪过形式既有故意也有过失，因而该类犯罪大多需要区分公司、企业领导人犯罪与公司、企业犯罪的界线，是研究两者区分界限的重点部分所在，也是研究两者区分的比较好的标本。从某种意义而言，公司、企业犯罪就是公司、企业及其领导人违反社会责任犯罪，区分公司、企业犯罪与公司、企业领导人犯罪之界限实际上就是认定公司、企业违反社会责任犯罪与公司、企业领导人违反社会责任犯罪的界限问题，也即是具体认定公司、企业及其领导人违反社会责任犯罪的问题。

综上所述，公司、企业领导人刑事责任与公司、企业刑事责任的界分，实际上主要就是规定了两罚制的纯粹单位犯罪或者自然人与单位均能构成的犯罪中，公司、企业犯罪与公司、企业领导人违反社会责任犯罪的区分问题，或者也可以说主要是在上述犯罪中是否成立公司、企业违反社会责任之单位犯罪的问题。

第三节　公司企业领导人的刑事责任与公司、企业的刑事责任界分的理论争议

一、争议观点

公司、企业领导人犯罪与公司、企业犯罪区分问题最后一般要归结到，当从外部观察，发生了需要以刑法评价的危害行为或者后果时，该行为或者后果是否成立公司、企业的单位犯罪，以及成立或者不成立公司、企业犯罪后公司、企业领导人是否成立犯罪，是否承担刑事责任的问题。其中主要是是否成立公司、企业的单位犯罪问题。

在该问题上，存在三种见解：第一，“单位名义”和“违法所得去向”并重说。这是司法实践中的普遍看法。1999 年 6 月 25 日最高人

民法院《关于审理单位犯罪案件具体应用法律有关问题的解释》第3条规定:"盗用单位名义实施犯罪,违法所得由实施犯罪的个人私分的,依照刑法有关自然人犯罪的规定定罪处罚。"2001年1月21日最高人民法院《关于全国法院审理金融犯罪案件工作座谈会纪要》规定:"以单位名义实施犯罪,违法所得归单位所有的,是单位犯罪。"两个规定从正反两个方面明确表示,在区分单位犯罪与自然人犯罪的时候,关键看是不是"以单位名义实施犯罪",并且"犯罪所得是不是归单位所有"。如果不是的话,就不能构成单位犯罪,而只能是自然人犯罪。第二,"为了单位利益"和"单位集体决定或者负责人决定"并重说。即单位犯罪就是公司、企业事业单位、机关、团体为本单位谋取非法利益,经单位集体决定或负责人决定实施的危害社会的行为。[①] 第三,单位意思说。该观点认为区分单位犯罪和自然人犯罪的关键在于,看在单位业务活动中发生的违法行为到底是单位自身的意思还是作为单位成员的自然人意思的体现。只有属于单位意思体现的场合,才可能被认定为单位犯罪。[②]

笔者原则上赞同上述第三种观点。不过本人认为,第三种观点之"意思"应该表述为"意志"更为确切。因此,认定是公司、企业意志还是公司、企业领导人意志对认定是个人犯罪还是公司、企业犯罪具有重要的意义。公司、企业犯罪和公司、企业领导人个人犯罪尽管都是由个人去具体实施的,但其本质上是不同的,其根本区别就在于,公司、企业犯罪是在公司、企业意志支配下实施的,行为人的行为是公司、企业自身意志的体现;而公司、企业领导人个人犯罪则是在其个人意志支配下实施的,体现的是其个人意志。上文所谓的"单位名义"、"违法所得去向"、"为了单位利益"、"单位集体决定或者负责人决定"等都只不过是判断是否体现公司、企业意志的一个依据,而非

① 侯国云等著:《新刑法疑难问题解析与适用》,中国检察出版社1998年版,第177页;何泽宏:《单位犯罪研究》,载《现代法学》,1998年第1期;贾宇主编:《刑法学》,中国政法大学出版社2009年版,第103页;黎宏:《单位犯罪与自然人犯罪的界限探讨》,载《首届企业家刑事风险防控与经济发展高端论坛会议文集》,第146-151页。

② 黎宏:《单位犯罪与自然人犯罪的界限探讨》,载《首届企业家刑事风险防控与经济发展高端论坛会议文集》,第145-155页。

公司、企业意志本身，因而也就不能成为区分公司、企业刑事责任与公司、企业领导人刑事责任界限的根本标准。两者区分的根本标准只能是行为是否体现了公司、企业的整体意志。

二、公司、企业意志的判断

笔者认为，在考察某一行为是否体现公司、企业意志时，可以从两个方向去判断。

（一）通过公司、企业成员行为的考察

公司、企业中的领导人或者其他成员在生产、经营中的相关行为明显构成犯罪，此时需考察这些领导人或者成员的行为是否体现了公司、企业的意志，如果体现了公司、企业的意志，就是公司、企业犯罪，否则即是公司、企业领导人或者其他成员个人犯罪。

归属于公司、企业意志的情况一般包括：（1）如果公司、企业代表机关或者决策机构组成人员集体研究决定的公司、企业事项构成犯罪，此时即形成公司、企业意志，成立公司、企业犯罪。参与集体研究决定的每一个公司、企业领导人的意志和行为均可归于公司、企业，其遵循研究决定而实施的意志和行为是公司、企业的意志和行为，而非公司、企业领导人个人的意志和行为。但是，对集体研究决议明确表示反对，会后也未参与具体行为实施的公司、企业领导人不应对公司、企业犯罪负刑事责任。（2）虽未经过集体研究决定，公司、企业的代表人或主管人命令、指挥、默认或决策失误，因而导致其组成人员的自然人实施某种“法律规定为单位犯罪”的情形时，如果公司、企业的制度并不排斥公司、企业代表人如此行为，此时公司、企业代表人的行为仍直接归于公司、企业。如果公司、企业的制度排斥公司、企业代表人如此行为，但之所以产生这样的行为，是因为单位管理上有漏洞，使公司、企业代表人有隙可乘，此时仍要考虑公司、企业作为监督者的过失责任。因此，上述两种情况都可能被认定为体现公司、企业意志，成立公司、企业犯罪。如果从政策、制度、管理等各个方面公司、企业均对该行为作了防范和禁止，此时可不认定公司、企业犯罪，而是仅作为公司、企业代表人个人行为，以个人犯罪处理。(3)在公司、企业代表机关成员或主管人员毫不知情的情况下，其下级一般人员实施了某种“法律规定为单位犯罪”的情形而必须追究公司、企业自身的过失责任的情况。例如，公司、企业的一般从业人员在生产操作过程中，由于业务不熟练而将未经处理的污水排入河流，造成大面积的水体污染，给人民生命财产造成重大损失的便属此种情况。这时候，由于公司、企业本身并没有主动参与其组成人员的犯罪行为，因此，应否追究公司、企业自身的刑事责任便成问题。在这一点上，日本“两罚规定”中的单位的选任、监督责任理论认为，作为企业主的单位对于作为其代理人、使用人及其他从业人员的自然人具有防止其实施违法行为的选任、监督上的义务。在单位没有采取有效的选任、监督措施，从而导致其从业人员在履行单位业务的过程中实施了应当受到法律处罚的犯罪行为时，就得追究单位自身的刑事责任。单位正是在这一点上负有责任，所以不得不处罚单位。但是，如果单位能证明它为防止从业人员的违法行为已尽了相当的注意和监督责任时，单位不受处罚。[①]因为处罚单位而涉及对作为直接责任人员的公司、企业领导人的刑事处罚，故此，可以认为，在该种情况下，是公司、企业监督责任向公司、企业领导人监督责任一定程度的转移。这种刑事责任考察的方法是以公司、企业一般人员的行为为导引，以整体的公司、企业监督责任为核心和重点，以公司、企业领导人责任为重要因素的一种整体考察方法，其特点是偏重对公司、企业自身责任的强调。因此，尽管这种情况是立足于个人行为去考察，或者说是由个人行为而引发的考察，但其考察内容的重点却是要放在公司、企业本身，从公司、企业治理机制、业务活动的政策、制度、管理、规定或操作习惯等各方面去考察公司、企业领导人的意志和行为与公司、企业的意志和行为的关系问题。

---

① 黎宏：《单位犯罪的若干问题新探》，载《法商研究》2003 年第 4 期，第 48-49 页。黎宏教授指出，在我国，通常只承认前一种情况的单位犯罪，即将单位领导的故意或过失转嫁给单位自身，并因此而追究单位自身行为责任的情况；而对后一种情况，即追究单位监督过失责任的情况，则完全没有论及。这应当说是我国单位犯罪研究中的一大缺憾。笔者深以为然。

就中国的情况而言，一般来讲，我国考察单位犯罪之着眼点在于对单位自然人行为之考察，对单位自然人的行为作出能否代表单位的性质认定，从而判断单位是否构成了犯罪。[①]特别是对于监督过失的判定而言，此时我们实际上是跳过公司、企业的监督过失责任而直接考量公司、企业领导人是否具有监督过失责任。一旦确定作为直接主管的公司、企业领导人具有监督过失，其必然要负刑事责任，这是以公司、企业领导人未对公司、企业一般人员尽到监督职责作为解释公司、企业领导人刑事责任的根据。

（二）立足于公司、企业本身的考察

上述考察公司、企业犯罪的方法论自有其道理。可以说，迄今为止的法人犯罪或者单位犯罪的基础理论，都绕不开法人或者单位与其成员的关系问题。从法人犯罪的概念诞生之日起，它也一直就面临着如何调整自己同刑法中的责任原理之间的关系问题。[②]美国法院在法人刑事责任的认定中，经常使用两个基本原理：一个是从民事不法行为法中引入并为联邦法院和多数州法院所采用的上级责任原理。根据此原理，在法人的业务中，包括法人最下级成员在内的代理人在其职务范围内为了法人利益的行为和主观要素，均毫无例外地归于法人自身。这一原理到现在为止，仍维持其最初形式，并对近年来的联邦刑法修改事业产生了较大影响；另一个是由 1962 年的《模范刑法典》所提倡的同一视原理，据此原理，只有与法人代理人的犯罪行为有实质关系的法人董事会成员及其他高级管理人员的主观意思才能归于法人自身。上级责任原理和同一视原理尽管在形式上存在较大区别，但在首先确定法人中的特定的自然人的行为和意思，然后考虑将此行为和意思视为法人自身的行为和意思并以此为基础追究法人的刑事责任，即让法人对其成员的犯罪负替代责任这一点上则是完全一致的。[③]这

① 有学者认为，现有的单位犯罪刑事责任基本上尚未脱离以个人责任为核心的传统刑法理论的分析框架，也没有立足于单位本身来解释、认定单位刑事责任。周振杰著：《比较法视野中的单位犯罪》，中国人民公安大学出版社 2012 年版，第 36 页。

② 黎宏著：《单位刑事责任论》，清华大学出版社 2001 年版，第 142 页。

③ 黎宏著：《单位刑事责任论》，清华大学出版社 2001 年版，第 26、37 页。

些原则均强调公司意志对个人意志的依赖，按照这一原则确定公司的主观罪过必须找出一个特定的具有主观罪过的自然人。

然而长期的司法实践和研究表明，一个公司、企业复杂的组织结构和责任关系使得找出这样一个自然人充满了难度，甚至不可能。于是，美国很多学者主张从组织整体的角度来考察公司的主观罪过，强调公司自身情况对形成公司意志的影响，认为公司意志虽来源于自然人但又不完全依赖于自然人。反映这些观点的理论主要有：集体认识理论、法人文化责任论和公司政策论等。集体认识理论在司法实践中经常被运用，它以公司全体雇员的集体认识来确定公司的主观罪过；法人文化责任论认为，公司的内部结构、政策、补偿措施、对员工的监督机制等因素构成了公司文化，公司文化可能会鼓励代理人犯罪；公司政策论则通过考察公司政策是否违法，是否将导致其代理人行为违法，或者公司是否默许了其代理人的违法行为，来确定公司是否具有主观罪过。[①]可以说，从世界大多数国家法人犯罪责任原理之理论的发展看，法人制裁原理正从代位责任原理向追究法人自身的组织体责任原理转变。不以法人中的自然人行为为中介而直接追究法人刑事责任的方法标志着人们已开始探索追究和自然人不同性质的法人固有的刑事责任。从促进法人自身的防止犯罪的活动来看，这种方法具有价值。[②]

我国有学者体察到了法人责任理论的这种变化，如就单位过失来讲，在我国，学者们通常认为单位犯罪的过失是指单位决策机关或负责人的决策过失。但现在有学者指出，上述过失可以说是特定过失，但不应忽视单位犯罪中存在的非特定过失。该学者认为，在现代社会中，法人团体是具有独立于组成法人的某一具体成员的思想和行为或某一部分财产之外的“由职务（而不是个人）组成的系统”。在这个系统中，作为法人，它有一套由其经营者在长期的经营管理过程中所提炼和培养出来的、适合本法人特点的经营管理方式，为法人所认可的

① 卢林：《公司犯罪论——以中美公司犯罪比较研究为视角》，吉林大学2006年博士学位论文。

② 黎宏著：《单位刑事责任论》，清华大学出版社2001年版，第150-151页。

特有的价值观念、行为规范及奖惩规则。这些东西是法人作为拟制的“人”的人格的具体体现，并影响到每一个法人成员的行动。因此，身处其中的单位决策成员在日常的管理工作中，必然会受到上述“企业文化”及企业规模、追求利润的原动力因素的影响。如果单位的“企业文化”等自身的因素带有缺陷，干扰和影响了决策成员的判断，致使其管理失误，这些失误日积月累，最后构成整个单位内部管理系统对其注意义务的集合的违反，机关每一个决策成员可能没有明显的触犯法律的过失，但由于这种违反注意义务的过失导致决策成员以外的其他工作人员过失造成危害社会的结果，所以单位本身难辞其咎。虽然决策成员自身的素质可能对管理失误起一定的负面作用，但如果有证据表明单位自身的负面因素占更大的比例的话，单位无疑要对危害社会的结果承担过失责任，而这种责任就是单位本身固有的责任，这才是单位应负刑事责任的本质。[①]有的学者将该种过失称为监督过失，并认为，单位的监督过失，并不是只要单位的从业人员实施了犯罪行为，单位就应当负责的结果责任，而是一种推定的过失责任。当有足够的证据表明单位对其组成人员的业务上的行为已尽到了适当的监督义务时，就可以免除其刑事责任。单位是否尽到了其监督责任，不是从单位代表机关或个人是否身体力行地履行了监督义务方面来考虑，而应当从单位是否建立了有效的监督体制，并且该监督体制是否在有效地发挥作用来考虑。换句话说，应当从单位组织体自身的制度、结构、政策等方面的客观情况来考虑单位是否具有监督上的过失责任。[②]

笔者认为，就我国单位犯罪理论来讲，理应以全球视野考察世界范围内的法人犯罪理论发展的趋势，深思我们设置诸多单位犯罪的目的，在考察公司、企业领导人刑事责任与公司、企业刑事责任之界分时，将考察视角从单位中的自然人视角向单位自身视角的适度转向，注重公司、企业治理结构与机制的考察。如此，才能应对公司、企业及其领导人犯罪的新形势，才能更好地治理与预防公司、企业及其领

① 吴海涛：《试论单位犯罪的主客观要件问题——借鉴英国刑法中法人过失杀人罪的判例》，载《贵州警官职业学院学报》，2002 第 1 期，第 9-14 页。

② 黎宏著：《单位刑事责任论》，清华大学出版社 2001 年版，第 304 页。

导人犯罪问题，也才能真正达到公司、企业领导人刑事责任与公司、企业刑事责任界分的目的。

第四节　公司、企业领导人的刑事责任与公司、企业的刑事责任界分的具体问题

一、单位犯罪主体资格否认下的公司、企业刑事责任与公司、企业领导人刑事责任

根据相关司法解释的规定，个人为进行违法犯罪活动而设立的公司、企业、事业单位实施犯罪的，或者公司、企业、事业单位设立后，以实施犯罪为主要活动的，不以单位犯罪论处。①这就是刑法适用中的单位犯罪主体资格否认。②由于我国刑法对单位犯罪规定的刑事责任轻于个人犯罪，因而单位犯罪主体资格否定的主要目的与直接后果之一便是加重了涉案自然人的刑事责任。

毫无疑问，单位犯罪主体资格否认是在对单位犯罪否认的基础上，由自然人完全承担通常情况下应由自然人和单位共同承担的刑事责任。对于公司、企业及其领导人而言，在单位犯罪主体资格否认的情况下，便不再考虑公司、企业构成犯罪的情况，而只考虑公司、企业领导人刑事责任的承担问题。

单位犯罪主体资格否认并不意味着单位主体资格的否认，即是说，在单位是公司、企业主体的情况下，公司、企业犯罪主体资格否认并不意味着对于公司、企业法意义上的公司、企业资格的否认，此时公司、企业仍是公司、企业，尽管不具有承担刑事责任的主体资格，但其仍具有以公司、企业身份从事正当民商事行为的资格。这是由民商

---

① 见最高人民法院《关于审理单位犯罪案件具体应用法律有关问题的解释》[法释 14 号]。

② 有研究者认为这是单位人格否定或者单位人格的消极定罪功能，并认为这种通过否定单位人格来否定单位犯罪的做法，是运用单位人格理论区分单位犯罪和自然人犯罪最直接最有效的方法，杜文俊著：《单位人格刑事责任研究》，黑龙江人民出版社 2008 年版，第 91-92 页。

事法律与刑事法律所具有的不同目的所决定的。不能以公司、企业承担刑事责任的缘故而随意剥夺其民商事权利，这一点也应是对于公司、企业及其领导人犯罪的刑事政策所要考虑的问题。

与单位犯罪主体资格否认相关的一个概念是公司法人格否认。根据现行《公司法》的规定，所谓公司人格否认，是指公司股东滥用公司法人独立地位和股东有限责任来逃避债务，严重损害债权人利益时，债权人可以越过公司的法人资格，直接请求滥用公司人格的股东对公司债务承担连带责任的法律制度。公司法人格否认又称“刺破公司面纱”或“揭开公司面纱”，设立该制度的目的在于阻止公司独立人格的滥用，维护公司债权人利益及社会公共利益。就具体法律关系中的特定事实，否认公司与其背后的股东各自独立的人格及股东的有限责任，责令公司的股东（包括自然人股东和法人股东）对公司债权人共同利益直接负责，以实现公平、正义目标之要求。它已发展为英美法系和大陆法系共同认可的维系公司法人人格制度的一项原则。公司法人格否认法理的适用，虽然表现为无视公司的独立人格，揭开公司的面纱，让公司背后者股东站出来对公司债务负责，但从实质上分析，该法理的适用结果不外乎公司股东有限责任的一种排除，或言之为股东有限责任的例外。这种例外规则的存在，并未否定或削弱股东有限责任制度，相反是对股东有限责任制度的一种维护和补充。[①]公司法人格否认的本质在于“不对该公司的存在给予全面否定；而是在承认其法人存在的同时；只就特定事件否定其法人格的机能；将公司与其股东在法律上视为同一体”[②]

公司法人格否认的原因在于滥用公司人格。滥用公司人格是指滥用公司法人独立地位和股东有限责任，逃避债务，其表现大致如下：（1）虚假出资、不实出资、公司资本显著不足。公司财产是公司承担责任的基础，也是公司取得独立人格的前提之一。而前述三种行为使公司先天不足，通常可以构成公司人格否认的理由。（2）抽逃出资。

① 朱慈蕴著：《公司法人格否认法理研究》，法律出版社 1998 年版，第 75 页。

② [日]森本滋著：《所谓法人格否认法理的再研究》，载《私法》第 36 号，有斐阁 1974 年版，第 124 页；朱慈蕴著：《公司法人格否认法理研究》，法律出版社 1998 年版，第 94 页。

即在公司成立后，抽逃公司注册资本，使公司成为“空壳”，以逃避债务。（3）利用公司重组、改制和分割的机会，转移财产，逃避债务。（4）大股东欠款、公司怠于催讨致使超过了诉讼时效，实际上起到了转移财产的作用。（5）通过关联交易，转移公司利润和财产，等等。[①]

公司法人格否认只是股东有限责任的否认，而并非对公司、企业资格的否认，换言之，在发生公司法人格否认时，公司、企业仍然是公司、企业；但在单位犯罪主体资格否认的情况下，尽管此时公司、企业仍是民商事法律意义上的公司、企业，但在刑法的眼中，此时的公司、企业已经不是单位了。因此，公司法人格否认与单位犯罪主体资格否定两者还是判然有别的，两者在否定程度、选择性、否认的发起者、否认的依据和理由方面都不同。[②]但不可否认的是，就公司、企业刑事责任与公司、企业领导人刑事责任区分而言，正如有研究者所言，单位犯罪主体资格否认与公司法人人格否认内蕴的实质公正等部分法理共通相融，沿着“泉本同源、各畅其流”的思路，该类刑事司法判断将疏离法人人格否认的民商事语境，进而立基于刑事责任能力理论形成独立的刑事法问题脉络。当出现使单位主体独立性丧失的事由时，通过否认该单位作为刑法的主体资格，转而追究单位背后犯罪操纵者的刑事责任，从而使自然人犯罪与单位犯罪得以正确区分，在准确有效打击犯罪的同时，有助于保护单位组织在社会生活中的健康发展。[③]

二、一人公司中的公司刑事责任与公司领导人刑事责任

一人公司是指股东（自然人或法人）仅为一人并由该股东持有公司全部出资或所有股份的有限责任公司。新公司法规定了一人公司，一人公司具有不同于一般公司的特点，因而在一人公司能否成为单位

---

① 顾肖荣：《新公司法的人格否认制度与单位犯罪》，载《法学》2006 年第 10 期。

② 顾肖荣：《新公司法的人格否认制度与单位犯罪》，载《法学》2006 年第 10 期。

③ 李钢：《单位犯罪主体资格否认制度问题研究》，载陈兴良主编：《刑事法评论》第 29 卷，北京大学出版社 2011 年版，第 392 页。

犯罪主体问题上，存在争议。

肯定说认为，一人公司能够作为单位犯罪主体，理由在于：（1）一人公司是法人，以其全部财产对公司的债务承担责任，其单一股东就其实际出资额为限对公司承担责任。（2）一人公司的人格与其单一股东的人格存在本质区别。股东根据新公司法设立由其全资控股的一人公司，该公司便成为了独立于该股东的商事主体。一人公司在对外经营活动中，对外名义不是投资者个人，而是公司，是一个以一定资产为基础的经济实体。所以，公司人格与股东人格的分离最集中地表现在财产权的明晰上。一人公司所实施的犯罪行为作为法律行为的一种，其效果归属于法人本身。尽管单一股东对于犯罪行为的形成、发展和终结起着主导作用，但充其量该单一股东仅仅是犯罪行为的具体执行者，因为不具备独立性，所以单一股东的行为只能作为一人公司犯罪行为的一部分，并不能单独构成自然人犯罪。一人公司具有利益归属复杂性的特征，单位犯罪利益归属的整体性在一人公司的语境下仍然没有实质性改变。（3）典型的一人公司符合刑事法律规定的单位主体的定义。①

还有研究者认为，对一人公司犯罪一概以自然人犯罪论处，不符合现实社会中的公司犯罪的实际情况，不当地缩小了公司负刑事责任的范围，在客观上只会鼓励一人公司被某些人作为道具实施个人犯罪，或疏于对一般从业人员的监督管理。显然，对于由于公司活动而引起的危害社会的结果，不能由某个自然人来负责，而只能追究公司自身的责任。②

否定说认为，一人公司不能作为犯罪主体，一人公司犯罪应按自然人犯罪处理。因为当一人公司从事违法犯罪行为时，其人格被单一股东滥用，真正实施犯罪行为的是单一股东或单一股东和董事构成共同犯罪，此时一人公司没有独立的人格，不具备成为刑法适格主体的独立人格条件，不具有自己独立的意志，在一人公司条件下往往不是

---

① 谢杰、吕继东：《一人公司犯罪主体论》，载《上海公安高等专科学校学报》2006 年第 6 期，第 81-85 页。

② 毛玲玲；《新公司法背景下一人公司的刑法地位探析》，载《法学》2006 年第 7 期。

股东的意志和人格被公司的意志及人格所吸收，而是公司的意志和人格被股东的意志及人格所吸收，公司成为股东的另一个自我。一人公司股东的利益和公司的利益是高度重合的，无法形成区别于单一股东的公司利益，所以从利益角度看一人公司也没有独立的意志。一人公司单一股东对公司拥有绝对控制权，公司目的不具备发生异化的条件，一人公司的犯罪行为是单一股东犯罪意志下的行为，本质上是股东个人行为。从法律经济学角度也应否认一人公司的适格刑法主体地位。①

折中说认为，股东为自然人的一人公司犯罪，应认定为自然人犯罪；股东为法人的一人公司犯罪，应认定为单位犯罪。②

上述诸说中，笔者赞同肯定说，具体理由已如上述持肯定说学者的分析。需要说明的是，在处理一人公司犯罪时，应充分顾及到该种单位犯罪的特殊性，严格区分单个股东个人犯罪与一人公司犯罪的界限，以公正合理地确定各自的刑事责任。

三、单位实施只能由自然人构成之犯罪情形下的公司、企业刑事责任与公司、企业领导人刑事责任

司法实践中，经常发生单位实施只能由自然人构成的犯罪，较为典型的有单位盗窃，还有单位竞争中杀人，单位拒不执行判决、裁定，以及单位实施的一些公司、企业经济犯罪，如单位贷款诈骗、信用卡诈骗等。对于单位实施只能由自然人构成的犯罪能否按自然人犯罪处理，刑法理论界存在争议。

否定说认为，只要刑法没有规定单位可以成为某种犯罪的主体，单位集体实施该种犯罪行为的，就既不能追究单位的刑事责任，也不能追究其中的自然人的刑事责任。如有学者针对单位盗窃问题认为，单位盗窃与个人盗窃在性质上有所不同。在单位盗窃的情况下，盗窃

---

① 宫为所：《一人公司刑法地位探悉》，载《广西政法管理干部学院学报》2007 年第 2 期，第 37-40 页。

②《新公司法实施后一人有限责任公司犯罪性质有待明确》，载 http://www.shezfy.com；毛玲玲：《新公司法背景下一人公司的刑法地位探析》，载《法学》2006 年第 7 期。

行为是单位行为而不是个人行为，而且单位盗窃的财物是归单位而非归个人所有。因而，对于这种单位盗窃行为，应当以单位犯罪论处。但在刑法没有规定单位可以成为盗窃罪主体的情况下，对于单位中的直接责任人员以盗窃罪追究刑事责任确有违反罪刑法定原则之嫌，但不追究又有放纵犯罪之嫌。这里存在着实质合理性与形式合理性的矛盾与冲突。在我国刑法确立了罪刑法定原则的情况下，形式合理性应当成为刑法的主要价值追求。因此，对于这个问题应当通过修改刑法，规定单位可以成为盗窃罪的主体的方法解决。在刑法没有修改以前，从严格地执行罪刑法定原则出发，对于单位实施的盗窃行为，不宜直接追究单位中的直接负责的主管人员和其他直接负责人员的刑事责任。①

肯定说认为，在刑法没有规定单位可以构成犯罪主体的情况下，即使是单位集体实施的，也应该追究直接责任人员的刑事责任，不能以刑法规定的主体是自然人而实际上的主体是单位为由，而否认行为人的责任。②我国刑法规定单位犯罪，其根本目的在于解决单位的刑事责任问题。不能认为为单位利益实施的犯罪，单位不构成犯罪，就不能追究自然人的刑事责任。在我国刑事法律明确规定单位犯罪前，我国在立法和实践中，对为单位利益实施的犯罪也是要追究直接责任人员的刑事责任的。刑法规定单位犯罪只是在追究个人刑事责任的同时，为追究单位的刑事责任提供法律依据。③持肯定论的张明楷教授从单位犯罪的法定性、否定说的逻辑错误、否定说导致的不良后果、刑法的目的与犯罪的本质、刑法的相关规定、单位犯罪与共同犯罪的关系、历来的司法解释与司法实践、折中说的诸多缺陷等方面对该问题作了比较详细深入的论述。④有关司法解释也采取了肯定说的立场。最高人民检察院《关于单位有关人员组织实施盗窃行为如何适用法律

① 陈兴良：《盗窃罪研究》，载陈兴良主编《刑事法判解》第 1 卷，法律出版社 1999 年版，第 36 页以下。

② 张明楷著：《法益初论》（修订版），中国政法大学出版社 2003 年版，第 364 页以下。

③ 张明楷著：《诈骗罪与金融诈骗罪研究》，清华大学出版社 2006 年版，第 368 页。

④ 张明楷著：《诈骗罪与金融诈骗罪研究》，清华大学出版社 2006 年版，第 369-388 页。

问题的批复》规定：单位有关人员为谋取单位利益组织实施盗窃行为，情节严重的，应当依照刑法第 264 条的规定以盗窃罪追究直接责任人员的刑事责任。最高人民法院 1998 年《关于审理拒不执行判决裁定案件具体应用法律若干问题的解释》规定：负有执行人民法院判决裁定义务的单位直接负责的主管人员和其他直接责任人员，为了本单位的利益实施所规定的行为，造成特别严重后果的，对该直接负责的主管人员和其他直接责任人员依照刑法第 313 条的规定，以拒不执行判决裁定罪定罪处罚。

折中说认为，对单位贷款诈骗的行为应当认定为合同诈骗罪。理由是，根据《贷款通则》，所有贷款应当由贷款人与借款人签订借款合同。因此，单位要获得贷款须与金融机构签订借款合同，可以认为单位诈骗金融机构贷款的是利用特殊合同——借款合同骗取对方当事人的财物，所以，对单位骗贷的行为依合同诈骗罪定罪处罚符合罪刑法定原则。这种同一行为方式、不同处理方法的情形在司法实践中存在先例。例如，按照 1992 年全国人大常委会《关于惩治偷税、抗税犯罪的补充规定》第 5 条的规定[①]，骗取出口退税的主体，实际上只能是具有出口经营权和那些委托具有出口经营权而出口自产商品的企业事业单位。不具有出口经营权的单位和个人骗取国家出口退税的，应按诈骗罪定罪处罚。[②]司法实践上也采取了折衷说。最高人民法院 2001 年 1 月 21 日印发的《全国法院审理经济犯罪案件工作座谈会纪要》也指出："根据刑法第三十条和第一百九十三条的规定，单位不构成贷款诈骗罪。对于单位实施的贷款诈骗行为，不能以贷款诈骗罪定罪处罚，

---

① 该第 5 条条文是："企业、事业单位采取对所生产或者经营的商品假报出口等欺骗手段，骗取国家出口退税款，数额在一万元以上的，处骗取税款五倍以下的罚金，并对负有直接责任的主管人员和其他直接责任人员，处三年以下有期徒刑或者拘役。""前款规定以外的单位或者个人骗取国家出口退税款的，按照诈骗罪追究刑事责任，并处骗取税款五倍以下的罚金；单位犯本款罪的，除处以罚金外，对负有直接责任的主管人员和其他直接责任人员，按照诈骗罪追究刑事责任。"

② 薛瑞麟、丁天球：《论单位骗贷》，载《政法论坛》2001 第 3 期，第 32 页；李邦友、王德育：《贷款诈骗罪若干问题探讨》，载赵秉志主编：《新千年刑法热点问题研究与适用》（下），中国检察出版社 2001 版，第 1192 页；张明楷著：《诈骗罪与金融诈骗罪研究》，清华大学出版社 2006 年版，第 368-369 页。

也不能以贷款诈骗罪追究直接负责的主管人员和其他直接责任人员的刑事责任。但是，在司法实践中，对于单位十分明显地以非法占有为目的，利用签订、履行借款合同诈骗银行或其他金融机构贷款符合刑法第二百二十四条规定的合同诈骗罪构成要件的，应当以合同诈骗罪定罪处罚。”①

在上述诸说中，笔者基本赞同肯定说的观点，但认为在该问题上还有进一步分析研究的必要。

首先，实际生活中发生的单位实施只能由自然人构成的犯罪以自然人犯罪处理，司法实践中产生的问题不容忽视。第一，司法实践中，对单位实施只能由自然人构成的犯罪按自然人犯罪处理，并将为单位利益而实施犯罪的动机在量刑上予以体现。但是，单位有关人员为谋取单位利益组织实施犯罪，如盗窃，能以一个“动机”问题概括吗？单位盗窃不仅仅是动机问题，而是实实在在的单位故意、单位行为、单位利益归属。如果将单位犯罪都作为动机问题，那么，还需要单位犯罪吗？所有单位犯罪都可以按照自然人犯罪定罪，在量刑时考虑动机即可。第二，操作上存在问题，若将单位犯罪作为动机考虑，但犯罪数额是根据自然人犯罪确定法定刑的，一上档次，就轻不了。第三，单位实施盗窃数额巨大，“情节恶劣”或者“情节严重”的，才构成犯罪。而自然人盗窃数额巨大或有其他严重情节的，则是加重处罚的情节。用自然人加重处罚的情节作为单位盗窃中自然人犯罪构成的条件，这对单位盗窃适用刑罚必然带来严重困难。第四，附带民事诉讼的被告必须是刑事被告人，而单位盗窃按自然人犯罪处理。如果引起赔偿，刑事附带民事诉讼的被告也只能是自然人，而不是单位。但从民事责任理论来看，财产归单位所有了，而要个人承担赔偿责任，显然是不公平的，也是缺乏理论根据的。②

其次，肯定论者认为，在单位犯罪的条件下，自然人和单位只存在一个相同的犯罪构成。但是，即使我们赞同只有一个相同的犯罪构

① 张明楷著：《诈骗罪与金融诈骗罪研究》，清华大学出版社2006年版，第368-369页。

② 林荫茂：《单位犯罪理论与实践的冲突》，《政治与法律》2006年第2期，第45页。

成，那么单位和个人身上所具有的犯罪构成是否完全重合呢？或者说，存在不存在一些差异之处呢？或就构成要素理论观察[①]，存不存在构成要素的差异呢？笔者认为，恐怕不能否认在犯罪的主客观方面所存在的差异性。如某公司业务科经理廖某为单位利益明知该货物的关税税率是 35%，同意代理报关的单位以 10%的低税率报关，并允诺给予代理报关单位货物价值 9%的金额支付代理费。该公司认为，廖在操作此业务中，事先没有请示，事后没有汇报，是个人行为，不是单位行为。并认为公司领导层实行总经理负责制，内设机构实行经理负责制的管理体系。公司领导层也授权各部门经理，在常规性操作情况下，廖某可以向公司汇报，也可以不向公司汇报。但现在操作方式上的重大改变，就必须向公司汇报。法院最后认为，操作方式上的重大改变这一提法本身比较主观，取决于廖某自身的认识程度，因此，公司的说法是推脱干系之辞。结合走私案件最大得利者是公司，廖某本人未获分文私利，认定廖某行为是获得公司授权、代表公司意志的，廖某的行为符合单位犯罪中直接负责的主管人员的责任。[②]此案中，法院认定单位构成走私罪并将廖某作为直接负责的主管人员。但是，单位确实是在“不知情”的情况下犯此罪的，其所具有的故意特征并不明显，至多是一种间接故意。但廖某毫无疑问属于直接故意。因而单位犯罪只具有一个犯罪构成的结论不应妨碍我们去思考单位犯罪情况下单位和自然人在犯罪构成方面存在的差异。

再次，肯定论者将单位犯罪下的直接责任人员之间的关系视为共同犯罪关系，“在单位犯罪的情况下，如果其中有两个以上的自然人是应当负刑事责任的，那么，就应当认定他们是共犯”。[③]这里值得思考的问题是，单位犯罪情况下的自然人犯罪之间的关系能够和共犯关系

---

① 该种观点主张将犯罪构成要件所寓居的方面、犯罪构成要件本身与组成各个犯罪构成要件的要素加以区分。肖中华著：《犯罪构成及其关系论》，中国人民大学出版社 2000 年版，第 132-206 页。

② 林荫茂：《单位犯罪理论与实践的冲突》，《政治与法律》2006 年第 2 期，第 42 页。

③ 张明楷著：《诈骗罪与金融诈骗罪研究》，清华大学出版社 2006 年版，第 380 页。

完全等同吗？[①]笔者认为问题并非想象的那么简单。第一，司法实践对该问题并没有作出明确的肯定。如最高人民法院2000年《关于审理单位犯罪案件对其直接负责的主管人员和其他直接责任人员是否区分主犯、从犯问题的批复》指出："在审理单位故意犯罪案件时，对其直接负责的主管人员和其他直接责任人员，可不区分主犯、从犯，按照其在单位犯罪中所起的作用判处刑罚。"司法解释对区分主犯、从犯作出否定的回答，笔者认为透漏出两个信息：一是单位犯罪下的自然人之间有着异于一般共同犯罪的性质、特点，因而不宜按共同犯罪处理；二是进一步引申的话，可以说这一解释从反面对单位犯罪下自然人之间构成共犯关系作了否定。肯定论者对这一解释提出疑问，认为一方面，既然其中的两个以上的自然人构成共犯，就应尽可能区分主、从犯，否则有违反责任主义之嫌；我国刑法是按作用大小对共犯人实行分类的，既然对直接负责的主管人员和其他直接人员按照其在单位犯罪中所起的作用判处刑罚，就意味着实际上需要区分主、从犯。[②]这只是站在所预设的单位犯罪中的自然人之间构成共犯关系的立场上所提出的疑问。如是从相反的立场进行思考，恐怕会得出不同的结论。第二，将单位犯罪下的自然人之间认定为共犯关系没有考虑到单位犯罪的复杂情况。

最后，如何看待单位犯罪的独立性。有观点认为，任何单位都可能为了单位的利益而实施任何犯罪行为，但任何国家的刑法都不可能规定单位可以成为一切犯罪的主体，刑法规定单位犯罪，无非是为了在追究自然人刑事责任的同时，另追究单位的刑事责任[③]，这样的判断也未免将问题简单化。这里试举发展出美国法人刑事责任的一个原则——集合责任原则的典型案例加以说明。

---

① 持否定立场的陈兴良教授认为，单位共同犯罪是指在单位犯罪情况下，由单位组织中的自然人构成的共同犯罪。在这种情况下，单位是单独犯罪，而法人组织中的自然人则是共同犯罪，在单位犯罪中，自然人可能是单独犯罪。陈兴良：《刑法适用总论》（上卷），法律出版社1999版，第614页。一方面对单位实施只能由自然人构成的犯罪成立犯罪持否定态度，另一方面又承认单位犯罪下自然人之间能够成立共犯关系，两者之间似乎存在矛盾。

② 张明楷著：《诈骗罪与金融诈骗罪研究》，清华大学出版社2006年版，第380页。

③ 张明楷著：《诈骗罪与金融诈骗罪研究》，清华大学出版社2006年版，第374、388页。

集合责任原则的典型案例是1987年美国诉新英格兰银行案。[①]该银行因违反《现金交易报告法》被定罪。《现金交易报告法》要求，对任何一笔与一位顾客超过1万美元的现金交易，银行必须向财政部报告。该案中，一名顾客在新英格兰银行重复从一个法人账户中提走现金，总额已经超过《现金交易报告法》规定的需要报告的数额。但是该顾客使用几个支票，每个支票的总额都低于要报告的数额，而且每一次交易行为他都选择面对不同的出纳员。根据这几个支票的集合作用，银行因明知和故意违反现金交易报告的义务被起诉犯罪。基层法院的法官就集体明知对陪审团进行指导说：你们必须将银行视为一个机构。因此，它的明知即是它的全部雇员的明知的总和。易言之，银行的明知是其全部雇员在他们的履行职务过程中的明知的集合。因此，如果雇员甲知道货币报告要求的一部分，雇员乙知道另一部分，丙知道第三部分，银行就知道了全部的三部分。所以，如果你们发现一个雇员在履行职务过程中知道应该提交报告，即使顾客用了多张支票，银行也被认为知道应该提交报告。如果每一个雇员都知道提交报告要求数额的一部分，而每一个雇员所知的数额总额等于银行对数额的明知。银行就集体明知的合法性提出上诉，但被上诉法院驳回。上诉法院强调说：法人的明知实际上已经被划分，然后又将很少的部分细分至具体的职务中。集合这所有的部分才构成法人对一个具体业务的明知。这与负责业务的一部分雇员是否对具体从事业务另一部分的雇员的行为有明知无关。因此，法院总结如下："因为银行像所有大公司一样是一个职能划分的结构，（初审）法院的集体明知的指导既适当又必需。"

从上述案例中可以看到，银行被确定为法人故意犯罪，但涉案的每一个雇员并没有故意，就涉案的多个雇员的单个行为看，均不构成犯罪。但集合原则却从整体上将各个雇员的行为集合起来判定新英格

① Kathleen F. Brickey, Corporate and White Collar Crime Case and Materials, CITIC Publishing House2003，p31.（[美]凯瑟琳·F. 布里基著：《公司犯罪与白领犯罪案例与资料》，中信出版社2003年版，第31页）。案例内容及说明部分也参考了李文伟著：《法人刑事责任比较研究》，中国检察出版社2006年版，第21-23页。

兰银行构成法人犯罪。如果真如论者所言，刑法规定单位犯罪，主要是为了在追究自然人刑事责任，附带追究单位的刑事责任，那么在该案中，既然没有必要追究自然人的刑事责任，还有何必要追究银行的刑事责任呢？

笔者认为，问题的症结可能在于如何看待单位犯罪的性质问题。在该问题上，历来有法人拟制说和法人实在说的争论。可以认为，上述论者实际上是站在法人拟制说的立场上进行论述的。但是，在许多国家，包括我国立法以及司法中大量规定或者承认法人犯罪或者单位犯罪，①甚或有关国际条约和地区盟约也对法人犯罪作出特别规定的条件下，②法人实在说是否也有着很大的说服力呢？

总之，在笔者看来，否定说对罪刑法定原则有所误解，折衷说并不能对实际发生的犯罪作全面的规范评价，也违反了有关罪数理论，肯定论是目前解决我国司法实践中单位实施只能由自然人构成的犯罪之问题的较好办法。但是，否定说、折衷说所提出的问题值得我们深入思考和研究，对我们在该问题上的启发不容忽视，因为法定的单位犯罪虽然具有法定的形式和外衣，但剥去这一层外衣后所剩下的实质意义上的单位犯罪的条件和事实上发生的单位犯罪的内涵并无二致，因而从这种意义上讲，事实上发生的不为刑法所规定的单位犯罪也是单位犯罪，因而就应和法定的单位犯罪作相同的对待和处理。肯定说正是站在法定和形式的立场得出单位实施只能由自然人构成的犯罪不是单位犯罪但却成立自然人犯罪的结论，而否定论则是站在实质单位

---

① 如法国法人犯罪的范围呈不断扩大的趋势。法国新刑法典颁布之初，规定法人只有在“法律和条例规定的情况下”才承担刑事责任。因此，法人犯罪的成立范围受到一定的限制。然而，法国于 2001 年通过刑事法令将法人负刑事责任的范围扩及于宗教团体的不法行为。随后，法国于 2004 年通过刑法修正案将“法律和条例规定的情况下”这一限制取消，使得法国法人犯罪的成立范围更为广泛。范红旗：《法人犯罪的国际法律控制》，中国人民大学博士学位论文，第 139 页。

② 如《联合国反腐败公约》第 26 条专门规定了法人责任：“1. 各缔约国均应当采取符合其法律原则的必要措施，确定法人参与根据本公约确立的犯罪应当承担的责任；2. 在不违反缔约国法律原则的情况下，法人责任可以包括刑事责任、民事责任或者行政责任；3. 法人责任不应当影响实施这种犯罪的自然人的刑事责任；4. 各缔约国均应当特别确保使依照本条应当承担责任的法人受到有效、适度而且具有警戒性的刑事或者非刑事制裁，包括金钱制裁。”欧盟也制定有《关于法人犯罪责任的建议》的文件。

犯罪的立场上将事实上的单位犯罪视为单位犯罪，并以无法律规定而否定此种情况成立犯罪。应当说，如果事实上发生的不为刑法所规定的单位犯罪和法定的单位犯罪在现有法律规定及其他条件下不能做相同的对待和处理，就应对个中缘由，从规范层面、价值层面、刑事政策层面以及其他层面做高屋建瓴的分析和思考。应当对我国包括公司、企业等在内的单位犯罪作深入、细致、系统的基础性理论和司法适用研究，对公司、企业等单位犯罪的范围作出恰切的划定，刑法立法适时跟进，以使公司、企业等单位犯罪制度真正能够发挥其最佳作用。[①]

① 单位犯刑法规定只能由自然人构成的犯罪而以自然人犯罪处理，这一做法从某种意义上表明，公司、企业领导人能够触犯刑法所规定的所有犯罪，不过此时他不是作为公司、企业领导人，而更多的是作为一个普通的自然人接受刑法的规诫。

第八章

公司、企业领导人的刑事责任与刑事政策

【概要】由社会转型期我国企业家犯罪的特点所决定，现阶段确立科学的公司、企业领导人犯罪的刑事政策具有重要意义。现阶段在公司、企业领导人犯罪的刑事政策方面必须坚守刑法谦抑精神，贯彻宽严相济刑事政策；公司、企业领导人刑事政策还应强调与注重政企治理的刑事政策意义、以人为本的刑事政策意义以及社会正义的刑事政策意义。

关键词：刑事政策　刑法谦抑　宽严相济　政企治理　以人为本　社会正义

现阶段确立科学的公司、企业领导人犯罪的刑事政策具有重要意义，这是由社会转型时期我国企业家犯罪的多发性、成因的制度性体制性[①]、界限的模糊性、司法的不成熟性等多种情况与因素所决定的。

---

① 现阶段中国企业家犯的具体成因可参见李山河等：《现阶段中国企业家犯罪的致罪因素》，载赵秉志主编：《当代刑事法学新思潮》下卷，北京大学出版社 2013 年版，第 1639-1647 页。在笔者看来，由于相关公司、企业法律以及刑法规定的不合理性而导致现实中存在大量的制度性犯罪，如公司、企业及其领导人的资本犯罪、税收犯罪等。

对于刑事政策的相关问题，国内外学界多有探讨，认识也并不统一。[①]卢建平教授认为，将西方学者所创立的“刑事政策”译为“刑事政治”更为妥当，因为无论是德语的 Kriminalpolitik 还是法语的 la politique criminelle，其关键词“政策”（politik 或 politique）均源于希腊语的“城邦”（polis）。在古希腊的观念中，“城邦”是一个关于人们分享某种有关善或正义的生活方式的概念，而亚里士多德所理解的“政治”就是对城邦内部公共事务的认识与管理，其目的是为了追求善。正是在这种意义上，法国学者拉塞杰将刑事政策界定为“对犯罪这一城邦内部事务的认识与分析”，是一种反犯罪的“战略”。既然刑事政策所涉及的是对犯罪现象这一公共事务的认识与管理，那么与“政策”相比，“政治”对公共事务的认识与管理地位更重要、更具战略性，因而刑事政策的实质乃是刑事政治，是一种治国之道；刑事政策方法的独特性主要体现在：一是依靠综合治理，注重犯罪预防，二是注重人文关怀，强调以人为本，三是强调国家责任，追求社会公正。[②]笔者赞同卢建平教授对刑事政策的这种理解，并在这种理解的基础上，结合对现阶段企业家犯罪态势的研析而展开对公司、企业领导人犯罪刑事政策问题的研究。

本章即对现阶段在公司、企业领导人犯罪及刑事责任问题上必须坚持的刑事政策加以探讨，刑事政策的具体内容包括坚守刑法谦抑精神，贯彻宽严相济刑事责任，深刻体现政企治理、以人为本、社会正义的刑事政策意义等。

---

① 有关刑事政策的探讨，参考了卢建平著：《刑事政策与刑法》，中国人民公安大学出版社2004年版；[法]米海伊尔·戴尔玛斯—马蒂著：《刑事政策的主要体系》，卢建平译，法律出版社2000年版；赵秉志主编：《刑事政策专题探讨》，中国人民公安大学出版社2005年版；梁根林著：《刑事政策：立场与范畴》，法律出版社2005年版；曲新久著：《刑事政策的权力分析》，中国政法大学出版社2002年版；刘仁文著：《刑事政策初步》，中国人民公安大学出版社2004年版；[日]大谷实著：《刑事政策学》，黎宏译，法律出版社2000年版；严励著：《中国刑事政策原理》，法律出版社2011年版，等。

② 卢建平著：《刑事政策与刑法》，中国人民公安大学出版社2004年版，第6-22页；卢建平著：《刑事政策与刑法变革》，中国人民公安大学出版社2011年版，第48-51页。

第一节 刑法谦抑精神的坚守

宫本英修认为，刑罚不是斗争的手段而是社会调和的手段，第一次提出刑法的“谦抑主义”，并将之提升为刑法的根本思想。[①]德日刑法理论认为，刑法谦抑性是指刑法作为保障法应该谦让于民法与行政法，使国家更少地举起刑罚之剑来惩治犯罪之恶，国家之于犯罪人有更大的大度与宽容。[②]在所有考虑的保护手段中，刑法只是最后的手段，即，当其他的社会问题的解决手段——如民法上的起诉，警察法或者工商管理法的规定，非刑法上的制裁等等——不起作用的时候，才能允许投入刑法手段。[③]刑法谦抑精神强调刑法的补充性、有限性、不完整性、不得已性、二次性、最后性、紧缩性、片段性、宽容性，坚持非在万不得已的情况下不能发动刑法、动用刑事手段。因为刑罚频繁总是政府衰弱或者无能的标志，[④]企图多利用刑罚权的政权是虚弱的政权。[⑤]

根据平野龙一的研究，刑法谦抑制性包括三方面含义：一是刑法的补充性，即刑法是保护法益的最后手段，只有当采用其他手段仍不充分时，才适用刑法进行保护。二是刑法的不完整性，即刑法不能介入国民生活的各个角落。三是刑法的宽容性，即刑法的功能是保护法益而非伦理，即使出现了犯罪行为，但如果从维持社会的见地去看缺乏处罚的必要性，就不能处罚。[⑥]

---

① [日]木村龟二著：《刑法的基本问题》，有斐阁 1979 年版，第 186 页。

② 梅象华：《刑法不得已原则——刑事不法与民事、行政不法界分的基本原则》，载陈泽宪等主编：《当代中国的社会转型与刑法调整》，中国人民公安大学出版社 2013 年版，第 57 页。

③ [德]克劳斯·罗克辛著：《德国刑法学教科书》（第 1 卷），王世洲译，法律出版社 2005 年版，第 23 页。

④ 卢梭著：《社会契约论》，何兆武译，商务印书馆 2003 年版，第 43 页。

⑤ 西原春夫著：《刑法的根基与哲学》，法律出版社 2004 年版，第 33 页。

⑥ 高铭暄、西原春夫主编：《日本刑事法学者（上）》，法律出版社、日本成文堂 1995 年版，第 273-274 页。

公司、企业领导人违反忠实义务、勤勉义务、社会责任的违法犯罪均发生于生产、经营过程当中，基本上是在从事民商事经济活动时产生的，因而合法与违法、正常的民商事行为与违法犯罪行为，以及民商事责任、行政责任、刑事责任天然地混杂在一起，难以区分与切割，因此，在处理公司、企业领导人违反义务的相关违法犯罪时，尤其需要强调刑法的谦抑精神，能够采用民商事乃至行政手段解决的问题，尽量不要动用刑事手段。要具有契约自由的理念，千万不要使刑法介入民商事经济活动的各个角落，从而窒息经济、社会与人的活力，侵犯公民的自由。要遵从民商事经济规律，切忌民刑不分，迷恋刑事手段去调整民商事法律关系；对民商事经济活动，特别是新型民商事经济活动，刑法要尽量持一种宽容态度，尽量不要动辄以刑事处罚去对待司法自己都弄不清性质的民商事经济活动。一句话，刑法适用与刑事司法一定要善待自己国家与民族的工商业活动；要站在国家经济社会发展的大局，而不是局部甚至某个司法机关自己单位乃至某个个人的利益去审视具体的工商业行为与活动。

由于种种原因，现阶段在处理相关公司、企业领导人违反义务的违法犯罪时，实践中出现了一些有违刑法谦抑精神的现象。

例如，2012 年企业家犯罪的相关统计表明，现阶段企业家犯罪的发案方式、罪名结构反映出人们对于用刑事手段解决市场经济领域问题依然过度迷恋，刑事手段介入市场经济领域存在泛化现象。首先，许多所谓的受害人寄希望于通过刑事手段解决经济纠纷，往往将经营中的纠纷作为刑事案件报案。2012 年 158 例关于民企企业家犯罪的案例中，有 37 例为受害人报案，占总案发原因的 32.2%，其中的诈骗罪、合同诈骗罪、非法吸收公众存款罪等大都是受害人报案。在上述民企企业家犯罪的案例中，非法吸收公众存款罪、职务侵占罪、诈骗罪和合同诈骗罪是民企企业家犯罪或涉嫌犯罪最集中的罪名，非法吸收公众存款罪 31 件，占到案件总数的 19.6%，民企企业家涉案诈骗罪 15 例，占案件总数的 9.5%，合同诈骗案件 13 例，占案件总数的 8.2%，三个罪名占总案例数的 37.3%，即是说，民企企业家犯罪罪名的 1/3 多集中于上述三个犯罪，而非法吸收公众存款、诈骗罪或者合同诈骗罪的案件，大多是因为经济纠纷被“受害人”报案从而形成刑事案件，大多存在是犯罪还是合法的融资行为或正当经营行为，[①]是刑事犯罪还是民商事经济纠纷的界限把握问题。其次，相关党政机关在维稳的压力之下或者出于维稳的考虑也往往倾向于以刑事手段处理，甚至向司法机关施压，从而形成企业家的刑事犯罪案件，越是涉案数额大、涉及人数多的案件越是如此。最后，司法机关不能恪守刑法谦抑精神，不能严格把握正常市场经济活动与犯罪的界限，往往以刑事手段对相关纠纷作出处理。这样问题可能暂时、表面上得到了解决，但从长远看，这种处理方式对于我们司法的公信力、刑法人权保障机能、公平正义的损害，对于经济发展的破坏，对于社会稳定的危害，必将是十分巨大的。现阶段企业家特别是民营企业家犯罪罪名主要集中在非法吸收公众存款、诈骗罪或者合同诈骗罪，这种现象是不正常的，在一定程度上表明我们市场经济领域犯罪的刑事政策存在问题，[②]表明我们混淆了刑事法律关系与民商事法律关系，过于迷恋刑事手段解决本属于民商事性质的问题，没有坚守刑法谦抑精神。

又如，公安机关不当插手民事、经济纠纷，以刑事手段处理民商事经济纠纷问题。早在1989年公安部就下发了《关于公安机关不得非法越权干预经济纠纷案件处理的通知》，严令禁止各地公安机关插手经济纠纷案件。1992年公安部又下发了《关于严禁公安机关插手经济纠纷违法抓人的通知》，要求公安机关正确区分诈骗、走私等经济犯罪与经济合同纠纷的界限，准确定性，凡属债务、合同等经济纠纷，公安机关绝对不得介入。但现实中仍不时发生公安机关肆意插手民事、经济纠纷的案件。导致许多只是一般的民事、经济纠纷的案件被作为经济犯罪立案侦查，并因为中国刑事司法在实践中形成的公检法线性结

① 李山河等：《现阶段中国企业家犯罪的致罪因素》，载赵秉志主编：《当代刑事法学新思潮》（下卷），北京大学出版社2013年版，第1639-1647页。

② 李山河等：《现阶段中国企业家犯罪的致罪因素》，载赵秉志主编：《当代刑事法学新思潮》（下卷），北京大学出版社2013年版，第1639-1647页。

构和流水化的刑事诉讼构造，[①]案件一旦走上刑事程序的流水生产线便很难撤下来，[②]使得许多民事、经济纠纷的案件最终被生产和被制造成了经济犯罪，也因此形成许多潜在的冤假错案。这种严重损伤刑法谦抑精神的现象必须得到彻底遏阻。

总之，刑法谦抑精神的实质就在于刑法通过自我限权达致对公民自由最大程度的保护。因此，笔者再次强调，刑法本身的特点决定了其具有补充性、二次性、最低干预性以及最后手段性，只有在不得已的情况下才能发动刑法。在民事、行政、经济手段能够解决问题的前提下，尽量不要动用刑事手段。对于性质上属于民商事法律关系的，绝不许当作刑事法律关系而动用刑法去调整。由于现阶段经济犯罪原因的复杂性、行为样态的多样性、标准界限的模糊性、相关政策的不稳定性以及对于经济规律的把握欠成熟性，在办理公司、企业领导人犯罪案件时，尤其应该秉持刑法的谦抑精神，相关司法机关要自觉维护市场经济的契约自由精神，不要因为种种原因和动机去越界插手民商事经济纠纷。对于公司、企业领导人刑事责任的处理，应严格区分刑事责任与民商事、行政责任的界限，坚决禁止以刑事手段处理民商事经济纠纷问题。

第二节　宽严相济刑事政策的贯彻

当下我国实行宽严相济的刑事政策，该政策要求根据不同的社会

① 对于这一点的具体论述可参见陈瑞华：《从“流水作业”走向“以司法裁判为中心”》，载《法学》1999 年第 12 期。

② 这种“流水化”型构造的特点是，一旦公安机关刑事立案，案件进入刑事司法这一生产的“流水线”，刑事案件便很难再被中途停止下来。检察机关会竭尽全力寻找批捕起诉的理由而对犯罪嫌疑人对予以批捕起诉；而一旦批捕起诉，法院便会判决有罪并予以定罪量刑，很少有判决无罪的情况。而且一旦一审法院判决有罪，二审法院基本上会予以维持而不会对一审判决作出改变。也有人对这种结构中的公检法的关系比形象地比喻为“做饭”、“端饭”和“吃饭”的关系，即公安机关负责“做饭”——对案件进行刑事立案和侦查；检察院负责“端饭”——将公安机关上报的刑事案件公诉到审判机关；法院负责“吃饭”——将检察院起诉来的案件基本按照检察院的意愿定罪量刑，而案件的“犯罪嫌疑人”，最终成了公检法的“一道菜”。

形势、犯罪态势与犯罪的具体情况，对刑事犯罪在区别对待的基础上，科学、灵活地运用从宽和从严两种手段，打击和孤立极少数，教育、感化和挽救大多数，最大限度地实现法律效果和社会效果的统一。[①]宽严相济是我国的一项基本刑事政策，对于公司、企业领导人犯罪的惩防而言，也应根据该类犯罪的具体情况实行这一基本的刑事政策。

区别对待是宽严相济刑事政策实行的基础，针对公司、企业领导人违反忠实义务、勤勉义务、社会责任犯罪的特点，对公司、企业领导人犯罪区别对待的具体要求是：

第一，根据公司、企业领导人违反忠实义务、勤勉义务、社会责任三类犯罪的特点，应对违反忠实义务与社会责任的犯罪适度从严，对违反勤勉义务的犯罪适度从宽。这是因为，违反忠实义务与社会责任的犯罪基本上属于故意犯罪，而勤勉义务犯罪全部为过失犯罪，刑法理论一致认为，故意犯罪的可谴责性重于过失犯罪，因而其刑事责任也应该严厉于过失犯罪。违反忠实义务、社会责任的犯罪属于悖德犯罪，而违反勤勉义务的犯罪属于“不小心”犯罪，从可谴责性来看，无疑违反忠实义务、社会责任的可谴责性要大于违反勤勉义务的犯罪。另一方面，从预防的需要而言，现阶段违反忠实义务与社会责任犯罪常见多发，预防压力大，因此也需要以从严的政策调节预防的需要。

第二，对公司、企业领导人中的国家工作人员的犯罪适度从严，对公司、企业领导人中的非国家工作人员的犯罪从宽。一方面，这是刑法立法的要求，我国刑法典一般都对属于国家工作人员的公司、企业领导人犯罪规定了比属于非国家工作人员的公司、企业领导人犯罪更重的刑罚。比如违反忠实义务的犯罪中，同样的行为，属于国家工作人员的公司、企业领导人的受贿罪、贪污罪、挪用公款罪就要分别重于属于非国家工作人员的公司、企业领导人的非国家工作人员受贿罪、职务侵占罪、挪用资金罪。另一方面，这也是由现阶段我国的实际情况所决定的。首先，现阶段国有公司、企业以及国家出资企业在国民经济中占主导地位，国家出资企业掌控着国民经济的命脉，属于

---

① 最高人民法院：《关于贯彻宽严相济的刑事政策的报告》（2007 年 3 月 29 日），第 8 页。

国家工作人员的公司、企业领导人代表国家在经营管理国有财产，其所握有的公权力与享有的权利都要大于属于非国家工作人员的公司、企业的领导人，根据权利与义务、权力与责任相一致的原则，属于国家工作人员的公司、企业领导人就要需要承担更大的责任，包括刑事责任在内。其次，市场经济体制建立以后，寻租从“体制内”向市场领域扩展，如近年来涌现出大量身跨政商两界的“红顶商人”，领导经商、干部参股、官员当幕后老板的现象层出不穷。在一些大型国有企业中，公司领导及相关亲属染指工程招标、输送利益已是公开的秘密。一些官员面对钱色诱惑，守不住底线，与商人勾肩搭背、不分彼此。此外，从近年来中国的腐败情势看，公权私用还呈现出“涉黑”特点，在一些基层单位，权力、金钱与黑社会“结亲联姻”，刘汉涉黑集团即属此类。[①]

当然，要做到根据公司、企业领导人是否是国家工作人员而区分刑事责任的宽严轻重，就要严格区分和把握作为国家工作人员的国有公司、企业领导人与作为非国家工作人员的公司、企业领导人的界限范围。根据刑法典第 93 条关于国家工作人员含义的规定，一般而言，在国有公司、企业中从事公务的人员，国有公司、企业委派到非国有公司、企业从事公务的人员，以及其他依照法律从事公务的人员，均属于作为国家工作人员的公司、企业领导人，此范围之外的便是非国家工作人员的公司、企业领导人。不过，需要警惕的是，现阶段司法实践有扩大解释国家工作人员范围的现象，对此必须予以纠正。

第三，现阶段对公司、企业领导人犯罪总体上应适度从宽。原因在于：首先，中国社会正处在转型时期，各项制度与体制还不成熟，市场经济还不完善。现阶段中国企业家犯罪的具体致罪因素表现为体制或制度性因素、管理或者治理性因素、政策或者法律性因素、经济或者社会性因素、观念或者精神性因素。而企业家犯罪的产生有着深层次的体制或者制度性成因，政府与市场的关系与边界问题、国企发

① 孙代尧：《公权不公现象盘点：红顶商人跨两界官员家族化》，载 http://www.chinanews.com/fz/2014/04-23/6095129_3.shtml，最后访问日期：2014 年 4 月 23 日。

展与民企发展的关系问题，仍是我国政治和经济体制改革的核心内容与重要问题。由于种种原因，近些年来，经济发展总体体现出政府对企业、经济发展干涉过多，政府与市场、企业边界不明，政府权力不当侵入企业和市场领域等不正常现象；“国进民退”，国有企业蓬勃发展，民营企业举步维艰、步履蹒跚，在政策、融资等方面都遇到难题。[①]这使得企业家犯罪，特别是公司、企业领导人违反忠实义务以及社会责任的犯罪屡禁不止。可以说，现有的企业家犯罪现象有许多属于制度性犯罪，刑事手段解决不了根本问题，问题的关键最终还是要落脚在制度、体制的改进、完善与健全上面。正是考虑到现阶段中国的上述实际情况，因而现阶段对于公司、企业领导人的犯罪之刑事惩治整体上应适度从宽掌握，要把着力点放在制度建设与预防工作上。其次，是促进公司、企业经济模式积极发展的需要。西方国家对于公司犯罪的刑法调控一般采取“适度原则”，即随着形势的发展对公司犯罪的惩治适度加重以防止公司制度的滥用；但同时对公司犯罪的惩罚又轻于其他领域犯罪的惩罚以保护和鼓励公司制经济模式的积极发展。[②]我们对于公司、企业领导人犯罪的惩罚也应适当轻于对其他领域其他主体犯罪的惩罚，以充分考量到经济以及经济犯罪的特点，保护好国家和民族工商业的繁荣发展。最后，这一总体上适度从宽的政策，也是与上述刑法谦抑精神相一致的。[③]

第三节 政企治理的刑事政策意义

现阶段我们对腐败犯罪实行“标本兼治、综合治理、惩防并举、注重预防”的方针，就公司、企业领导人犯罪而言，笔者认为也应坚持上述方针，必须注重公司、企业领导人犯罪的预防工作。而良好的

---

① 李山河等：《现阶段中国企业家犯罪的致罪因素》，载赵秉志主编：《当代刑事法学新思潮》（下卷），北京大学出版社 2013 年版，第 1639-1647 页。

② 赵贵龙：《论公司制经济模式发展的刑法调控》，载《法学》1996 年第 10 期。

③ 特别是与刑法谦抑精神中刑法的宽容性要求相一致。

政企治理是预防公司、企业领导人犯罪的有效策略与举措。这里的政企治理，包括了传统意义上公司、企业内部的治理机制的改进，以及公司、企业与外部的关系，主要是政府、国家治理①以及政商关系的改进。②

一、公司、企业内部治理机制的问题与改进

当前公司、企业领导人犯罪，特别是违反忠实义务犯罪问题突出，原因有很多，但公司、企业治理机制不畅是一个重要原因。例如，“一股独大”使得公司内部治理机制无法真正形成，因为其他中小股东无法对大股东形成有力的制约和平衡，从而使得股东会、董事会和监事会形同虚设。国有股权的委托——代理关系一直没有得到有效解决，反而造成国有股权代表主体在公司中的实际缺位。许多上市公司的董事长和高管的任免不是直接行政任免，就是由大股东指定，违反了《公司法》中董事长应由股东大会选举、总经理应由董事会聘任的规定，也给上市公司高管图谋控制企业进而违法犯罪创造了便利条件。一两名高管就可以左右整个管理层，甚至整个董事会。犯罪高管在公司中有着绝对的控制权，其他董事或高级经营人员对公司经营运作之事极少问津。董事会完全成了董事长一人的董事会，董事会失去了应有的独立性。同时，监事会往往由与董事长、经营层有重大利害关系的下级人员担任，独立董事也是由大股东提名聘任，处在监督董事会成员及高管最前沿的监事会及独立董事根本无法发挥监督者的作用，整个

---

① 有关方面已经认识到国家治理的重要性。如有领导人强调：国家治理体系和治理能力是一个国家制度和制度执行能力的集中体现。国家治理体系是在党领导下管理国家的制度体系，包括经济、政治、文化、社会、生态文明和党的建设等各领域体制机制、法律法规安排，也就是一整套紧密相连、相互协调的国家制度；国家治理能力则是运用国家制度管理社会各方面事务的能力，包括改革发展稳定、内政外交国防、治党治国治军等各个方面。国家治理体系和治理能力是一个有机整体，相辅相成，有了好的国家治理体系才能提高治理能力，提高国家治理能力才能充分发挥国家治理体系的效能。习近平：《切实把思想统一到党的十八届三中全会精神上来》，载《人民日报》2014 年 1 月 1 日 第 2 版。

② 本论著主要论述政商关系问题。

公司内部权力的制衡机制名存实亡。企业经营决策名义上是由集体协商，事实上完全是董事长或总经理一人的个人意志决定，公司运作呈现十分明显的“内部人控制”局面。对相应体制缺乏科学认知，对国有资产到底应该在社会主义市场经济中发挥什么样作用的认识混乱，是导致今天“高管”阶层频结“畸果”的主要诱因之一。①

在现代公司治理中，决策权、监督权和执行权三权制衡，股东会、监事会和董事会分别行使这些权力，保证每个权力正确运用。但很多国企高管是各级党组织按政府任免党政干部方式来任命的，他们往往对任命的上级组织负责，股东会、董事会和监事会形同虚设，而且许多国企还没有这“三会”。监管部门权力难以企及，就是国务院国资委对一些副部级央企领导监管也面临尴尬处境。②

厉以宁教授最近发言主张要使国有企业转变为真正的企业。他说，既然现在大部分国有企业已经是股份制公司、上市公司，就应该让股东会、董事会、监事会等法人治理结构起作用，即使国家拥有的股份比较多，也不是国家一家的，应跟大家商量，通过召开股东会、董事会来做决定。只有这样，国企和民企才能处在平等的位置上。国企是执政党的经济基础，民企也是。无论国企、民企，其产品都属于中国制造，品牌也都是中国的品牌。只有当大家都根据法人治理结构来进行管理，公平竞争，民企才能感到安全、踏实，国企也才能感受到自己的独立性，才能自主决策、自主经营，这是今后改革的方向。③他强调了企业治理结构和机制的重要性。唯有按照现代企业法治原理强化企业治理，依法发挥股东会、董事会、经理、监事的作用，而不要置合法的公司、企业治理结构和机制于不顾，在企业内部另外搞一个机构，如设立党政联席会议之类的组织去决定企业事务和治理。唯有

---

①《中国金融生态调查报告发布 欲根治金融“原罪”》，载 http：//www.zgjrw.com/News/20051121/Main/560713237100.html，最后访问日期：2007 年 1 月 2 日；《上市公司高管犯罪问题分析》，载 http：//www.ccl168.com/article.aspx?articleid=559，最后访问日期：2006 年 12 月 12 日。

② 杜文：《宋林落马样本：国企高管两栖角色并存 台前幕后反差巨大》，载《法人》2014 年第 5 期。

③《厉以宁十八届三中前谈改革：成功的改革不可逆转》，载 http://finance.huanqiu.com/data/2013-10/4487347.html，最后访问日期：2014 年 2 月 20 日。

真正健全现代公司、企业治理机制，才能在制度建设层面杜绝腐败，减少公司、企业领导人违反义务的犯罪。

二、公司、企业外部政商关系的异化与改进

当前公司、企业领导人犯罪的另一个重要的原因是政商关系的异化。

在公司、企业外部，政府与市场、政府与企业、国有资本与民营资本、官员与商人、政治家与企业家的关系，或者说是政商关系问题，[①]千百年来一直就是观察一个国家或者社会的性质状况的一个基点；政商关系是国家顶层制度设计的一个重要方面，是我国经济体制改革乃至政治体制改革不可忽略的一环。中共十八大报告指出："经济体制改革的核心问题是处理好政府和市场的关系。"《中共中央关于全面深化改革若干重大问题的决定》指出："经济体制改革是全面深化改革的重点，核心问题是处理好政府和市场的关系，使市场在资源配置中起决定性作用和更好发挥政府作用。市场决定资源配置是市场经济的一般规律，健全社会主义市场经济体制必须遵循这条规律，着力解决市场体系不完善、政府干预过多和监管不到位问题。"[②] 位国家领导人说：面对纷繁的物质利益，要做到君子之交淡如水，"官""商"交往要有道，相敬如宾，而不要勾肩搭背、不分彼此，要划出公私分明的界限。[③]其对畸形的政商关系所致腐败提出告诫，对良性的政商关系充满期待。

然而，现阶段官商关系存在着异化的情况，表现在：第一，公权力异化现象严重。那些被揪出的"老虎"、"苍蝇"的贪腐劣迹显现出一条清晰的公权力异化脉络：公权力部门化——部门权力个人化——

① 有学者认为，政商关系说到底是企业与政府管理部门或管理体制的关系，企业家和政治家的关系，以及民营资本与国有资本之间的关系，参见樊峰宇：《公司政治》（修订版），中国纺织出版社 2009 年版，《序言》第 2 页。

②《中共中央关于全面深化改革若干重大问题的决定》，载《人民日报》2013 年 11 月 16 日第 1 版。

③《总书记和江苏代表许下新约会》，载《扬子晚报》2013 年 3 月 9 日第 A02 版。

个人权力家族化。即一些政府部门从本部门的局部利益出发，利用掌握的权力谋取部门利益，巧立名目、争权夺利，将国家公权力异化为部门权力，这是权力异化链条的起点；一些领导干部利用部门权力“设租”、“寻租”，部门权力进一步个人化，主要体现在一把手身上，权力集中、缺乏监督，大有“一夫当关，万夫莫开”之势；与权力个人化紧密相连的是权力家族化，不少贪腐官员的配偶、子女、亲属背靠官员权力这棵大树，或收受贿赂、或经商拿项目，充当权力与金钱的掮客，这种“一人得道，鸡犬升天”的家族化利益集团使得腐败行为越来越隐蔽，并极大地干扰了市场经济的正常秩序。[①]“权力家族化”催生出以血缘和姻缘为基本纽带的“官员家族”，内部彼此勾连、互相庇护、共生共荣，衍生出畸形的官场生态。[②]上述情况也可以称为是公权力递延，即权力的家族化、部门化或小集团化。一是领导干部故意“照顾”家族成员或身边亲近人员，或助其“入仕为官”，或借其代理寻租，典型的如“安徽第一权力家族”王昭耀腐败案（2006 年）、中石油腐败窝案（2013 年）等。在这些行政机关或大型国企内部，建立了“以一把手为核心”的“独立王国”和各种利益分配潜规则。基层单位也有类似情况。二是领导的家族成员、身边工作人员利用领导的职务影响谋利。三是部分领导的下属采用媚权的方式，处处迎合领导或与领导有亲缘、利益关系的人士，以此获得仕途上的升迁。公共权力的家族化、裙带化、集团化，从根本上偏离了社会主义国家公共权力由人民授权的法则，加剧了民众对公共权力的不信任，破坏或边缘化了正当制度和正义程序，现阶段民众对“官二代”、“既得利益集团阻碍改革”等现象的批评正反映出对权力递延的不满与怨愤。[③]

第二，官商腐败违法犯罪数量高企，国企企业家的腐败违法犯罪率居高不下，官商腐败犯罪伴生现象突出。就国企企业家的腐败违法

① 人民论坛“特别策划”组：《公权力异化脉络——三个向度的异化：权力部门化、部门权力个人化、个人权力家族化》，载《人民论坛》2014 年第 4 月下期（总第 439 期）。

② 方朝晖：《权力家族化催生畸形官场生态》，载《人民论坛》2014 年第 4 月下期（总第 439 期）。

③ 孙代尧：《公权力异化新形式及其根源》，载《人民论坛》2014 年第 4 月下期（总第 439 期）。

犯罪而言，2014 年年初未满 4 个月的时间，落马的国企高管就有 19 位，其中，2014 年 4 月 16 日至 22 日一周内，就有 5 例国企高管落马案，均在中央纪委监察部网站公布，包括：西藏自治区盐业总公司总经理程某因涉嫌严重违纪，目前正在接受组织调查；华润集团董事长、党委书记宋某涉嫌严重违纪违法，目前正接受组织调查；安徽军工集团原董事长黄某被开除党籍；宁夏电力公司银川市供电局局长马某涉嫌严重违纪，目前正接受组织调查；湖南华菱钢铁集团有限责任公司党组成员、副总经理郑某涉嫌违纪问题被立案调查。[①]就官商腐败犯罪伴生现象而言，中国腐败现象有一个突出的特征是官商勾结，官商腐败违法犯罪伴生，政府高官腐败违法犯罪与企业家腐败违法犯罪互相牵出、相伴相生。如近年来影响深远的重大案件均具有官商腐败犯罪伴生现象，如陈良宇、薄熙来、王立军、刘志军案件中的官商腐败犯罪伴生现象。在一项调查中，在“最应该整治的权力异化现象”问题上，“官商勾结，权钱交易”得票率为 88.9%，遥遥领先其他现象，说明公众对这一权力异化现象尤为愤慨。[②]在另一项调查中，在关于“企业所在行业中存在的一些比较严重的现象”的调查项中，企业家的选择集中于两类不良现象。在其中一类“不讲诚信、不守法规、不负责任的行为”中，选择“借助一些官员权力，谋取不正利益”的占 28.2%，居该类的第 3 位。[③]这种权力与资本结盟联姻的怪胎，既严重扭曲经济改革、干扰国民经济的健康发展，又导致腐败在深度和广度上的恶性发展，造成严重的贫富两极分化、族群割裂和社会稳定问题。[④]

第二，政府与市场的关系与边界、国企发展与民企发展的关系仍

---

① 《今年以来十余位国企高管落马　央企为反腐主战场》，载 http://www.chinanews.com/gn/2014/04-24/6099673.shtml，最后访问日期：2014 年 4 月 24 日。

② 人民论坛问卷调查中心：《77.2%受访者认同权力“三化”现象，“家族化”危害最甚》，载《人民论坛》2014 年第 4 月下期（总第 439 期）。

③ 中国企业家调查系统：《经济转型与创新：认识、问题与对策——2013・中国企业家成长与发展专题调查报告》，载《经济界》2013 年第 3 期。

④ 冯全民：《政党国家化和行政化必然脱离群众》，载 http://www.21ccom.net/articles/sxwh/fzqy/2014/0428/105203_2.html，最后访问日期：2014 年 4 月 28 日。

未理清理顺。由于种种原因，近些年来，经济发展总体体现出政府对企业、经济发展干涉过多，政府与市场、企业边界不明，政府权力不当侵入企业和市场领域等不正常现象；“国进民退”，国有企业蓬勃发展，民营企业举步维艰、步履蹒跚，在政策、融资等方面都遇到难题。[①]上述这些问题所反映出的体制或者制度性环境因素决定了国企企业家腐败犯罪数量居高不下的情况与趋势。可以说，政企不分、国进民退等体制或者制度性因素必然决定了企业家腐败犯罪的滋生蔓延，难以禁绝。政府与市场边界不清，政府不当插手企业、市场、经济活动导致企业经营活动对于政府权力的依赖，促成政府官员权力寻租的条件，从而导致企业家犯罪与政府官员腐败犯罪的伴生现象；在腐败犯罪中，官与商如影随形，须臾难以离分。

第四，官商道德失守现象普遍，官无官德，商无商道。本来，官商各有其权限和职守，各有其法纪道德约束和要求，应该各守其职、其正，官有官德，商有商道。柏拉图就认为，正义就是社会上每个等级的人都安守本分，“如果这个国家里的商人、军人、官吏各做各的事，那就是公道，国家就是公道的。”[②]但由于政企不分、官商混同的制度或者体制性安排等等原因，使得官商之间发生了角色认识错误或者角色混淆，如此一来，官与商也就没有各自的操守了。官不像官、商不像商，或者亦官亦商，在官言商或者在商言官，官商对立或者官商勾结、官商互通，商而优则官，官而优哉游哉则商，出商入官或者出官入商，官无官德、商无商道，勾肩搭背而又相互算计，种种见怪不怪的现象正是官商关系已经在精神层面异化的体现。

良性政商关系的构建是预防公司、企业领导人犯罪的治本之举，是关住“权力”的一个坚固的制度笼子。理顺政商关系是消除产生公司、企业领导人犯罪的体制性或者制度性因素。应从诸多方面对现阶段我国的政商关系予以改进：

---

① 李山河等：《现阶段中国企业家犯罪的致罪因素》，载赵秉志主编：《当代刑事法学新思潮》下卷，北京大学出版社 2013 年版，第 1639-1647 页。

② 北京大学哲学系外国哲学史教研室编译：《西方哲学原著选读》（上册），商务印书馆 2000 年版，第 118 页。

第一，构建良性的国家与社会、个人关系，对公权力进行有效限制。公权力制约是国家社会制度创设的应有之义，应该使国家社会制度天然具有公权力制约的基因。因为，“一切有权力的人都容易滥用权力，这是万古不易的一条经验。有权力的人使用权力一直到遇有界限的地方才休止”。[①]为了制约公权力，人类穷尽了自己的智慧，耗尽了自己的精力，费尽了自己的神通，可谓不遗余力。

首先，西方学者从权力的内部关系的角度着眼，提出和建立了分权制衡、以权限权的思想。孟德斯鸠说：“就是品德本身也是需要界限的，从事物的性质来说，要防止滥用权力，就必须以权力约束权力。”[②]为此，近代资本主义国家制度的构架便是立法、行政和司法三权分立，以权力制约权力，防止权力滥用。我国的国体是人民民主专政，不实行分权制衡的制度。尽管如此，我国的国家制度还是在一定程度上体现了的分工制约的原则，例如，人民代表大会及其常务委员会行使立法权，具有监督一切国家机关的权力；检察院和法院行使司法权，宪法及刑事诉讼法也明确规定检察机关与司法机关之间要“分工负责，互相配合，互相制约”；行政机关行使行政权，但司法机关可以通过行政诉讼对行政机关进行监督。

不容否认的是，我们长期以来受意识形态的影响，把具有工具性意义的权力制衡与资本主义捆绑在一起，拒绝承认西方数百年制度文明发展中所形成的一些权力制衡机制的普遍性价值，特别是排斥和抵触外部监督和制约，只能把权力制衡寄托在革命时期形成的以“道德自律”为基础的自我约束机制上，导致中国权力监督机制的革新赶不上经济、社会的快速转型。公权力越位或错位的现象时有发生。政治理念和思想观念上的落后、排外和保守，进一步导致了在权力制衡机制上进行制度立新的迟滞。[③]这种情况应该得到改变。

其次，站在权力的外部关系的角度，人们认识到，无论怎样分权，立法权、行政权、司法权从性质上讲都是公权力，是一奶同胞，因而，

① [法]孟德斯鸠著：《论法的精神》（上），商务印书馆 1961 年版，第 154 页。

② [法]孟德斯鸠著：《论法的精神》（上），商务印书馆 1961 年版，第 154 页。

③ 孙代尧：《公权力异化新形式及其根源》，载《人民论坛》2014 年第 4 月下期（总第 439 期）。

它们更有可能联合起来，在国家和公权力之外攻城略地，去更多地占有国家和公权力之外的利益与资源，正如有学者所言，国家机构有可能是以社会而不是以国家机构内部直接相互之间的削弱为代价来增加他们的特权的。[①]因此，起码在英美国家，公权力制约已经超越国家内部分权的意义，西方学者认识到，在一个多样化的社会中，必须用冲突利益的多元性来制约和平衡权力，这是一个坚定的、可以为今天的立宪主义者所掌握的思想。[②]因而，发轫于亚里士多德的法治理念，由洛克最先提出并经孟德斯鸠完善，作为美国政治信条的三权分立与制衡理论，即“以权力制约权力”的理论，如今已发展至由托克维尔创立，并经罗伯特·达尔发扬光大，目前正为各国所实践的“社会制约权力理论”。[③]即利用国家和公权力之外的社会的力量来制约公权力。

实际上，在20世纪末，我们在国家层面已经有意识地将社会从政治和政府层面析离出去，提出社会管理的概念并进行相应的制度建设。在政商关系中，“政”是国家及公权力本身，而“商”是市场、企业、企业家，属于社会范畴。政商关系的实质是国家与社会的关系。恩格斯在其著作《家庭、私有制和国家的起源》中，从国家与社会关系的角度对国家作出了经典的定义:“这种从社会中产生但又自居于社会之上并且日益与社会相异化的力量，就是国家。”[④]在马克思经典作家看来，国家是产生并异化于社会的力量，而社会是国家的母体；要解决国家异化的问题，应该使国家归位于社会本体。政商关系实际上反映出的是国家与社会的关系。良性政商关系制度，可以使得政商之间，即国家和社会之间互相制约，特别是作为社会力量的“商”（市场、企业、企业家）对于“政”（政府和公权力）的约束限制，使得良性政商关系制度成为监督制约公权力的强大武器。

---

① [英]罗杰·科特威尔著：《法律社会学导论》，潘大松译，华夏出版社1989年版，第154页。

② [英]M.J.C.维尔著：《宪政与分权》，生活·读书·新知三联书店，1997年版，第74页。

③ 方世荣：《行政权力的要素及其制约》，载《法商研究》2001年第2期。

④《马克思恩格斯选集》（第4卷），人民出版社1995年版，第170页。

就目前的中国国情而言，应不断壮大社会力量，搞好社会管理，使社会有力量监督政府；不断壮大公民个人的公民权利，政治权利，经济、社会和文化权利，使得公民具有与国家和公权力相抗衡的力量，从而从权力外部加强对公权力的制约。让人民监督权力，让权力在阳光下运行，是把权力关进制度笼子的根本之策。[①]

第二，构建良性的政府与市场、企业关系。首先，鉴于政府权力过大的现实情况，一方面，政府应不断进行改革，自我限权，如目前作为国家最高行政机关的国务院不断下放取消行政审批权即是适例。要清楚政府的职责和作用主要是保持宏观经济稳定，加强和优化公共服务，保障公平竞争，加强市场监管，维护市场秩序，推动可持续发展，促进共同富裕，弥补市场失灵。[②]而不是作为市场主体亲自出马参与生产、经营与管理。必须切实改变政企不分，政府一手遮天，随意插手经济利益，把政府作为企业去经营，包办代替企业事务的做法。其次，应不断完善和壮大市场经济，不断改善公司治理，将应该归于市场、企业的交给市场、企业。始终牢记处理好政府和市场的关系是经济体制改革的重点与核心问题，必须积极稳妥从广度和深度上推进市场化改革，大幅度减少政府对资源的直接配置，推动资源配置依据市场规则、市场价格、市场竞争实现效益最大化和效率最优化，真正使市场在资源配置中起决定作用而不是政府在资源配置中起决定作用。[③]最后，政府与企业应该密切合作、经常性沟通，互通信息与建议。在企业应保持独立性，政府不要过多干预企业发展，政府不作企业的代言人，让企业自己真正代表自己的前提下，政府与企业又要密切合作、沟通，要使政府与企业在合作沟通与独立发展之间达到某种平衡状态。关系过于密切，可能会出现政府为企业做决定，导致企业自主性下降的情况；过于独立则可能会出现企业对最新政策不了解贻

①《中共中央关于全面深化改革若干重大问题的决定》，载《人民日报》2013 年 11 月 16 日第 1 版。

②《中共中央关于全面深化改革若干重大问题的决定》，载《人民日报》2013 年 11 月 16 日第 1 版。

③《中共中央关于全面深化改革若干重大问题的决定》，载《人民日报》2013 年 11 月 16 日第 1 版。

误商机、制定错误的发展战略，政府也可能由于无法充分了解企业状况而制定出不完善的行业政策。[①]

第三，构建良性的国有企业与民营企业关系。公有制经济和非公有制经济都是社会主义市场经济的重要组成部分，都是我国经济社会发展的重要基础。[②]一方面，应根据国家整体发展政策不断调整国有企业的发展，应该真正认识清楚国有企业的性质和定位，将真正需要以国有企业形式经营的项目或者领域以国有企业的形式生产经营，除此之外，应该都是属于民营企业经营的领域，国家不应把什么赚钱的营生都抓在手里，处处与民争利，这和我们国家的性质是相悖的，也是违背现代经济社会发展规律的。应坚决从不必要、不适合由政府经营的领域退出，交由市场去解决问题。另一方面，应不断壮大民营企业，通过改革为民营经济的发展提供政治的、经济的、社会的等各方面的制度、政策、条件与支持。要对民营经济和企业一视同仁，促进民营企业、经济与国有企业、经济同步协调发展。社会主义市场经济归根到底是市场经济，国有企业、经济垄断各重要领域、行业，或者在一些行业以政府管理之名、通过政府干预搞垄断式经营的现象肯定是不正常的，必将损害市场经济的发展，这种现象必须得到改变。

第四，构建良性的政治家与企业家、官员与商人关系。首先，政治家和企业家、官员与商人都要有法治意识，要遵纪守法，要守住法治底线。任何人都没有凌驾于法律之上的特权，任何人都必须受到法律的约束。法律面前没有特殊公民，任何人都不能干扰法律的实施，法律的尊严决不容践踏，不管级别多高，权力多大，只要违反了党纪国法，都要为此付出应有的代价。人生规划千万条，遵纪守法头一条。这不仅强调的是法治意识，而且唤醒的是人们的道德良知，是现代社会对每一位公民的基本要求。法纪犹如立在悬崖壁上的一道护栏，对每一个人都是一种关爱和保护；法纪的堤防一旦决口，就必然会出问

---

① 梁隽妤：《政商关系平衡密码：密切而独立》，载《中国企业报》2013 年 1 月 15 日第 3 版。

②《中共中央关于全面深化改革若干重大问题的决定》，载《人民日报》2013 年 11 月 16 日第 1 版。

题、受惩罚。要遵守国家法律，守住信念防线、道德防线和法纪防线，在任何情况下都要稳得住心神、管得住行为、守得住清白。[①]

其次，政治家和企业家应该既有互动而又相互独立。政治家和企业家可以在法律规定的范围内相互了解和相互影响，应有良性的互动。企业家应具有政治头脑，政治家也应懂得经济和市场的特性和规律，这对于政府政策的制定，对于企业发展战略与企业规划的制定，对于企业的经营都是有好处的。另一方面，政治家和企业家又应该相互独立，相互尊重，彼此平等，各守其职，各尽其力，从不同的领域为国家发展作出贡献。决不能勾肩搭背，相互勾结，狼狈为奸，将公权力用作个人牟利的私器，将资本视作可以为所欲为的工具。任何情况下须记取：官有官德、商有商道，做官清明、清廉、清正不能忘，经营管理忠诚、勤勉、勇负社会责任之企业家精神不可弃。

第五，对于利益集团的不正当利益必须予以坚决彻底的铲除，政府、政治家、企业家必须自我限权、自我约束、坚守清廉公义以根绝利益集团产生的土壤。

总之，公司、企业领导人犯罪的多因性决定了不可能站在一个角度、使用一种方法、进行单项治理就能使其得到遏制。刑法是社会必要的但也是最后的保障，刑法的有效性不仅体现在刑事立法、司法和执法的全过程，同时也体现在刑法与其他相关法律（如公司法、企业法）、制度、管理机制（如现代企业制度和公司治理结构、机制）的相互衔接和分工协作上。因此，不仅要在刑罚的法定、量定、执行诸环节完善和加强对公司、企业及其领导人犯罪的刑法规制和刑罚惩治，而且要进一步完善公司法、企业法律法规，建立健全公司、企业的管理制度、治理规则、治理机制，[②]完善公司企业领导人的约束和激励

---

① 《薄熙来王立军等人违纪违法不得人心》，载《重庆日报》2012 年 4 月 14 日。

② 英美法人刑事责任理论发展出一些新的理论，如法人反应责任论。该理论将考察法人刑事责任的视点从替代责任所主张的代理人个人的行为和精神状态上转移到法人所采取的防范犯罪措施及犯罪发生后的善后措施的有效性上，强调从法人自身的因素出发判断法人的刑事责任（李文伟著：《法人刑事责任比较研究》，中国检察出版社 2006 年版，第 78 页）。因此，即使是刑法手段的运用，也要体现完善公司、企业治理之意旨，惩罚公司、企业领导人犯罪应着眼于促进公司、企业制管理制度之改善。

机制，大力提倡企业自律，加强内部监督制衡和外部监管，[①]构建良好的政商关系，对公权力进行有效限制，从而营造公司、企业健康发展的内部和外部环境，唯有如此，才是预防公司、企业领导人犯罪的有效路径与治本之策。

第四节　以人为本的刑事政策意义

“以人为本”包括人道主义、人本精神、人性、人权的种种内涵。[②]人是自然和社会的主体，人本身也是人的独立人格的主体，“人的根本就是人本身”、“人是人的最高本质”。[③]人有自己的人格、个性、尊严。以人为本，就是要把人当作人。尊重人作为人的尊严，尊重人的本性，保障每个人的人权。

刑罚是最严厉的强制方法，不仅可以剥夺受刑人的财产、政治权利，而且可以剥夺其自由，甚至剥夺其生命[④]。因而在制刑、动刑、量刑、行刑的整个过程，都要讲求人道主义，贯彻以人为本的理念。具体到公司、企业领导人违反自身义务的犯罪，对其的刑事政策也应该体现贯彻以人为本的精神，为此，应做到以下几点：

一、尊重敬畏生命，严格限制并最终废除公司、企业领导人违反自身义务犯罪的死刑

死刑是一种具有严厉的惩罚性与有效遏制性的手段，但又是一种

---

① 新公司法在许多方面突出了公司自治的理念，但正如学者所言，公司法不等于合同法，公司法也不等于行政法，公司法就是公司法（谈萧：《从高管犯罪看公司法的品格》，载《法人杂志》2005 年第 7 期）。因此，笔者认为，公司自治在增大公司自由的同时，应在公司自治和政府监管方面寻找到一个合理的平衡点。

② 高绍先：《传统刑法与以人为本》，载《现代法学》2005 年第 4 期，第 67 页。

③《马克思恩格斯选集》（第 1 卷），人民出版 1972 年版，第 13 页。

④ 马克昌主编：《刑罚通论》，武汉大学出版社 1999 年版，第 274 页。

不人道的手段。其作为刑罚，在绝对意义上是天然不正当的。[①]死刑最大的缺陷在于不人道，因为生命权是首要的人权，生命权得不到有效的保护，人类的所有其他权利都不再有什么意义，即使在社会紧急状态威胁到国家生存时，也有一些权利绝不能被剥夺，而生命权就是不可克减的权利之一，生命权有时被看作国际法中的强行法。[②]死刑是以国家的名义剥夺人的生命，因而与生命权具有密切的关系，正因如此，在《公民权利和政治权利国际公约》中，死刑问题与生命权被放在同一条中加以规定。

正是因为死刑天然具有的不人道性，因而人道主义是死刑的掘墓人，[③]在人道主义蔚为大观的潮流之下，限制以至废止死刑已成为国际大势。大赦国际 2012 年 3 月 27 日公布的死刑报告显示，全球 97 个国家已经立法废除死刑。在另外 8 个国家，死刑仅限于战争犯或军事法律的范围。此外有 36 个国家实际上已经不再执行死刑。尽管 57 个国家仍存在死刑，但其中仅有 20 个国家还在执行死刑，而中国处决的死刑犯多于世界其他国家的总和。[④]

我国学者对废止死刑的步骤、路径等问题作了较为深入的探讨，[⑤]赵秉志教授在对死刑问题进行多方面深入研究的基础上，提出先期废除非暴力犯罪死刑的构想，笔者深表赞同。遵循赵秉志教授废除非暴力犯罪死刑的思路，笔者提出废除公司、企业领导人犯罪的死刑的观

---

① 邱兴隆著：《刑法理性导论——刑法的正当性原论》，中国政法大学出版社 1998 年版，第 144 页。

② [奥]曼弗雷德·诺瓦克著：《民权公约评注》，毕小青、孙世彦等译，三联书店 2003 年版，第 106-107 页。

③ 孙万怀著：《刑事法治的人道主义路径》，北京大学出版社 2006 年版，第 163 页。

④《大赦国际：少数国家执行多数死刑》，载 https://xingdaili.com/browse.php?u=hLyCHZFkEG%2Bc8cLaQi8Z6W%2FBkXTKan9y2AMpCI8zh6uT43pGZ9hUITyz22wvHnuE&b=6，最后访问日期：2014 年 2 月 30 日；或者 http://blog.renren.com/share/239529492/12355137238，最后访问日期：2014 年 3 月 1 日。

⑤ 赵秉志：《关于分阶段逐步废止中国死刑的构想》，载《郑州大学学报》（哲学社会科学版）2005 年第 5 期；《中国逐步废止死刑论纲》，载《法学》2005 年第 1 期；卢建平、李山河：《中国废除死刑的路径选择》，载《甘肃政法学院学报》2006 年第 4 期。

点。[1]具体理由在于：第一，公司、企业领导人犯罪基本上属于非暴力犯罪的范畴，属于一种智力型而非体力型的犯罪。从公司、企业领导人违反自身义务犯罪的具体构成看，违反勤勉义务的犯罪全部是过失犯罪，而过失犯罪是不可以适用死刑的。违反忠实义务犯罪中，非国有主体的公司、企业领导人的全部犯罪都没有规定死刑。国有主体的公司、企业领导人也仅贪污罪和受贿罪规定有死刑，但贪污罪、受贿罪属于非暴力的经济犯罪，理应废止；而且实践中实际上已经基本上搁置了贪污受贿类犯罪的死刑立即执行。在违反社会责任的犯罪中，规定有死刑的犯罪也基本上属于非暴力的经济犯罪。第二，公司、企业领导人违反自身义务所涉及的犯罪大多数属于行政犯，正如学者所认为的，从性质上来说，行政犯罪都是违反行政法规的行为，不具有明显的外显性、反伦理性、残酷性等暴力犯罪的特征。从其发生机理来看，其原因是多方面的，既有个体原因，也有社会原因、制度原因。其中在很大程度上是制度原因，如经济管理上的混乱、政策上的漏洞、法律法规的不健全等。而这与许多严重的传统犯罪，如故意杀人罪、强奸罪、抢劫罪、爆炸罪等，有着很大的不同。因此，对于行政犯罪的遏制，应重在加强管理、堵塞漏洞和完善法制上，而不应寄希望于适用死刑。而且，对于行政犯罪适用死刑也有悖于死刑的等价观，因此，应当取消行政犯罪的死刑。[2] 第三，废除公司、企业领导人违反自身义务犯罪的死刑可以大幅减少我国立法及司法的死刑数量。《刑法修正案（八）》所废除的13种非暴力犯罪死刑的罪名，绝大多数属于公司、企业领导人违反自身义务犯罪的罪名，我国刑法典规定的死刑罪名因而也大幅度减少就是一个明证。

---

① 笔者认为，研究废除死刑的相关具体问题，不但要从犯罪类别上进行研究（实际上是对行为的研究），还应着眼于具体的主体类别进行研究（即行为人的研究）。因为不同的行为人的自身特征决定了其犯罪特点、犯罪能力和刑罚适应能力。如未成年人不适用死刑为各国通例。还有学者提出对一定年龄的老年人不适用死刑，而且有些国家和地区也有类似的立法例。而本论著所研究的公司、企业领导人也是主体类别之一。

② 赵秉志、郑延谱：《中国行政刑法的立法缺憾与改进》，载《河北法学》2006年第8期，第7页。

二、重视具有人道性且具针对性、有效性的刑事手段的运用

首先，重视财产刑和资格刑的适用。对于公司、企业领导人的轻微犯罪，注意适用财产刑和资格刑。这两种刑罚都不剥夺人身自由，具有人道性；并且公司、企业领导人犯罪具有经济性和业务性，因而这两种刑罚对公司、企业领导人犯罪具有针对性和有效性。在刑法典总则与分则的具体规定中，公司、企业领导人犯罪的财产刑、资格刑都存在缺失的情况，应从立法方面予以完善。该问题在下一章还有论述，此处不赘。

其次，重视禁止令等手段的运用。禁止令是指对判处管制、宣告缓刑的犯罪分子，根据其犯罪情况，从犯罪分子教育矫正、有效维护社会秩序的角度出发，禁止被告人在管制执行期间、缓刑考验期限内从事特定活动，进入特定区域、场所，接触特定的人的制度。人民法院可以根据犯罪情况，禁止被判处管制、宣告缓刑的公司、企业领导人在管制执行期间、缓刑考验期限内从事以下一项或者几项活动：（1）个人为进行违法犯罪活动而设立公司、企业、事业单位或者在设立公司、企业、事业单位后以实施犯罪为主要活动的，禁止设立公司、企业、事业单位；（2）实施证券犯罪、贷款犯罪、票据犯罪、信用卡犯罪等金融犯罪的，禁止从事证券交易、申领贷款、使用票据或者申领、使用信用卡等金融活动；（3）利用从事特定生产经营活动实施犯罪的，禁止从事相关生产经营活动；（4）附带民事赔偿义务未履行完毕，违法所得未追缴、退赔到位，或者罚金尚未足额缴纳的，禁止从事高消费活动，等等。

三、大力促进刑罚的人道化改革

为体现公司、企业领导人犯罪刑罚改革的人道化，可以借鉴恢复性司法的理念和制度。恢复性司法是通过恢复性程序实现恢复性结果的犯罪处理方式，具体是指在犯罪人、被害人和其他受犯罪影响的社

区成员积极参与下，通过道歉、和解、赔偿、社区服务和其他任何旨在重新整合被害人和犯罪人关系、恢复社区和谐，从而避免对刑事案件启动传统刑事司法程序。恢复性司法运动已经由其发源地北美席卷欧洲、大洋洲、南美洲、亚洲和非洲许多国家，成为世纪之交最具有声势和规模的一场世界范围内的刑事政策运动。恢复性司法运动最初主要适用于未成年人犯罪，现在则开始扩大至成年人犯罪；并且由最初仅仅适用于轻微犯罪、财产性犯罪向现在的严重犯罪甚至暴力性犯罪扩展。①在对公司、企业领导人犯罪之惩治中体现恢复性司法理念，一是要运用好中国刑法中现有的管制、缓刑、社区矫正等制度。二是要进行一些制度创新。根据中国的具体情况，可以试行刑事和解等制度。

社区矫正是非监禁化处理的一个典型。从当前世界刑罚制度的发展趋势来看，由于符合世界范围内行刑社会化、开放化的刑罚理念，社区矫正制度已被各国广泛采用，我国刑法典通过修改业已规定了社会矫正制度。中国的罪犯改造主要适用的是监禁刑，这往往造成监狱在押人员人满为患，在监狱环境中交叉感染，刑满释放人员因长期监禁，回归社会适应能力差，就业困难，社会歧视明显，重新犯罪率高等弊端。社区矫正正是在此种背景下应运而生的。笔者认为，这是我国刑罚执行方式改革的重大举措。开展社区矫正有利于提高对罪犯教育改造的质量，改善社会治安秩序，也有利于探索建设中国特色社会主义刑罚执行制度。要从保持长期和谐、稳定社会环境的大局出发，在有利于保护社会同时又有利于保障人权的前提下，借鉴国外社区矫正的成功经验，结合中国的国情，②大力推进与不断完善社区矫正制度的执行与建设。

社区矫正属于社会内处遇措施，对矫正对象不予关押、不剥夺自由，这种特点尤其适合公司、企业领导人群体及其职业特点。公司、企业领导人作为公司、企业的经营管理者，在其失去人身自由时很难

---

① 梁根林著：《刑事制裁：方式与选择》，法律出版社 2006 年版，第 43-44 页。

② 赵秉志：《论中国刑事司法中的人权保障》，载《北京师范大学学报（社会科学版）》2006 年第 3 期。

对公司、企业行使经营管理权的，并且特定的公司、企业领导人失去人身自由作为重要信息一经披露，往往引起公司、企业经营的震荡甚或是社会震荡。而社区矫正这一社会内的处遇措施既能够降低改造成本，又能够兼顾公司、企业领导人的改造与从业经营，对于个人、社会、国家都是有利的。

刑事和解是在刑事诉讼程序运行过程中，被害人和加害人（即被告人或犯罪嫌疑人）以认罪、赔偿、道歉等方式达成谅解以后，国家专门机关不再追究加害人刑事责任或者对其从轻处罚的一种案件处理方式。这种诉讼制度是对调解制度的发展和革新。刑事和解符合我国“和为贵”、“冤家宜解不宜结”的古训，有利于弥补被害人因犯罪造成的损害，抚平其心理创伤；有利于减少对抗，化解矛盾，促进社会和谐；有利于减少刑事追究，节约司法资源，化消极因素为积极因素。[①]刑事和解作为一种精神和原则，应该在刑事诉讼中确定下来。

刑事和解这种解决刑事责任的方式与程序也特别适合公司、企业领导人违反自身义务的犯罪之刑事责任的解决。一般而言，从犯罪的对象而言，公司、企业犯罪侵害的对象一般为市场的相对方，如消费者、客户等，或者是公司、企业本身、社区、社会等。刑事和解有利于公司、企业的正常运营，有利于市场的平稳运行，有利于社会公众生活、心态等的稳定，有利于塑造公司、企业勇于承担社会责任的形象，因而应大力提倡公司、企业领导人刑事责任解决中刑事和解的运用。

第五节 社会正义的刑事政策意义

正义是至善之一，正义本身乃是他者之善或他者之利益，因为他所为的恰是有益于他者的事情。[②]正义是衡量法律之善的尺度，[①]也是

① 《“和谐社会语境下的刑事和解”学术研讨会成功举行》，载 http：//www.criminallaw.com.cn/article/default.asp?id=293，最后访问日期：2006 年 12 月 30 日。

② [古希腊]柏拉图著：《理想国》，郭斌和、张竹明译，商务印书馆 2009 版，第 16-27 页。

社会主义国家制度的首要价值。[②]在公司、企业领导人犯罪的惩治中，应特别注意社会正义的恢复。因为公司、企业领导人犯罪与公司、企业活动有关，而公司、企业之公众性质越来越明显，公司、企业的活动也和公众的生活息息相关。因而公司、企业及其领导人的犯罪，如违反勤勉义务的犯罪，像责任事故等犯罪，以及违反社会责任的犯罪，如集资诈骗、非法吸收公众存款、操纵证券市场等金融性犯罪以及环境犯罪、产品质量责任犯罪，往往造成社会公众生命、健康、财产的巨大损失，影响和波及面比较广，[③]甚至引起社会震荡。而现阶段违反忠实义务犯罪中之官商贿赂犯罪相伴生的现象，也鲜明地体现出违反忠实义务犯罪的非正义性。因而，消除公司、企业领导人犯罪影响、恢复社会正义，搞好社会正义的制度建设便显得尤为重要。为此，须做好以下方面的工作。

一、追缴犯罪所得，挽回被害人损失

公司、企业领导人犯罪发生之后，应调动司法、行政等手段追查追缴犯罪人的犯罪所得，尽全力挽回被害人的损失，把被害人的损失降低到最低程度，同时也让犯罪人不能占到任何经济上的便宜，以体现社会正义。上海社保案就成功地挽回了被害人的损失。自 2002 年第四季度起，上海社保资金在两年多时间内先后 7 次被挪用，总量达 34.5 亿元。这些挪用都没有经过任何法定程序，都在个别人的操纵下以委托资金运作的方式，交给张某的沸点投资有限公司，沸点投资有限公

---

① [美]埃德加·博登海默著：《法理学——法哲学及其研究方法》，邓正来译，中国政法大学出版社 1999 版，第 264 页。

② 《让正义成为社会主义的首要价值——温家宝总理答中外记者问》，载《新华每日电讯》2007 年 3 月 17 日第 6 版。

③ 有外国学者研究发现，一起抢劫案的平均损失为 400 美元，一起夜盗案的平均损失为 500 美元，而一起白领犯罪或者法人犯罪可能造成百万甚至上千万美元的损失，因而白领犯罪和法人犯罪之犯罪形态和对社会的危害往往比暴力犯罪和财产犯罪更严重。[美]弗雷达·阿德勒、杰哈德·穆勒、威廉·拉菲尔著：《遏制犯罪——当代美国的犯罪问题及犯罪学研究》，廖斌等译，中国民主法制出版社 2006 年版，第 219-220 页。

司以此再投资给同为张某所有的福禧投资控股有限公司，这样 34.5 亿元社保基金就变成了福禧集团的自有资本金，张某再以此到银行圈贷款。加上应收回利息 2.5 亿元，上海社保违规资金连本带息 37 亿元。社保案发后，相关部门迅速查封了张某的资产。2006 年 8 月，上海市劳动和社会保障局所属的上海市企业年金发展中心提请上海市第一中级人民法院对福禧公司进行诉前保全，诉讼涉及金额总计 34.5 亿元。2006 年 9 月，上海市委、市政府及时成立违规社保基金被挪用处理的单独处理小组，由上海市高院、财政、检察、公安、审计、金融等部门参加。按照依法、合规、安全、足额的原则，经过各方努力，将社保违规资金 37 亿元全部收回。①

二、关注刑事损害赔偿或者补偿，补偿被害人损害

边沁曾对刑事损害赔偿或者补偿的作用给予厚望，他的名著《立法理论》一书的基本结论就是：依据好的法律，几乎所有的犯罪都可能减弱为可以用简单的金钱补偿予以弥补的行为，而且罪行的恶害几乎可以因此而全部消失。②在公司、企业领导人犯罪中，应特别注意做好赔偿和补偿工作，应充分利用有关的公司、企业法律制度，使被害人获得因犯罪所遭受到的损害赔偿或者补偿。如印度博帕尔毒气泄漏案，就运用了公司法人格否认制度使被害人获得赔偿。1984 年 12 月 2 日午夜，在印度博帕尔（Bho-pal）市发生了人类历史上最悲惨的工业事故惨案。位于印度中央邦博帕尔市北部的博帕尔化工厂发生了甲基异氰酸盐剧毒气体泄漏事故，剧毒气体被风吹入该市人口最稠密的地方。当时直接致死的达 2000 多人（几年后中毒死亡人数逾 2.5 万人），20 多万人受害，家畜残废，庄稼受损，环境污染，商业中断，造成震惊世界的工业事故。博帕尔化工厂是由“美国联合碳化公司”

① 《上海社保违规资金连本带息 37 亿元是如何追回的》，载 http：//www.yn.xinhuanet.com/lianzheng/2007-01/31/content_9193570.htm，最后访问日期：2007 年 2 月 30 日。

② [英]吉米·边沁著：《立法理论》，李贵方等译，中国人民公安大学出版社 2004 年版，第 537 页。

的印度子公司“联合碳化印度有限公司”直接所有和经营的。该公司是于1934年根据印度法成立的，美国联合碳化公司持有其50.9%的股票，印度政府拥有和控制着22%的股票，其余股票则由2万多名印度人持有。公司制造各种产品，包括化学品、塑胶、化肥、杀虫剂等。博帕尔厂是经批准制造农药杀虫剂的。由于此案涉及的原告人数达20万人次之多，最初的请求赔偿数额高达31.2亿美元，如果由印度子公司对众多的受害者给予赔偿的话，即使将该子公司的全部净财产都用来赔偿，也仅有9530万美元，难以补偿受害者的损失。所以，印度政府出面，代表原告向美国法院提起诉讼，要求美国的联合碳化公司对印度的受害者承担直接的赔偿责任。法院最后认定联合碳化公司一直对印度子公司实施控制权，但又未尽到忠实、谨慎的义务。母公司对印度博帕尔毒气泄漏事件负有不可推卸的严格的责任。因而应揭开印度子公司的面纱，由美国母公司承担赔偿责任。虽然此案最终以庭外和解的方式，由美国联合碳化公司赔偿4.7亿美元结案，但如果不是适用公司法人格否认制度，单靠直接加害人子公司对受害人承担损害赔偿责任，是根本无法弥补受害人损失的。①

国家和社会应当承担起一定的被害人补偿责任。边沁认为，用于补偿的费用最好取决于罪犯的财产，取之于罪犯财产的补偿兼具补偿和惩罚的双重实用功能。由于补偿是公益的目的之一，维系着社会安宁，所以当罪犯没有财产的时候，国家有责任用国库财产或者社会保险金对被害人给予补偿。因为如果某种犯罪被实施，无论是人身方面还是财产方面的受害人都被抛弃不管，而由他们自己去忍受恶果，则由这些受害人所支持的社会和承担保护这些受害人义务的社会欠这些人一笔补偿债。②1980年日本颁布实施的《犯罪被害人等给付金支付法》规定国家一次性发给具有补偿性质的金钱，国家先行给付后，可以嗣后向犯罪人追偿。根据公正的基本要求，掌握政权的国家负有保

① 朱慈蕴著：《公司法人格否认法理研究》，法律出版社1998年版，第331-334页。

② [英]吉米·边沁著：《立法理论》，李贵方等译，中国人民公安大学出版社2004年版，第368、553页。

障公民安全的义务，不能单纯依赖犯罪者给被害人赔偿，国家也应分担被害人的不幸，因此日本的这一立法例值得借鉴，[①]我国也应借鉴外国的经验，尽快建立犯罪受害人国家补偿制度。

三、搞好社会正义的制度建设

一个好的社会，应该是他的每一位成员都能平等地获得机会，权利都能够得到恒久保障，都有发展的前景，每一位成员获得资源与财富的方式是合法且合乎正义的。一句话，这个社会存在正义，社会正义没有缺失。

然而，由于权力没有得到有效限制、约束与监督，由于存在体制性、制度性原因，现阶段中国社会资源与财富获得机会不平等。社会正义的制度建设不健全，使得即使一些社会成员，特别是一些人们称之为权贵阶层或者权贵资本的成员，其获得资源与财富的方式即使可能是不违法的，或者是看不出明显违法的，但却可能是不正义的；这种不正义的制度形成阶层固化、利益固化、权贵资本、权贵世袭，造成阶层隔阂、族群分裂；使得社会各阶层没有安全感，也实实在在地使各阶层处于不安全之中，没有哪一个阶层是安全的，社会暴戾之气与暴力倾向也便频频展演；社会矛盾不断积聚，整个社会逐渐变为一个巨大的火药桶。因为保障社会正义的制度不健全，权贵们与善于投机者或者抱有投机心理者往往能够获得巨大实益，一个电话或者一夜之间就能获利无数。如此，人们的心态逐步变为投机钻营、不劳而获、见利忘义、肆无忌惮、贪得无厌，包括公司、企业领导人在内的社会成员的忠诚、勤勉、社会责任消失无影，芳踪难觅。

国家应加强社会正义的制度建设，公司、企业领导人也应该自觉投入到社会正义的弘扬与建设中来，忠诚、勤勉地工作，认认真真地

① 谢如程：《对当前社会情势的判断与修改刑法的基本思路》，载赵秉志主编：《和谐社会的刑事法治》（上卷），中国人民公安大学出版社2006年版，第99-100页。

尽到自己的社会责任。如此，才能从制度、从体制、从氛围、从人心方面保障公司、企业领导人有节制、有自制、明趋避、知所止，使他们不能犯罪、不愿犯罪、不会犯罪，才能从根本上预防公司、企业领导人犯罪，防止社会大震荡、大动荡、大变局的发生。

第九章

公司、企业领导人刑事责任之完善

【概要】现阶段，完善公司、企业领导人之刑事责任具有重要意义。公司、企业领导人刑事责任完善需坚持协调性、严密性、平等性、合理性、文明人道性等原则。刑事责任立法完善的基本思路是：增设“公司、企业人员背信罪”，使其作为违反忠实义务犯罪的普通法；修改国有公司、企业人员失职罪为“公司、企业人员失职罪”，使其作为违反勤勉义务犯罪的普通法；修改完善其他相关犯罪的构成要件，以使公司、企业法律规定与刑法规范协调起来。应完善惩治公司、企业领导人犯罪的刑罚种类，合理调整其刑罚强度。在司法完善方面，刑事司法应自觉运用忠实义务、勤勉义务、社会责任相关理论，重视与把握现代公司、企业治理的知识、理念与实际运行的情况，重视经济规律，善待正常的经济活动，切实保障公司、企业领导人人权。

关键词：刑事责任　原则　立法　司法　完善

现有公司、企业领导违反忠实义务、勤勉义务、社会责任犯罪之刑法立法与刑事司法存在诸多问题，影响到对公司、企业领导人犯罪的抗制。为了公司、企业领导人刑事责任的合理承担，为了公司、企业领导人犯罪的有效惩防，为了国家的经济安全和社会稳定，必须重视公司、企业领导人刑事责任之完善问题。

本章即从公司、企业领导人刑事责任完善的意义、原则、立法完善、司法完善等方面对公司、企业领导人刑事责任的完善问题加以探讨。

第一节　公司、企业领导人刑事责任完善的意义

现阶段，完善公司、企业领导人之刑事责任非常重要和必要，这是由下述诸多因素所决定的。

一、刑法与公司、企业等法律之间存在不协调之处

在公司、企业领导人之忠实义务、勤勉义务、社会责任规定方面，刑法与公司、企业等法律之间存在不协调之处，原因在于：第一，现行刑法立法并没有对公司、企业领导人之忠实义务、勤勉义务、社会责任及其违反作系统考量，没有以三项义务及其违反理论来系统指导刑法立法。在1979年刑法典颁行以及对其着手修订时，我国还处于计划经济时代，现代意义上的市场经济以及公司、企业及其领导人还未出现，还没有引进西方的忠实义务、勤勉义务、社会责任的理论与规范，更谈不上运用其来指导刑法立法了。及至1997年刑法颁行，那时施行的是1993年公司法，而该法并未规定公司、企业及其领导人的忠实义务、勤勉义务、社会责任，也谈不上运用其来指导刑法立法。可以说，从一开始现行刑法典就不含有公司、企业及其领导人之三项义务及其违反的基因。第二，现行的刑法修法特点决定了刑法与公司、企业等法律之间会存在不协调之处。首先从修法方式来看，现在我们采用的是渐进式的修法方式。其好处是能够保障刑法典的稳定性，缺陷在于不易于对刑法立法作通盘考量，不易于深入贯彻相关理论与规范的精神。其次现在刑法修法的动机与目的在于应对现实中出现的迫

切问题，一般是就事论事立法，立法难有通盘长远考虑，缺乏相关理论指导。第三，刑法修法与公司、企业法律修法不同步或者时间差导致刑法与公司、企业法律的不协调。比如，公司法相关规定已经修改，基本取消了原来的法定资本制度。但现在刑法典所规定的虚报注册资本罪、抽逃出资罪等犯罪还未作出任何修改，这就导致刑法与公司、企业法律规定之间的不协调。①

不协调的问题具体表现在刑法未将公司法等法律规定的违法行为犯罪化或者全面犯罪化。例如，《公司法》第 149 条第 2 项规定，董事、高级管理人员不得将公司资金以其个人名义或者以其他个人名义开立账户存储，此为违反忠实义务的违法行为之一，但刑法并没有将该类行为犯罪化。②又如该条第 3 项规定，董事、高级管理人员不得违反公司章程的规定，未经股东会、股东大会或者董事会同意，将公司资金借贷给他人或者以公司财产为他人提供担保，此也为违反忠实义务的行为之一，尽管《刑法修正案（六）》新增背信损害上市公司利益罪，将上市公司为明显不具有清偿能力的单位或者个人提供担保，或者无正当理由为其他单位或者个人提供担保的行为予以犯罪化，但除此之外的公司领导人或者其他的违法担保行为以及违法借贷的行为却没有犯罪化。再如《公司法》第 149 条第 4 项将公司、企业领导人违反公司章程的规定或者未经股东会、股东大会同意，与本公司订立合同或者进行交易的行为作为违反忠实义务的违法行为，但刑法也没有明确、充分地将其犯罪化。刑法与《公司法》等法律还存在其他一些不协调之处，不再详细列举。③

---

① 关于不协调问题还可以参见罗磊：《违反对公司忠实义务相关犯罪研究》，西南大学 2008 年硕士学位论文，第 38 页。

② 当然，是否对该行为犯罪化可以探讨，本书持犯罪化的观点。

③ 有学者认为，刑法本身的完善有赖于刑法解释的完善。发现刑法在适用中出现了某种问题就指责立法者或者建议修改刑法，而不认真对刑法进行解释的做法不可取，参见张明楷译：《日本刑法典》（译者序）第 6-7 页，笔者深以为然。具体到公司、企业领导人刑事责任的立法，对于刑法与公司法等法律之间并非重大的不协调之处，如公司法突出公司自治原则，将公司同意要件引入违反忠实义务的行为之中，将违反公司章程的规定或者未经股东会、股东大会同意作为违反忠实义务的阻却条件等，就可以通过司法实践，充分发挥刑法的解释功能，将公司章程允许或者经股东会、股东大会同意解释为或者认定为违反忠实义务排除社会危害性的事由，而并非一定要通过修改刑法，将公司同意要件明文纳入刑法违反忠实义务类犯罪排除社会危害性事由的规定之中才使问题得到解决。

二、公司、企业领导人犯罪刑法立法本身存在漏洞

从我国刑法立法的整体特点看，我们的刑法立法，特别是分则个罪立法的概括性不足，罪状一般是对现实生活中实际发生的危害行为作描述，这使得很多罪状犯罪学色彩浓厚，规范性欠缺，从而大大削弱了刑法的规范性和概括性，缩小了其适用面。比如，根据相关公司、企业法律规定，公司、企业领导人负有忠实义务、勤勉义务、社会责任，据此，笔者认为可将公司、企业领导人犯罪分为违反忠实义务犯罪、违反勤勉义务犯罪、违反社会责任犯罪三类，虽然每一类刑法都规定有许多具体的个罪，但每一类犯罪均没有相应的概括性或堵截式犯罪构成。[①]如此，则使立法疲于奔命，因为公司、企业领导人犯罪形势日新月异，新的犯罪不断出现，立法的过于具体使得刑事立法必须不断修正补充，影响了法律的稳定性。

三、存在不平等保护的问题

由于长期以来受计划经济体制的影响，我们对国有经济的保护非常重视，这在刑法中有诸多体现，如公司、企业领导人违反忠实义务所涉及的犯罪，由于所有制不同，同样的行为，罪名不同，刑罚也不同，差距之大，甚至达到了生死之别。平等不是不允许有所区别，相反，合理的区别对待是必要的，也是平等保护的应有之意，但另一方面，平等保护的基本含义在于一体保护，不应该对一方加以保护而对另一方不加保护，不允许不合理的区别对待。反观我国刑法，在平等保护方面存在许多需要思考的问题。如针对公司、企业领导人违反勤勉义务的行为，刑法规定有国有公司、企业人员失职罪和签订、履行

① 当然，违反三项义务的犯罪是否适合设立概括性罪名，设立何种程度的概括性罪名，都是需要研究的问题。笔者就认为，限于公司、企业领导人违反社会责任涉及领域广泛，情况复杂，目前以不设立概括程度较高的违反社会责任的概括性或堵截式罪名为宜，但可以设立概括性或者堵截式罪名的就应当设立。

合同失职被骗罪，对国有公司、企业人员的失职行为加以惩治，但对于非国有公司、企业人员的失职行为的犯罪化却不充分。针对违反忠实义务的行为，刑法规定有非法经营同类营业罪，对国有公司、企业的董事、经理的非法竞业行为加以惩治，但对非国有公司、企业董事、经理同样的行为却没有规定为犯罪。这便不利于对非国有公司、企业利益的保护，也与非国有制经济迅猛发展、地位日益重要的大势相左，更与公司法的规定背离。[①]这样造成的结果，一方面是难以发挥刑法保护非国有经济的功能，另一方面也形成刑法漏洞，使法网难以严密。为此，应重新审视刑法对国有和非国有经济保护的差别对待，区分其合理之处与不合理之处，在此基础上对相关刑法立法予以完善。目前首要的工作是修补刑法漏洞，将需要刑法保护但刑法却没有予以犯罪化的严重危害非国有公司、企业利益的行为予以刑法规制。

四、公司、企业领导人犯罪的惩治力度、方式等存在问题

公司、企业领导人违反义务犯罪的刑罚处罚的立法与司法存在问题，如相关犯罪在处罚的力度，法定刑的种类、协调以及刑罚的执行等方面存在问题。主要表现在：

1．处罚力度的不适度

刑法对公司、企业领导人某些犯罪的处罚力度存在过弱或者过强的不适度问题。一方面，刑法对公司、企业领导人某些犯罪的处罚力度存在疲软的问题，如违反勤勉义务犯罪这些业务过失犯罪的法定刑反而不及普通过失犯罪的法定刑重，如此就不利于打击此类犯罪。另一方面，刑法对公司、企业领导人某些犯罪的处罚力度又存在过强的问题，如公司、企业领导人犯罪的法定刑还存在死刑刑种，而公司、企业领导人违反义务犯罪，特别是规定有死刑的罪名全部属于非暴力经济犯罪，对该类犯罪规定死刑的相当性、正当性还存在疑问。这一

① 因为公司法并没有按照公司、企业的所有制形态规定忠实义务、勤勉义务与社会责任的承担与否，因此无论是国有公司、企业还是非国有公司、企业的领导人，都必须承担起这些义务与责任。

问题上文已经论及，不再赘述。

2．法定刑不协调

（1）公司、企业领导人违反忠实义务犯罪的法定刑的不协调问题。表现在：

第一，相关法定刑缺失。首先是财产刑的缺失。贪污侵占犯罪，受贿犯罪，徇私舞弊低价折股、出售国有资产罪，挪用资金罪，挪用公款罪没有规定任何的财产刑，这种情况值得商榷。原因在于，上述几类犯罪均是贪利性经济犯罪，一般都具经济目的，像徇私舞弊低价折股、出售国有资产罪，行为人具有徇私的目的和动机，徇私自然包括徇经济之私。挪用型犯罪，行为人挪用公司、企业款项归个人使用，进行营利活动，明显也具有获取经济好处的动机和目的，对于这几种明显具有经济目的的犯罪不规定财产刑，就与该类犯罪的性质相悖，也就不能达到惩治和预防该类犯罪的目的和功效。

其次是剥夺政治权利的缺失，表现在：一方面，除了贪污罪、受贿罪、挪用公款罪规定有死刑或者无期徒刑，刑法规定应附加剥夺政治权利外，这几类犯罪其他档次的法定刑以及其他公司、企业领导人违背忠实义务的犯罪都没有规定剥夺政治权利，这种情况也值得商榷。原因在于，从本类犯罪的性质上看，大都是职务犯罪，对于职务犯罪，有必要限制和剥夺行为人的一些资格和权利，以惩治触犯此类犯罪的行为人，并防止其利用公司、企业领导人的资格和权利重新犯罪。另一方面，剥夺政治权利本身规定的缺漏也影响到本类犯罪法定刑的协调问题。刑法第 54 条关于剥夺政治权利的规定中，第四项规定剥夺担任国有公司、企业、事业单位和人民团体领导职务的权利，突出了对国有公司、企业的特殊保护，这本身无可厚非，但随之产生的问题也是明显的：犯罪的非国有的公司、企业领导人的职务和权利不能剥夺。这样的规定有歧视之嫌，不利于对非国有公司、企业的保护，也不符合当代中国非国有公司、企业迅猛发展，其地位和作用都日益重要的现实。[①]

---

① 公有制经济与非公有制经济的平等保护问题是一个值得探讨的问题。

第二，相关法定刑断档。职务侵占罪、非国家工作人员受贿罪第二档次的法定刑规定可以并处没收财产，但第一档次的法定刑却没有规定附加罚金刑，第二档次猛然升格到没收财产，财产刑的规定在此出现了猛然抬升的跳跃现象，贪污罪和受贿罪第一档次和第二档次的法定刑规定并处没收财产。但第三档次和第四档次的法定刑却没有规定罚金或者没收财产。财产刑的规定在此出现了急速下滑的陡降现象。如此，法定刑不相衔接的断档问题便产生了。更进一步产生的问题便是不能贯彻罪责刑相适应原则，有违刑罚处罚的公正与公平之嫌。①

第三，相关法定刑失调。上述法定刑的缺失和断档从整体上产生的问题便是法定刑的失调。该类犯罪一般都规定有财产刑，但徇私舞弊低价折股、出售国有资产罪，挪用资金罪，挪用公款罪没有规定任何的财产刑；贪污罪、受贿罪、挪用公款罪规定有剥夺政治权利，但其他犯罪没有规定任何的剥夺政治权利；职务侵占罪，非国家工作人员受贿罪第二档次的法定刑规定可以并处没收财产，但第一档次的法定刑却没有规定附加罚金刑，贪污罪和受贿罪第一档次和第二档次的法定刑规定并处没收财产。但第三档次和第四档次的法定刑却没有规定罚金或者没收财产。这样公司、企业领导人违反忠实义务犯罪的法定刑便在外部横向和内部纵向两个方面产生了不协调现象。

鉴于公司、企业领导人违反忠实义务犯罪法定刑存在的问题，在司法实践中既要严格依照法律规定进行处罚，又要尽量避免法定刑存在的问题对于量刑的影响，从而做到量刑的规范、公正。

（2）公司、企业领导人违反勤勉义务犯罪的法定刑的不协调问题。表现在：

第一，法定刑的缺失。一是财产刑的缺失。违反勤勉义务类犯罪大多与公司、企业生产经营有关，一般是在从事业务的过程中发生的，与追求经济利益有关。但本类犯罪绝大多数犯罪却没有规定财产刑，

① 当然，刑法关于剥夺政治权利内容的规定中按公司、企业性质决定是否剥夺公司、企业领导职务的权利，可以认为是公司、企业领导人违反忠实义务犯罪法定刑规定内部横向的失调。

就不能充分发挥财产刑惩治和预防该类犯罪的功效。二是剥夺政治权利的缺失。本类犯罪没有规定剥夺政治权利。该类犯罪剥夺政治权利的缺失，也具有下述两个含义：其一，公司、企业领导人违背勤勉义务的犯罪都没有规定剥夺政治权利，这是法定刑规定的明显缺漏，原因在于，从本类犯罪的性质上看，大都是业务犯罪，对于业务犯罪，有必要剥夺行为人的一些资格和权利，以惩治触犯此类犯罪的行为人，并防止其利用公司、企业领导人的资格和权力重新犯罪。其二，剥夺政治权利的缺失的第二层含义在于剥夺政治权利本身规定的缺漏。

必要的刑罚规定的缺失产生的一个问题是法定刑单一。从整体上看，本类犯罪仅主要规定了有期徒刑和拘役，个别规定有罚金，必要的剥夺政治权利等刑罚没有规定。这就使法定刑种显得单一，不能形成刑种的整体和互补优势以惩治和预防该类犯罪。

第二，法定刑强度失调。本类犯罪一般属于业务过失犯罪，而业务过失犯罪一般属于重过失犯罪，从处罚上来讲应重于普通轻过失犯罪。[①]各国刑法的立法例一般也反映出这样的立法倾向性。但我国刑法却恰恰相反，一般是普通过失犯罪的刑罚重于业务过失犯罪。这样的法定刑规定不能准确反映个罪社会危害性，违反罪责刑相适应原则。

（3）公司、企业领导人违反社会责任犯罪的法定刑的不协调问题。这一问题主要表现在剥夺政治权利依然缺失。

此外，刑事司法实践中还存在混淆民事与刑事法律关系性质、滥用刑事手段、不遵守正当程序原则、不文明人道等不良现象。[②]

总之，现在的公司、企业领导人刑事责任的理论与实践还存在许多不完善之处。对公司、企业领导人犯罪惩治之必要性与公司、企业领导人犯罪刑法立法、刑事司法不完善的矛盾，决定了必须对公司、

---

① 这种情况也不能一概而论，应允许有例外的情况，即当某些普通过失犯罪表现为行为人公然违反法律的禁止性规定而实施某些危险行为，并且这种危险行为造成的危害结果并不小于业务过失犯罪时，对业务过失犯罪的处罚就应等于或轻于普通过失犯罪。刘志伟、聂立泽主编：《业务过失犯罪比较研究》，法律出版社 2004 年版，第 81-88 页。

② 例如，湖南三馆房地产开发集团有限公司总裁曾某因集资诈骗被判处死刑立即执行，在曾某被执行死刑前，有关审判机关并没有通知曾某家属会见曾某，家属没有能见曾某最后一面。这是违反现代刑事法治文明人道精神的。

企业领导人刑事责任予以完善。

第二节　公司、企业领导人刑事责任完善的原则

欲对公司、企业领导人刑事责任作出完善，必须首先确立完善的原则。在笔者看来，公司、企业领导人刑事责任完善需坚持协调性、严密性、平等性、合理性、文明人道性等原则。

一、协调性原则

所谓协调性原则，是指刑法立法与各种相关法律之间，对公司、企业领导人义务、责任的规定应协调一致，避免不协调甚至冲突之处。“法律应当连贯、一致，避免此处这样规定，彼处那样规定，从而使人们无所适从。如果要使法律成为人们所普遍接受的行为指南，那么法律体系中的各个部分之间一致性就是必不可少的。”[①]协调性原则是一国法律部门构成一个法律体系所必然要求的。由于公司、企业领导人的义务责任涉及不止一个法律部门，因而相关法律之间应协调一致，不能相互冲突。而且，我国刑法规定的犯罪行为与一般违法行为的区分主要不是行为类型的不同，而是行为程度的差别，在刑事违法与一般违法行为之间存在着行为类型上的交叉或重合；[②]同一行为类型依据情节，将较轻的部分作为一般违法，即行政违法或者经济违法，而较重的部分作为刑事违法。[③]因而不同法律部门之间的衔接或者对接更为重要。申言之，刑法规定的犯罪行为应以违法行为为基础，严重的违法行为在刑法上应规定为犯罪；但是，如果其他法律没有作为违

---

① [英]彼得·斯坦、约翰·香德著：《西方社会的法律价值》，王献平译，中国人民公安大学出版社 1990 年版，第 72 页。

② 但行为的程度必须是衔接的。

③ 李洁：《中日刑事违法行为类型与其他违法行为类型关系之比较研究》，载《环球法律评论》2003 年秋季号。

法行为规定的，刑法一般不应该将该行为犯罪化。

与公司、企业领导人违反忠实义务、勤勉义务、社会责任犯罪的刑法规范紧密相关的是公司、企业法规范。上文已述，尽管1997年刑法典颁行后经过了单行刑法及刑法修正案的多次修正，但现行刑法典颁行于1997年，其对于公司、企业及其领导人刑事责任的规定所参照的公司、企业法律基底仍然是1993年公司法典。公司法典已于2005年进行了大规模修订，明确规定了公司、企业及其领导人的忠实义务、勤勉义务、社会责任，现行刑法典尽管在1997年颁行后作过多次修正，但总体上并未改变该刑法典未对2005年公司法典的相关义务规定作出充分的考虑这一状况，因而现行刑法典与公司法典在公司、企业及其领导人忠实义务、勤勉义务、社会责任之违法与犯罪规范方面的不协调问题是明显存在的，两者的协调问题因而也是亟须加以解决的。

在对相关公司、企业领导人违反义务的行为进行刑法立法时，必须自觉地以公司、企业法律法规对于相关义务的规定为参照与基底，吸收相关公司、企业法对于义务的规定，如此，才能实现公司、企业领导人刑事责任刑法立法的科学化。[①]否则，公司、企业法与刑法在该问题上两相隔膜，自说自话，最终会两败俱伤，使得刑法不能发挥好保障法的功能，公司、企业法达不成良好治理的目标。

二、严密性原则

所谓严密性原则，是指刑法要尽可能无遗漏地将严重危害社会，必须由刑罚加以惩治、遏制的公司、企业领导人违法行为规定为犯罪，以保护社会免受犯罪行为的危害，保障其健康有序地发展。[②]之所以要严密刑事法网，首先在于社会保护自身的需要。社会要能存在和发展下去，必须维持最低限度的秩序。当最低限度的秩序遭受侵犯之后，社会需要调动其规制手段，对危害它自身的行为予以排除。刑法之外

① 反之，公司、企业法立法时也应该研究刑法关于公司、企业领导人相关犯罪的立法。

② 因此，必须注意严密性原则与刑法谦抑精神之刑法的不完整性的关系。

的其他法律部门或者手段是第一次法，它们首先要发挥其整肃社会秩序的功能。当这些法律对危害社会的行为的规制无能为力，必须运用刑事手段时，刑法便粉墨登场，发挥其二次法的功能。刑法作为其他法律的后盾立法，是惩治犯罪、保护社会的一种最后的强制性手段，为社会维持正常运行和发展之必需。其次，严密刑事法网，也是节约立法成本，提高立法效率的需要。由于立法疏漏，本应该犯罪化的行为未能由刑法予以规制，必然导致立法不断的废、改、立，从而浪费立法资源。我们虽然不能幻想一劳永逸地一次性的完美立法，但在现有条件下，使刑事立法尽可能严密，就能避免刑法立法不必要的补充修正，节约立法成本。最后，严密刑事法网，是恪守罪刑法定原则、维护法律稳定的需要。罪刑法定原则要求保护国民的预测可能性。这就需要法律具有一定的稳定性，不能朝令夕改。而有所疏漏的法律必然要求不断的修改，从而破坏法律的稳定性，也就不能很好地保护国民的预测可能性。

造成公司、企业及其领导人犯罪治理法网疏漏的原因是多方面的，撮其要者，一是在于对犯罪规律缺乏深入研究和深刻认识。对于需要予以犯罪化的行为，不善于联系其所危害的社会关系和法益作深入分析，从而未能对其危害性做正确评估，不能对其危害的社会关系和法益予以准确定位。二是对立法规律总结和认识不够，对罪与罪的关系不能认真辨明，对于规范之间的关系不能恰当处理和界分。三是立法技术掌握欠纯熟。不能运用成熟的立法技术严密法网。

要做到严密法网，首先，立法要具有超前性。要根据社会发展形势，对已经出现及将要出现的危害行为的发展形势加以预判，估量其犯罪化的价值，通过认真筛选，对其予以立法化，这样的立法才能有一定的超前性，才能面对新的犯罪形式做到从容应对，游刃有余。当然，立法的超前性不是立法脱离现实，而是立法立足于现实而对犯罪的预知性。鉴于立法超前性所具有的脱离现实、违反刑法谦抑精神的危险，在对经济犯罪，就如本论著所研究的公司、企业领导人犯罪进行立法时应持特别谨慎的态度。其次，立法要具有概括性和规范性。避免出现就事论事，混淆政治规范、经济规范等规范与法律规范之间的界限，以政治规范、经济规范代替法律规范的现象。立法必须突出法律规范，特别是刑法规范的特点。最后，要恰当运用必要的立法技术。储槐植教授认为，严密刑事法网的关键在于为刑法分则所规定的犯罪设计严密、完整、科学的犯罪构成。一方面需要设计与犯罪形式的多样性相对应的多种犯罪构成，实现多发性犯罪的罪刑系列化。另一方面则应适当选用堵截构成要件，形成法网恢恢疏而不漏的格局。堵截构成要件是指刑事立法制定得具有堵塞、拦截犯罪人逃漏法网功能的构成要件。罪刑系列的立法方法是通过犯罪构成的明确性和具体化反映犯罪形式的多样性，堵截构成要件的立法方法则运用其概括性和弹性对付犯罪形式的复杂性，两者可以说是殊途同归，目的都是严密刑事法网。①具体到我们所研究的公司、企业领导人的犯罪立法，笔者认为应当坚持罪刑系列化与堵截构成要件②两种立法方法相互配合，以完善堵截构成要件为主的立法技术原则。原因在于，由我国的刑事立法的特点所限，我们的刑事立法，特别是分则个罪的立法，具体有余，概括不足，罪状一般是对现实生活中实际发生的危害行为作描述，这使得很多罪状犯罪学色彩浓厚，刑法规范性欠缺，从而大大削弱了刑法的规范性和概括性，缩小了其适用面。比如由我们前文的论述来看，公司、企业领导人犯罪可分为三类，虽然每一类刑法都规定有许多具体的个罪，但每一类犯罪均没有相应的合理适当的堵截式犯罪构成。③如此，则使立法疲于奔命，因为公司、企业领导人犯罪形势日新月异，新的犯罪不断出现，立法的过于具体使得刑事立法必须不断修正补充，影响了法律的稳定性。

---

① 储槐植著：《刑事一体化》，法律出版社 2004 年版，第 368 页。

② 储槐植教授所使用的“堵截性构成要件”，实际上包含了整体的犯罪构成和犯罪的具体构成要件的含义在内。而我国刑法理论的“构成要件”，更倾向于指犯罪构成的具体要件，因此笔者在此特将构成要件和犯罪构成加以明确区分。

③ 限于公司、企业领导人违反社会责任涉及领域广泛，情况复杂，笔者认为目前以不设违反社会义务犯罪的概括性或堵截式犯罪构成为宜。

三、平等性原则

平等是我们所有理想中最不知足的一个理想，追求平等的历程没有终点，[①]所以，如果说存在一个使人踏上无尽历程的理想，那就是平等。[②]平等先于司法，是平等创造了司法和构成了司法。[③]平等性原则与对平等的理解密切相关。本论著中该原则的基本含义是刑事法应对所有的公司、企业及其领导人都平等地加以保护，如应对各种所有制形式的公司、企业予以同等的刑法保护，对严重危害各种所有制经济形式的行为都予以刑法规制，不允许无视保护的需要，对一方加以保护而对另一方不加保护。平等性原则是宪法精神的体现，也是刑法平等原则的必然要求。2004 年的《中华人民共和国宪法修正案》对我国宪法作出修正。修正后的宪法第六条规定："国家在社会主义初级阶段，坚持公有制为主体，多种所有制经济共同发展的基本经济制度。"第 11 条规定："在法律规定范围内的个体经济、私营经济等非公有制经济，是社会主义市场经济的重要组成部分。国家保护个体经济、私营经济等非公有制经济的合法的权利和利益。"因此，根据宪法的要求，在市场经济条件下，非公有制经济应该与社会主义的公有制经济一样受到宪法的平等保护。而此平等性原则也理应成为关于公司、企业及其领导人刑事责任的刑法立法及刑事司法等所坚守的原则。

四、合理性原则

合理性原则是指针对公司、企业领导人科以的刑事责任要具有合理性。笔者认为，合理性主要应以刑罚目的合理性来衡量。

我国刑法没有规定刑罚目的。在刑法制订过程中，曾有人主张规

---

① [美]乔·萨托利著：《民主新论》，冯克利、阎克文译，东方出版社 1998 年版，第 340 页。

② 皮埃尔·勒鲁著：《论平等》，王允道译，商务印书馆 1988 年版，第 64 页。

③ 皮埃尔·勒鲁著：《论平等》，王允道译，商务印书馆 1988 年版，第 22 页。

定刑罚目的，但没有被立法者采用。[①]刑罚目的为何，刑法思想史上存在报应主义[②]、预防主义[③]、并合主义[④]的争论。我国的通说认为刑罚的目的是预防犯罪，[⑤]也即通说坚持的是预防主义。我国持并合主义的学者认为，刑罚的目的不应是一元的，而应该是二元的，这就是报应与预防的统一。报应作为刑罚的目的，是指对犯罪分子之所以适用刑罚是因为他犯了罪，通过惩治犯罪表达社会正义观念，恢复社会心理秩序，社会正义是刑法报应目的的理论基础；[⑥]预防作为刑罚目的，是指对犯罪分子之所以适用刑罚，是为了预防犯罪，通过惩治犯罪实现社会功利观念，维护社会秩序，社会功利观念是刑罚预防目的的理论基础。[⑦]笔者赞同上述刑罚目的二元论的观点，认为唯有立足于二元论，才能达致刑事责任的合理性。

问题是，应如何认识公司、企业领导人刑事责任之合理性原则的特殊性。笔者认为，整体而言，目前对于公司、企业领导人的刑事责任问题，应坚持报应预防并重，注重预防，特别是注重一般预防。这是因为，现阶段公司、企业领导人的犯罪与刑事责任问题，主要是制度性、体制性问题引起的，因而不能一味重刑威慑，要通过制度体制建设来预防犯罪。而注重公司、企业治理以及各项制度体制建设均属于一般预防的内容。

---

① 高铭暄著：《中华人民共和国刑法的孕育和诞生》，法律出版社 1981 年版，第 58 页。

② 该观点认为刑罚目的在于对犯罪进行报应、实现正义。所谓报应，指对所受的损害之回复、回报或补偿，以满足受害者自然产生的报复或报仇的本能要求，参见[英]沃克著：《牛津法律大辞典》，李双元等译，法律出版社 2003 年版，第 772 页。

③ 该观点认为刑罚目的在于预防犯罪，其中有坚持个别预防或者特殊预防的，有坚持一般预防的，也有坚持个别预防与一般预防兼顾的，前两者称为单面预防，最后者称为双面预防。

④ 并合主义认为刑罚目的不但在于报应，而且在于预防，是报应与预防的综合。

⑤ 高铭暄主编：《新编中国刑法学》，中国人民大学出版社 1998 年版，第 311 页。

⑥ 报应观念并不是复仇心，而是人类深刻的道义追求，参见中山研一著：《刑法的基本思想》，姜伟等译，国际文化出版社 1988 年版，第 44 页。

⑦ 陈兴良著：《刑法哲学》（修订三版），中国政法大学出版社 2004 年，第 354-381 页；陈兴良：《刑罚目的新论》，载《法学》2001 年第 3 期。

五、文明人道原则

文明是人类发展的共同方向，人道是人类不可逾越的道德底线。“人道原则的意义在于：它以自己否定的一面为基础，确立了每种特殊道德依照合理的理由都应该遵从的一个普遍的、最低限度的道德标准。”[①]文明人道是现代刑事法治文明的重要体现。刑事法领域的文明人道原则要求无论是刑法立法还是刑事司法，无论是对被害人还是对罪犯，都要真正把人当作人来对待，而且要尽可能使人成为人，立法与司法要文明、人道，尊重与保障人权。要坚持罪刑法定、刑法谦抑、正当程序、疑罪从无的现代刑事法治理念、原则、精神，严禁刑讯逼供、疑罪从有现象，切实防止冤假错案发生。

文明人道是一国刑事法治的标尺与指南，公司、企业领导人刑事责任的完善必须时时处处体现文明人道的原则。如对受害人的补偿或者为受害人的追偿，对公司、企业领导人违反义务犯罪刑罚文明的改革、死刑的废止，等等。文明人道的体现贯彻上一章已有论述，下文还将论及。

第三节　公司、企业领导人刑事责任的立法完善

刑事立法是刑事司法的前提和基础，公司、企业领导人刑事责任的完善首先是刑法立法的完善，现阶段应主要通过对公司、企业领导人违反忠实义务、勤勉义务、社会责任具体犯罪规定加以修改补充完善予以体现贯彻。在具体个罪的完善问题上，笔者的基本思路是：首先，应增设“公司、企业人员背信罪”，使其作为普通法，和其他违反忠实义务所涉及的具体犯罪构成惩治公司、企业领导人违反忠实义务

---

① [英]米尔恩著：《人的权利与人的多样性》，夏勇、张志铭译，中国大百科全书出版社 1996 年版，第 102-106 页。

的严密刑事法网。修改国有公司、企业人员失职罪，去掉主体限制，修正为“公司、企业人员失职罪”，使其作为普通法，和其他违反勤勉义务所涉及的具体犯罪构成惩治公司、企业领导人违反勤勉义务犯罪的严密刑事法网。其次，修改完善其他相关犯罪的构成要件，以使公司、企业法律规定与刑法规范协调起来。最后，应完善惩治公司、企业领导人违反忠实义务、勤勉义务、社会责任所涉及犯罪的刑罚种类，合理调整其刑罚强度。下面具体论述。

一、严密法网，设置公司、企业人员背信罪与公司、企业人员失职罪

（一）公司、企业人员背信罪的设置

就目前情况而言，还不宜增设普通背信罪这一罪名。但立法对新出现的严重危害社会的背信行为也不能无所作为，在现有条件下，可以增设一些具有概括性或堵截式构成特征的背信犯罪的罪名，其中应优先考虑增设“公司、企业人员背信罪”。

1. 设置理由

设置公司、企业人员背信罪的具体理由如下：

第一，现实情况需要对既有的和新出现的背信行为予以犯罪化。

现代社会是一个诚信的社会，诚信构成社会的基础，没有诚信，经济和社会不可能正常运转。但是，由于种种因素，我们的社会的诚信却成为稀缺资源，经济和社会生活中存在并不断出现大量的、各种各样的不诚信行为，从而导致各种问题和矛盾，阻碍了经济和社会的发展。为此，必须用刑罚手段对不诚信的行为加以遏制。我国刑法已将许多不诚信的行为加以犯罪化，并将继续对新出现的不诚信行为加以犯罪化。如，我们所研究的所有违反忠实义务的犯罪，均属于不诚信行为的犯罪化。《刑法修正案（六）》增设了较为典型的惩治不诚信行为的犯罪，即背信损害上市公司利益罪、背信运用受托财产罪。立法是现实的反映，立法中规定并继续不断规定违反诚信的犯罪，有力地说明不诚信行为犯罪化的必要性。也说明立法还欠缺一定的超前性，

不能很好地涵盖新出现的需要以刑罚惩治的不诚信行为。没有概括性的公司、企业领导人背信犯罪罪名，只能使刑事司法在面对新型的背信犯罪时左支右绌、疲于奔命甚至无能为力。

第二，设置公司、企业人员背信罪具有法理与立法基础。

公司、企业制度中，管理层和公司、企业之间形成了经济学上的委托—代理关系。从经济学角度来看，当一个人依赖于另一个人时，代理关系就产生了。委托人会希望代理人无私地履行其职责，但这种期望是不现实的。只要代理人没有获得在其代表委托人所从事的以利益为动力的活动中产生的所有回报，代理人就会试图将其自身的利益置于委托人的利益之上，这点在国外和我国公司、企业制度发展的实践中都已经得到了证明。为此，各国都对管理层科以诚信义务或者忠实义务，促使其诚实地履行代理或者委托义务，并对违反该义务的行为施以民事、经济以至刑事责任。因此，增设公司、企业人员背信罪是现实的需要。

前文已述，《刑法修正案（六）》已经对较为典型的不诚信行为，即掏空上市公司的行为犯罪化，增设了背信损害上市公司利益罪，现在只需在该罪基础上再前进一步，将主体扩展到一般的公司、企业，将行为扩展到所有的背信行为，以使新设的罪名能够涵盖所有的公司、企业领导人违背忠实义务的行为就可以了。①

增设该罪也有外国立法例可资借鉴。日本有限公司法 77 条第 1 款规定了公司董事、监事、监事职务代行人、经理人特别背任罪，日本商法第 486 条及第 487 条规定了股份有限公司关系人的特别背任罪。②该类公司犯罪包括了 3 项具体罪名，即：（1）公司发起人、董

---

① 由于已经有了背信损害上市公司利益罪的适用实践作基础，新增的公司、企业人员背信罪的适用的困难也相对减少。

② 日本商法第 486 条规定：发起人、董事、监察人或者股份公司的第 188 条第 3 款、第 258 条第 2 款或第 280 条第 1 款的职务代理人、经理人或者就营业接受某种类或某特定事项委任的使用人，为自己或第三人的利益加害公司而背弃其任务，致公司遭受财产损失时，处 10 年以下徒刑或 1000 万日元以下罚款；整理委员、监督员、第 398 条第 1 款的管理人、股份公司的清算人或第 430 条的职务代行人有前款行为的，亦同。”王书江、殷建平译：《日本商法典》，中国法制出版社 2000 年版，第 146 页。

事、监事、经理人等的特别背任罪（商法第486条1款）。（2）公司整顿委员、公司整顿监督员、清算人等的特别背任罪（商法第486条2款）；（3）公司债权人会议代表人、决议执行人的特别背任罪（商法第487条）。上述三项罪名，均为股份有限公司关系人的特别背任罪。①韩国《商法典》也有类似的规定。国外的立法经验表明，特别背信罪对遏止经济泡沫的产生、维护公司的正常经营发挥了有效的作用。②而特别背信罪和我们所主张设立的公司、企业人员背信罪相类似。

第三，现有立法特点决定了不可能设立普通的背信罪。

由于受日本刑法的影响，我国1910年的《大清新刑律》明文规定了背信罪。1912年的《暂行新刑律》也规定了背信罪。1928年的中华民国刑法以及1935年国民党政府颁行的刑法都规定了背信罪。在修订1979年刑法的过程中，就曾有学者强烈呼吁增设背信罪。但是，我国1979年刑法由于受前苏联刑法的影响，未能规定背信罪。③在1997年刑法修订前夕，也有学者呼吁增设背信罪。④但1997刑法最终也没有规定背信罪。

关于应否增设普通背信罪，存在肯定论和否定论两种主张。肯定论认为，刑法应当增设背信罪，主要理由是：其一，背信罪是一种比较传统的犯罪，我国现行刑法典受苏联刑法的影响，未能规定背信罪不能不认为是一种遗憾。其二，背信行为具有严重的社会危害性，将其以犯罪论处符合犯罪的本质特征。在市场经济的条件下，破坏信任关系、违反诚实义务的背信行为会造成不可设想的后果，其危害性并不亚于贪污、盗窃、毁坏财物等传统犯罪行为。以回扣现象为例，公司、企业的采购员为了自己得回扣而购买劣质商品的行为，就是一种背信行为，它对假冒伪劣商品的泛滥起重要作用。其三，市场经济体

---

① [日]中山研一、神山敏雄、齐藤丰制治著：《经济法入门》，成文堂1995年，第23页；赵新华：《公司犯罪罪名与主体比较研究》，吉林大学2000年博士论文；[日]佐伯仁志著：《公司犯罪——公私财产的法律保护》，黎宏译，载高铭暄、赵秉志主编：《中日经济犯罪比较研究》，法律出版社2005年版，第163-164页。

② 乔骏：《〈公司法〉修订与相关刑事立法的完善》，载《学术交流》2006年第3期。

③ 高铭暄主编：《刑法修改建议文集》，中国人民大学出版社1997版，第601页。

④ 张明楷：《关于增设背信罪的探讨》，载《中国法学》1997年第1期。

制要求市场主体在竞争中处于平等地位，不同主体的利益都应受法律的同等保护。如果只对国家工作人员等特殊主体的背信行为予以处罚，而对非国家工作人员的相关背信行为不作为犯罪处罚，这就极不公平合理。其四，理论界提出的建议新增设的罪名相当可观，其中许多新罪名可以被背信行为所包含。其五，事实上，我国行政刑法中有的条款规定了特定的背信行为，由于现行立法例不在行政刑法中直接规定罪名与法定刑，刑法典又没有规定背信罪，致使行政刑法的规定形同虚设。[①]其六，设立挪用型罪名是司法资源的极大浪费，完全可以用背信罪罪名处罚这类行为。其七，不管立法多么详尽，随着时代的发展、社会的变迁，都不可避免地遗漏大量需要刑法规制的严重的背信行为。因此，增设背信罪是现实的要求。其八，通过限制法定刑、严格限定处罚条件、避免与其他明文规定的背信罪名的交叉适用、将背信罪设置为可公诉可自诉的案件等措施，背信罪的设置就不会导致新的口袋罪的产生，不会导致践踏人权的结果。[②]

否定论认为，现行刑法不设背信罪也无可非议，并且今后也没有必要增设背信罪。其主要理由是：其一，我国刑法虽然没有设立普通背信罪，但却规定了多种特殊的背信罪，只不过没有使用“背信”的概念。其二，我国刑法规定的一些职务犯罪、业务犯罪的范围，比德日等西方国家刑法规定得宽泛，德日等国的许多背信犯罪行为，可以被我国相关的职务犯罪、业务犯罪所包容。其三，我国现行刑法规定的犯罪，可以包容德日等国刑法规定的普通背信罪的绝大部分行为，只有极少部分行为不能包容。其四，如果增设普通背信罪，正如主张增设的论者所言，挪用公款罪、挪用特定款物罪等特殊的背信犯罪，也就没有必要作为独立的犯罪规定在刑法中。但从各国刑事立法的发展趋势和立法的科学性而言，立法固然并非是越细越好，但适当细密则是必要的。其五，如果增设普通背信罪，还会面临难以与侵占等罪

① 高铭暄主编：《刑法修改建议文集》，中国人民大学出版社 1997 版，第 601-604 页；张明楷：《关于增设背信罪的探讨》，载《中国法学》1997 年第 1 期。

② 陈洪兵、安文录：《背信行为的刑法探究》，载《法治论丛》2005 年第 5 期，第 81 页。

相区别的难题。[①]持否定立场的参与立法者也认为，要不要规定违背信用罪可以研究，可以针对经济生活当中经常出现的，完全是背信的一些行为，又造成实际损害的，规定一些相应的犯罪。但是在现在的情况下，不能轻易地搞一个口袋罪。因为经济活动很复杂，发展变化也很快，这样搞一个口袋罪很有可能把需要民事法律调整的行为，用刑法去调整了，这就很危险。[②]

笔者认为，新法是否增设一个新罪，包括背信罪在内，是由现实需要性、人权保障、立法体例、立法技术等诸多因素所决定的。需要对各种因素综合考虑，全面衡量，深入研究，才能得出正确的结论。从这个方面看，肯定论和否定论均有启发之论，也都存有不足。普通背信罪，其包括的对象和行为方式极为广泛，实际上是一个“口袋罪”。在口袋罪的立法类型已为现行刑法否定的情况下，主张设立普通背信罪已不符合现行立法特点的要求，难以为立法者所认同。但普通背信罪难以设立并不意味着不能针对某一领域、某一群体设立较为概括性的背信罪罪名。针对背信罪常见多发的市场领域及公司、企业领导人群体设立特别的背信罪，既能严密法网，改变立法被动导致的司法被动局面，又可避免设立普通背信罪所带来的“口袋罪”危险，可谓是两全与妥当之策。

2. 具体设置方案

至于公司、企业人员背信罪的具体设计，由于该罪是对公司、企业秩序的侵犯，因而应设于刑法典分则第三章第三节妨害对公司、企业的管理秩序罪一节。该罪与其他违反忠实义务的犯罪是普通法与特别法的关系，在条文中应对这一点加以明确规定。

条文增设具体设计为：在刑法第一百六十九条之一后增加一条，作为第一百六十九条之二：

“公司、企业董事、监事、高级管理人员违反忠实义务，情节严重的，处三年以下有期徒刑或者拘役，并处或者单处罚金；致使公司、

① 刘明祥著《财产罪比较研究》，中国政法大学出版社 2001 版，第 409-411 页。

② 陈兴良等：《刑法纵横谈》（总则部分），法律出版社 2003 版，第 130-131 页。

企业利益遭受特别重大损失的，处三年以上七年以下有期徒刑，并处罚金。本法另有规定的，依照规定。”

（二）公司、企业人员失职罪的设置

1. 设置理由

当前，公司、企业领导人员失职现象非常严重，危害巨大，如屡禁不止的责任事故失职犯罪，严重威胁经济安全和社会稳定。另一方面，刑法典对公司、企业领导人失职犯罪的规定并不周延。主要侧重和强调了对国有公司、企业等公有经济的保护，而对非国有公司、企业利益保护不够。市场经济的发展，需要对私有经济与国有经济加以平等保护。这既是现实的需要，也是严密性原则的要求。我国刑法对公有、私有经济的不平等保护在刑法典规定的公司、企业、事业单位人员失职罪上体现得非常鲜明。该罪的设立，一方面使得该条和其他具体的国有公司、企业、事业单位人员失职犯罪构成了处罚国有公司、企业、事业单位人员失职罪的严密法网，另一方面，却又使非国有公司、企业人员的一些失职行为不能为刑事法网所覆盖，刑法漏洞于此产生。为此，应通过修法对该刑法漏洞予以填补。

2. 具体设置方案

应对刑法典第 168 条所规定的国有公司、企业、事业单位人员失职罪加以修改，去掉主体的限制，将其修改为“公司、企业、事业单位人员失职罪”，使其承担起惩治公司、企业领导人违反勤勉义务犯罪普通法的功能。

条文修改具体设计为：将刑法第 168 条第 1 款修改为：[①]

“公司、企业的工作人员，由于严重不负责任或者滥用职权，[②]造成公司、企业破产或者严重损失，致使国家利益遭受重大损失的，处三年以下有期徒刑或者拘役；致使国家利益遭受特别重大损失的，处

① 由于探讨的主题是公司、企业领导人违反勤勉义务犯罪的立法完善，因此仅列出相关的刑法典 168 条第 1 款修改的内容。

② 这一修改实际上也已对国有公司、企业人员滥用职权罪作了修改，而使该罪成为“公司、企业人员滥用职权罪”。如此修改后，可以使“公司、企业人员滥用职权罪”与前文已经建议修改设立的“公司、企业人员背信罪”共同承担起公司、企业领导人违背忠实义务犯罪的普通法的任务。当然，对于两罪的关系问题立法与理论可以进一步规范和探讨。

三年以上七年以下有期徒刑。”[①]

二、进一步修改完善其他公司、企业领导人违反义务犯罪的刑法立法

（一）其他违反忠实义务犯罪之刑法立法完善

公司、企业法律法规规定的一些违反忠实义务违法行为并未犯罪化或者未充分犯罪化，或者过度犯罪化，为此，应加强相关违法行为的犯罪化或者充分犯罪化，避免过度犯罪化，具体而言：

第一，应将自我交易行为充分犯罪化。公司法第 149 条第 4 项规定不得违反公司章程的规定或者未经股东会、股东大会同意，与本公司订立合同或者进行交易。自我交易是一种典型的忠实义务违反行为，我国刑法典第 166 条为亲友非法牟利罪已将间接的自我交易犯罪化，却未将上述公司法规定的直接自我交易行为充分犯罪化，仅规定了国有公司企业不得与其工作人员的亲友进行交易的情况，未包括工作人员自身与公司进行交易的情况，可谓轻重倒置；且刑法规定中“亲友”一词的规定过于笼统，无法涵盖公司法中关于“关联关系”的规定，为此，应在充分论证的基础上对为亲友非法牟利罪进行修改。结合相关学者的研究，笔者赞同将为亲友非法牟利罪修改为：公司、企业、事业单位的工作人员不得利用职务便利将本单位的盈利业务交由自己或与自己有利害关系的单位或个人进行经营；不得以明显高于市场的价格向自己或与自己有利害关系的单位或个人采购商品或者以明显低于市场的价格向自己或与自己有利害关系的单位或个人销售商品；不得向自己或与自己有利害关系的单位或个人采购不合格商品。

第二，应将非法担保行为予以充分犯罪化。《公司法》第 149 条第 3 项规定不得违反公司章程的规定，未经股东会、股东大会或者董事

---

① 如果对违反勤勉义务犯罪的特点予以更为充分关照的话，甚至可以将公司、企业人员失职罪与滥用职权罪分立，即将刑法第 168 条第 1 款修改为两款，在第 1 款规定公司、企业人员失职罪，条文可以设计为：“公司、企业的工作人员违背对公司、企业的勤勉义务，严重不负责任，造成公司、企业破产或者严重损失，致使国家利益遭受重大损失的，处三年以下有期徒刑或者拘役；致使国家利益遭受特别重大损失的，处三年以上七年以下有期徒刑。”

会同意，将公司资金借贷给他人或者以公司财产为他人提供担保，虽然刑法典169条之一所规定的背信损害上市公司利益罪将一部分非法担保行为犯罪化，但并未涵盖所有非法担保行为。为此，应在充分论证的基础上，将非法担保行为予以充分犯罪化。①

第三，应全面检讨我国刑法中以所有制与身份划界来决定是否给予保护以及不同程度保护的立法例。刑法典对相关违反忠实义务违法行为根据所有制与身份标准而决定犯罪化与否以及刑罚轻重程度，而这与公司、企业法律对于忠实义务的相关规定是完全矛盾的。自忠实义务法定化以来，还没有其他国家或者地区按所有制性质来区分和设置忠实义务规则的情形，也没有按所有制性质区别对待的刑事政策。②为此，应检讨现行刑法规范中按所有制性质以及公司、企业领导人之国家工作人员身份而对违反忠实义务行为作出不同规定的情形，原则上对不应以所有制性质及身份划界的均应去掉所有制的限制，如此，既能体现平等性原则，又符合严密刑事法网原则的要求。如我国刑法中的为亲友非法牟利罪，非法经营同类营业，国有公司、企业人员滥用职权罪等犯罪，均应考虑去掉所有制性质及身份限制。③

（二）其他违反勤勉义务犯罪之刑法立法完善

在公司、企业法律法规对勤勉义务的规范还不是非常规整的情况下，当前违反勤勉义务的刑法立法完善可以做下述工作：

第一，在过失犯罪的刑法立法方面引入业务过失犯罪理论与理念，在常见多发的典型普通过失犯罪规定中增加业务过失的条款，目前首先应在普通的过失致人重伤罪与过失致人死亡罪条款中增加业务过失犯罪的规定。这方面一些国家和地区的立法例可以借鉴，如韩国刑法典第267条规定：“因过失致他人死亡的，处二年以下有徒刑或者一百万以下罚金”第268条规定：“因业务上的过失或者重大过失致他人死

---

① 至于修改的具体方式可以考虑增设新罪或者修改完善已有犯罪，或者两种方式并用。

② 李燕兵著：《上市高管职务犯罪问题研究——论违反忠实义务行为的犯罪化》，中国检察出版社2006年版，第312页。

③ 是否可以根据身份的不同而将侵占、挪用及权钱交易行为作不同罪名的犯罪化可以再行论证。

伤的，处五年以下徒刑或者二百万元以下罚金。”

借鉴国外立法经验，结合我国立法实际情况，可以将我国刑法典第233条修改为：[①]

“过失致人死亡的，处三年以上七年以下有期徒刑；情节较轻的，处三年以下有期徒刑。”

“因业务上的过失致人死亡的，依照前款的规定从重处罚。本法另有规定的，依照规定。”

将我国刑法典第235条修改为：[②]

“过失伤害他人致人重伤的，处三年以下有期徒刑或者拘役。”

“因业务上的过失伤害他人致人重伤的，依照前款的规定从重处罚。本法另有规定的，依照规定。”

第二，在违反勤勉义务之业务过失典型犯罪规范中增加“违反勤勉义务”的表述，以使立法更为严谨。即将第167条规定的签订、履行合同失职被骗罪条文修改为：[③]

“国有公司、企业、事业单位直接负责的主管人员，在签订、履行合同过程中，违反勤勉义务，严重不负责任而被诈骗，致使国家利益遭受重大损失的，处三年以下有期徒刑或者拘役；致使国家利益遭受特别重大损失的，处三年以上七年以下有期徒刑。”

（三）违反社会责任犯罪之刑法立法完善

1. 侵犯民生之犯罪的刑法规范完善

现阶段对侵犯民生之违反社会责任犯罪相关刑法规范应作出如下完善：

第一，危害环境犯罪的刑法立法完善。环境是民生安身立命之所在，而我国环境污染问题非常突出，形势异常严峻，已严重影响到芸

---

① 刑法典第233条现条文为：“过失致人死亡的，处三年以上七年以下有期徒刑；情节较轻的，处三年以下有期徒刑。本法另有规定的，依照规定。”

② 刑法典第235条现条文为：“过失伤害他人致人重伤的，处三年以下有期徒刑或者拘役。本法另有规定的，依照规定。”

③ 刑法典现条文为：“国有公司、企业、事业单位直接负责的主管人员，在签订、履行合同过程中，因严重不负责任被诈骗，致使国家利益遭受重大损失的，处三年以下有期徒刑或者拘役；致使国家利益遭受特别重大损失的，处三年以上七年以下有期徒刑。”

芸众生的日常生活。应通过环境犯罪刑法规范的完善为该类犯罪惩防的加强提供支撑，具体而言：一是环境犯罪刑法立法理念的完善。应由人类中心主义向非人类中心主义适度倾斜，在人类中心主义和非人类中心主义之间寻求合理的平衡，从而树立起一种适度的和谐的环境伦理观念，确立起适合中国国情的环境刑法立法理念。二是环境犯罪立法模式的完善。我国目前环境犯罪的立法属于复合型的立法体例或者模式，即一种以刑法典规定环境犯罪为中心，辅之以附属刑法的规定的复合型模式。应在维持该复合型或综合型的立法模式的基础上对这一模式本身作出一些调整完善，以使这一模式内部各要素完备，要素之间相互协调。具体而言，应将第六章“妨害社会管理秩序罪”中的第六节“破坏环境资源保护罪”从该章中独立出来，并将分散在刑法典各章节中有关环境犯罪的规定纳入其中，单独成立一章，章名为“危害环境罪”。这是因为环境犯罪有自己的独立的客体或者法益，而且其同类客体层级需要提高。现代社会的利益结构正在由以往的国家利益——个人利益——社会利益的三元利益结构朝着国家利益——个人利益——社会利益——生态利益的四元利益结构演变。与此相适应，现代的法益结构也必然发展为国家法益——个人法益——社会法益——生态法益的四元法益结构。确立环境法益在刑法法益中的独立地位，正是使刑法的法益结构与现代的利益结构保持协调一致的需要。[①]党的十七大报告已将生态文明建设视为与物质文明、精神文明和政治文明建设同等重要的社会建设四大战略构成。为强调和突出环境犯罪所侵害社会关系的重要性，通过刑法典的修改，对环境犯罪设立专章加以规定，可以进一步增强刑法在环境保护问题上的威慑力，也进一步表明国家重视环境保护的精神和态度，增强人们保护环境的自觉性。三是环境犯罪罪名体系的完善。要对相关环境犯罪罪名进行整合，如将刑法典分则第六章第二节中的走私珍贵动物、珍贵动物制品罪，走私国家禁止进出口的货物、物品罪中的有关走私珍稀植物、珍稀植物

① 陈德敏：《环境犯罪的伦理特征与控制研究》，载《中国环境法治》2008 年卷，法律出版社 2009 年版，第 251 页。

制品的犯罪行为，以及走私废物罪纳入危害环境犯罪这一章中。将刑法典分则第六章第四节中的故意毁损名胜古迹罪，盗掘古文化遗址、古墓葬罪，盗掘古人类化石、古脊椎动物化石罪纳入侵害环境犯罪这一章中。要增设环境犯罪新罪名，具体增设破坏草原罪、破坏湿地罪、虐待动物罪、破坏自然保护区罪、抗拒环保行政监督管理罪。要对相关环境犯罪构成进行修改完善，等等。四是还要通过环境犯罪危险犯之增设、严格责任制度的适度引入、责任推定原则的法定化而对我国环境犯罪刑罚适用原则作出完善。

第二，应对相关制售假冒伪劣犯罪、侵犯知识产权犯罪、危害信用[①]犯罪的刑法规范作出相应修改，以切实保障相关市场主体的合法权益、切实优化市场生态环境。限于篇幅，不再赘述。

2. 制度性犯罪的刑法立法调整

中国刑法典中所规定的一些犯罪在现实生活中普遍地、大量地存在，比如虚报注册资本罪、抽逃出资罪等公司、企业资本犯罪以及一些融资类犯罪。这些犯罪的发生主要是由于相关制度规定、设计的不合理所造成的，如过于僵化的公司法定资本制度规定以及国家垄断型的金融制度规定。可以说，这些不合理的制度规定“制造”了大量犯罪，为许多人打上了犯罪人的标签。笔者将由于制度设定的不合理所造成的犯罪称为“制度性犯罪”。刑法典规定的一些违反公司、企业社会责任的犯罪就属于这种“制度性犯罪”，这些犯罪规定体现出刑法典浓重的计划经济体制色彩，这与市场经济体制建设的大方向是相背离的，尤其是在发挥市场决定性作用的大背景下更是如此。

要消除这些制度性犯罪，唯有通过相关制度的改革来应对。现在，公司法相关规定已经修改，基本取消了原来的法定资本制度。可以预料，这一法定资本制度的改革必将引起刑法立法的相应变更，原有虚

---

① 有国家领导人指出，信用是市场经济的“基石”。加快建设社会信用体系，是完善社会主义市场经济体制的基础性工程，目前信用缺失仍是我国发展中突出的“软肋”，建设社会信用体系是长期、艰巨的系统工程，要用改革创新的办法积极推进。要把社会各领域都纳入信用体系，全方位提高失信成本，让守信者处处受益、失信者寸步难行，使失信受惩的教训成为一生的“警钟”。《李克强主持召开国务院常务会议》，载《人民日报》2014 年 1 月 16 日第 2 版。

报注册资本罪、抽逃出资罪等犯罪将基本废止；金融体制的改革也必将带来相关金融犯罪立法的修改。应进一步以市场经济的眼光来观察检讨现行刑法典的相关立法，顺时而动，“世易时移，变法宜矣”。[①]随着相关制度的变革，刑法立法理应及时作出相应修正，这样才能顺应制度变革，推动社会主义市场经济以及社会发展。

三、刑罚种类完善

首先，应废除公司企业领导人犯罪的死刑种类。具体理由已在相关部分论及，不再赘述。

其次，前文曾分析了相关公司、企业领导人犯罪法定刑种类存在的问题。针对这些问题，笔者认为，对于所有公司、企业领导人违反义务犯罪的法定刑而言，第一，应调整相关犯罪的法定刑以使其协调、衔接。第二，需要注意对相关犯罪适度增加财产刑和剥夺政治权利的附加刑。第三，完善现有的剥夺政治权利，使其成为真正的资格刑，以遏制公司、企业领导人违反义务的犯罪。至于如何对剥夺政治权利进行完善，有学者认为，其一，将其分解为剥夺选举权和被选举权以及禁止担任公职两种刑罚；其二，增设禁止从事特定职业或者活动、禁止犯罪单位从事特定业务或者活动以及解散犯罪单位三种刑罚。在对剥夺政治权利进行改造的基础上，对于一切与某种业务活动相关的犯罪都可以考虑规定剥夺犯罪的单位和个人之一定资格，即禁止从事特定职业或者活动、禁止犯罪单位从事特定业务或者活动以及解散犯罪单位。[②]笔者赞同这样的修改建议。

四、刑罚强度完善

现阶段这方面的工作主要是适当加重公司、企业领导人违反勤勉

① 《吕氏春秋・察今》。

② 王俊平：《责任事故犯罪刑事责任之比较》，载《中国刑事法杂志》2002 年第 4 期。

义务犯罪的法定刑。该类犯罪属于业务过失，一般认为，业务过失的危害性大于普通过失的危害性。外国刑法一般都对业务过失规定了重于普通过失的刑事责任。理论上也就业务过失重于普通过失达成了共识。反观我国刑法，与世界的通行做法相反，我国刑法对普通过失规定了重于业务过失的刑事责任，在理论上，也有人认为，这种立法是合理的，符合中国国情和审判实际。①

笔者认为，一般而言，业务过失重于普通过失，应处以较普通过失为重的刑罚，理由正如有学者所总结的那样，其一，从事业务活动的人根据其职业或业务的要求，负有较普通人更多的注意义务，而且这种特别的注意义务大都法律化、规范化，更能为业务人员所熟知，一般来说，业务人员对规章制度的违反往往是明知故犯的，因此，业务过失的刑事责任应与特别注意义务的要求相适应。其二，业务人员具有较高的注意能力。其三，业务过失行为的违法性比普通过失更容易被行为人所认识，而且业务过失的危害结果也往往重于普通过失，所以，业务过失的责任起码不应低于普通过失。②

现在，立法已有提高业务过失刑事责任的趋向。前文已述，《刑法修正案（六）》已将重大责任事故罪的最高法定刑由过去的 7 年有期徒刑提高到 15 年有期徒刑；《刑法修正案》对刑法第 168 条作了修改，将国有公司、企业、事业单位的工作人员失职罪最高法定刑由过去的三年有期徒刑提高到七年有期徒，可见立法者对业务过失犯罪的处罚力度大大增加。

有学者在谈到如何调整责任事故犯罪的法定刑时，认为有三种方案可供选择：一是以刑法典对责任事故犯罪所设定的法定刑为标本，适当降低普通过失犯罪的法定刑；二是以普通过失犯罪的法定刑为标本，适当提高责任事故犯罪的法定刑；三是将责任事故犯罪的第二个刑幅调整为首选的刑幅，同时，规定情节较轻的责任事故犯罪，并将现行规定的第一个刑幅调整适用于情节较轻的责任事故犯罪。在此基

---

① 顾肖荣：《中国刑法中业务上过失犯罪的特征》，载《法学》1986 年第 4 期。

② 姜伟著：《犯罪故意与犯罪过失》，群众出版社 1992 年版，第 324 页。

础上，对普通过失犯罪的法定刑予以适当地降低。并认为综合考量以上的方案，第一种方案由于大幅度地降低了刑法对过失犯罪的刑罚投入量，在目前中国刑法的刑罚投入量较大的情况下为不现实之举。第二种方案由于大幅度地提高了刑法对过失犯罪的刑罚投入量，在目前中国刑法的刑罚投入量高居不下的情况下为不明智之举。而第三种方案没有提高刑罚的投入量，反而适当地降低了刑罚的强度，是现实而又明智之策。①

笔者认为，加强公司、企业领导人违反义务犯罪刑罚强度可以有两种做法，一是绝对加强，即在现有法定刑基础上的绝对提高，上述第二种方案即是；二是相对加强，即在现有该类犯罪法定刑没有增加的情况下，通过降低与之相对的犯罪的法定刑，或者通过刑罚幅度选择方式的调整，从而达到刑罚对比强度的增大，上述第一种和第三种方案即是。相对加强考虑到我国总体刑罚强度较大的现实，对刑罚投入量持谨慎态度，并通过一定方法寻求解决之道，并在一定程度达到了在司法实践中加大处罚力度的目的，其基本思路是可取的。但另一方面，相对加强毕竟是在既有的刑罚幅度之内打转转，对于一些具有特别严重情节的公司、企业领导人违反义务的行为难以贯彻罪责刑相适应原则。因此，笔者主张采用相对加强和绝对加强相结合，以相对加强为主，绝对加强为辅的方法。具体来讲，即是在维持现有刑罚幅度的基础上，根据需要，或者调整刑罚幅度的适用选择顺序，或者规定加重处罚的情节，从而达到加强刑罚幅度的目的。可以认为，现在的刑法修正基本上遵从了这一方法。从已颁行的单行刑法和刑法诸修正案来看，公司、企业领导人违反义务所涉及的犯罪绝大部分维持了原有的法定刑，但个别犯罪也加重了刑罚，如《刑法修正案（六）》对重大责任事故罪法定刑的修改，该修正案将强令工人违章冒险作业的情节单列，②将原来规定的“强令工人违章冒险作业，因而发生重大伤亡事故或者造成其他严重后果的，处三年以下有期徒刑或者拘役；

① 王俊平：《责任事故犯罪刑事责任之比较》，载《中国刑事法杂志》2002 年第 4 期。

② 两高的相关司法解释将强令违章冒险作业行为解释为一个新罪名，但强令违章冒险作业到底是一个新罪名还是重大责任事故罪的一个情节，理论上还有争论。

情节特别恶劣的，处三年以上七年以下有期徒刑”修改为“强令他人违章冒险作业，因而发生重大伤亡事故或者造成其他严重后果的，处五年以下有期徒刑或者拘役；情节特别恶劣的，处五年以上有期徒刑”，最高刑由过去的7年有期徒刑提高到15年有期徒刑。《刑法修正案》关于国有公司、企业、事业单位的工作人员失职罪的修正，该修正案在原来仅有“致使国家利益遭受重大损失的，处三年以下有期徒刑或者拘役”一个法定刑幅度的基础上，增加了“致使国家利益遭受特别重大损失的，处三年以上七年以下有期徒刑”这个法定刑幅度，从而使原有的法定刑得以提高。

另外，对公司、企业领导人违反社会责任的一些犯罪是否调整刑法强度仍有待商讨，如对信息披露、反垄断等方面的犯罪是否强化刑罚力度的问题。在这方面国外的一些新动向值得关注，例如，2002年7月美国国会通过《萨班斯法案》，修改了商业法，以提高信息披露的准确性与可靠性，保护投资者利益。此次法律修改的直接导因是美国的四个巨型公司（Enron，Global Crossing，Adelphia，World-Com）的申请破产引发公众对公司财务欺诈和刑事犯罪的强烈不满。法案的修改加重了公司犯罪的刑事责任，强化了公司的社会责任。该法案刑罚加重体现在：一是加重已规定行为类型的刑罚，包括罚金刑和自由刑，大为提高刑罚幅度，以突出对该类犯罪的特别关注，如欺诈的一般情形处罚金或5年以下监禁，可以并罚；影响国家金融制度的处100万美元以下罚款或30年以下监禁；法案将邮件欺诈和电信欺诈的刑罚加重达4倍之多。美国刑事立法呈现一种刑罚加重的趋势。[①]

在日本，在《反垄断法》修改之前，即使企业通过不法约定等违法行为获得了巨额利益，以不当限制交易罪对法人企业进行处罚时，其罚金刑的上限也不过是500万日元，这根本不足以抑制企业的不法约定行为。因此，主张法人的罚金刑上限应作大幅度提高的呼声一直十分强烈。1992年通过修改《反垄断法》，把适用于不当限制交易罪

① 蒋熙辉：《美国SARBANES-OXLEY2002法案刑事责任条款研究》，载《中国法学》2003年第5期。

对法人业主（及个人业主）的罚金刑上限提高到了1亿日元。而且，《证券交易法》、《防止不当竞争法》、《银行法》等法律，都对一定的犯罪作出了规定，将法人的罚金刑的上限规定到了上亿日元（法人重罚）。[①]

至于我国如何因应这种趋势，笔者认为，应综合考虑我国的形势发展、刑罚的实际配置等现实情况慎重抉择，不应盲目跟风。限于篇幅，不再作详细讨论。

第四节　公司、企业领导人刑事责任的司法完善

前文在对公司、企业领导人犯罪刑事政策论述，强调应在整体上坚持宽严相济刑事政策以及罪刑法定、刑法谦抑、正当程序理念、原则的前提下，严把罪与非罪的界限，坚持文明人道司法，这些也属于刑事司法完善的内容，鉴于相关内容在相关部分已有论述，此处不赘述。下文从公司、企业领导人所负的忠实、勤勉、社会责任三项义务及现代公司、企业治理以及经济发展的视角对公司、企业领导人犯罪之刑事司法完善的其他相关问题予以论述。

一、刑事司法应自觉运用忠实义务、勤勉义务、社会责任相关理论

违反忠实义务、勤勉义务、社会责任所涉及犯罪之刑法规定的表层之下蕴含着公司、企业忠实义务、勤勉义务与社会责任的规范与要求，在解释适用相关刑法规范时应对忠实义务、勤勉义务、社会责任的违反与履行情况细加考量。如在处理违反忠实义务犯罪时，就应该结合公司、企业法律法规的相关规定将相应行为予以精准定型定性，结合公司同意要件对相关行为的犯罪性予以阻却。在处理违反勤勉义

① [日]芝原邦尔著：《经济刑法》，金光旭译，法律出版社2002年版，第117-118页。

务犯罪时应重视勤勉义务标准的特殊性以及违反勤勉义务犯罪之注意义务、注意能力的特殊性，并将之与一般过失犯罪以及一般的业务过失犯罪的注意义务、注意能力标准区分开来。在处理违反社会责任犯罪时应重视该类犯罪与公司、企业单位犯罪的紧密相关性，在对个人违反社会责任犯罪进行处理时不遗漏对公司、企业单位犯罪的处理，等等。

二、刑事司法应重视与把握现代公司、企业治理的知识、理念与实际运行的情况

在认定、处理公司、企业领导人违反三项义务犯罪时应熟谙现代公司、企业治理的规范与知识，通过对公司、企业治理实际情况的调查、了解与把握，透过现象抓住实质性问题，从而准确区分罪与非罪、此罪与彼罪的界限。例如，到底是公司、企业犯罪还是公司、企业领导人犯罪，[①]就要通过对公司、企业治理机制之实际情况的了解来把握认定。又如，违反忠实义务犯罪中，职务便利要件的认定、公司同意要件是否具备的判定，就要掌握公司、企业治理的实际运行情况，以准确认定行为人职务的性质、范围等问题。违反勤勉义务的犯罪中，行为人之注意能力、注意义务的认定，监督过失应该追究到哪一层级的监督者，也离不开对具体的公司、企业治理结构与机制情况的把握。还要特别注意现代公司、企业治理中公司、企业自治的制度与规范，注意具体公司、企业章程所载明的公司、企业治理的实际制度与规定。

总之，在认定公司、企业领导人刑事责任时，应紧紧围绕现代公司、企业治理这一中心，密切关注具体公司、企业治理的结构、机制的实际运行情况以及公司、企业自治的实际情况，在司法活动中始终不偏离这个中心。

① 这一问题在处理公司、企业领导人违反社会责任犯罪中尤为突出。

三、刑事司法应重视经济规律，善待正常的经济活动

在刑事司法活动中也存在着尊重经济规律的问题。司法活动应尊重现代社会契约自由的民商事原则，尊重合同的法律效力。不能动辄通过刑事手段否定、干扰契约自由，把正常的合同行为以及履约纠纷作为是合同诈骗或者其他诈骗犯罪行为处理。应深入了解把握新型经济活动的属性、特征，与时俱进，对其准确定性，而不能错误地将其作为违法犯罪活动处理。例如，公司、企业领导人违反社会责任犯罪中的非法融资类犯罪，如集资诈骗、非法吸收公众存款罪的认定，就注意不要将其和正常的融资或者违法但不犯罪的新型融资活动相混淆。还有新出现的一些经济形式，不能动辄就作为非法经营行为定性。过去我们曾有过将长途贩运作为投机倒把罪处理的教训，历史的错误不应通过这样那样的形式重演或者再犯。司法活动还应自觉地认识到，任何经营都存在风险，不应把经济活动本身所含有的风险作为是危害结果要件，结果把正常的经济活动错误地作为违法犯罪活动来处理，从而将正常的经营风险让公司、企业及其领导人通过刑事责任的形式而不当地全部承担起来。

总之，司法活动仍然不应当遗忘生产力标准，仍然应当尊重经济规律，应该努力使司法活动成为经济发展的助力而不能有意无意之间成为经济社会发展的阻力。

四、刑事司法应切实保障公司、企业领导人人权

在惩治公司、企业领导人违反忠实义务、勤勉义务、社会责任犯罪的司法活动中，应尊重和保障公司、企业领导人人权，这是宪法尊重和保障人权原则与罪刑法定原则这些铁则的要求，是人类文明发展的当然要求，不能打一丝一毫的折扣。为此，除了上文所论及的应注意的问题之外，还要注意严格把握罪与非罪之间的界限，严格掌握民商事行为与犯罪行为之间的界限，要注意刑法典中一些仍具有口袋罪

色彩的罪名之刑法适用问题。如非法经营罪，应时时警惕其多度扩张解释、适用的危险，注意对其适用范围作出严格解释。另外，刑事司法还应根据实际情况对相关立法的变化作出快速跟进，以弥补刑法立法不能及时修正的不足。例如，公司法已对公司资本制度作了根本性的修改，而刑法立法还未根据公司法的相关修改而对一些资本犯罪作出修正，在这种情况下刑事司法就必须及时快速跟进，以填补刑法立法没有及时修正而留下的空档。

当然，为切实保障人权，确定公司、企业领导人刑事责任的司法活动，必须坚定不移地贯彻正当程序的要求。正当程序是一种权利保障机制，要求对公民生命、自由、财产等重要权利的剥夺或者限制必须通过一定的程序才能决定，无论这种剥夺或限制是个别进行的还是具有一般的性质；而且这种程序本身必须公正。[①]为贯彻这一原则，必须保障程序公正、文明、人道，坚持疑罪从无，切实防止冤假错案的发生。尽管这些可能已经超出了本论著侧重于从实体法角度进行探讨这一范围，但唯有让程序文明之光普照，公司、企业领导人人权保障才会有坚实的屏障。

---

① 魏晓娜著：《刑事正当程序原理》，中国人民公安大学出版社 2006 年版，第 3 页。

结语

忠实义务、勤勉义务、社会责任之担当

奔涌了五千年的中华文明流淌到了河汉交汇之地，转型期的中国经济和社会正经历着难以预知的变化，酝酿着也许惊动天地的变革，多灾多难的炎黄子孙也在寤寐求之着民族复兴、文明复明、于斯为盛的伟大梦想。

然而，环顾四周，却有许多不甚美妙的图景：雾霾笼锁、假冒伪劣、事故频仍、强征强拆、房价飞涨、腐败猖獗、贫富悬殊、社会不公……乍看起来，乃是问题丛生、怨气沸腾、景象日非、民生多艰！

和谐与不和谐的景象迷离中，总是或隐或现着公司、企业及其领导者们的身影。

一百多年前，我们的先哲就在践行着实业救国救民之路。一百多年后的今天，我们却仍要回过头来发展我们的市场经济体制，仍要完善我们的现代企业制度，仍要加强我们的社会建设，历史仿佛开了一个玩笑，但市场经济与公司、企业制度确乎关系着国运与民生。

经济乃至社会建设的舞台上，公司、企业及其领导者们肩负重任，是当之无愧的主角，他们享有自己的权利，谁也不能剥夺；他们背负着自己的义务，也必须义无反顾地担起。

自诩为万物灵长的人类，俨然是宇宙之王，当然也享有天地至尊的崇荣，但同时其每一个个体又必须扮演一个个琐微的角色，并承担起这些角色所必须担当的义务与责任，这就是人类及其个体的宿命与德性。忠实义务、勤勉义务、社会责任，就是公司、企业领导人这一社会角色所要和所应担当的义务与责任。它们是法律规范，是道德标尺，是必须遵守的游戏规则，也是企业家至德至善之所在。

违反了它，就要负担起另一种责任，一种消极意义上的责任——民事责任、行政责任；严重违反了它，就要承受消极责任中最为严厉的责任——刑事责任。

违反忠实义务、勤勉义务、社会责任的刑事责任本身，是忠实义务、勤勉义务、社会责任在证明自身的存在和不可侵犯。公司、企业领导人因违反自身义务所加诸的刑事责任，是为了公司、企业领导人不违反自身的义务，是为了他们履行好自己的义务而不得已为之的最后手段。刑法的问题，最好的办法和最终的办法是从刑法之外去解决。惩治违反义务行为的最好办法，就是让人们普遍地积极地承担和履行起自己的义务。对于公司、企业领导人而言，就是要使他们义无反顾地担当起自己的忠实义务、勤勉义务与社会责任。

公司、企业领导人的刑事责任，肇始于对忠实义务、勤勉义务和社会责任的赋予与担当，畸变于对忠实义务、勤勉义务和社会责任的蔑视和违反，终结于对忠实义务、勤勉义务、社会责任的履行和承担，历经了一个宿命的轮回，跋涉了一个否定之否定的征程[①]，义务得以自证，矛盾得以解决，人性得以养成，社会臻于和谐，梦想正在证成。这是公司、企业领导人刑事责任解决的必然历程，是公司、企业领导人刑事责任达致的理想结局，是我们追究公司、企业领导人刑事责任的首要目的，也是我们研究公司、企业领导人刑事责任的最后结论。

---

① 如果严格把握词语的含义，笔者认为这个否定之否定的完整过程可以概括为三项义务的担当、违反、履行，也即担当与履行应该是有区别的。本论著前文相关内容（主要是第一章）并没有对此做严格区分，此处略作区分，但也并不是非常严格。该问题还应再行深入研究。

参考文献

一、中文文献

（一）著作类

1．高铭暄著：《中华人民共和国刑法的孕育和诞生》，法律出版社1981年版。

2．高铭暄著：《中华人民共和国刑法的孕育诞生和发展完善》，北京大学出版社2012年版。

3．高铭暄著：《刑法肄言》，法律出版社2004年版。

4．高铭暄主编：《新中国刑法科学简史》，中国人民公安大学出版社1993年版。

5．高铭暄主编：《刑法修改建议文集》，中国人民大学出版社1997版。

6．高铭暄、赵秉志主编：《过失犯罪的基础理论》，法律出版社2002年版。

7．高铭喧、赵秉志主编：《新中国刑法立法文献资料总览》（上、中、下），中国人民公安大学出版社1998年版。

8．王作富著：《中国刑法研究》，中国人民大学出版社1988年版.；

9．王作富著：《刑法论衡》，法律出版社 2004 年版。

10．王作富主编：《刑法分则实务研究》，中国方正出版社 2007 年版。

11．马克昌著：《比较刑法原理：外国刑法总论》，武汉大学出版社 2002 年版。

12．马克昌主编：《犯罪通论》，武汉大学出版社 2000 年版。

13．马克昌主编：《近代西方刑法学说史略》，中国检察出版社 1996 年版。

14．马克昌主编：《经济犯罪新论》，武汉大学出版社 1998 年版。

15．储槐植著：《刑事一体化》，法律出版社 2004 年版

16．周道鸾著：《单行刑法与司法适用》，人民法院出版社 1996 年版。

17．赵秉志著：《犯罪主体论》，中国人民大学出版社 1989 年版。

18．赵秉志著：《刑法总则问题专论》，法律出版社 2004 年版。

19．赵秉志著：《刑法分则问题专论》，法律出版社 2004 年版。

20．赵秉志著：《死刑改革探索》，法律出版社 2006 年版。

21．赵秉志主编：《当代刑法理论探索》（1-4 卷），法律出版社 2004 年版。

22．赵秉志主编：《刑事政策专题探讨》，中国人民公安大学出版社 2005 年版。

23．赵秉志主编：《单位犯罪比较研究》，法律出版社 2004 年版。

24．赵秉志主编：《中国刑法案例与学理研究分则篇》（1-6 卷），法律出版社 2004 年版。

25. 卢建平著：《刑事政策与刑法》，中国人民公安大学出版社 2004 年版。

26．卢建平著：《刑事政策与刑法变革》，中国人民公安大学出版社 2011 年版。

27．卢建平等著：《国际人权公约与中国刑事法律的完善》，中国人民公安大学出版社 2010 版。

28．刘明祥著：《财产罪比较研究》，中国政法大学出版社 2001 版。

29．黎宏著：《单位刑事责任论》，清华大学版社 2001 年版。

30．陈兴良著：《刑法哲学》（修订三版），中国政法大学出版社 2004 年版。

31．陈兴良著：《刑法的价值构造》，中国人民大学出版社 1998 年版。

32．陈兴良著：《刑法的人性基础》（第三版），中国人民大学出版社 2006 版。

33．陈兴良著：《刑法适用总论》（上卷），法律出版社 1999 版。

34．陈兴良著：《共同犯罪论》，中国社会科学出版社 1995 年版。

35．谢望原著：《欧陆刑罚制度与刑罚价值原理》，中国检察出版社 2004 年版。

36．张智辉著：《刑事责任通论》，警官教育出版社 1995 年版。

37．冯军著：《刑事责任论》，法律出版社 1996 年版。

38．张明楷著：《法益初论》，中国政法大学出版社 2003 年修订版。

39．张明楷著：《诈骗罪与金融诈骗罪研究》，清华大学出版社 2006 年版。

40．张明楷著：《刑法的基本立场》，中国法制出版社 2002 年版。

41．力康泰、韩玉胜著：《刑事执行法学原理》，中国人民大学出版社 1998 年版。

42．李希慧著：《刑法解释论》，中国人民公安大学出版社 1995 年版。

43．梁根林著：《刑事法网：扩张与限缩》，法律出版社 2006 年版。

44．王世洲著：《德国经济犯罪与经济刑法研究》，北京大学出版社 1999 年版。

45．刘志伟、聂立泽主编：《业务过失犯罪比较研究》，法律出版社 2004 年版。

46．曲新久著：《刑事政策的权力分析》，中国政法大学出版社 2002 年版。

47．江礼华主编：《中小企业经济犯罪原因、认定及其对策》，中国人民公安大学出版社 2006 年版。

48．刘白笔等著：《经济刑法学》，群众出版社 1989 年版。

49．石磊著：《单位犯罪关系论》，山东大学出版社 2005 年版。

50．张小虎著：《犯罪论的比较与建构》，北京大学出版社 2006 年版。

51．孙力主编：《妨害对公司企业的管理秩序罪》，中国人民公安大学出版社 1999 年版。

52．曾月英著：《公司企业犯罪研究》，中国方正出版社 2000 年版。

53．陈正云主编：《经济犯罪的刑法理论与司法适用》，中国方正出版社 1998 年版。

54．宫厚军著：《经济犯罪与经济刑法研究》，中国方正出版社 2003 年版。

55．田宏杰主编：《单位犯罪适用中疑难问题研究》，吉林人民出版社 2000 年版。

56．黄振中著：《公司高管犯罪的警戒线》，中国法制出版社 2005 年版。

57．章惠萍著：《公司经营的刑法研究》，中国科学技术大学出版社 2004 年版。

58．蒋勇主编：《破坏社会主义市场经济秩序罪》，法律出版社 2000 年版。

59．高西江主编：《中华人民共和国刑法修订与适用》，中国方正出版社 1997 年版。

60．孙利主编：《经济犯罪研究与刑法适用》，中国检察出版社 2001 年版。

61．但伟主编：《妨害对公司、企业的管理秩序罪的定罪与量刑》，人民法院出版社。

62．裴广川主编：《经济犯罪的认定与处罚》，吉林人民出版社 2002 年版。

63．李燕兵著：《上市高管职务犯罪问题研究——论违反忠实义务行为的犯罪化》，中国检察出版社 2006 年版。

64．胡云腾主编：《刑法条文案例精解》，法律出版社 2004 年版。

65．李文伟著：《法人刑事责任比较研究》，中国检察出版社 2006 年版。

66．张国轩著：《商业犯罪的定罪与量刑》，人民法院出版社 1999 年版。

67．曾芳文、段启俊主编：《个罪法定情节研究与适用》，人民法院出版社 2003 年版。

68．陈浩然著：《理论刑法学》，上海人民出版社 2000 版。

69．鲍绍坤主编：《新刑法与公司、企业犯罪》，西苑出版社 1998 年版。

70．《比较犯界学》编写组主编：《比较犯罪学》，中国人民公安大学出版社 1992 年版。

71．石磊著：《单位犯罪关系论》，山东大学出版社 2005 年版。

72．冯中华主编：《公司经济犯罪研究》，中国方正出版社 2005 年版。

73．王海涛主编：《刑法修正案（六）罪名图解与案例参考》，中国法制出版社 2006 年版。

74．曾静音主编：《刑法历次修正》，中国法制出版社 2006 年版。

75．李晓明著：《行政刑法学》，群众出版社 2005 年版。

76．黄河著：《行政刑法比较研究》，中国方正出版社 2001 年版。

77．陈朴生著；《刑法专题研究》，台湾三民书局 1988 年版。

78．姜伟著：《犯罪故意与犯罪过失》，群众出版社 1992 年版。

79．周光权著：《注意义务研究》，中国政法大学出版社 1998 年版。

80．鲍遂献、雷东生著：《危害公共安全罪》，中国人民公安大学出版社 1999 版。

81．叶高峰主编：《危害公共安全罪的定罪与量刑》，人民法院出版社 2000 版。

82．谢勇著：《法人犯罪学》，湖南出版社 1995 年版。

83．周密主编：《美国经济犯罪和经济刑法研究》，北京大学出版社 1993 年版。

84. 李玉福等著:《公司运作的刑法保障》，中国检察出版社 2006 年版。

85. 周道鸾等主编:《刑法的修改与适用》，人民法院出版社 1997 年版。

86. 陈兴良、郎胜等:《刑法纵横谈》（总则部分），法律出版社 2003 版。

87. 姜伟著:《犯罪故意与犯罪过失》，群众出版社 1992 年版。

88. 刘仁文著:《刑事政策初步》，中国人民公安大学出版社 2004 年版。

89. 侯宏林著:《刑事政策的价值分析》，中国政法大学出版社 2005 年版。

90. 邱兴隆、许章润著:《刑罚学》，中国政法大学出版社 1999 年版。

91. 邱兴隆著:《刑法理性导论》，中国政法大学出版社 1998 年版。

92. 孙万怀著:《刑事法治的人道主义路径》，北京大学出版社 2006 年版。

93. 刘强著:《美国犯罪学研究概要》，中国人民公安大学出版社 2002 年版。

94. 王晨著:《刑事责任的一般理论》，武汉大学出版社 1998 年版。

95. 孙国祥等著:《过失犯罪导论》南京大学出版社 1991 年版。

96. 林亚刚著:《犯罪过失研究》，武汉大学出版社 2000 年版。

97. 胡鹰著:《过失犯罪研究》，中国政法大学出版社 1995 年版。

98. 马克昌、莫洪宪主编:《中日共同犯罪比较研究》，武汉大学出版社 2003 年版。

99. 杜国强著:《身份犯研究》，武汉大学出版社 2005 年版。

100. 陈泽宪主编:《经济刑法新论》，群众出版社 2001 年版。

101. 孟维德著:《公司犯罪：问题与对策》，（台北）五南图书出版公司 2002 年版。

102. 沙君俊著:《单位犯罪的定罪与量刑》，人民法院出版社 2002 年版。

103．傅立忠著：《环境刑法学》，中国方正出版社 2001 年版。

104．王彦明著：《公司资本制度的刑法保护》，吉林人民出版社 2005 年版。

105．王保树、崔勤之著：《中国公司法原理》，社会科学文献出版社 2006 年版。

106．刘俊海著：《新公司法的制度创新：立法争点与解释难点》，法律出版社 2006 年版。

107．刘俊海著：《股东权法律保护概论》，人民法院出版社 1995 年版。

108．梅慎实著：《现代公司治理结构规范运作论》（修订版），中国法制出版社 2002 年版。

109．梅慎实著：《现代公司机关权力构造论》，中国政法大学出版社 2000 年版。

110．周友苏著：《新公司法论》，法律出版社 2006 年版。

111．王泽鉴著：《民法学说与判例研究（八）》，中国政法大学出版社 2005 年版。

112．王文宇著：《公司法论》，中国政法大学出版社 2004 年版。

113．柯芳枝著：《公司法论》，中国政法大学出版社 2004 年版。

114．朱慈蕴著：《公司法人格否认法理研究》，法律出版社 1998 年版。

115．赵旭东主编：《新旧公司法比较分析》，人民法院出版社 2005 年版。

116．赵旭东著：《企业法律形态论》，中国方正出版社 1996 年版。

117．赵旭东著：《新公司法制度设计》，法律出版社 2006 年版。

118．吴敬琏著：《现代公司与企业改革》，天津人民出版社 1994 年版。

119．施天涛著：《公司法论》，法律出版社 2005 年版。

120．徐新意著：《公司企业法学》，华东理工大学出版社 2006 年版。

121．刘瑞复著：《企业法学通论》，北京大学出版社 2005 年版。

122. 李建明主编:《企业违法行为论》，中国检察出版社2002年版。

123. 滨田道代、吴志攀主编:《公司治理与资本市场监管——比较与借鉴》，北京大学出版社2003年版。

124. 吴淑琨、席酉民著:《公司治理与中国公司改革》，机械工业出版社2000年版。

125. 江平主编:《新编公司法教程》，法律出版社1994年版。

126. 江平主编:《中国公司法原理和实务》，科学普及出版社1994年版。

127. 王保树主编:《中国商事法》，人民法院出版社2001年版。

128. 王保树等著:《中国公司法原理》，社会科学文献出版社1998年版。

129. 高程德主编:《中国公司法》，企业管理出版社1994年版。

130. 漆多俊主编:《经济法学》，武汉大学出版社1998年版。

131. 张开平著:《公司权利解构》，中国社会科学出版社1999年版。

132. 史际春等著:《企业和公司法》，中国人民大学出版社2001年版。

133. 赵旭东著:《企业与公司法纵论》，法律出版社2003年版。

134. 倪建林著:《公司治理结构:法律与实践》，法律出版社2001年版。

135. 陈丽洁著:《公司合并法律问题研究》，法律出版社2001年版。

136. 徐燕著:《公司法原理》，法律出版社1997版。

137. 李建伟著:《公司制度、公司治理与公司管理法律在公司管理中的地位与作用》，人民法院出版社2005年版。

138. 黄京平主编:《破坏市场经济秩序罪研究》，中国人民大学出版社1999年版。

139. 曹子丹、侯国云主编:《中华人民共和国刑法精解》，中国政法大学出版社1997年版。

140. 魏明海著:《公司高管的会计责任——前世通公司 CEO 法庭审理分析》，中国财政经济出版社 2005 年版。

141. 王文钦著:《公司治理结构之研究》，中国人民大学出版社 2005 年版。

142. 赵志钢著:《公司治理法律问题研究》，中国检察出版社 2005 年版。

143. 谈萧、刘政编著:《中国企业经典法律案例报告》，中国社会科学出版社 2003 年版。

144. 徐孟洲著:《经济法学原理与案例教程》，中国人民大学出版社 2006 年版。

145. 葛伟军著:《英国公司法原理与判例》，中国法制出版社 2007 年版。

146. 张忠野著:《公司治理的法理学研究》，北京大学出版社 2006 年版。

147. 张安民著:《公司法上的利益平衡》，北京大学出版社 2003 年版。

148. 刘连煜著:《公司治理与公司社会责任》，中国政法大学出版社 2001 年版。

149. 范红旗著:《法人犯罪的国际法律控制》，中国人民公安大学出版社 2007 年版。

150. 蒋熙辉著:《公司犯罪刑事责任问题研究》，中国人民公安大学出版社 2011 年版。

151. 周振杰著:《比较法视野中的单位犯罪》，中国人民公安大学出版社 2012 年版。

152. 张杰著:《刑事归责论》，中国人民公安大学出版社 2009 年版。

153. 何庆仁著:《义务犯研究》，中国人民公安大学出版社 2011 年版。

154. 娄秋琴编著:《公司企业管理人员刑事法律风险与防范》，法律出版社 2008 年版。

155. 王保树主编:《实践中的公司法》，社会科学文献出版社 2008 年版。

156. 狄世深著:《刑法中身份论》，北京大学出版社 2005 年版。

157. 徐留成著:《身份犯比较研究》(第 2 版)，人民法院出版社 2013 年版。

158. 刘丁炳著:《监督管理过失犯罪研究》，中国人民公安大学出版社 2009 年版。

159. 丁英华著:《公司犯罪论》，中国检察出版社 2011 年版。

160. 卢林著:《公司犯罪论：以中美公司犯罪比较研究为视角》，法律出版社 2010 年版。

161. 马长生、田兴洪等著:《责任事故犯罪热点问题研究》，湖南师范大学出版社 2010 版。

162. 王明星著:《刑法谦抑精神研究》，中国人民公安大学出版社 2005 年版。

163. 吴富丽著:《刑法谦抑实现论纲》，中国人民公安大学出版社 2011 年版。

164. 张文魁著:《中国混合所有制企业的兴起及其公司治理研究》，经济科学出版社 2010 年版。

165. 汪振江著:《比较公司法学》，中国社会科学出版社 2012 年版。

166. [荷]阿德里安·德瑞斯丹等著:《欧洲公司法》，法律出版社 2013 年版。

167. 刘殿奎著:《公司经理人法律问题研究——对懈怠与滥权规制的法律本土化分析》，法律出版社 2008 年版。

168. 梅慎实著:《现代公司机关权力构造论》(修订本)，中国政法大学出版社 2000 年版。

169. 安文录著:《公司犯罪初论》，黑龙江人民出版社 2008 年版。

170. 程皓著:《注意义务比较研究》，武汉大学出版社 2009 年版。

171. 刘期湘著:《过失犯中的违反注意义务研究》，经济科学出版社 2009 年版。

172. 陈璇著:《刑法中社会相当性理论研究》,法律出版社 2010 年版。

173. 杜文俊著:《单位人格刑事责任研究》,黑龙江人民出版社 2008 年版。

174. 韩轶著:《刑罚目的的建构与实现》,中国人民公安大学出版社 2005 年版。

175. 陈丽天著:《单位犯罪刑事责任研究》,中国法制出版社 2010 年版。

176. 刘俊海著:《公司的社会责任》,法律出版社 1999 年版。

177. 卢代富著:《企业社会责任的法学与经济学分析》,法律出版社 2002 年版

178. 胡学相、薛云华著:《经济犯罪的定罪与量刑》,广东人民出版社 2001 年版。

179. 马长生主编:《经济犯罪热点问题研究》,湖南师范大学出版社 2005 年版。

180. 卞耀武主编:《当代外国公司法》,法律出版社 1995 版。

181. 刘伟著:《经济刑法规范适用原论》,法律出版社 2013 年版。

182. 万国海著:《经济犯罪的刑事责任研究》,黑龙江人民出版社 2008 年版。

183. 陈灿平著:《刑民实体法关系初探》,法律出版社 2009 年版。

184. 王俊平、李山河著:《受贿罪研究》(修订版),人民法院出版社 2009 年版。

185. 谢治东著:《单位犯罪中个人刑事责任研究》,法律出版社 2004 年版。

(二)中文译著

1. [法]米海伊尔·戴尔玛斯-马蒂著、卢建平译:《刑事政策的主要体系》,法律出版社 2000 年版。

2. [日]大塚仁著、冯军译:《刑法概说》(总论)(第三版),中国人民大学出版社 2003 年版。

3. [日]大谷实著、黎宏译:《刑事政策学》,法律出版社 2000 年

版。

4．[英]吉米·边沁著、李贵方等译：《立法理论》，中国人民公安大学出版社2004年版。

5．[日]大塚仁著、冯军译：《犯罪论的基本问题》，中国政法大学出版社1993年版。

6．[奥]曼弗雷德·诺瓦克著，毕小青、孙世彦等译：《民权公约评注》，三联书店2003年版。

7．[美]弗雷达·阿德勒、杰哈德·穆勒、威廉·拉菲尔著，廖斌等译：《遏制犯罪——当代美国的犯罪问题及犯罪学研究》，中国民主法制出版社2006年版。

8．[美]弗莱蒙特·E.卡斯特、詹姆斯·E.罗森茨韦克著，李注流等译：《组织与管理：系统与权变方法》第4版，中国社会科学出版社2000年版。

9．[英]吉尔·所罗门、阿瑞斯·所罗门著，李维安、周建译：《公司治理与问责制》，东北财经大学出版社2006年版。

10．[德]托马斯·莱塞尔等著、高旭军等译：《德国子和公司》（第3版），法律出版社2005年版。

11．[美]理查德·A.波斯纳著、蒋兆康译：《法律的经济分析》，中国大百科全书出版社1997年版。

12．[日]木村龟二主编、顾肖荣译：《刑法学词典》，上海翻译出版公司1991年版。

13．[日]末永敏和著、金洪玉译：《现代日本公司法》，人民法院出版社2000年版。

14．[日]芝原邦尔著、金光旭译：《经济刑法》，法律出版社2002年版。

15．[日]藤木英雄著、从选功等译：《公害犯罪》，中国政法大学出版社1992年版。

16．[瑞典]汉斯·舍格伦、约兰·斯科格编，陈晓芳、廖志敏译：《经济犯罪的新视角》，北京大学出版社2006年版。

17．[美]马歇尔·B.克林纳德、彼得·C.耶格尔著，何秉松等译：

《法人犯罪——美国大公司内幕》，中国广播电视出版社 1992 年版。

18．[美]基蒂·卡拉维塔著、李斯译：《白领犯罪：金融业巨额诈骗及权术》，光明日报出版社 1998 版。

19．[加拿大]布莱恩 R．柴芬斯著、林华伟译：《公司法：理论、结构和运作》，法律出版社 2001 年版。

20．[美]罗纳德·科斯著：《企业的性质》，法律出版社 1995 年版。

21．[美]罗伯·C.克拉克著、胡平等译：《公司法则》，工商出版社 1999 版。

22．涂文译：《公司法（最新不列颠法律袖珍读本）英汉对照》，武汉大学出版社 2003 版。

23．阿德里安·德瑞斯丹等著、费煊译：《欧洲公司法》，法律出版社 2013 年版。

24．[德]莱茵哈德·默恩著、沈锡良译：《企业家的社会责任》，中信出版社 2005 年版。

25．[美]理查德·艾尔斯沃斯著、李旭大译：《公司为谁而生存》，中国发展出版社 2005 年版。

26．[美]弗雷德里克·莱希赫尔德著、常玉田译：《忠诚的价值——增长、利润与持久价值背后的力量》，华夏出版社 2001 年版。

27．[美]马歇尔·B.克林纳德、彼得·C.耶格尔著：《法人犯罪：美国大公司内幕》，中国广播电视出版社 1992 年版。

28．[德]克劳斯·罗可辛著、王世洲译：《德国刑法学总论》（第 1 卷），法律出版社 2005 年版。

29．[德]克劳斯·罗克辛著、王世洲等译：《德国刑法学总论》（第 2 卷），法律出版社 2013 年版。

30．[美]哈伯特 L.帕克著：《刑事制裁的界限》，梁根林等译，法律出版社 2008 年版。

二、外文著作

1. Kathleen F. Brickey, Corporate Criminal Liability, volume 2, 2nd

Ed, Clark Boardman Callaghan, 1993.

2. The Law of Corporations, Partnerships, and Sole Proprietorships, Black's Law Dictionary, West Publishing Co, 1979.

3. Leigh L H. The Criminal or Corporations and other Groups, Comparative View. Michigan L. Rev 1982 (80).

4. Cristina De Maglie, Models of Corporate Criminal Liability in Comparative Law. Wash. U. Global Stud. L. Rev. 4, 2005.

5. B. Holmstrom, P. Milgrom. The Firm as an Incentive System. American Economic Review, 1994 (4).

6. Jennifer S. Recinc, Examination of the White Collar Crime Penalty Enhancements in the Sarbanes - Oxley Act, American Criminal Law Review. Fall, 2002.

三、硕博论文（未出版）

1．赵新华：《公司犯罪罪名与主体比较研究》，吉林大学 2000 年博士论文。

2．杨如彦：《公司犯罪与刑事责任的经济学分析》，中国社会科学院 2003 年博士论文。

3．王莉莉：《公司犯罪研究》，武汉大学法学院硕士论文。

4．李军：《浅论公司董事、高级管理人员犯罪的若干问题》，武汉大学 2003 年硕士学位论文。

5．于鹏：《公司高管犯罪问题研究》，上海交通大学 2009 年硕士论文。

6．徐朝阳：《董事注意义务研究》，郑州大学硕士学位论文。

7．宋丹：《监督过失研究》，武汉大学 2004 年硕士学位论文。

8．肖冬梅：《监督过失犯罪研究》，吉林大学 2009 年博士学位论文。

9．徐来：《实际控制人法律制度研究》，西南政法大学 2011 年博士学位论文。

10. 崔丽：《当代中国企业社会责任研究》，吉林大学 2013 年博士论文。

11. 易益典：《监督过失犯罪论》，华东政法大学 2012 年博士学位论文。

12. 徐启明：《法人刑事责任研究》，吉林大学 2010 年博士学位论文。

四、教材类

1. 高铭暄、马克昌主编；《刑法学》（第五版），北京大学出版社、高等教育出版社 2007 年版。

2. 王作富主编：《刑法》，中国人民大学出版社 1999 版。

3. 张明楷著：《刑法学》（第四版），法律出版社 2003 年版。

4. 高铭暄主编：《刑法专论》，高等教育出版社 2006 年版。

5. 赵秉志主编：《刑法学通论》，高等教育出版社 1993 年版。

6. 何秉松主编：《刑法教科书》，中国法制出版社 1997 版。

7. 张明楷著：《外国刑法纲要》，清华大学出版社 2007 年版。

8. 赵秉志主编：《外国刑法原理》（大陆法系），中国人民大学出版社 2000 年版。

9. 赵秉志主编：《英美刑法学》，中国人民大学出版社 2004 年版。

10. 赵秉志主编：《外国刑法各论》（大陆法系），中国人民大学出版社 2006 年版。

五、文章类

1. 高铭暄：《论刑事责任》，载《中国人民大学学报》1998 年第 2 期。

2. 李洁：《中日刑事违法行为类型与其他违法行为类型关系之比较研究》，载《环球法律评论》2003 年第 3 期。

3. 曲新久：《试论刑法学的基本范畴》，载《法学研究》1991 年第 1 期。

4．苗有水：《浅谈违反公司法犯罪罪名》，载《法学》1998 年第 7 期。

5．刘宪权：《虚假出资行为人刑事责任论》，载《法学》1998 年第 7 期。

6．李振华：《略论公司犯罪》，载《法商研究》1994 年 4 期。

7．蒋熙辉：《论公司犯罪的刑事责任构造》，载《中国法学》2005 年第 2 期。

8. 赵莉：《上市公司独立董事的义务和责任》，载《上市公司》2002 年第 2 期。

9．张柏林：《从张世环违法犯罪谈对国有企业领导干部的监督》，载《中国包装工业》2000 年第 6 期。

10. 聂立泽、乐丹：《过失犯罪中注意能力的判断标准及业务过失的判断基点》，载《学术研究》2004 年第 10 期。

11．隋光伟：《浅谈公司、企业犯罪刑事责任问题》，载《当代法学》1997 年第 6 期。

12．周其华：《国有企业改制中职务犯罪的认定与处理》，载《法学杂志》2004 年第 11 期。

13．马敬之：《公司企业职务犯罪的特点与预防对策》，载《检察实践》2000 年第 5 期。

14．时保余：《国有企业改制中领导层职务犯罪的防范》，载《经济改革》2004 年第 12 期。

15．荆学辉：《国有企业领导干部职务犯罪及对策浅析》，载《前沿》2004 年第 10 期。

16. 胡生平：《国有企业主要领导干部经济犯罪的原因分析及遏制对策的探讨》，载《经济师》2000 年第 1 期。

17．贾在军：《企业领导干部职务犯罪原因及对策》，载《山东省农业管理干部学院学报》2003 年第 1 期。

18．赵良生等：《三资企业管理人员犯罪情况分析》，载《上海公安高专学报》2001 年第 3 期。

19．王发强：《私营企业主个人犯罪与企业单位犯罪之界定》，载《人民检察》1999 年第 3 期。

20．游伟、杨利敏：《私有企业刑法地位分析——兼谈单位犯罪、挪用公款犯罪之认定》，载《人民司法》1999 年第 8 期。

21．杜强：《谁与“中科创”一起背负罪责》，载《21 世纪经济报道》2003 年 4 月 14 日。

22．张明楷：《如何理解刑法中的 “以非法占有为目的”》，载《人民法院报》2003 年 8 月 1 日。

23．李玲：《预防企业领导干部职务犯罪之管见》，载《胜利油田党校学报》2003 年第 5 期。

24．顾肖荣：《新公司法的人格否认制度与单位犯罪》，载《法学》2006 年第 10 期。

25．肖常纶、刘鹏：《对〈关于惩治违反公司法的犯罪的决定〉中三个新罪名的研究》，载《法学探索》1995 年第 4 期。

26．李明、翟厚明：《当前审理虚报注册资本罪亟待解决的问题》，载《河南政法干部管理学院学报》1997 年第 1 期。

27．李勇贵：《执行〈关于惩治违反公司法的犯罪的决定〉中遇到的几个问题》，载《广东法学》1997 年第 1 期。

28．王达人：《虚报注册资本骗取公司登记罪的犯罪主体》，载《人民法院报》1997 年第 8 月 19 日。

29．喻伟：《论维护公司资本制度的刑法保障》，载《法学评论》1998 年第 3 期。

30．应稼驹：《注册资金违法犯罪的现状及对策》，载《中国刑事法杂志》1998 年第 4 期。

31．孙力：《虚报注册资本罪的司法认定》，载《河北法学》1999 年第 3 期。

32．杨萌、谢东鹰：《虚报注册资本罪探微》，载《现代法学》1999 年第 6 期。

33．刘玉安、薛玉泉：《虚报注册资本——开具银行进账单虚报注册资本的行为如何定性》，载《刑事审判参考》2001 年第 10 辑（总第

21 辑）。

34．向朝阳、李侠：《论公司资本制度的刑法保护》，载《中国刑事法杂志》2002 年第 1 期。

35．姜增亮：《论刑法对公司注册资本规制的立法精神》，载《山西高等学校社会科学学报》2004 年第 2 期。

36．倪建良：《虚报注册资本罪的认定及侦查方法》，载《公安学刊（浙江公安高等专科学校学报）》2002 年第 3 期。

37．张昊：《虚报注册资本罪若干问题探讨》，载《人民检察》2002 年第 1 期。

38．赵瑞星：《新刑法中的虚报注册资本罪与虚假出资罪》，载《经济与法》1998 年第 2 期。

39．李黎明：《虚假出资的刑事责任探讨》，载《中外法学》1998 年第 5 期。

40．李爱荣：《论发起人虚假出资的刑事责任》，载《人民检察》1998 年第 6 期。

41．陈业宏：《外商虚假出资及其刑法制裁论》，载《华中师范大学学报》1998 年第 6 期。

42．黄明成：《虚报注册资本罪与虚假出资罪之比较研究》，载《学术论坛》2000 年第 3 期。

43．孙力：《虚假出资、抽逃出资罪研究》，载《法学家》2000 年第 5 期。

44．黄锡生：《虚报注册资本骗取公司登记罪与虚假出资、抽逃出资罪的异同》，载《重庆大学学报》2001 年第 4 期。

45．陈坚：《现行刑法对“没收财产”的不恰当规定》，载《检察实践》1998 年第 6 期。

46．李川：《关于对妨害公司、企业管理秩序罪执法不力的思考》，载《山东公安专科学校学报》2003 年第 1 期。

47．杨兴培：《近期刑法热点问题的思考》，载《河南司法警官职业学院学报》2003 年第 1 期。

48．曲伶俐：《论公司利益的刑法保护》，载《法学论坛》2002 年第 3 期。

49．曾月英：《非法经营同类营业罪的几个问题》，载《中国刑事法杂志》1998 年第 2 期。

50．卢建平等：《非法经营同类营业罪研究》，载《河南政法管理干部学院学报》2004 年第 1 期。

51．邵砚涛：《非法经营同类营业罪探析》，载《山东法学》1998 年第 2 期。

52．薛峥嵘：《非法经营同类营业罪》，载《中国刑事法杂志》1999 年第 1 期。

53．李玉文：《非法经营同类营业罪适用问题探析》，载《法学论坛》2002 年第 2 期。

54．黄明儒、朱本欣：《非法经营同类营业罪疑难问题略论》，载《律师世界》2000 年第 5 期。

55．翟桂荣：《非法经营同类营业罪构成要件分析》，载《宁夏党校学报》2000 年第 5 期。

56．刘少莹：《非法经营同类营业罪若干问题探讨》，载《广西社会科学》2002 年第 5 期。

57．刘志远、蔡双喜：《非法经营同类营业罪适用问题辨析》，载《人民检察》2002 年第 12 期。

58．罗朝辉：《非法经营同类营业罪主体的司法认定》，载《湖湘论坛》2003 年第 4 期。

59．薛满果：《论非法经营同类营业罪》，载《山西政法管理干部学院学报》2004 年第 1 期。

60．李希慧：《论为亲友非法牟利罪》，载《河南政法管理干部学院学报》2001 年第 5 期。

61．张兆松：《论为亲友非法牟利罪的若干问题》，载《人民检察》2003 年第 1 期。

62．李磊：《为亲友非法牟利罪的若干问题探析》，载《河南大学学报》2003 年第 6 期。

63．刘杰、陈丹萍：《论为亲友非法牟利罪的若干问题探析》，载

《湖南科技大学学报》2004 年 1 期。

64．陈正云、刁玉锋：《控制腐败犯罪的刑事立法政策探析》，载《人民检察》2004 年第 1 期。

65．宫厚军：《论签订、履行合同失职被骗罪》，载《山西高等学校社会科学学报》2002 年第 1 期。

66．葛恒万：《签订、履行合同失职被骗罪有待完善》，载《检察实践》2002 年第 6 期。

67．狄世深：《玩忽职守型犯罪的特点、成因及对策》，载《烟台大学学报》2003 年第 3 期。

68．林诚二、鲜铁可、周玉华：《公司犯罪初步研究》，载 《法学评论》1994 年第 6 期。

69．齐章安等：《合同诈骗罪与民事诈欺行为界限分析》，载《法律科学》1999 年第 5 期。

70．杨善良：《单位犯罪中直接负责的主管人员和其他直接责任人员的界定》，载《人民检察》2005 年第 4 期。

71．李邦友：《论单位犯罪的定义》，载《法学评论》1998 年第 5 期。

72．梁定邦：《公司伦理》，载北京大学金融法研究中心编：《金融法苑》1999 年第 1 期。

73．黄丁全：《过失犯理论的现代课题》，载《刑事法评论》第 7 卷，中国政法大学出版社 2000 年版。

74．林亚刚：《犯罪过失的理论分类中若干问题的探讨》，载《法学评论》1999 年第 3 期。

75．刘孝敬：《公司犯罪的遏制之道》，载《21 世纪经济报道》2003 年 4 月 14 日。

76．赵瑞罡、杨庆玖：《监督过失论》，载《政治与法律》2001 年第 4 期。

77．张有辰、张铮：《铁路运营安全事故罪的几点思考》，载《铁道警官高等专科学校学报》2005 年第 2 期。

78．王志祥、韩雪：《论与公司资本制度有关的犯罪圈的重构——

以公司资本制度的重大调整为视角》，载《法治研究》2014 年第 1 期。

79．刘志伟、梁剑：《重大责任事故罪若干疑难问题研讨》，载《河南省政法管理干部学院学报》2002 年第 2 期。

80．刘志伟：《危险物品肇事罪若干疑难问题新探》，载《山东公安专科学校学报》2001 年第 2 期。

81．鲜铁可：《公司犯罪初步研究》，载《法学评论》1994 年第 4 期。

82．林荫茂：《单位犯罪理论与实践的冲突》，载《政治与法律》2006 年第 2 期。

83．阮方民：《论单位犯罪的主体构成特征及范围》，载杨敦先等主编:《新刑法实施疑难问题研究与适用》,中国检察出版社 1999 年版。

84．谢杰、吕继东：《一人公司犯罪主体论》，载《上海公安高等专科学校学报》2006 年第 6 期。

85．陈兴良：《盗窃罪研究》，载陈兴良主编《刑事法判解》第 1 卷，法律出版社 1999 年版。

86．吴海涛：《试论单位犯罪的主客观要件问题——借鉴英国刑法中法人过失杀人罪的判例》，载《贵州警官职业学院学报》2002 年第 1 期。

87．王前锋：《我国上市公司高管犯罪现象分析》，载《商业研究》2007 年第 1 期。

88．刘俊海：《高管落马：违背忠诚和勤勉义务》，载《检察日报》2006 年 1 月 20 日。

89．刘俊海：《新〈公司法〉的制度创新》，载《法制日报》2005 年 11 月 1 日第 9 版。

90．曲伶俐：《新〈公司法〉下的虚报注册资本罪新论》，载《政法论丛》2006 年第 4 期。

91．蒋熙辉：《美国 SARBANES-OXLEY2002 法案刑事责任条款研究》，载《中国法学》2003 年第 5 期。

92．秋风：《税法不应诱人犯罪》，载《中国经营报》2006 年 10 月 23 日第 A12 版。

93．祝二军：《〈关于审理环境污染刑事案件具体应用法律若干问题的解释〉的理解与适用》，载《刑事法学》2007 年第 2 期。

94．时延安、阴建峰：《过失破坏环境资源犯罪之比较研究》，载《浙江社会科学》2003 年第 1 期。

95．张瑞幸、郭洁：《过失危险犯与环境犯罪》，载《福建政法管理干部学院学报》2000 第 4 期。

96．蒋建峰：《过失危险犯之存在性与可存在性思考》，载《政法论坛（中国政法大学学报）》2004 年第 1 期。

97．庄劲：《从一起案例看传染病犯罪因果关系的司法认定》，载《中国刑事法杂志》2003 年第 6 期。

98．张明楷：《关于增设背信罪的探讨》，载《中国法学》1997 年第 1 期。

99．陈洪兵、安文录：《背信行为的刑法探究》，载《法治论丛》2005 年第 5 期。

100．顾肖荣：《中国刑法中业务上过失犯罪的特征》，载《法学》1986 年第 4 期。

101．[日]佐伯仁志著、黎宏译：《公司犯罪——公私财产的法律保护》，载高铭暄、赵秉志主编：《中日经济犯罪比较研究》，法律出版社 2005 年版。

102．乔骏《〈公司法〉修订与相关刑事立法的完善》，载《学术交流》2006 年第 3 期。

103．谈萧：《从高管犯罪看公司法的品格》，载《法人杂志》2005 年第 7 期。

104．王俊平：《责任事故犯罪刑事责任之比较》，载《中国刑事法杂志》2002 年第 4 期。

105．孙力、刘中发：《‘轻轻重重’刑事政策与我国刑事检察工作》，载《中国刑事法杂志》2006 年第 4 期。

106．《中国金融生态调查报告发布 欲根治金融“原罪”》：载 http://www.zgjrw.com/News/20051121/Main/560713237100.html。

107．《上市公司高管犯罪问题分析》：载 http://www.ccl168.com/

article.aspx?articleid=559。

108. 赵秉志：《关于分阶段逐步废止中国死刑的构想》，载《郑州大学学报》（哲学社会科学版）2005 年第 5 期。

109. 赵秉志：《中国逐步废止死刑论纲》，载《法学》2005 年第 1 期。

110. 卢建平、李山河：《中国废除死刑的路径选择》，载《甘肃政法学院学报》2006 年第 4 期。

111. 谢望原、杨家庆：《走私犯罪死刑问题之实证研究》，载《政治与法律》2005 年第 3 期。

112. 谢望原、卢建平、杨家庆、陈宝友：《走私犯罪废除死刑问题的实证研究与理论分析》，载赵秉志主编：《刑事法治发展研究报告》（2004 年卷），中国人民公安大学出版社 2005 年版。

113. 黄京平、彭辅顺：《税收犯罪死刑废止的可行性分析》，载《政法论丛》2005 年第 4 期。

114. 赵秉志等：《从实践到理论：我国税收犯罪死刑废止问题研究》，载赵秉志主编：《刑事法治发展研究报告》（2004 年卷），中国人民公安大学出版社 2005 年版。

115. 赵秉志等：《中国废除金融犯罪死刑研究》，载赵秉志主编：《刑事法治发展研究报告》（2004 年卷），中国人民公安大学出版社 2005 年版。

116. 赵秉志：《论中国刑事司法中的人权保障》，载《北京师范大学学报（社会科学版）》2006 年第 3 期。

117. 谢如程：《对当前社会情势的判断与修改刑法的基本思路》，载赵秉志主编：《和谐社会的刑事法治》（上卷），中国人民公安大学出版社 2006 年版。

118. 赵秉志、郑延谱：《中国行政刑法的立法缺憾与改进》，载《河北法学》2006 年第 8 期。

119. 任自力：《公司董事的勤勉义务探析》，载《人民司法》2007 年第 3 期。

120. 邓多文：《董事忠实义务刑法调控机制的规范解释》，载《理论月刊》2009 年第 6 期。

121. 任自力：《公司董事的勤勉义务标准研究》，载《中国法学》2008 年第 6 期。

122. 陈兴良：《从刑事责任理论到责任主义——一个学术史的考察》，载《清华法学》2009 年第 2 期。

123. 王挺、陈晓：《论上市公司的刑事责任——以公司社会责任为视角》，载《中国人民公安大学学报》（社会科学版）2008 年第 2 期。

124. 王彦明：《股东同意与公司财产的刑法保护——被害人同意理论在公司制度中的运用》，载《吉林大学社会科学学报》2004 年第 6 期。

125. 王静：《新公司法中勤勉义务概念初探》，载《云南大学学报》（法学版）2007 年第 1 期。

126. 卢建平、邢永杰：《职务侵占罪“利用职务便利”认定中的若干争议问题》，载《黑龙江社会科学》2012 年第 2 期。

六、外国法典类

1.《德国刑法典》，徐久生、庄敬华译，中国法制出版社 2000 年出版。

2.《日本刑法典》，张明楷译，法律出版社 1998 年出版。

3.《俄罗斯联邦刑法典》，黄道秀等译，中国法制出版社 1996 年出版。

4.《意大利刑法典》，黄风译，中国政法大学出版社 1998 年出版。

5.《法国刑法典》，罗结珍译，中国法制出版社 2003 年版。

6.《西班牙刑法典》，潘灯译，中国政法大学出版社 2004 年出版。

7.《奥地利联邦共和国刑法典》，徐久生译，中国方正出版社 2004 年版。

8.《泰国刑法典》，吴光侠译，中国人民公安大学出版社 2004 年出版。

9.《越南刑法典》，米良译，中国人民公安大学出版社 2005 年出版。

10.《韩国刑法典及单行刑法》，[韩]金永哲译，中国人民大学出版社 1996 年版。

11.《朝鲜民主主义人民共和国刑法》，金峰玉等译，法律出版社 1956 年版。

12.《挪威一般公民刑法典》，马松建译，北京大学出版社 2005 年版。

13.《保加利亚人民共和国刑法典》，中国科学院法学研究所译，法律出版社 1963 年版。

14.《罗马尼亚刑法典》，西南政法学院翻译印行（1980）。

15.《巴西联邦共和国刑法典》，法律出版社 1965 年版。

16.《印度刑法典》，赵炳寿等译，四川大学出版社 1988 年版。

17.《丹麦刑法典》，谢望原译，北京大学出版社 2005 年版。

18.《加拿大刑法典》，卞建林等译，中国政法大学出版社 1999 年版。

19.《马耳他刑法典》，李凤梅译，北京大学出版社 2006 年版。

20.《新加坡刑法》，刘涛、柯良栋译，北京大学出版社 2006 年版。

21.《蒙古国刑法典》，徐留成译，北京大学出版社 2006 年版。

22.《尼日利亚刑法》，张旭辉译，北京大学出版社 2006 年版。

永远地抒写“人”——代后记

本书是在我的博士学位论文基础上继续深化研究的成果。

记得在硕士学位论文《论刑法中的人身危险性》的后记开篇，我曾写道，在“我面前仿佛铺展出一条无尽的路途，通向人性的终极”，并承诺“将自己的刑法理论研究指向这个终极，痴心不改，终生无悔”。当时也就是写写罢了，自己也不甚清楚到底表达了什么，也从未想过要兑现什么。一进中国人民大学攻读博士学位，我的导师卢建平教授即建议我以“公司、企业领导人的刑事责任”作为博士学位论文的选题，当时自己也很不以为然：一则对公司、企业方面的法律制度不甚精通，二则也想搞一个一看就灿烂的题目，而卢老师的命题似乎和这些相去甚远。乃至最后论文开题阶段，我才下决心写这个题目，支配自己的主要思想也还是老师必有其高明过人之处。我是个一旦下定决心就不会放弃和更改的人，历经了一个痛苦而又愉悦的过程，催生出这部还算切题但仍需完善的论著。

再回首，蓦然发现我的两篇学位论文中都有“人”这个字眼。我顿然有悟：硕士学位论文中所谓的研究所指向的“终极”，其实乃“人”而已。我又想到，三十年前，在我还为高中生时，曾冒出一个奇怪的想法，就是文学、法律和物理是人类知识和智慧的三大支柱。当高二文理分科，我因高一时全校作文竞赛拔得头筹而被指定到文科班后，我自学啃下了未学完的高中物理课程；在大学读中文专业时，我就下决心今生一定要研习一下法律。就文学与法律而言，我当时只是感到两者是人类智慧截然相对的双核和两极，是人类心灵两种不同的历练和感知，丰富而无缺憾的人生应该体验过这两种智慧。而今当坐下写这篇后记时，我又感悟到，法律与文学其实是相通的，因为，它们研究或者抒写的终极“对象”，唯“人”而已！[①]

感谢卢老师和他建议的好题目，使我在研习法律的每个重要阶段，冥冥之中始终没有离开“人”这个永恒的主题；使我在研习刑法之余，始终萦萦于怀的文学情结和法律达致对接，厮守不弃。

人是社会和人生之永远的主角，是法律和文学之永恒的主题。油然忆起在上初中时，每当上完夜自习走在回家的路上，皎洁月光中或满天繁星下，我都强烈地感受到自己，很不明白但很想弄明白自己究竟是什么；上高中时，我常常一遍又一遍地问自己：我为什么是我，自己为什么是自己。不过至今也没有想明白。[②]大学毕业后被我的高中老师师恕营校长到教育局点名要到母校任教，就业与工作算是非常顺利的一个。后来不知不觉间，在我当高中班主任的每个班级，在讲台的正上方我都要挂一个横幅，上书“日日向善”，期冀学生日日看到，时时修养，自强不息，臻于至善。因为，我不自觉地体悟到，“善”应是国学理想中的人格，[③]是完人的化身，也是自己在不断思考人之为人、自己之为自己的一个自然的感受。为人师者为人杰，漫漫人生路，不变的主题是永远向“人”、向“完人”学习，以达“善”之至境而修炼为师为范，尽到为人的义务与责任，完满自己的宿命与德性。[④]热爱人、感恩人、学习人、做好人、完善人、抒写人应是我们一生学习

① 文学的对象是人，这应该是中文系学生的常识。

② 还没有整明白自己，却要去研究他人（如公司、企业领导人）；自己还没教育好，就要去培育他人，这也是人类宿命的一种形式。

③ 在本论著的写作过程中，我发现西方，就如早在古希腊的哲人那里，对“善”也是爱不释手，中西方文明在这一点上的努力是共同的。从这个角度讲，本论著实际上也就是公司、企业领导人的“善性”或“德性”研究。

④ 这本书，实际上就是为完成这项任务，为公司、企业领导人，也为自己能够尽到应尽的为人的义务与责任，完满自己的宿命和德性而作。

和工作的主题，自然，对人的感恩和抒写也是这本论著及其后记永远不变的主旋律！

卢建平教授是我的博士生导师，先生学成法兰西，生性飘逸潇洒，处事举重若轻，幽默而有大智；置身刑法圈域却能超越其界，研习刑事理论而胸怀社会使命；兼容法学、犯罪学、经济学、管理学、社会学等知识，铸就博大精深之思想体系。祈愿在以后的学习生活中，庶竭驽钝，光大先生之学术思想，得染先生山高水长之风，我想，这是对先生最好的感谢。再过一个多月就是卢老师生日了，天命阅知之年，祝卢老师生日快乐！

赵秉志教授，他有无与伦比的才略、勤勉、精力、魄力、识见与胸襟。他对事业无限热爱，他对工作精益求精，在他的带领下，北师大法学两院已凝聚成团结和谐、朝气蓬勃、奋发进取的群体。赵老师万务缠身，焚膏继晷，但他对师长、对学生又尊敬关爱有加，体贴照顾入微。我想，他的学术、事业能达到今天的地步，是他严于律己而又尊重人、关心人、爱护人所修炼的完美人格使然。“高山仰止，景行行止，虽不能至，然心向往之”，感谢赵老师对我的无尽关爱与提携，更感谢赵老师为我们树立的需毕生学习的为学为人好榜样！

高铭暄教授、王作富教授、储槐植教授，他们是学界泰斗。高铭暄老师有长者的慈祥、豁达与睿智，有学者的博大、严谨与精进；王作富老师执著、认真、敬业，学术造诣深厚；储槐植老师谦谦君子一个，从来是言简意赅，惜言如金，微言大义。也曾亲耳聆听已经去世的马克昌、周道鸾先生教诲，从他们身上，我体会到“从心所欲不逾矩”是何等境界。

刘志伟教授亦师亦友。他治学严谨，曾听一位编辑说，审刘老师的稿子，你看来看去想改动一下，但最终是一字难易。多年来，他和原茵老师在生活和工作方面不断给予我诸多关照。王秀梅教授心胸豁达，乃巾帼豪杰，她与才华横溢的杜澎老师一直以来给予我诸多扶掖提携。阴建峰教授年轻有为，一如既往地在为我们这个团体无私地奉献着。王志祥教授与王俊平教授年轻而博学敏学，成绩斐然。左坚卫教授灵慧勤善，心怀公义，令人油然而生敬意。崔宝红老师多年来多所相助于我，深致谢意！

中国人民大学的刘明祥教授、黄京平教授、谢望远教授、韩玉胜教授、戴玉忠教授、赫兴旺教授、时延安教授等诸位老师对我多所关心和教诲，深致谢意！

2007年博士毕业后有幸来到北师大刑科院、法学院工作。刑科院是专门从事刑事法学研究的、中国刑事法学领域首家且目前唯一的具有独立性、实体性、综合性的学术研究机构，也是联合国犯罪预防与刑事司法网络成员单位。这里群英荟萃，除了前面提到的几位，还有黄风、宋英辉、李希慧、张远煌、吴宗宪、刘广三诸位名师名家；有郭理蓉、孙平、王超、刘科、黄晓亮、袁彬、肖萍、杨雄、苏明月、张磊、何挺、蒋娜、赵军、印波、雷小政，以及廖明、赵璐、毛立新、赵书鸿、赵晨光、郭晶、彭新林诸位青年才俊，以及每日辛苦为我们提供服务帮助的郭雅婷、王敏茜、付佳、徐啸宇诸位老师。

张泗汉、陈兴良、张明楷、单民、黎宏、于志刚、马松建、周洪波、曾粤兴、贾凌、刘仁文、王保树、刘俊海、袁登明、李奋飞、李春华等诸位教授，以及最高人民法院的刘树德、徐留成、司明灯、罗智勇、王连祥、任能能、贯艳梅等法官，最高人民检察院的史卫忠、李文峰等检察官，公安部的郦毓贝、许成磊、张喜民、王飞等警官，肖泽领、张杰等律师，这些通过不同机会、场合和缘分结识的人，他们或者是学界前辈，或者是师长同学，或者是法学英才，都给我提供了很多指导、帮助和鼓励。

叶高峰教授、鲁松岳教授、刘德法教授、张绍谦教授，他们是我硕士阶段的导师，他们一如既往地关心我、支持我，使我获得不断前行的勇气与力量！硕士班的同学们感情深厚，常有联系，其中现在最高人民法院的杜国强、河南省政法委的王东阳、河南省纪委的王明星还应我之邀参加了“公司、企业领导人刑事责任研究”课题的研究，对他们深致谢意。

硕士毕业后到山东大学威海分校法学院工作，受到陈金钊教授诸多关照，也与吴丙新、张景明、孙武安、王芳、王瑞君、焦宝乾、张其山诸君结下深厚友谊。

在中国人民大学的学习与生活，也让我结缘了同班的诸位好兄弟姐妹，在我的生命中，我将永远感谢他们带给我的美好，永远在心灵深处给他们留存一份空间！他们是：刘涛、王东阳、郑延谱、臧爱存、谭绍木、陈宝友、陈灿平、肖吕宝、吴江、杨建军、孙勤、杨家庆、陈毅坚、闫永安、段启俊、魏昌东、周露露、韩瑞丽、李凤梅、赵冬燕、但未丽、武小凤、张旭辉，以及港澳的同学汤显明、徐京辉、石磊。

感谢郭健、杜邈、周国良、陈捷、王丽华、田兴洪、周建军、邢兵、刘春华、翁小平、张伟珂等众师弟师妹们的帮助与支持。感谢我高中时的学生张新永、宋诗安、杨新勇等的帮助与支持。

2011年，我来到雪域高原挂职援藏，任拉萨市人民检察院副检察长。在这片“身体下地狱，眼睛上天堂，灵魂归故乡”的神奇大地，我有幸得到西藏自治区检察院张培中检察长、自治区高级法院索达院长、拉萨市政府次仁旺堆副市长（时任拉萨市检察院检察长）、那曲地区人民法院谢彦军院长、拉萨市人民检察院王红军副检察长等诸位领导的关心与帮助，也与西藏公检法系统、特别是检察系统的诸多干警结下深厚友谊。一直到现在，我当时的司机阿旺坚增等诸多干警时常打来电话嘘寒问暖，使我真切体会到汉藏人民一家亲。

回首似水流年，从小学到高中，我遇到了许许多多的好老师，最使我难以忘怀的是我小学一年级的启蒙老师银德厚先生。其时先生已年近六旬，慈爱无限。清楚地记得，刚上小学，一天放学，爸爸接到我把我抱起往家走，路上遇到银老师，他对我父亲说，你要舍得培养这个孩子，他非凡人，必成大器。老师可能不知道，他这一句话使我在家获得了不干过多过累农活的特权，也使父亲在艰难的生活中从不动摇地供养我读书，更在我幼小的心灵里埋下了永远进取的种子。无尽后悔的是，我小学没毕业银老师即退休，从此再未谋面拜望，只是从他人那里知道他的点滴情况，也知道他在病重中也还牵记着我。如今他已去世多年了，一抔黄土，阴阳两隔；千里荒冢，凄凉难诉，留于我的只有无尽的思念和一事无成的惭愧在心底！

“哀哀父母，生我劬劳”，我的父亲李宜祥先生、母亲宋世美女士都是勤劳、朴实、善良、隐忍的农民。他们一生艰辛，把我们兄弟姐妹六个拉扯成人。岳父赵志全先生、岳母党玉娥女士也都异常勤劳、善良、仁爱。爱妻赵培霞端方淑丽，爱我爱家。刚刚出生的双胞胎儿子李铭泽、李铭洋（小名端端、仔仔）惹我万千爱怜。

在我最初写这篇后记时，母亲尚在人世，生活在她单纯而宁静的心灵世界里，让我这颗游荡疲惫的灵魂能寻依永恒而温馨的归宿，而今母亲已去世了。还是在我援藏期间，母亲生病住院，她让姐姐给我打来电话，说她并不想我，只是怕我回来后见不了她的面我后半辈子埋怨她。当时我私下认为她身体尚好，对她的话也并没有在意。现在回想起来，那时她已预感到自己的生命之火将要熄灭，想见我，又怕耽误我；不见我，又怕我留遗憾。多么隐忍仁善的母亲啊，在她来到自己生命的终点，已然己身难撑却还在为别人着想！在援藏期满后领导盛意挽留而又延宕的一段时日里，家里又打来电话，说是母亲问我几时能回来，问我为什么老是说要回来却不回来呢？我感觉到不能再耽搁下去了，即与援藏单位领导同事告别返程。当我买好机票并让家里人告诉母亲时，她不大相信，以为又在骗她，因为她虽不甚清楚我在哪儿，但她早听别人说儿子离她路途迢兮高兮阻且长！当我匆匆赶到家里见到已 10 个月没见的母亲时，她绽露出了羞忸的笑容。[①]不想我回来的第二天母亲即去住院，一周之内她就去世了。为了能母子见最后一面，她以非凡的毅力让自己的生命之火又延燃了几个月。在她内心深处，她对我是等待又等待，期盼又期盼；这些年来，她不很清楚自己的小儿子在外面做些什么，但在外的我又盛满了她的心。母亲去世了，她在天堂一定充溢幸福而永无人世间的无奈与苦痛！我知道，在天堂，她也在用她柔弱的肩佑她子孙安澜！她的一生，无知无识、无声无息却有取之不竭的忍耐与良善；我要告诉儿子端端与仔仔，一定要永远记住这个终生都在承受着苦难的时代与人生之磨难的他们未能谋面的奶奶，永远记住这个普通又普通却又诠释了“伟大”全部真义的女性！她用自己的一生写就了一个大大的至善“人”字！母亲遽

① 催着让我回来（见临终一面），她还是感到不好意思难为情。

然而逝，一掬慈颜难觅！母亲啊，有生之年，劳顿您日日入我梦相见；天堂聚首，母子生生世世不离分！

今生注定波澜变幻，但永远不变的是对人和生命的热爱与崇敬，永远坚守的是对工作和事业的勤勉与忠诚，永远肩负的是对社会与家国的责任与使命，永远谨守的是担当义务与责任的宿命和德性。我愿重申，在今后的法学研究及工作和生活中，始终指向“人”这个终极，热爱人、感恩人、学习人、做好人、完美人、抒写人，并再一次承诺：“痴心不改，终生无悔！”我的这一篇后记，即是矢志不渝孜孜践行然诺的誓言，更是浓墨重彩永远地抒写人的开篇！

李山河

初记于2007年5月22日人民大学品园3楼1012室

补记于2013年11月12日北京师范大学后主楼1820室

再补记于2014年1月17日儿子李铭泽、李铭洋（端端、仔仔）小哥俩出生日

南开大学出版社网址：http://www.nkup.com.cn

投稿电话及邮箱： 022-23504636 QQ：1760493289
QQ：2046170045(对外合作)

邮购部： 022-23507092

发行部： 022-23508339 Fax：022-23508542